世界银行卷

国外贷援款项目审计资料选编

审计署外资运用审计司
审计署国外贷援款项目审计服务中心 编著

中国时代经济出版社
China Modern Economic Publishing House

选编说明

近年来，各省级审计机关高度重视国外贷援款项目审计工作，不断创新审计方式方法，加大审计力度，较好地履行了国外贷援款项目审计职责。但是，由于国外贷援款项目的有关政策、规定不断更新，加上干部交流后，部分外资审计人员为新进人员，对国外贷援款项目相关政策规定不够熟悉，不利于保证和提高审计质量。为加强对各地方外资审计工作的指导和服务，进一步规范国外贷援款项目审计工作，我们根据世亚行等国外贷援款方的最新法规政策，结合外资审计工作实际需要，编撰此套《国外贷援款项目审计资料选编》（以下简称《选编》）。

《选编》共分三卷，即世界银行卷、亚洲开发银行卷、其他国外贷援款方卷。部分资料的英文版本刻成光盘附于书后供参考，中英文相关内容如有出入，应以英文原文为准。

审计署外资运用审计司和国外贷援款项目审计服务中心共同成立了编撰组，外资运用审计司李长梅副司长担任组长，成员包括范厚胜、赵远博、刘伟、孙岩、陈致平、何佳、顾嘉、张少锋、韩潇、刘培、贾艳蕊等，其中何佳、顾嘉、韩潇分别承担了前三卷的汇总初审工作。辽宁省审计厅冯英洁，湖南省审计厅周珩、廖兰兰，贵州省审计厅陆永红、冉光念，黑龙江审计省周丽娜、江红，上海市审计局王爽、吴昱、颜灵灵，参与了部分资料的翻译工作。

编撰和审定过程中，孙宝厚总审计师多次听取了情况汇报并提出详细修改意见。外资运用审计司徐吉明司长、国外贷援款项目审计服务中心李凤雏主任、外资运用审计司薛新华副司长、国外贷援款项目审计服务中心李丹副主任均给予了具体指导并提出审核意见。世界银行财务管理专家董毅、亚洲开发银行财务管理专家王芳对选编收录内容提出了建议。在此一并致以诚挚的谢意。

《选编》供审计机关审计人员内部使用，注意妥善保管。

审计署外资运用审计司

审计署国外贷援款项目审计服务中心

二〇一二年九月

总 目 录

世界银行卷

亚洲开发银行卷

其他国外贷援款方卷

国际复兴开发银行贷款通则

（2012 年 3 月 12 日）

目　录

第一条　介绍性条款

第 1.01 款　通则的适用

这些通则规定了通常适用于贷款协定和其他法律协定的某些条款和条件。它们在法律协定规定的情况下适用。如果贷款协定是成员国和银行之间的协定，则这些通则中所提及的担保人和担保协定可不予考虑。如果银行和项目实施实体之间没有签订项目协定，则这些通则中所提及的项目实施实体和项目协定可不予考虑。

第 1.02 款　与法律协定不符的情况

如果任何法律协定的条款与通则的某项条款不符，须以法律协定的条款为准。

第 1.03 款　定义

附录中提出的术语，凡在通则中或在法律协定中使用的（除非在法律协定中另有规定），其含义均与附录为其规定的含义相同。

第 1.04 款　提及　标题

通则中凡提及“条”“款”和“附录”的地方，均指通则的条、款和附录。在通则中插入条、款和附录的标题以及目录只是为了参考，在解释通则时不应将其考虑在内。

第二条 提 款

第2.01款 贷款账户 提款的一般原则 提款货币

(1) 银行须将贷款款项以贷款货币记入贷款账户。如果贷款使用一种以上货币标价，银行应将贷款账户分成多个分账户，分别对应每一种贷款货币。

(2) 借款人可以根据贷款协定和通则的规定，随时请求从贷款账户提取贷款款项。

(3) 每次从贷款账户提取的款项应以该款项的贷款货币提取。银行应借款人请求并代表借款人，依照银行确定的条款和条件，用从贷款账户提取的贷款货币购买借款人合理要求的货币，以便能够支付合格费用。

第2.02款 银行的特别承诺

应借款人请求并依照银行与借款人商定的条款和条件，银行可以书面签署特别承诺，尽管银行或借款人日后中止或取消，也将支付合格费用的款项（“特别承诺”）。

第2.03款 提款或特别承诺申请

(1) 借款人希望请求从贷款账户提款或请求银行签署特别承诺时，借款人须按照银行合理要求的格式和实质内容，向银行提交书面申请。包括本条所要求文件在内的与合格费用有关的提款申请应及时提出。

(2) 借款人须向银行提供能令银行满意的证据，证明受权签署此种申请的人的权限及经核证的每个人的签字样本。

(3) 借款人必须为支持每一份提款申请向银行提供银行合理要求的文件和其他证据，而不论是在银行准许提取所申请的款项之前还是之后。

(4) 每一份提款申请和所附文件及其他证明须从形式和实质内容上都足以使银行相信，借款人有资格从贷款账户提取所申请的款项，且从贷款账户提取的款项将仅用于贷款协定所指明的目的。

(5) 银行仅向借款人或按照借款人的命令从贷款账户支付借款人提取的款项。

第2.04款 指定账户

(1) 借款人可以开立并保有一个或多个指定账户，以便银行根据借款人的请求，向此种账户存入作为项目预付款从贷款账户提取的款项。所有指定账户必须在银行所能接受的金融机构并依照银行所能接受的条款和条件开立。

(2) 向任何这种指定账户存款和从中付款都必须符合贷款协定和通则以及银行经通知借款人随时提出的附加指示。银行可以根据贷款协定和上述指示，经通知借款人停止向任何这种账户存款。在这种情况下，银行须通知借款人日后从贷款账户提款所应遵循的程序。

第2.05款　合格费用

除非银行同意不同做法，否则借款人和项目实施实体必须将贷款资金完全用于为符合下列要求的支出费用（“合格费用”）：

（1）付款是为项目所要求的并应由贷款资金出资和采购的货物、工程或服务的合理费用提供资金，所有这一切均符合法律协定的规定；

（2）付款不为联合国安全理事会依据《联合国宪章》第七章做出的决定所禁止；

（3）付款在贷款协定规定的日期或此后拨付，并且除非银行同意不同做法，否则付款必须仅用于结账日以前发生的费用。

第2.06款　融资税费

使用贷款资金支付成员国就合格费用或与此有关征收的或在其领土征收的税款或这些支出项目的进口、制造、采购或供应税款，如果是法律协定所允许的，须符合银行关于使用其贷款资金应讲究经济效益的政策。为达此目的，如果银行不论何时确定任何此类税收过高，或者此类税收有歧视性或者其他不合理性，银行经通知借款人，可调整在贷款协定中规定由贷款资金对这类合格费用的支付比例，以确保符合银行的上述政策。

第2.07款　项目筹备预付款的再融资　先征费和利息的资本化

（1）如果银行或协会已向贷款方支付了一笔筹备项目用的预付款，则银行应在生效日期或此后代表该贷款方从贷款账户提取必要的款项，以偿还截至从贷款账户提款之日已提取和未偿还的预付款余额，并支付截至上述日期有关预付款的所有未付费用。银行得向自己或者向协会——依具体情况而定——支付如此提取的款项，并注销尚未提取的预付款余额。

（2）除非在贷款协定中另有规定，否则银行得在生效日期或此后代表借款人从贷款账户提取、并向自己支付3.01款所规定的先征费款项。

（3）如果贷款协定规定用贷款资金为贷款利息和其他费用出资，银行得代表借款人于每个付款日从贷款账户提取、并向自己支付必要的款项，以支付截至付款日累计应付的这种利息和其他费用，但须服从贷款协定中规定的如此提款的任何限度。

第2.08款　重新分配

不论根据贷款协定已对某一类支出分配了多少金额，但如果银行任何时候确定此金额不足以为这一类支出供资，它可在通知借款人之后：

（1）重新分配银行认为根据贷款协定分配的使用目的所不需要的任何其他贷款款项，但以满足估计缺口为限；

（2）如果如此重新分配仍然不能充分满足估计缺口的话，就降低由贷款资金支付的此类支出的百分比，以便继续为此类支出提款，直至所有此类支出付讫为止。

第三条　贷款条款

第 3.01 款　先征费

借款人须按照贷款协定规定的费率向银行支付贷款款项的先征费（“先征费”）。

第 3.02 款　利息

（1）借款人须按照贷款协定规定的利率向银行支付已提取贷款余额的利息，但条件是：如果贷款协定就转换做出了规定，这种利率可根据第四条的规定随时变更。利息自提取每一笔贷款的相应日期计算，须每隔半年支付一次每个付款日拖欠的利息。

（2）如果已提取贷款余额中的任何一笔金额的利息乃基于可变利差，银行须在该金额每个付息期的利率确定之后立即将其通知贷款方。

（3）如果提款余额中的任何一笔金额的利息须按可变利率支付，那么，每当银行根据对确定适用于有关金额的利率有影响的市场实况变化，断定实行某种不同于贷款协定及这些通则规定的确定相关利率的基础，不但符合银行自身的利益而且符合全体借款人的利益的时候，银行在至少提前三个月将新的利率基础通知贷款方的前提下，可以变更确定相关贷款利率的基础。一旦通知期满期，新的计息基础将立即生效 —— 除非贷款方在通知期内通知银行其反对这种变更；在这种情况下，这一变更对相关贷款的该笔金额不适用。

（4）尽管有本款（1）段的规定，如果已提取贷款余额在到期应付时仍未偿付、且这种未付状况持续 30 天，则借款人应就到期未付的金额按违约利率支付利息，而不是支付贷款协议规定的利率（或第四条所规定因转换而应支付的其他利率），直至该未付金额完全偿付。违约利率利息从每一个违约付息期的第一天开始起算，并应每隔半年支付一次每个付款日所拖欠的该利息。

第 3.03 款　还款

借款人须依照贷款协定的规定向银行偿还已提取贷款余额。

第 3.04 款　提前还款

（1）借款人在至少提前 45 天通知银行之后，可在贷款期满以前按照银行可以接受的日期，向银行偿还如下款项［前提是：借款人须在该日期以前支付了所有应付的还贷付款，包括根据本款（2）段的规定计算的任何提前还款溢价］：截止该日期以前的全部已提取贷款余额，或者贷款中任何一部分或多部分到期款项的全部本金。已提取贷款余额的任何提前偿还部分均按借款人说明的方式执行，或者在借款人没有说明的情况下按下述方式执行：①如果贷款协定规定贷款本金的特定支付额分期偿付（支付额），则这种提前偿付按照相关支付额的反序执行，即应该最后提取的支付额先偿还，并且其中最晚到期的支付额先偿还；②在所有其他情况下，提前还款一律按贷款到期日反序执行，即最晚到期者先偿还。

（2）依照本款（1）项规定应付的提前还款溢价由银行合理确定，以体现银行为重新发放提前偿还的款项自提前还款日至贷款到期日所付出的任何成本。

（3）如果对于提前偿还任何金额的贷款实施了转换，而在提前还款时转换期尚未终止，那么：①借款人须支付提前终止转换的交易手续费，其金额或费率为银行随时宣布，并在银行收到借款人提前还款通知之日生效的金额或费率；②借款人或银行（依具体情况而定）须依照转换准则为提前终止转换支付一笔取消费（如果有的话）。本款所规定的交易手续费和借款人依照本款应付的任何取消费必须在提前还款日起算的60天以内付讫。

第3.05款　部分还款

如果银行任何时候收到的还款少于到期应付的还贷付款全额，则银行有权为其根据贷款协定确定的目的以任何方式分配和使用所收到的还款。

第3.06款　还款地点

所有还贷付款均须在银行合理要求的地点支付。

第3.07款　还款货币

（1）借款人须用贷款货币支付所有还贷付款；如果贷款的任何金额的转换已经生效，则按照转换准则的进一步规定支付所有还贷付款。

（2）如果借款人有此要求，银行应在借款人用银行所能接受的一种或多种货币及时支付足够款额之后，代表借款人并依照银行所确定的条款和条件为支付还贷付款的目的购买贷款货币，但条件是：只有当银行收到这种用贷款货币支付的还款的时候方可认为付款已支付，并以银行收到的这种还款为限。

第3.08款　临时代用货币

（1）如果银行任何时候合理认定，因出现非常情况致使银行届时无法为筹措贷款的目的提供贷款货币的话，银行可以提供由银行选择的一种或多种代用货币（“代用贷款货币”）来取代贷款货币（“原贷款货币”）。在上述非常时期内，①为了这些通则及法律协定的目的，代用贷款货币得视为贷款货币；②还贷付款应以代用贷款货币支付，并应根据银行合理确定的原则适用其他相关的财务条件。一旦发生这种非常情况，银行须立即通知贷款方有关情况、代用贷款货币以及与代用贷款货币有关的贷款财务条件。

（2）在收到银行依照本款（1）项的规定发出的通知后，借款人须在30天内通知银行借款人选择的且可被银行接受为代用贷款货币的另一种货币。在这种情况下，银行须通知借款人适用于上述代用贷款货币的贷款财务条件，这些条件应根据银行合理制定的原则来确定。

（3）在本款（1）项提及的非常时期内，无须为提前偿还贷款支付任何溢价。

（4）一旦银行又能提供原贷款货币，它应根据借款人要求，并依照银行合理制定的原则将代用贷款货币兑换成被代用的贷款货币。

第3.09款　货币计价

一旦为了任何法律协定的目的有必要确定一种货币对另一种货币的比价，这种比价须由银行合理确定。

第3.10款　还款方式

（1）若要求任何还贷付款以某个国家的货币支付给银行，则该还贷付款须以该国法律为支付这种付款并将此种货币存入银行账户的目的所允许的方式，且在银行保管人受权接受该种货币存款的情况下，用该国法律所允许的方式获得的货币来支付。

（2）所有还贷付款的支付不得受到成员国或其领土内施加的任何限制，亦不得扣缴或交纳成员国或其领土内征收的任何税款。

（3）法律协定得免于成员国或其领土内对此种协定征收的或与其签署、交割或注册有关的任何税款。

第四条　贷款条款的转换

第4.01款　转换的一般原则

（1）借款人可在任何时候依据贷款协定申请转换贷款条款，以便于谨慎管理债务。借款人须依照转换准则向银行提交每次转换申请；一旦银行接受申请，即应将申请的转换视为这些通则中所说的转换。

（2）一旦银行接受了某次转换申请，即应根据本通则、贷款协议和转换准则采取一切必要的行动，将转换付诸实施。如果实施转换需要对贷款协定中有关提取或偿还贷款资金的规定做出修改的话，应将这些规定视为自转换日期起已做了修改。在每次转换的执行日期以后，银行须立即将贷款的财务条件通知借款人和担保人，其中包括任何经修订的分期付款条款和经修改的有关提取贷款资金的规定。

（3）除非转换准则另有规定，借款人须为每一次转换支付一笔交易手续费，其金额或费率由银行随时宣布并自执行日起生效。本款规定的交易手续费须：①在执行日期以后的60天内一次性付讫；②以年百分比表示计入利率，并在每个支付日期支付。

第4.02款　利率基于可变利差的贷款的转换

如果银行接受以基于可变利差的利率发生利息的贷款的全部或部分金额的转换申请，则转换的方法是：首先，将适用于该金额的可变利差调整为一贷款货币的固定利差；然后，在该固定利差外加上可变利差调整费，接着立即进行借款人所要求的变更。

第4.03款　利率变更或货币变更后的应付利息

（1）利率转换。利率一经转换，借款人即应按照可变利率或固定利率 —— 以适用于该转换为准 —— 在转换期的每个付息期内支付转换所适用的已提取贷款余额的利息。

（2）未提取款项的货币转换。一旦将未提取贷款余额的货币全部或部分转换成某种核准货币，借款人即应在转换期的每个付息期内用核准货币按照可变利率随时支付日后提款额和贷款余额的利息。

（3）已提取款项的货币转换。一旦将已提取贷款余额的货币全部或部分转换成某种核准货币，借款人即应在转换期的每个付息期内用核准的货币按照可变利率或固定利率（以适用于该转换为准）支付这种已提取贷款余额的利息。

第4.04款　货币转换后的应付本金

（1）未提取款项的货币转换。在将未提取贷款余额的货币转换成核准货币的情况下，如此转换的贷款本金金额须由银行确定，确定的方法是用转换以前标价货币的金额乘以屏幕比率。借款人须依据贷款协定的规定用核准货币偿还日后提取的这种本金金额。

（2）已提取款项的货币转换。在将一笔已提取贷款余额的货币转换成核准货币的情况下，此转换的贷款本金金额须由银行确定，确定的方法是用转换以前标价货币的金额乘以下列数值之一：①反映在与转换有关的货币套期保值交易下银行应付的核准货币本金金额的汇率；②如果银行根据转换准则决定的话，则乘以屏幕比率的汇率部分。借款人须依据贷款协定的规定用核准货币偿还上述本金金额。

（3）在最终贷款到期以前终止转换期。如果适用于部分贷款货币转换的转换期在该部分贷款最终到期以前终止，在转换期终止时应转换回贷款货币的该部分贷款余额的贷款货币本金金额须由银行确定，确定的方法是：要么用核准的转换货币的金额乘以转换期最后一日结算所用的核准货币与相关贷款货币之间的现行即期汇率或远期汇率；要么采用转换准则所规定的其他方式。借款人须依据贷款协定的规定用贷款货币偿还上述本金金额。

第4.05款　利率上限　利率两头封

（1）利率上限。可变利率上限一经确定，借款人即应在转换期的每个付息期内按照可变利率支付这种转换适用的已提取贷款余额的利息。除非在转换期内的伦敦银行同业拆放利率重置日，可变利率超过了利率上限；在这种情况下，在与伦敦银行同业拆放利率重置日期有关的利息期内，借款人须对这笔款项支付等于利率上限的利息。

（2）利率两头封。一旦对可变利率确定了利率两头封，借款人即应在转换期的每个付息期内按照可变利率支付这种转换适用的已提取贷款余额的利息。除非在转换期内伦敦银行同业拆放利率重置日可变利率：①高于利率两头封的上限，在这种情况下，在与伦敦银行同业拆放利率重置日有关的利息期内，借款人须对这笔款项支付等于这种利率上限的利息；②低于利率两头封的下限，在这种情况下，借款人须在与伦敦银行同业拆放利率重置日有关的付息期内，对这笔款项支付等于这种利率下限的利息。

（3）利率上限或利率两头封溢价。一旦确定了利率上限或利率两头封，借款人即应就转换所适用的已提取贷款余额向银行支付一笔溢价，计算这笔溢价的方法是：①根据银行为了确定利率上限或利率两头封的目的，从交易对手方购买利率上限或利率两头封的时候所应付的溢价（如果有的话）来计算；②依照转换准则规定的其他办法计算。这笔溢价须由借款人在执行日期后的60天内付讫。

（4）提前终止。除非转换准则中另有规定，否则须在借款人提前终止任何利率上限或利率两头封的时候，①由借款人为提前终止支付一笔交易手续费，其金额或费率为银行随时公布并在银行收到借款人提前终止通知时生效的金额或费率；②由借款人或者银行 —— 依具体情况而定 —— 依照转换准则为提前终止支付一笔取消费（如果有的话）。本款规定的交易手续费以及根据本款规定借款人应付的任何取消费必须在提前终止生效日期后的60天之内付讫。

第五条　项目执行

第5.01款　项目执行的一般原则

借款人和项目实施实体在执行项目中各自分管部分时必须：

（1）恪尽职守并讲究效率；

（2）遵守适当的行政、技术、财务、经济、环境和社会准则与做法；

（3）依据各项法律协定及通则的有关规定行事。

第5.02款　履行贷款协定和项目协定

（1）担保人不得采取或允许采取任何可能妨碍或干扰借款人或项目实施实体依照其作为一方当事人的法律协定执行项目或履行义务的行动。

（2）借款人应该：①促使项目实施实体依照项目协定的规定，履行项目协定所规定的项目实施实体应尽的所有义务；②不得采取或允许采取可能妨碍或干扰此种执行工作的行动。

第5.03款　资金和其他资源的提供

借款人应及时提供或促使及时提供如下目的所需的资金、设施、服务及其他资源：

（1）项目需要；

（2）对于项目实施实体依照项目协定履行其义务是必要或适当的。

第5.04款　保险

借款人和项目实施实体应该为项目中各自分管部分所需并应从贷款资金中出资的任何货物充分投保，以防这些货物在采购、运输和交付到使用或安装的过程中发生危险事故。这种保险的任何赔付款项必须用可以自由使用的货币支付，以替换或修理这类货物。

第5.05款　征地

借款人和项目实施实体应采取（或促使采取）一切行动，在必要时征购执行项目中各自分管部分所需的一切土地及与土地有关的各项权利；同时应根据银行要求，立即向银行提交能令其满意的证据，证明上述土地及与土地有关的各项权利可用于与项目有关的目的。

第5.06款　货物、工程和服务的使用　设备维修

（1）除非银行同意不同做法，否则借款人和项目实施实体应确保用贷款资金出资的所有货物、工程和服务完全用于项目的目的。

（2）借款人和项目实施实体应确保与项目中各自分管部分有关的所有设施始终正常运转和维护，并在需要的时候对这些设施及时进行一切必要的维修和更新。

第5.07款　计划　文件　记录

（1）借款人和项目实施实体应就项目中各自分管部分向银行提交一切计划、进度表、详细说明、报告和契约文书等，以及这些文件的任何实质性的修改和补充。一旦这些文件准备就绪就应立即提交，并按照银行合理要求的详细程度提交。

（2）借款人和项目实施实体应保有充分记载项目中各自分管部分进度（包括项目成本和从中产生的效益）的各项记录、鉴别由贷款资金出资的各种货物、工程和服务的记录及披露其在项目中使用情况的记录，并且根据银行要求将这些记录报告银行。

（3）借款人和项目实施实体应保有能证明项目中各自分管部分项下支出情况的所有记录（合同、订单、发票、账单、收据及其他票据），这些记录的保管期不得短于：①自银行收到涵盖最近一次从贷款账户提款期间的经审计财务报表之后起算的一年；②自结账日之后起算的两年，以较晚者为准。借款人和项目实施实体应该让银行代表能够审查这些记录。

第5.08款　项目监测和评价

（1）借款人应保有或促使保有完备的政策和程序，以使其能够依据令银行满意的各项指标，持续地监测和评价项目进展和实现目标的情况。

（2）借款人应编写或促使编写无论形式还是实质内容上均令银行满意的定期报告（“项目报告”），其中要综合汇报上述监测和评价活动的结果，并就确保卓有成效地持续执行项目和实现项目目标的各项措施提出建议。每份项目报告一经准备就绪，借款人要立即向银行提交或促使向银行提交，以便使银行能有适当的机会与借款人和项目实施实体就报告交换意见，并进而实施建议的各项措施，其中要考虑到银行就有关问题发表的意见。

（3）借款人应在结账日起算的6个月以内或按照贷款协定可能为此规定的更早的日期，编写或促使编写并向银行提交：①按照银行合理要求的范围和详细程度，就项目执行情况、贷款方、项目实施实体和银行履行法律协定项下各自义务的情况，以及实现贷款目的的情况编写的一份报告；②旨在确保项目成果可持续性的一份计划。

第5.09款　财务管理　财务报表　审计

（1）借款人应根据银行所能接受的一贯实行的会计准则，保有或促使保有一个财务管理系统并编制财务报表（“财务报表”），这两方面都必须充分体现与项目有关的经营状况、资源状况和支出情况。

（2）借款人应该：

①根据法律协定，并依照银行所能接受的一贯实行的会计准则，由银行所认可的独立审计师定期对财务报表进行审计；

②不晚于法律协定规定的日期，向银行提交或促使向银行提交经过上述审计的财务报表，以及有关银行可能随时合理要求的有关经审计财务报表及相关审计人员的其他信息；

③以银行可接受的方式公开及时地提供或促使提供经过审计的财务报表。

第5.10款　合作与协商

银行和贷款方要充分合作，以确保圆满实现贷款宗旨和项目目标。为此，银行和贷款方应该：

（1）应任何一方要求，随时就项目、贷款和履行各自在法律协定项下承担的义务等问题交换意见，并相互提供对方合理要求的有关上述问题的所有信息；

（2）立即向对方通报任何干扰或有可能干扰上述事项的情况。

第5.11款　访问

（1）各成员国应创造一切适当的机会，以便银行代表为与贷款或项目有关的目的访问其领土的任何部分。

（2）借款人和项目实施实体应使银行代表能够：①访问项目中各自分管部分所包含的任何设施及建筑工地；②检查由贷款资金为项目中各自分管部分出资的货物，以及与履行其法律协定项下的义务有关的任何工厂、设施、场地、工程、建筑物、财产、设备、记录和文件。

第 5.12 款　有争议的领域

如果项目处于有争议的领域，或发生争议，银行对项目提供的融资，或法律协议中有关该领域的条款或参考内容，均不构成银行对该领域的法律状况或其他状况所持有的意见，也不影响决定有关领域的任何要求。

第六条　财政和经济数据　限制留置权

第 6.01 款　财政和经济数据

成员国应向银行提供银行合理要求的有关其领土内财政和经济状况的一切资料，包括其国际收支和外债，以及其政治或行政分部门和由该成员国或任何此类分部门拥有或控制或为了它们或它们的利益而运营的任何实体，以及为该成员国行使中央银行或外汇平准基金的职能或类似职能的任何机构的一切此类资料。

第 6.02 款　限制留置权

（1）银行的政策是，在向成员国发放贷款或成员国对贷款提供担保时，一般不要求有关成员国提供特别的物权担保，但成员国应保证在对其控制下或为其利益持有的外汇进行拨付、变现或分配时，任何其他外债不得优于银行贷款。为此，如果对任何公共资产设立了任何留置权作为任何外债的担保，并且将会或可能会在外汇拨付、变现或分配时导致有利于该外债债权人的优先权，则除非银行同意不同做法，否则该留置权应依照事实并在不给银行带来任何费用的情况下，平等并按比例为一切还贷付款提供担保，成员国在设立或允许设立该留置权时，应就此做出明确规定；但是，如果因任何宪法或其他法律因素而不能在对其任何政治或行政分部门的资产设立留置权方面做出此等规定，则该成员国应立即并在不给银行带来任何费用的情况下，通过在银行满意的其他公共资产上设立同等留置权来为一切还贷付款提供担保。

（2）除非银行同意不同做法，否则非成员国借款人应作如下承诺：

①如果借款人对其资产设立了任何留置权作为任何债务的担保，则该留置权将平等并按比例担保偿还一切还贷付款，在设立该留置权时，应就此做出明确规定，并且不给银行带来任何费用；

②如果对借款人的资产设立了任何法定留置权作为任何债务的担保，借款人应在不给银行带来任何费用的情况下，用银行满意的同等留置权来担保偿还一切还贷付款。

（3）本款的上述规定不适用于：

①在购买财产时仅仅作为支付该财产的购买价款的担保，或者作为对偿还融资购买该财产时所产生的债务的担保，而对该财产设立的留置权；

②在正常的银行交易过程中产生的并且为发生日期后不超过一年到期的债务提供担保的任何留置权。

第七条 取消 暂停 提前偿付

第7.01款 借款人提出的取消

借款人可在通知银行的情况下，取消任何一笔尚未提取贷款余额，但借款人不得取消属于特别承诺范围内的任何款项。

第7.02款 银行提出的暂停

如果发生并持续存在本款（1）至（13）段规定的任何事件，银行可在通知贷款方的情况下，暂停借款人从贷款账户提款的全部或部分权利。此等暂停将持续到造成暂停的事件不再存在为止，除非银行通知贷款方这种提款权已经恢复。

（1）不还款。

①借款人没有按照贷款协定，或按照银行和借款人之间的任何其他协定，或按照借款人和协会之间的任何协定，或由于银行或协会向借款人同意的任何三方提供的任何担保或对其承担的任何其他财政义务，而没有支付应付银行或协会的本金或利息或任何其他款项（尽管担保人或第三方可能支付了这些款项）。

②担保人没有按照担保协定，或按照担保人和银行之间的任何其他协定，或按照担保人和协会之间的任何协定，或由于银行或协会向担保人同意的任何第三方提供的任何担保或对其承担的任何其他财政义务，而没有支付应付银行或协会的本金或利息或任何其他款项。

（2）不履行义务。

①贷款方没有履行它作为一方当事人的法律协定或任何金融衍生协定所规定的任何其他义务。

②项目实施实体没有履行项目协定规定的义务。

（3）欺诈和腐败。银行在任何时候断定担保人或借款人或项目执行实体（或贷款资金的其他接受方）的代表在使用贷款资金方面采取了腐败、欺诈、共谋或胁迫行为，而担保人或借款人或项目执行实体（或贷款资金的其他接受方）没有及时采取令银行满意的适当行动来纠正这种情况。

（4）交叉暂停。银行或协会因为贷款方没有履行与银行或协会签订的任何协定或与银行订立的任何其他协定所规定的任何义务而暂停贷款方按照这些协定提款的全部或部分权利。

（5）特殊情况。

①由于贷款协定订立之后发生的事件，导致出现了不可能实施项目或者贷款方

或项目实施实体不能履行其作为一方当事人的法律协定所规定义务的特殊情况。

②出现了进一步提取贷款将不符合银行《协定》第三条第3款的特殊情况。

(6) 生效前的事件。发生在生效日之前、但在贷款协定签订后（若贷款协定事件发生当时已经生效），银行在生效日后认定并暂停借款人从贷款账户中提款权利的事件。

(7) 虚假陈述。贷款方在法律协定中或根据法律协定，或者在任何金融衍生协定中或者根据任何金融衍生协定所作的陈述，或者贷款方所做的期望银行据此给予贷款或按照金融衍生协定进行交易的任何陈述或声明，在任何实质性方面有不正确之处。

(8) 共同融资。

①如果贷款协定规定了与某供资方（协会或银行除外）订立的、旨在为项目提供资金的某个协定的生效日期，但该协定在生效日或者银行经通知贷款方确定的较晚的日期（“共同融资截止日期”）没有生效；但是，如果贷款方令银行确信，按照符合贷款方在法律协定下所承担义务的条款和条件，可从其他来源筹集足够的项目资金，则本段的规定不适用。

②除须遵照本段第③分段的规定外：A. 为项目提供的任何融资（贷款除外）的接受者提取该融资资金的权利依照为提供该资金订立的协定条款被全部或部分暂停、取消或终止；B. 任何此类融资在商定的还款期之前应付。

③本段第②段在下列情况下不适用：贷款方令银行确信：暂停、取消、终止或提前到期并非因融资接受方没有履行协定规定的义务而起；以及按照符合贷款方在法律协定下所承担义务的条款和条件，可从其他来源筹集足够的项目资金。

(9) 义务的转让，资产的处置。借款人或项目实施实体（或负责实施任何项目部分的任何其他实体）未经银行同意而：①转让或转移了因法律协定而产生或按照法律协定承担的全部或部分义务；②出售、租赁、转移、转让或以其他方式处置了全部或部分由贷款资金供资的任何财产或资产；但本段的规定不适用于属于正常营业过程中的以下交易，银行认为这些交易：没有对借款人或项目实施实体（或其他此类实体）履行因法律协定产生或按照法律协定承担的义务或实现项目目标产生实质性的不良影响；以及没有对借款人（成员国除外）或项目实施实体（或其他此类实体）的财务状况或运营产生实质性的不良影响。

(10) 成员资格。成员国：①被暂时取消银行成员资格或不再是银行成员；②不再是国际货币基金组织成员。

(11) 借款人或项目实施实体的状况。

①如借款人（成员国除外）所述，借款人的状况在生效日前发生了实质性的不利变化。

②借款人（成员国除外）没有能力支付到期债务，或者借款人或其他方采取了任何行动或提起了任何诉讼，将使或可能使借款人的资产在借款人的各债权人中间进行分配。

③采取了解散、撤销借款人（成员国除外）或项目实施实体（或负责实施项目任何部分的任何其他实体）或暂停其业务的任何行动。

④借款人（成员国除外）或项目实施实体（或负责实施项目任何部分的任何其他实体）不再以贷款协定订立之日的法律形式存在。

⑤在银行看来，借款人（成员国除外）或项目实施实体（或负责实施项目任何部分的任何其他实体）的法律特点、所有权或控制权同法律协定签订之日相比发生了变化，这些变化将对借款人或项目实施实体（或任何其他实体）履行因法律协定而产生或根据法律协定承担的任何义务或实现项目目标的能力产生实质性的不良影响。

（12）没有资格。银行或协会因断定借款人或项目执行实体在使用银行提供的贷款资金或协会提供的信贷或赠款方面采取了腐败、欺诈、胁迫或共谋行为而宣布借款人（非成员国）或项目执行实体没有资格接受银行提供的贷款资金或协会提供的信贷或赠款，或在其他方面没有资格参与准备或执行全部或部分由银行或协会出资的项目。

（13）其他事件。发生了贷款协定为了本款的目的而规定的任何其他事件（“其他暂停事件”）。

第 7.03 款　银行提出的取消

如果一笔未提取贷款余额发生了本款（1）至（6）段规定的任何事件，银行可在通知贷款方的情况下，终止借款人提取该款项的权利。通知一经发出，该款项即应取消。

（1）暂停。借款人从贷款账户提取任何一笔未提取贷款余额的权利被连续暂停三十天。

（2）不需要的款项。银行在任何时候，经与借款人协商，断定不再需要用某一笔未提取贷款余额支付合格费用。

（3）欺诈和腐败。银行在任何时候：断定对于贷款资金的任何部分，担保人或借款人或项目实施实体（或贷款资金的其他接受方）的代表采取了腐败、欺诈、共谋或胁迫行为，而担保人或借款人或项目实施实体（或贷款资金的其他接受方）没有及时采取令银行满意的适当行动来当时纠正这种行为。

（4）采购不当。银行在任何时候：断定将由贷款资金供资的任何合同的采购不符合法律协定中规定或提到的程序；并确定了本来应由贷款资金供资的该合同下的支出金额。

(5) 结账日。结账日之后，还有未提取贷款余额。

(6) 担保的取消。银行根据第7.05款收到担保人关于某一笔贷款的通知。

第7.04款 不受银行提出的取消或暂停影响的属于特别承诺范围内的款项

银行提出的取消或暂停不适用于属于任何特别承诺范围内的贷款款项，特别承诺中明确规定的除外。

第7.05款 担保的取消

如果借款人未能偿付所要求的任何还贷付款（并非由于担保人的任何行为或不行为缘故），并且上述款项是由担保人支付的，那么担保人经与银行协商后，在通知银行和借款人的情况下，可对银行收到该通知之日尚未提取贷款余额中任何款项终止其在担保协定中承担的各种义务；但条件是这类款项不属于特别承诺的范围。自银行接到该通知时起，对该款项所承担的这类义务即应终止。

第7.06款 提前偿付事件

如果发生本款（1）至（6）段指明的任何事件，并且这类事件持续了所限定的（如有限定的话）一段时间，那么在随后的事件持续存在期内的任何时间，银行在通知贷款方的情况下，可宣布截至通知日全部或部分已提取贷款余额，连同按照贷款协定或这些通则到期应付的任何其他还贷付款，一并立即到期，并应立即偿付。一经宣布，此类已提取贷款余额和还贷付款立即到期并应立即偿付。

(1) 付款方面的违约。贷款方在：①按照任何法律协定；②按照银行与贷款方订立的任何其他协定；③按照贷款方与协会订立的任何协定（担保人与协会达成协定的，这种情况会使担保人无法按照担保协定履行其义务）；④因银行或协会向贷款方同意的任何第三方提供的任何担保或对其承担的任何其他财政义务，支付应付银行或协会的任何款项方面违约，并且每一种情况下的违约行为持续达三十天之久。

(2) 履行义务方面的违约。

①贷款方在履行它作为一方当事人的法律协定或任何金融衍生协定所规定的任何其他义务方面违约，并且此种违约行为在银行向贷款方发出违约通知后持续达六十天之久。

②项目实施实体在履行项目协定规定的义务方面违约，并且此种违约行为在银行向项目实施实体和贷款方发出违约通知后持续达六十天之久。

(3) 共同筹资。发生了第7.02款（8）②B分段指明的事件，从属于该款（8）③分段的规定。

(4) 义务的转让，资产的处置。发生了第7.02款（9）分段规定的任何事件。

(5) 借款人或项目实施实体的状况。发生了第7.02款第（11）②、（11）③、（11）④或（11）⑤分段中指明的任何事件。

(6) 其他事件。发生了贷款协定为了本款的目的而规定的任何其他事件并且该事件持续了贷款协定中所规定的期间（如有规定的话）（“其他提前偿付事件”）。

第7.07款　转换期内的提前偿付

如果贷款协定就转换做出了规定，如果在任何转换期间根据第7.06款发出了任何通知，则：（1）借款人应当按照银行随时宣布的并在通知之日有效的金额和利率，支付转换提前终止的交易手续费；（2）应根据转换准则，由借款人支付与转换提前终止有关所欠的取消费，或者由银行（在抵消借款人按照贷款协定所欠的任何款项后）支付与转换提前终止有关所欠的取消费。

第7.08款　取消、暂停或提前偿付后条款的有效性

尽管有根据本条实施的取消、暂停或提前偿付，除通则专门的规定之外，法律协定的所有条款仍继续全面有效。

第八条　可执行性　仲裁

第8.01款　可执行性

法律协定所规定的银行和贷款方的权利和义务应根据其条款生效和可以执行，而不管任何国家或其政治机构有何相反的法律。银行和贷款方均无权在根据本条而提起的任何诉讼中，因任何银行《协定》的规定而坚持主张这些通则或法律协定的任何条款无效或不能执行。

第8.02款　担保人的义务

除第7.05款规定的情况外，只有在担保人履行了义务，并仅在所履行义务的限度内，担保人在担保协定下的义务才能解除。在借款人违约方面，担保人的义务并不需要对借款人提前发出通知、提出要求或采取行动；也不需要对担保人提前发出通知或提出要求。担保人的义务也不受下列任何情况的影响：（1）给予借款人的任何延期、宽容或让步；（2）主张或未主张或未及时主张针对借款人的或与任何贷款担保有关的权利、权力或补救办法；（3）贷款协定条款规定的修改或扩充；（4）借款人或项目实施实体未能遵守成员国任何法律的任何要求。

第8.03款　未行使权利

任何一方拖延行使或忽略行使其按照任何法律协定对于任何违约行为所应享有的权利、权力或补救办法，不得有损于这些权利、权力或补救办法，也不得被视为放弃这些权利、权力或补救办法，或被视为默认这种违约行为。该方针对任何违约行为的行动或默认，均不得影响或有损于该方对于任何其他或以后的违约行为所应享有的任何权利、权力或补救办法。

第8.04款　仲裁

（1）贷款协定各方或担保协定各方之间产生的争议，或一方按照贷款协定或担

保协定对任何其他方提出的任何权利主张，如未通过各方协商一致解决，应提交下文规定的仲裁法庭（“仲裁法庭”）仲裁。

（2）此类仲裁的当事方，一方为银行，另一方为贷款方。

（3）仲裁法庭由三名仲裁员组成，其任命办法如下：①第一名仲裁员由银行任命；②第二名仲裁员由贷款方任命，若贷款各方意见不一致，由担保人任命；③第三名仲裁员（“首席仲裁员”）由各方协商一致任命，若各方意见不一致，由国际法院院长任命，若法院院长没有任命，由联合国秘书长任命。若任何一方没有任命仲裁员，由首席仲裁员任命这名仲裁员。若根据本款任命的仲裁员辞职、死亡或失去行为能力，应按本款规定的任命原仲裁员的方式任命继任仲裁员，该继任仲裁员拥有原仲裁员的一切权力和职责。

（4）仲裁程序可根据本条规定启动，但提起仲裁程序的一方须向另一方发出通知。通知应包含一项声明，说明提交仲裁的争议或权利主张的性质、所寻求的补救办法的性质和提起仲裁程序的一方任命的仲裁员的姓名。另一方应在通知发出三十天内，将其任命的仲裁员的姓名通知提起仲裁程序的一方。

（5）提起仲裁程序的通知发出六十天内，若各方未就首席仲裁员达成一致意见，任何一方可要求按照本款（3）项的规定任命首席仲裁员。

（6）仲裁法庭应在首席仲裁员确定的时间和地点召集会议。此后，仲裁法庭应确定在何时何地开庭。

（7）仲裁法庭应决定与其权限有关的一切问题，并按照本款的规定确定其程序，各方另有商定的除外。仲裁法庭的所有决定应经多数表决做出。

（8）仲裁法庭应公正地倾听当事各方的意见，并应做出书面裁决，此类裁决可以缺席裁定。由仲裁法庭多数成员签字的裁决书即构成该法庭的裁决。应向每一方转交一份经签署的相同文本的裁决书。根据本款规定做出的任何裁决是最终裁决，并对贷款协定和担保协定各方具有约束力。每一方都应遵守并执行仲裁法庭根据本款规定做出的任何裁决。

（9）当事各方应确定仲裁员和实施仲裁程序所需的其他人员的报酬金额。当事各方在仲裁法庭开会之前未能就此达成一致意见的，仲裁法庭可根据情况确定合理的金额。银行、借款人和担保人应各自支付自己的仲裁程序费。仲裁法庭的费用则应由以银行为一方，以贷款方为另一方的当事双方平均分担。与仲裁法庭费用的分摊或与支付此类费用的程序有关的任何问题，均应由仲裁法庭决定。

（10）贷款协定和担保协定各方之间发生的争议，或一方根据这类法律协定而对另一方提出的权利主张，应根据本款所述的仲裁规定解决，而不应采用任何其他程序。

（11）在相同文本的裁决书交付各方三十天内，裁决没有得到遵守的，任何一方均可：①请求任何具有管辖权的法院就裁决对任何其他方做出判决或对任何其他方起诉，要求强制执行裁决；②通过颁发执行令来强制执行判决；③采用任何其他适当的补救方法，使未能遵守裁决的当事一方执行裁决及贷款协定或担保协定的规定。但尽管有以上规定，本款并不认可就裁决对成员国做出判决或采取强制执行裁决的做法，但按照其他规定而不是根据本款的各项规定可以采取的这类程序不在此限。

（12）与本款规定的任何程序有关或者与执行依照本款做出的任何裁决的任何程序有关的通知或传票的送达，均应按照第 10.01 款规定的方式进行。贷款协定和担保协定各方放弃针对送达此类通知或传票的任何其他要求。

第九条　生效　终止

第 9.01 款　法律协定的生效条件

法律协定只有在向银行提供了令其满意的证据，表明已经满足下列条件后方能生效：

（1）代表该法律协定一方当事人的贷款方或项目实施实体签署和交付每份法律协定，已经由一切必要的政府和法人行动得到正式授权或批准；

（2）若银行有此要求，借款人（成员国除外）或项目实施实体在签订法律协定之日向银行陈述或保证的条件，自该日起没有发生实质性的不利变化。

（3）满足了贷款协定中规定的贷款协定生效所需的其他一切条件（“其他生效条件”）。

第 9.02 款　法律意见书或证书

作为第 9.01 款要求提供的证明的一部分，应向银行提供由银行认为可接受的律师出具的一份或几份令银行满意的意见书；或者，若银行有此要求，向银行提供一份令银行满意的、由成员国有资格的官员开具的证书，证明下列事项：

（1）代表每个贷款方和项目实施实体，证明该贷款方和项目实施实体作为一方当事人的法律协定已被该方正式授权或批准，并被其代表签署和交付，法律协定根据其条款对该方具有法律约束力；

（2）为了本款的目的，贷款协定规定的或银行合理要求的与法律协定有关的其他事项（“其他法律事项”）。

第 9.03 款　生效日

（1）除银行和借款人另有商定外，法律协定在银行向贷款方和项目实施实体发出通知，表示接受第 9.01 款所要求的证明之日生效（“生效日”）。

（2）如果在生效日之前，发生了若贷款协定有效，则使银行有权暂停借款人从贷款账户提款的权利的任何事件，或者银行断定存在第3.08（1）款规定的特殊情况，则银行可以将本款（1）项中提到的通知，推迟到这种事件或情况不复存在时再发出。

第9.04款　法律协定因未能生效而终止

法律协定未能于贷款协定为了本款的目的而规定的截止日期（“生效截止日期”）生效的，法律协定和各方根据法律协定承担的所有义务应当终止，除非银行在考虑了延误的原因后，为了本款的目的另定了一个较晚的生效截止日期。银行应将这一较晚的生效截止日期立即通知贷款方和项目实施实体。

第9.05款　法律协定在全部款项偿还后终止

已提取贷款余额和所有到期的其他还贷付款全部偿还后，法律协定和各方根据法律协定承担的所有义务应当立即终止。

第十条　杂项规定

第10.01款　通知和要求

任何法律协定或法律协定所涉及的各方之间的任何其他协定要求或允许发出或提出的任何通知或要求应当以书面形式发出或提出。除第9.03（1）款另有规定外，此类通知或要求在以专人递送、邮寄、电报或传真方式（或者，如果法律协定允许的话，以其他电子方式），交付要求或允许发给的那一方的地址时，该通知或要求即应视为正式发出或提出，该地址应当是法律协定中载明的，或是该方经通知向发出通知或提出要求的那一方另行指定的其他地址。以传真形式发生的递送应以邮件形式予以确认。

第10.02款　代表贷款方和项目实施实体采取的行动

（1）贷款方为了本款的目的，在其作为一方当事人的法律协定中指定的代表（和项目实施实体在项目协定中指定的代表）或该代表为了这一目的书面授权的任何人员，可以代表贷款方（或项目实施实体，视情况而定）采取法律协定所要求或允许采取的任何行动，并签署该法律协定要求或允许签署的任何文件。

（2）贷款方指定的代表或由该代表授权的个人可以以该代表或经授权人员书面签署文件的形式，代表贷款方同意对法律协定条款做出任何修改或扩充；但条件是，该代表认为在当时情况下，这种修改或扩充是合理的，并且不会大量增加贷款方根据法律协定承担的义务。银行可以认为该代表或其他经授权人员签署任何此类文件能确实证明该代表持上述意见。

第10.03款　授权证明

贷款方和项目实施实体须向银行提供：（1）充分证据，证明将代表该方采取该方作为一方当事人的法律协定所要求或允许采取的任何行动，或签署该法律协定所要求或允许签署的任何文件的一人或几人的权限；（2）每个人的核证签字样本。

第 10.04 款　相同文本的签署

每项法律协定都可以签署几份相同的文本，每份文本均应为原件。

第 10.05 款　信息披露

银行可以根据在披露信息时有效的信息获取政策，披露法律协议以及有关法律协议的任何信息。

附　录

定　义

1. “其他生效条件”系指贷款协定中为了第 9.01（3）款的目的而规定的任何生效条件。

2. “其他提前偿付事件”系指贷款协定中为了第 7.06（6）款的目的而规定的任何提前偿付事件。

3. “其他暂停事件”系指贷款协定中为了第 7.02（13）款的目的而规定的任何暂停事件。

4. “其他法律事项”系指贷款协定中为了第 9.02（2）款的目的而规定或与法律协定有关银行为了第 9.02（2）款的目的而要求的任何事项。

5. “核准货币”系指银行批准的用于货币转换的任何货币，该货币经转换后即成为贷款货币。

6. “仲裁法庭”系指根据第 8.04 款的规定设立的仲裁法庭。

7. “资产”包括任何种类的财产、收益和权利主张。

8. “协会”系指国际开发协会。

9. “银行”系指国际复兴开发银行。

10. “银行地址”系指法律协定中为了第 10.01 款的目的而提供的银行地址。

11. “借款人”系指获得贷款的贷款协定当事方。

12. “借款人地址”系指贷款协定中为了第 10.01 款的目的而提供的借款人地址。

13. “借款人代表”系指贷款协定中为了第 10.02 款的目的而指定的借款人代表。

14. “结账日”系指贷款协定中规定的某个日期（或银行经通知贷款方确定的较晚的日期），在该日期之后，银行经通知贷款方，可终止借款人从贷款账户中提款的权利。

15. “共同融资方”系指 7.02（8）款中提到的提供共同融资的融资方（除银

行或协会之外）。如果贷款协定提到多个融资方，共同融资方分别指每一个融资方。

16. “共同融资”系指7.02（8）款中提到和贷款协定指明的由共同融资方为项目已提供的或将提供的融资。如果贷款协定指明多个该种融资，则共同融资分别指每个该融资。

17. “共同融资协定”系指7.02（8）款中提到的规定共同融资的协定。

18. “共同融资截止日期”系指第7.02（8）①款中所述日期，与打算为项目提供资金的供资方（银行或协会除外）签订的协定将于该日生效。

19. “转换”系指由借款人请求并由银行同意的对全部贷款或贷款中任何部分的贷款条款所作的下列方面的修改：（1）利率转换；（2）货币转换；（3）为可变利率制定利率上限或利率上下封；每种转换均应按贷款协定的规定进行。

20. “转换日”对于转换而言，系指付款日（或者对于一笔未提取贷款余额的货币转换而言，为银行确定的其他付款日），转换在该日生效。“转换准则”对此作了进一步规定。

21. “转换准则”对于转换而言，系指银行不时发布的并于转换时有效的“贷款条款转换准则”。

22. “转换期”对于转换而言，系指自转换日起（含转换日）至转换按照其条件终止的利息期最后一天（含最后一天）的期间；但如果仅仅为了能够以核准货币支付货币转换下的最后一笔利息和本金，则转换期应于上述最后适用利息期的最后一天之后的第一个付款日结束。

23. “交易对手方”系指银行为了实现转换而与之达成金融衍生交易的一方。

24. “货币”系指一国货币及国际货币基金组织的特别提款权。“一国货币”系指一个国家中作为偿付公共和私人债务的法定货币的货币。

25. “货币转换”系指将所有或任何未提取贷款余额或已提取贷款余额由贷款货币改为核准货币。

26. “货币套期保值交易”对于货币转换而言，系指银行在执行日之前按照“转换准则”与某个交易对手方进行的与货币转换有关的一个或多个货币掉期交易。

27. “违约利息期”对于已提取贷款余额的到期未付金额而言，系指在其期间内未付金额仍未偿付的每一个利息期；前提是：第一个此种违约利息期的开始日期应为该金额到期未付首日后的第31天，且最后一个此种违约利息期的结束日期是该金额完全偿付之日。

28. “违约利率”对于任何违约利息期，系指：

（1）如果已提取贷款余额的任何金额适用违约利率，而且在临适用违约利率违约利率之前应支付可变利率利息：则为违约可变利率外加0.5%；

（2）如果已提取贷款余额的任何金额适用违约利率，而且在临适用违约 利率违约利率之前以固定利率支付利息：则为违约伦敦银行同业拆 放利率加上固定利差再加上 0.5%。

29.“违约伦敦银行同业拆放利率”系指相关利息期的伦敦银行同业拆放利率；同时规定：在最初的违约利息期，违约伦敦银行同业拆放利率等于第 3.02 款（4）所述金额开始到期未付的利息期的伦敦银行同业拆放利率。

30.“违约可变利率”系指相关利息期的可变利率；同时规定：在最初的违约利息期，违约可变利率等于第 3.02 款（4）所述金额开始到期未付的利息期的可变利率。

31.“金融衍生协定”系指银行与某一贷款方为了记录和确认银行与该贷款方之间的一个或多个金融衍生交易而达成的任何金融衍生协定，此种协定可不时进行修正。“金融衍生协定”包括所有对金融衍生协定构成补充的时间表、附件和协定。

32.“支出额”系指对每个利息期来说，在每个利息期内从贷款账户中提出的总的本金额。

33.“美元”系指美利坚合众国的法定货币。

34.“生效日期”系指依照第 9.03（1）款的规定，法律协定开始生效的日期。

35.“生效截止日期”系指第 9.04 款所述日期，如法律协定未按该款的规定生效，则在该日期之后，法律协定终止。

36.“合格费用”系指符合第 2.05 款规定，因而可以从贷款资金中支出的费用。

37.“欧元同业拆放利率”系指在任何利息期内欧元银行间对六个月欧元存款支付的利率，以年百分比表示，在利息期参考利率重置日布鲁塞尔上午 11：00 时发布在“相关利率页”上。

38.“欧元”“€”和“EUR”系指欧元区法定货币。

39.“欧元区”系指按照经《欧洲联盟条约》修正的《欧洲共同体成立条约》，实行单一货币的欧洲联盟成员国的法定货币。

40.“执行日”对于转换而言，系指由银行合理确定的一个日期，在该日，银行为了实现转换而采取了所有必要的行动。

41.“外债”系指应该或可能应该以成员国货币之外的货币支付的债务。

42.“金融中心”：（1）对于欧元之外的货币而言，系指有关货币的主要金融中心；（2）对于欧元而言，系指采用欧元的任何欧洲联盟成员国的主要金融中心。

43.“财务报表”系指第 5.09 款规定的为项目保有的财务报表。

44.“固定利率”系指：

（1）在完成从可变利率的利率转换后，适用于所转换的贷款金额的固定利率，它等于以下二者之一：①反映银行在与转换有关的利息套期保值交易下应付的固定利率的利率（根据转换准则对可变利率和银行在利息套期保值交易下应收的可变利率之间的差额进行调整）；②屏幕比率，如果银行根据转换准则这样决定的话。

（2）在转换期应以固定利率计息的贷款金额完成货币转换后，适用于该金额的固定利率，它等于以下二者之一：①反映银行在与货币转换有关的货币套期保值交易下应付的固定利率的利率；②屏幕比率的利率部分，如果银行根据转换准则这样决定的话。

45.“固定参考利率”系指：

（1）根据从浮动利率贷款的参考利率及浮动蔓延到一个“固定的参考利率”和浮动传播的相关参考利率，固定利率相当于一个浮动利率的基础上根据利率转换货币应等于或适用于量的转换，贷款固定利率相当于：①本利率，反映了固定利率计息的银行支付的利率对冲交易或货币对冲交易有关转换；②如果银行决定按照转换指引，屏幕所显示的汇率。

（2）于货币转换的量应计利息的贷款，在浮动利率的基础上的一个“固定参考汇率”，点差，固定利率相当于：①相关的参考利率为核准适用于转换适用的贷款金额加上②扩展（如果有的话）的相关参考利率合理确定银行按照准则转换，这相当于固定利率应等于货币：A、B 应付利息的利率由银行根据有关兑换的货币对冲交易或固定的利率反映银行决定利率组成部分的转换指南，按照屏幕评估。

46.“固定利差”系指银行在贷款协定签署日的前一日历日于华盛顿哥伦比亚特区凌晨 12 时零 1 分时执行的初始货币的固定利差，但：（1）在根据第 3.02 款（4）段确定以固定利率支付利息的已提取贷款余额之金额所适用的违约利率时，“固定利差”系指银行在贷款协定签署日的前一日历日于华盛顿哥伦比亚特区凌晨 12 时零 1 分时执行的该金额面值货币的固定利差；（2）在根据第 4.02 款固定应支付可变利差时，“固定利差”系指银行在转换日于华盛顿哥伦比亚特区凌晨 12 时零 1 分时执行的贷款货币的固定利差；（3）如果根据第 4.04 款（1）段对全部或任一数额的未提取贷款余额完成货币转换，则固定利差应按照转换准则规定的方式在执行日调整。

47.“境外费用”系指使用成员国之外的任何国家的货币购买从成员国之外的任何国家的领土上提供的货物、工程或服务的费用。

48.“先征费”系指贷款协定中为了第 3.01 款的目的而规定的费用。

49.“担保协定”系指成员国和银行之间就贷款担保做出规定的协定，此种协定可不时进行修正。“担保协定”包括适用于担保协定的通则，以及所有对担保协定形成补充的附录、时间表和协定。

50.“担保人”系指作为担保协定一方的成员国。

51.“担保人地址”系指担保协定中为了第 10.01 款的目的而提供的担保人地址。

52.“担保人代表”系指贷款协定中为了第10.02款的目的而指定的担保人代表。

53.“发生债务”包括对债务的承担或担保，也包括债务条件或对债务的承担或担保的任何展期、延长或修改。

54.“利息套期保值交易”对于利率转换而言，系指银行在执行日之前根据转换准则与交易对手方进行的一个或多个与利率转换有关的利率掉期交易。

55.“利息期”系指自贷款协定签署之日（含签署日）起至（但不包括）其后第一个付款日的最初一段时间，以及在该段时间过后，自付款日（含付款日）起至（但不包括）下一个付款日的每段时间。

56.“利率上限”系指确定可变利率上限的最高限额。

57.“利率上下封”系指最高限额和最低限额的组合，它确定了可变利率的上限和下限。

58.“利率转换”系指适用于全部或任何部分的已提取贷款余额的利率基准从可变利率向固定利率或从固定利率向可变利率的变化。

59.“法律协定”系指任何贷款协定、担保协定或项目协定。“法律协定”统指所有此类协定。

60.“伦敦银行同业拆放利率”对于任何利息期来说，系指贷款货币六月期存款的伦敦银行同业拆放利率，以年百分比表示，在利息期的伦敦银行同业拆放利率重置日伦敦时间上午11时公布在“相关利率页”上。

61.“留置权”包括任何类型的抵押、质押、特权和优先权。

62.“贷款”系指贷款协定中规定的贷款。

63.“贷款账户”系指银行在其账簿中以借款人的名字开立的账户，贷款金额记入该账户。

64.“贷款协定”系指银行与借款人达成的对贷款做出规定的贷款协定，此种协定可不时进行修正。“贷款协定”包括适用于贷款协定的通则以及所有对贷款协定形成补充的附录、时间表和协定。

65.“贷款货币”系指用于对贷款进行标价的货币；但如果贷款协定对转换做出规定，则“贷款货币”指随时用于对贷款进行标价的货币。如果贷款以一种以上的货币标价，则“贷款货币”分别指这些货币中的每一种货币。

66.“贷款方”系指借款人或担保人。“贷款方”统指借款人和担保人。

67.“偿还贷款”系指根据法律协定或通则，贷款方应付给银行的任何款项，包括（但不限于）任何数额的已提取贷款余额、利息、先征费、违约利率利息（如有）、任何提前还款溢价、任何转换的交易手续费或提前终止转换的交易手续费、设立利率上限或利率上下封后的任何应付溢价，以及借款人应付的任何取消费。

68.“本地费用”系指：（1）以成员国货币支出的费用；（2）用于从成员国领土上提供的货物、工程或服务的费用。但是，如果该成员国的货币亦是提供货物、工程或服务的另一国家的货币，则以该货币进行的用于此类货物、工程或服务的支出费用视为“境外费用”。

69.“伦敦银行营业日”系指伦敦各商业银行对外办理一般性业务（包括外汇交易和外币存款业务）的任何日子。

70.“到期固定日”系指，对每一个支出额来说，紧接支出额发生利息期的下一个利息期的第一天。

71.“成员国”系指作为借款人或担保人的银行成员。

72.“付款日”系指贷款协定中规定的发生于贷款协定生效之日当天或之后应支付利息的每个日期。

73.“筹备预付款”系指贷款协定中所指和根据第2.07（1）条偿付的预付款。

74.“本金付款日”系指贷款协定中规定的应支付全部或部分本金的每个日期。

75.“项目”系指贷款协定中所述接受贷款的项目，此类项目内容描写可根据银行与借款人之间的协定不时修正。

76.“项目协定”系指银行与项目实施实体之间有关实施整个或部分项目的协定，此类协定可不时进行修正。“项目协定”包括适用于项目协定的通则以及所有对项目协定形成补充的附录、时间表和协定。

77.“项目实施实体”系指负责执行整个或部分项目并且是项目协定签署方的法律实体（借款人或担保人除外）。如果银行与不止一个此类实体达成项目协定，则“项目实施实体”分别指其中每个实体。

78.“项目实施实体地址”系指项目协定中为了第10.01款的目的而提供的项目实施实体的地址。

79.“项目实施实体代表”系指项目协定中为了第10.02（1）款的目的而指定的项目实施实体的代表。

80.“项目报告”系指依照第5.08（2）款的规定而编写和向银行提供的有关项目的每份报告。

81.“公共资产”系指成员国、成员国任何政治或行政分部门以及由成员国或任何此类分部门拥有或控制，或代表成员国或任何此类分部门或为了成员国或任何此类分部门的利益而运作的任何实体的资产，包括行使成员国中央银行或外汇平准基金职能或类似职能的任何机构所持有的黄金或外汇资产。

82.“参考利率”对任何利息期来说：

（1）对美元和日元来说，系指相关贷款货币的伦敦银行同业拆放利率。如果该利率没有发布在“相关利率页”上，银行应要求四个主要银行每家银行驻伦敦的主要办公室提供该银行在利息期参考利率重置日伦敦时间上午11：00时许在伦敦银行间市场向主要银行提供的相关贷款货币六个月存款的利率报价。如果提供的报价至少有两个，则利息期的利率为报价的算术平均数（由银行确定）。如果按要求提供的报价不足两个，则利息期的利率为银行在有关金融中心选择的四家主要银行在金融中心利息期参考利率重置日上午11：00时许向主要银行提供的相关贷款货币六个月期贷款利率报价的算术平均数（由银行确定）。如所选银行中提供该利率报价的银行不足两个，则利息期相关贷款货币的参考利率等于前一利息期实行的参考利率。

（2）对欧元来说，系指欧元银行同业拆放利率。如果该利率没有发布在"相关利率页"上，银行应要求四个主要银行每家银行的主要欧元区办公室提供该银行在利息期参考利率重置日布鲁塞尔时间上午11：00时许在欧元区银行间市场向主要银行提供的欧元六个月期存款的利率报价。如果提供的报价至少有两个，则利息期的利率为报价的算术平均数（由银行确定）。如果按要求提供的报价不足两个，则利息期的利率为银行在有关金融中心选择的四家主要银行在金融中心利息期参考利率重置日上午11：00时许向主要银行提供的欧元六个月期贷款利率报价的算术平均数（由银行确定）。如所选银行中提供该利率报价的银行不足两个，则利息期欧元参考利率等于前一利息期实行的参考利率。

（3）如果银行确定，该货币已不再使用伦敦银行同业拆放利率（对美元和日元而言）或欧元银行同业拆放利率（对欧元而言）作为利率报价的基础，银行应根据第3.02（3）条为相关货币确定其他类似的参考利率。

（4）对于除美元、欧元和日元之外的任何货币而言：①初始贷款货币的该参考利率应为贷款协议中规定或特指的参考利率；②如果是向这些其他货币进行货币转换，该参考利率应由银行根据转换准则确定，并根据第4.01（2）条通知借款人。

83."参考利率重置日"：

（1）对美元和日元而言，系指相关利息期起始日之前两个伦敦银行营业日的日期（或：①对于最初的利息期，指贷款协议签署日当月一日或十五日之前两个伦敦银行营业日的日期，以协议签署日之前最近的一日为准；如果贷款协议签署日恰好为该月一日或十五日，则参考利率重置日应为贷款协议签署日之前两个伦敦银行营业日的日期；②如果对一定金额的未提取贷款余额转换为美元或日元的货币转换日恰好为付款日之外的某一天，则核准货币的最初参考利率重置日应为转换日当月一日或十五日之前两个伦敦银行营业日的日期，以转换日之前最近的一日为准；如果转换日恰好为该月一日或十五日，则核准货币的参考利率重置日为转换日之前两个伦敦银行营业日的日期）。

（2）对欧元而言，系指相关利息期起始日之前两个目标结算日的日期（或：①对于最初的利息期，指贷款协议签署日当月一日或十五日之前两个目标结算日的日期，以协议签署日之前最近的一日为准；如果贷款协议签署日恰好为该月一日或十五日，则参考利率重置日应为贷款协议签署日之前两个目标结算日的日期；②如果对一定金额的未提取贷款余额转换为欧元的货币转换日恰好为付款日之外的某一天，则核准货币的最初参考利率重置日应为转换日当月一日或十五日之前两个目标结算日的日期，以转换日之前最近的一日为准；如果转换日恰好为该月一日或十五日，则核准货币的参考利率重置日为转换日之前两个目标结算日的日期）。

（3）对于向核准货币的转换，如果银行认为按照市场惯例确定的参考利率重置日为其他日期，并非上述（1）或（2）项规定的日期，则参考利率重置日应为“转换准则”另行规定的其他日期；

（4）对于除美元、欧元和日元之外的任何货币而言：①初始贷款货币的参考利率重置日报应为贷款协议中规定或特指的日期；②如果是向这些其他货币进行货币转换，该参考利率重置日应由银行确定，并根据第4.01（2）条通知借款人。

84.“相关利率页”系指由银行选择的知名金融市场数据提供商指定的显示页，用于显示贷款货币存款的参考利率。

85.“项目中各自分管部分”对于借款人和任何项目实施实体而言，系指法律协定中规定的由其实施的项目部分。

86.“屏幕比率”系指：

（1）对于从可变利率向固定利率的利率转换，系指银行根据可变利率及公认信息提供商公布的反映转换期、货币金额和所转换贷款金额偿还规定的市场比率，在执行日确定的固定利率。

（2）对于从固定利率向可变利率的利息转换，系指银行根据固定利率及公认信息提供商公布的反映转换期、货币金额和所转换贷款金额偿还规定的市场比率，在执行日确定的可变利率。

（3）对于一定数额的未提取贷款余额的货币转换，系指银行根据公认信息提供商公布的市场汇率，在执行日确定的转换前的贷款货币与核准货币之间的汇率。

（4）对于一定数额的已提取贷款余额的货币转换，系指：①银行根据公认信息提供商公布的市场汇率，在执行日确定的转换前的贷款货币与核准货币之间的汇率；②银行按照转换准则，根据转换前适用于该金额的利率及公认信息提供商公布的反映转换期、货币金额和所转换贷款金额偿还规定的市场比率，在执行日确定的固定利率或可变利率（以适用于转换者为准）。

（5）对于提前终止转换而言，系指银行按照转换准则，根据公认信息提供商公布的反映剩余转换期、货币金额及有关所转换和提前终止转换的贷款金额偿还规定的市场比率，为计算截至提前终止转换日的取消费而适用的比率。

87.“特别承诺”系指银行依照第 2.02 款的规定做出的或将做出的任何特别

承诺。

88.“目标结算日”系指跨欧洲自动实时总结算快速传输系统对外办理欧元结算的日子。

89.“税”包括于法律协定签署日执行的或在该日期之后实行的任何性质的捐税、课税、收费和关税。

90.“首席仲裁员”系指依照第8.04（3）款的规定指定的第三名仲裁员。

91.“取消费”对于提前终止转换而言，系指：

（1）借款人应付给银行的金额，等于银行为终止转换而进行的交易下银行应付的净总额，或者如果银行没有进行此类交易，则等于银行根据屏幕比率确定的相当于该净总额的金额；

（2）银行应付给借款人的金额，等于银行为终止转换而进行的交易下银行应收的净总额，如果没有进行此类交易，则等于银行根据屏幕比率确定的相当于该净总额的金额。

92.“未提取贷款余额”系指贷款账户中在不同时间尚未提取的贷款金额。

93.“可变利率”系指一种可变利率，它等于以下之和：（1）最初的贷款货币的伦敦银行同业拆放利率；（2）如果以基于可变利差的利率发生利息，则加上可变利差，如果以基于固定利差的利率发生利息，则加上固定利差。但是，如果：

（1）已完成从固定利率的利率转换，则适用于所转换贷款金额的“可变利率”等于以下之一：

①以下之和：贷款货币的伦敦银行同业拆放利率，加上银行在与转换有关的利息套期保值交易下应付的与伦敦银行同业拆放利率的利差［按照转换准则对固定利率和银行在利息套期保值交易下应收的固定利率之间的利差（如果有的话）进行调整］；

②屏幕比率，如果银行根据转换准则这样决定的话。

（2）一定数额的未提取贷款余额已完成向核定货币的转换，而且任何此类金额已提取，则适用于此类金额的“可变利率”等于以下之和：

①核准货币的伦敦银行同业拆放利率；

②如果该金额以基于可变利差的利率发生利息，则加上可变利差，如果该金额以基于固定利差的利率发生利息，则加上固定利差。

（3）一定数额的已提取贷款余额已完成向核准货币的转换，该已提取贷款余额在转换期间内以“可变利率”发生利息，则适用于此类金额的可变利率等于以下之一：

①以下之和：核准货币的伦敦银行同业拆放利率，加上银行在与货币转换相关货币套期保值交易下应付的与伦敦银行同业拆放利率的利差（如果有的话）；

②屏幕比率的利率部分，如果银行根据转换准则这样决定的话。

94.“可变利差”对于每个利息期来说，系指：

（1）银行在贷款协定签署日的前一日历日于华盛顿哥伦比亚特区凌晨 12 时零 1 分时执行的贷款的标准可变利差；

（2）减去（或加上）该利息期内银行拨付的用来为以基于可变利差的利率发生利息的贷款供资的未偿还借款或部分未偿还借款低于（或高于）六个月存款的伦敦银行同业拆放利率或其他参考利率的加权平均差额；由银行合理确定，以年度百分比表示。对于以一种以上货币标价的贷款，“可变利差”分别适用于其中的每种货币。

95.“可变利差调整费”对以基于可变利差的利率发生利息的贷款被全部或部分转换的情况而言，系指银行在转换签署日的前一日历日于华盛顿哥伦比亚特区凌晨 12 时零 1 分时针对这种转换所执行的收费。

96.“已提取贷款余额”系指从贷款账户中不时提取且未偿还的贷款金额。

97.“日元”“￥”或“JPY”系指日本的法定货币。

世界银行项目支付指南

（2006 年 5 月 1 日）

此为世界银行项目支付指南（2006 年 5 月 1 日版）的中文翻译。本中文翻译仅为使用者提供方便。英文原件为唯一的官方版本。如英文原件与本中文翻译内容有出入，应以英文原件内容为准。

目　录

第一节　目　的

1.1　本指南的目的是建立世界银行的项目贷款资金支付程序。本指南特别对以下方面作出说明：（1）世界银行在支付贷款资金时使用的不同方式；（2）关于从贷款账户提款的规定；（3）借款人需要提供哪些支持文件说明贷款资金用于合格费用目的；（4）开设指定账户的标准；（5）适用于预付款的规则；（6）世界银行若认为借款人不再需要贷款资金或贷款资金用于不合格目的，可采取哪些行动；以及（7）退款导致的后果。

第二节　支付方式

2.1　世界银行与借款人协商后制定项目的支付安排，要考虑的主要因素包括：对借款人的财务管理和采购安排的评估、项目的采购计划及现金流需求、借款人过去项目支付经验。

2.2 在借款人提出要求时，世界银行决定使用以下哪一种或多种方式，从为每项贷款设立的贷款账户中向借款人支付资金。

（1）**偿还支付**：世界银行可将贷款协议规定为符合拨款条件的费用（“合格费用”）回补给使用自有资金垫付的借款人。

（2）**预付**：世界银行可将贷款资金预付到借款人的指定账户上，支付发生的合格费用，但借款人须在稍后时间提供相应的支持文件（见第五节“指定账户”）。

（3）**直接付款**：世界银行可应借款人的要求将款项直接支付给第三方（如供应商、承包商、咨询机构）用于合格费用目的。

（4）**特别承诺**：世界银行可应借款人的要求、按照与借款人达成的书面特别承诺将款项支付给第三方用于合格费用目的。

第三节　贷款资金的提取

3.1 **授权签字**。从贷款账户提取贷款资金前，借款人的授权代表（贷款协议中已经指定）须向世界银行提供：（1）授权在提款申请和特别承诺申请（统称为“申请”）上签字的官员的姓名；（2）官员的授权签字样本。借款人须明确说明申请上是否需要多个签字；如果签字授权发生变更，借款人须立即通知世界银行。

3.2 **申请**。须按照世界银行有关格式和信息的合理要求提交申请。申请表可从客户连接网站 http：//clientconnection. worldbank. org 上在线获得，也可向世界银行索取。

3.3 如果从贷款账户提款用作预付款目的，借款人应就提款事宜提供一份签字的申请原件。如果从贷款账户提款用作偿还支付和直接付款以及报告预付款的使用情况，借款人应就提款事宜提供一份签字的申请原件和一份支持文件复印件（见第四节“支持文件要求”）。如果从贷款账户提出特别承诺款，借款人应就特别承诺事宜提供一份签字的申请原件和一份信用证复印件。世界银行有权不接受或审查申请和支持文件副本，并且可自行决定是退回还是销毁副本。

3.4 **电子提交**。世界银行可准许借款人使用世界银行规定的电子途径向世界银行提交申请和支持文件。根据本分节要求提交的申请和支持文件将被视为已经满足了本指南 3.2 和 3.3 分节的要求。

3.5 **申请的最低限额**。世界银行为偿还支付、直接付款和特别承诺申请设定了最低限额。世界银行有权不接受低于最低限额的申请。

3.6 **贷款支付期**。世界银行仅在根据贷款协议的规定宣布贷款协议生效后才处理申请。所申请的费用须符合以下条件：

（1）付款日期：付款日期须在：①贷款协议日当天或以后；②如果项目执行允许追溯贷款，则为贷款协议就此类贷款规定的更早的日期当天或以后。

（2）发生日期：发生日期须在贷款协议规定的关账日当天或之前（“关账日”），但是与世界银行达成特别协议的情况除外。

3.7　贷款支付期的结束日就是世界银行设定的接受提款申请和支持文件的最后日期（“支付截止日”）。支付截止日可能与关账日相同，也可能延期到关账日之后（最多延期四个月）。正常情况下，为了有序地结束项目并关闭贷款账户，世界银行不接受在支付截止日之后收到的提款申请或支持文件。借款人应在这些期限前将任何预期的执行延迟或异常行政事件尽快告知世界银行。支付截止日若有变动，世界银行也应告知借款人。

3.8　**支付条件**。如果贷款协议包含特殊费用类别的支付条件，世界银行将仅在该支付条件获得满足并且世界银行已经将此事告知借款人后才支付该费用类别的贷款资金。

第四节　支持文件要求

4.1　借款人向世界银行提供支持文件，以表明贷款资金已经或正在用于支付合格费用。

4.2　对于特别承诺，商业银行可向世界银行直接证明发放承诺提款的条件已经满足。

4.3　**支持文件的类别**。世界银行可要求借款人提供证明合格费用的原始文件（“记录”）的副本或按照世界银行规定的格式和内容要求提供费用的汇总报告（“汇总报告”）。记录包括发票、收据等文件。汇总报告可以是按照贷款协议提供的未经审计的定期财务报告（“定期财务报告”），也可以是总结规定时期内支付的合格费用的费用报表（“费用报表”）。无论是何种情况，借款人都有责任保存证明合格费用的原始文件，并随时提供以备审计或核查。

4.4　世界银行根据所使用的支付方式决定借款人应提供的支持文件的类别。支持文件可能包括以下几种：

（1）**偿还支付申请**：①定期财务报告；②费用报表；③记录；④世界银行要求提供的特殊费用的记录以及所有其他费用的费用报表。

（2）**报告预付款用途**：①定期财务报告；②费用报表；③记录；④世界银行要求提供的特殊费用的记录以及所有其他费用的费用报表。

（3）**直接付款申请**：记录。

（4）世界银行可能以通知形式要求借款人提供的任何其他支持文件。

4.5　未能提供审计过的财务报表。如果借款人未能按照贷款协议在规定的时间内提供审计过的财务报表，世界银行可自行决定不接受有汇总报告支持的提款申请，即使这些报告附有记录。

第五节　指定账户

5.1　借款人可开立一个或多个指定账户，世界银行将按照借款人的要求把从贷款账户中提取的金额存入指定账户，用于支付发生的合格费用（“指定账户”）。世界银行批准开立指定账户前，借款人须具备足够的行政能力、内部控制以及会计和审计程序，以确保指定账户的有效使用。

5.2　如果借款人在其贷款或担保的任何其他贷款的支付截止日后两个月内仍未将无文件支持的预付款退还到此类贷款的贷款账户中，世界银行可能决定不允许借款人设立指定账户用于新项目。

5.3　指定账户的类别。世界银行可以根据项目执行情况决定使用以下两种方式中之一设立指定账户，并告知借款人。

（1）**专用的账户：**借款人的这种账户中仅存入世界银行的贷款资金。

（2）**混合的账户：**借款人的这种账户中可存入世界银行的贷款资金和项目执行所需的其他融资资金（如借款人的资金和/或其他开发伙伴提供的资金）。

5.4　指定账户的币种。指定账户须使用世界银行接受的币种。在拥有可自由兑换的币种的国家，指定账户可使用借款人的本国货币或任何可自由兑换的货币。世界银行还可能同意开立本国货币指定账户，条件之一是本国货币（即使不能自由兑换）稳定并且借款人将主要以本国货币支付费用。借款人承担以下方面的所有风险：（1）贷款的币种与借款人指定账户所使用的币种之间的汇率波动；（2）借用币种之间的汇率波动。

5.5　金融机构。借款人须在世界银行认可的金融机构按照世界银行可接受的规则开立并保留指定账户。为了达到世界银行的要求，借款人建议的金融机构一般应符合下列条件：

（1）财务制度健全；

（2）被授权保持采用世界银行和借款人既定币种的指定账户；

（3）定期接受审计，并获得令人满意的审计报告；

（4）能够立即执行多次交易；

（5）能够开展多样化的令人满意的银行服务；

（6）能够提供详细的指定账户账单；

（7）加入了声誉良好的银行间议付网络；

（8）服务收费合理。

5.6 如果金融机构曾经或将要声明抵偿、没收或扣留世界银行存在该机构的指定账户上的贷款资金，世界银行将有权不接受金融机构开设和/或维持指定账户。

第六节 适用于预付款的规则

6.1 **限额**。世界银行应告知借款人指定账户可存入的贷款资金的最高限额（“限额”）。世界银行可自行决定将限额设定为固定金额，或在项目执行期间根据项目现金流动需求的定期预测可随时调整的金额。

6.2 **预付款申请**。借款人可申请的预付款金额为限额减去借款人先前获得但尚未提供支持文件的预付款总额。正常情况下，为了确保有序地关闭贷款账户，世界银行不会在关账日之后将贷款资金预付到指定账户中。

6.3 **报告从指定账户支付合格费用的频率**。借款人应根据世界银行通知按照规定的频率定期报告预付到指定账户上的贷款资金的使用情况（“报告期”）。借款人应确保存在指定账户上的所有款项的使用都有据可查，并在支付截止日之前报告其使用情况。在该期限之后，借款人须将指定账户中所有未能说明用途或剩余的预付款退还给世界银行。

6.4 **停付预付款**。如果发生下列情形，则世界银行无需向指定账户存入资金：

（1）世界银行认为支付存款将导致超过限额（见6.2分节“预付款申请”）。

（2）世界银行不认为借款人的计划项目费用需要该笔存款。世界银行在通知借款人之后可调整存入的金额，或者停止向指定账户再次存入资金，直到世界银行认为项目的财务需求需要更多的存款支持。

（3）借款人未能依照世界银行根据本指南7.1和7.2分节做出的要求采取行动。

（4）借款人未能依照贷款协议在规定的时限内提供审计过的财务报表。

（5）世界银行认为借款人今后应直接从贷款账户提取贷款资金。

（6）世界银行已通知借款人世界银行准备暂时取消借款人从贷款账户提款的全部或部分权利。

6.5 **过量预付款**。无论何时，只要世界银行认为今后无需使用保存在指定账户上的资金支付合格费用（“过量的金额”），即可自行要求借款人采取下面的一种或两种措施。接到世界银行通知后，借款人须立即采取所要求的措施：

（1）在世界银行规定的期限内向世界银行提供令其满意的证据，证明过量的金额将被用于支付合格费用。如果没有在规定期限内提供证据，借款人须立即将过量的金额退还给世界银行。

（2）立即退还过量的金额。

第七节　不合格费用

7.1　一般性不合格费用。如果世界银行依照贷款协议认为贷款被用于支付不合格费用（“不合格费用”），世界银行可自行要求借款人采取下面的一种或两种措施。在接到世界银行通知后，借款人须立即采取所要求的措施：

（1）向世界银行退还相同金额的资金；

（2）特别情况下，可提供替代单据，证明发生过其他合格费用。

7.2　从指定账户支付的不合格费用。如果世界银行认为提供给世界银行的证明材料无法合理说明从指定账户提出的支付资金的用途，或者这些资金被用于不合格费用，世界银行可自行要求借款人采取下面列出的一种措施。在接到世界银行通知后，借款人须立即采取所要求的措施：

（1）按照世界银行的要求提供附加证明材料；

（2）向指定账户存入相同金额的资金；

（3）向世界银行退还相同金额的资金；

（4）特别情况下，可提供替代单据，证明发生过其他合格费用。

第八节　退　款

8.1　借款人决定退款。借款人可在通知世界银行后，将存在指定账户上的所有贷款或部分贷款资金退还给世界银行的贷款账户。

8.2　退款的后果。世界银行应决定是否将按照本支付指南第6.7节和8.1分节的规定退还给世界银行的资金记入贷款账户用于后续提款，还是加以注销。借款人应知道：由于某些款项的利率水平或币种已经被转换或套期保值，退还贷款资金可能需支付调期中止费和/或解套成本。

8.3　不受退款影响的其他义务。退还任何金额的贷款不会影响世界银行依据贷款协议享有的补救权利。

世界银行贷款项目
财务管理与支付手册

（2001 年 5 月）

目　录

附件六　费用报表

附件七　专用账户调节表

附件八　支付报告

附件九　登录世行网址申请表

附件十　关于印发《世界银行贷款项目会计核算办法》的通知（财际字〔2000〕13 号）

前　言

为了便利项目单位全面了解世界银行贷款项目财务管理和支付的有关规定，我们按照世界银行贷款项目财务管理和支付手册的有关要求，结合中国的国情，以及世界银行贷款项目过去几年以来在财务管理和支付方面的经验教训，编辑了这本小册子，提供给世界银行贷款项目的相关人员作为参考。希望能够借此加强项目的监督管理，提高提款报账的时效，确保资金的及时到位，使得项目能够按期顺利完成。

为方便本手册使用者正确了解有关文件，有关附件提供了中英文两种版本①，以便于使用者在阅读时相互参照。由于时间有限，不当之处敬请提出宝贵意见。

本手册由世界银行驻中国代表处财务管理与支付组负责解释。

谨此致谢。

一、财务管理

1. 世界银行对项目财务管理的要求

1.1　世界银行对项目财务管理的要求，指的是项目执行单位所拥有的财会系统，包括会计，财务报告和审计系统，能针对项目的资源和费用，提供及时正确的信息。

会计

1.2　项目单位提交世行的财会资料，其编制的基准，必须是为世行所认可接受的。在项目正式启动前，执行单位必须有完整的会计和内部控制系统，以便于记录和报告项目的所有资产、负债和所发生的经济行为，为管理和监控项目活动，提供适时正确的财会信息。

1.21　根据财政部国际司于 2000 年 1 月所发布的《关于印发世界银行贷款项目会计核算办法的通知》（财际字〔2000〕13 号）的规定（附件十），所有于 1998 年 7 月 1 日起经世行执董会批准，并执行国有建设单位会计制度的项目，均应使用

① 附件中所提供的中英文版本并非一一对应，英文为世行的标准文件，中文仅供读者阅读时参考。

此世界银行贷款项目会计核算办法（以下简称办法）。此类项目以世行贷款项目为会计主体，必须按照此办法建立独立的项目会计核算体系。

在此之前已经世行批准的执行国有建设单位会计制度的项目，由项目单位自主决定执行此办法，或是执行世界银行贷款项目财务财务报告暂行规定（财世字〔1997〕6号)，但同一个项目的各项目单位只能执行统一的核算办法。

1.22　项目单位应按此办法的规定，设置和使用会计科目。此办法统一规定会计科目的编号，以便于编制会计记账凭证，登记账簿，查阅账册，实现电算化。

财务报告

1.3　世界银行要求项目单位于年度结束后的6个月内，提交可为世行接受的项目审计报告。另外根据上述办法的规定，所有于1998年7月1日起，经世行执董会批准的项目，应提交未经审计的财务报表，每年两次，作为管理和监控项目使用。

1.31　有关于项目财务报告的内容格式和报送的时间，在项目财务报告一节中有详细说明。

审计

1.4　世界银行要求项目单位的年度财务报告，必须经由世行认可的审计师进行审计。此种审计的范围包括：

- 会计与内部控制系统的评价
- 项目单位是否对所有发生的经济行为保有充足的证据
- 确认提交世行报账的费用，均为合格有效的支出

1.41　世界银行项目的审计，目前由世行认可的政府审计机关实施。

1.42　有关审计事宜，在项目审计安排与相关处理一节中有详细说明。

2. 项目财务报告

2.1　根据财政部于2000年1月所发布的《关于印发世界银行贷款项目会计核算办法的通知》（财际字〔2000〕13号)，世界银行项目财务报告共有以下四张报表：

- 资金平衡表
- 项目进度表
- 信贷/贷款协定执行情况表
- 专用账户表

［注：世行项目报告约可分三方面，即财务、采购和监测报告。项目经理有时要求把采购和监测报告合并为一份报告，按一定时间段（例如季度或半年）提交。以下仅就财务报告作进一步解释。］

以上四张财务报表，可以同时满足财政部和世行对项目财务报告的要求。所以项目不必为财政部或世行另行编制财务报告。

报表适用范围

2.2　如以上13号文“总说明”中所述，以上4张报表适用所有于1998年7月1日起世行执行董事会批准，并执行国有建设单位会计制度的项目。在此以前已经世行批准的执行国有建设单位会计制度的项目，由项目单位自主决定是执行13号文的报表内容，还是执行世界银行贷款项目财务暂行规定（财世字〔1997〕6号）所议定的报表，但同一个项目的各项目单位，必须报送相同的会计报表。

报表报送时间

2.3　根据财政部与世行达成的协议，项目单位每半年向财政部和世行报送财务报表。具体报送的时间随项目而定，但不晚于半年期结束后的3个月内，例如于10月1日前报送1月1日至6月30日的半年报，于隔年4月1日前报送去年下半年（即7月1日至12月31日）的财务报告。以上所提及的两次半年报表，均是未经审计的报表，且不同于每年于6月30日前提交的审计报告。

报表报送地点

2.4　以上提及的半年财务报表和年度审计报告（一式两份），除非项目经理有特殊规定，否则可以直接邮寄到以下地址：

世界银行驻中国代表处

财务管理与支付小组收

北京市东城区朝阳门北大街8号

富华大厦A座9层

邮编100027

编报说明

2.5　根据13号文，项目单位对外报送项目会计报表的具体格式和编制说明，由国有建设单位会计制度和该办法规定；项目单位内部管理需要的会计报表，由项目单位自行规定。

2.6　对以上的四张项目财务报表的编制，13号文内的“会计报表编制说明”，均有详细的说明。

3. 项目审计安排与相关处理

项目审计安排

3.1　根据世行的规定（一般明载于项目协议内的财务条款），项目单位应向世行报送经审计过的年度项目财务报表。经审计过的年度财务报表，应在次年6月30日以前报送世行。如前所述，项目年度审计报告（一式两份）可直接邮寄至世行驻中国代表处（详细地址见2.4）。

3.2　项目单位应主动与相对的审计单位协商每年的确切审计时间，以便最终的审计报告能在规定的6月30日之前提交。一般而言，中央打捆的项目，最后合并的审计报告，由审计署外资司或审计署派驻特派员办事处出具，但具体的审计工作可能由派驻特派员办事处、各省的审计厅或审计局担任。省级的项目，年度审计报告则由省审计厅出具，但具体的审计工作可能由省审计厅或审计局担任。若项目单位不知相对的审计单位，可直接与该省的省审计厅联系。

3.3　根据世行的相关规定，若审计报告的报送时间晚于规定期限的四个月，世行即可能停止该项目的SOE（即费用报表）报账，和停止对专用账户进行回补。

3.4　若年度审计报告距规定的期限9个月内仍未提交，世行即可能对该项目停止贷款的支付。

3.5　世行于收到年度审计报告后，即在世行的系统内，对该项目的审计报告资料进行记录的更新。世行的审计报告监测系统（Audit Report Compliance System，或ARCS），对所有世行项目的审计报告，和审计师对项目财务报告，SOE和专用账户所发表的审计意见，以及确切的报送时间（以世行驻华代表处收到的时间为准），进行严密的追踪和记录。

3.6　对于生效时间接近年底的项目，或项目在全年度中没有发生重大的费用或工程（包括世行资金和配套资金），项目单位于年度结束后，应尽速与项目经理取得联系，以书面的形式说明情况，要求免去该年的审计和报送审计报告的要求。取得项目经理的同意后，应同时告知世行驻华代表处的财务管理/支付小组和审计单位，以便在世行的审计监测系统内作适当的记录。

3.7　若由于项目在生效后第一年没有发生重大的费用或工程，而免去当年的审计要求，该年内所发生的所有费用或工程，应并入下年度的审计范围内。

项目审计处理

3.8　世行于收到项目单位寄来的年度审计报告之后，除了在审计报告监测系统上作更新记录之外，并由世行驻华代表处财务管理/支付小组对审计报告进行审阅，针对审计报告的内容写成审阅报告，交给项目经理作进一步的处理。

3.9　以下是历年审阅年度审计报告时，经常发现的问题：

3.91　年终世行贷款的金额，在不同报表上（资金平衡表，项目进度表及信贷/贷款协定执行情况表），经常出现不同的数额。根据世行的贷款原则，当世行资金拨放到专用账户时，此部分金额即列入贷款拨付范围，并开始计息。所以专用账户上的金额，应列入以上3张报表之内，才能正确反应世行贷款的年终余额。

3.92　按支付类别划分的世行贷款年终金额（即信贷/贷款协定执行情况表），经常和世行的支付月报所列的支付类别金额不同。项目评估时，贷款总额就已按支付类别划分，回补比例也已作了明细的规定。但由于后来在正式提款回补时，项目单位没有按正确的类别申请回补，后经世行更正并反映于支付月报后，项目单位仍没有按正确类别进行更正，最终导致支付类别年终金额的差异。

此种差异应即时更正，否则某一类别所分配的额度，可能会提早被提完，而无法再进行提款，但另一类别所分配的额度，则可能没有得到适当的提款而产生过剩。

3.93 挤占或挪用项目资金：挤占项目资金（特别是世行的资金），或将项目资金挪借给项目外的单位，都属于违反中国的财经纪律和世行财务管理的原则。被挪借的世行资金，世行会要求将该资金立刻返还到专用账户上，否则世行会采取相对的惩罚措施（例如停止支付）。

3.94 滞留资金：部分项目资金（包括世行和配套资金）经常滞留在财政系统或各级项目办，没有及时拨付给最终的贷款用户。有时滞留的时间甚至超过半年或一年以上。

滞留项目资金不仅无益于项目的执行，而且经常会引发恶性循环，加大项目的投入成本。因此根据财政部有关规定，各级财政系统和项目办应及时（不晚于5个工作日）拨付项目资金。

3.95 采购错误：若采购内容使用了世行资金，就必须严格遵照世行的采购原则，否则世行不会对该采购内容进行支付。若采购内容只涉及配套资金，则应遵照中国有关的采购指南。

4. 世界银行新金融产品

4.1 作为对借款人需求的回应，世行提供了一系列新的金融风险管理产品。它们是为适应世行贷款的借款人，在贷款期内不断变化的需求而设计的。尽管贷款协定通过谈判达成的条款本身是固定不变的，但世行避险产品通过采用标准的市场技术，可以改变世行借款人的债务风险特征。这些产品使借款人可以根据项目、贷款计划或国家资产负债管理的具体情况，提高风险管理能力。

4.2 世行避险产品包括利率调期、利率上限和下限、货币调期，以及依具体情况而进行的商品调期。

4.3 另外世行亦向借款人提供固定利差贷款（FSL）。所谓的固定利差贷款，是指浮动贷款利率是以6个月LIBOR（伦敦银行同业拆借利率），和在贷款期内固定不变的利差组成。借款人通过选择固定利差贷款，可以因其需求在世行贷款期内发生变化时，获得金融风险管理的灵活性。固定利差贷款还同时在偿还条件方面提供了广泛的选择。

4.4 若世行贷款借款人对以上新的金融产品感兴趣，请与世行驻中国代表处财务管理和支付组联系，索取相关的资料，或直接登录以下的网址：http：//www.worldbank.org/fps。

5. 项目财务软件

5.1 为了减轻项目单位会计记录和编表的工作量，加强项目的财务管理，强化项目财会人员的执业水平，世行特于1999年4月聘请软件开发商，针对世行项目的特殊性，设计开发了一套财务软件。目前这套软件已经开发试运行完毕，正式提供给项目单位使用。

5.2 这套财务软件具有相当强的报表汇总功能，特别适合社发或涵盖多个执行机构的项目单位使用。同时可以容纳三种以上不同货币，可以自动生成13号文所提及的项目财务报表。其上传和下载的功能，便利项目内不同执行单位间的资料汇总，强化项目办的财务管理功能和监督检查作用。

5.3 在与软件开发商的合同范围内的软件，世行将免费提供给项目单位使用。超过合同所提供的软件数量外，项目单位则需要承担软件的制造成本费用。

5.4 软件开发商针对软件提供软件的培训，收费标准为每天人民币2000元，外加食宿和差旅费用，每次培训不少于3天。有意培训者，可直接与软件开发商联系（北京和佳软件开发公司，010－64418811）。

二、贷款支付

1. 世界银行与世界银行贷款

1.1 世界银行（简称世行）—— 包括国际复兴开发银行（IBRD）和国际开发协会（IDA）—— 其宗旨是促进发展中会员国的经济和社会发展。为达到这一目的，世行：

- 发放贷款
- 提供咨询
- 促进其他各方面的投资

1.2 国际复兴开发银行由其会员国政府共同拥有，所有这些国家均是国际货币基金组织的会员国，并向这两个机构认缴股本，每个会员国按其在国际货币基金中拥有的份额，认缴国际复兴开发银行的股本。国际复兴开发银行的大部分资金来源于：

- 世界资本市场借款
- 收回的贷款
- 留存盈余

1.3 国际开发协会通过向人均收入很低的发展中国家，提供条件比国际复兴开发银行贷款更为优惠的信贷，对这些国家给予帮助。国际开发协会的资金主要来源于发达的会员国的捐款，一些发展中会员国也提供捐赠。国际开发协会在法律和财务上，与国际复兴开发银行截然分开，但是他们的工作人员是同一班人员，其资助的项目必须达到与国际复兴开发银行贷款项目同样的标准。

世界银行贷款

1.4　世行帮助借款国发展农业、改进教育和医疗保健、保护环境、增加能源产出、发展工业、创造良好的城市设施、扩大电讯网络、加速运输系统现代化、改善供水和污水处理设施、支持结构调整，简言之，世行向不能从其他方面以合理条件获得资金的发展中国家提供帮助。

1.5　世行资金主要用于帮助解决外汇费用，因为大多数发展中国家外汇严重短缺。发展中国家从其自有资金中，为每个项目提供一部分资金。在很多情况下，其他贷款人和赠款人也提供帮助。每一项目规划均要与本项目所在国政府、地方机构以及与世行目标一致的组织紧密协作而制定。

2. 世界银行贷款项目周期

鉴定、准备和评估

2.1　一旦项目完成鉴定并被认可行，随后便通过审查项目的经济、财务和技术要求，项目执行成果的可能性，以及通过确定确保项目成功的必要的特殊要求和条件，对项目进行论证。虽然世行、联合国机构和外部咨询专家经常提供帮助，尤其在当地缺乏专家的情况下更是如此，但是项目的准备主要还是由借款人负责。

谈判和批准

2.2　评估后的下一个步骤是世行同借款人谈判，协议明确规定项目的内容，以及为达到项目目标而应采取的具体步骤。协议包括：

- 财务条款和条件
- 世行资金资助的项目类别表（通常指协议附件一）
- 使用的采购方式
- 有关审计、收入水准、组织变更、项目监测以及其他需要特别注意的条款

2.3　在此阶段，借款人与世行就贷款的支付作详细的安排，这对双方都特别重要，因为该项安排确定了在整个项目执行期间，所需要遵循的支付基本准则和惯例。在谈判中，由世行贷款局的代表给借款人谈判代表团的成员分发《支付手册》，和所使用的提款表格式样。在整个谈判期间，贷款局代表就支付事项给予借款人解释和帮助，并一起讨论申请贷款的程序。

2.4　谈判结束后，世行管理部门向世行执行董事会呈送提议的贷款报告，申请批准。批准后，贷款文件要签字。待借款人完成了规定的生效条件，并由世行宣布贷款生效后，方可开始提款。

执行和监督

2.5　为使世行了解项目的进度和可能达到的贷款目标，借款人要定期向世行上报项目进度报告和财务报告。世行也定期监督并检查项目进度，以保证资金按规定的方式使用。

项目后评价

2.6　贷款结束及项目完成后，业务评价局（一个同项目执行无关系且独立向世行执董会提供报告的机构）对项目的执行结果进行评价。这项工作已成为世行认识如何使发展援助更具成效的一项基本程序。

3. 与支付有关的几个重要日期

3.1　重要日期如下：

- 执董会批准日期。即执董会批准项目贷款的日期，该日期决定偿还计划。
- 贷款签字日期。即借款人和世行签订贷款协定的日期。承诺费从该日后 60 天起计算。借款人从该日起的所有合格的支出，均可在贷款生效后申请偿付。
- 生效日期。即世行通知借款人世行接受符合生效条件证明的日期。从该日起，项目单位就可以向世行申请从贷款账户中提款报账。
- 贷款关闭日期。也称提款截止日期，该日期在贷款协定中规定。该日期后，世行可以在通知借款人的情况下，终止从贷款账户中提款的权力。该日期后发生的费用为不合格费用，不得向世行申请提款报账。

（注：贷款关闭日期基于项目预期的完成日期而定，一般为项目完成日后再加上六个月的附加期限，以允许提交最终的支付申请。世行可能通知借款人贷款关闭日期延长。该行动一般在同借款人协商后采取。借款人也可以提出适当的理由要求延长关闭日期。当项目执行被推迟时，延长关闭日期将有助于确保项目实体继续获得资金，以满足项目未来费用的需要。贷款关闭日期过后，世行可能终止借款人继续提取贷款的权利。）

3.2　只有在满足了特定条件（如完成性能测试、保险期期满）之后才能支付保留金，如果这些条件在提款关闭日之前得到满足，世行可能同意将保留金纳入提款关闭日之后的支付清单，由世行支付，否则，应考虑延长提款截止日期。如果这些条件在提款关闭日之后得到满足，并且又没有延长提款截止日期，世行将不支付这些费用。

3.3　在有些情况下，基于世行给借款人的具体通知，世行可能允许在关账日期以后的一个有限期间（不超过 4 个月）内，继续提取资金用于支付提款截止日或此之前已提供的货物、工程和服务的已付和应付的费用。

特别需要指出的是，虽然世行允许项目单位在贷款关闭日以后的 4 个月内可以提款报账，但是申请报账的费用必须是在贷款关闭日之前发生的。贷款关闭日之后发生的费用，即使有4个月的宽限期，也不能向世行申请报账。

4. 与支付有关的重要文件

通则

4.1　世行的《国际复兴开发银行贷款通则》包括了国际复兴开发银行贷款的基本准则。《国际开发协会开发信贷通则》则包括了国际开发协会信贷的基本准则。这两个通则是贷款协定不可分割的组成部分。包括：

- 偿还条款，利息和其他费用
- 货币条款，包括货币定值
- 贷款资金的提取
- 生效的标准条件
- 仲裁条款
- 注销与暂停
- 终止
- 其他有关法律条款

其中有一个条款为：世行以借款人的名义在世行为项目开设一个贷款账户，全部贷款资金均记入该账户的贷方。此后从该账户的支付均视作费用支出。

4.2.　通则第五条规定了有关提款的基本要求，其主要条款如下：

- 从贷款账户中提款。借款人被授权提取款项，用以支付符合世行贷款协定和通则条件的项目所发生的费用。提款只能用于：
  - *世行会员国领土内发生的费用；
  - *所有这些国家领土内制造的货物和提供的劳务。

（注：中国台湾的承包商和供货商的货物和劳务也是合格支出，可以用世行贷款支付。）

- 提款申请或特别承诺申请。当借款人需要提款或要求世行签发特别承诺时，借款人必须按世行的要求填写世行规定的申请书。
- 世行的特别承诺。根据借款人的要求，经双方协定，世行可以书面形式针对贷款资助的开支签发特别承诺，即使世行以后可能暂停或注销贷款。特别承诺通常只适用于信用证方式。
- 授权签字证明。借款人必须向世行提供可在申请书上签字的授权代表的签字证明，并附以授权签字人的签字真迹。
- 证明文件。借款人必须在贷款支付前后，按世行要求，向世行提供与申请书有关的其他文件或证明。

• 文件齐全。每一申请及其相关文件必须完整，以证明借款人申请提取的款项，是用于支付贷款协定中规定的用途。

• 贷款重新分配。如在某一类别下资金不足，世行在通知借款人后，可以把各个类别的资金进行重新分配，或减少该类别申请提取的百分比。

法律文件

4.3 项目主要法律文件是借款人和世行签署的协定。该协定规定了贷款的条款和条件。不同的协定分别命名如下：

• 国际复兴开发银行贷款为贷款协定

• 国际开发协会信贷为信贷协定

• 项目前期准备资金为信函协定

• 世界银行管理的大部分信托基金为赠款协定

（注：在本文中，除另有说明外，贷款协定或协定指上面的任何一项。）

当世行贷款给会员国，负责项目执行为另一实体时，世行也可能与该实体签署一份项目协定。在这种情况下，有关采购、项目账户的保持及专用账户的管理等条款，不再写入贷款协定，而是写入项目协定中。

（注：有些贷款，如转贷给中间金融机构的贷款，借款人还应与中间金融机构签订辅助的转贷协定。）

支付信

4.4 贷款协定签字后，贷款局的支付官员即发出一封支付信，概述贷款中需遵循的支付程序。该信的草本通常在谈判时讨论。该信（样本见附件二）说明借款人和执行机构的项目提款事宜，并对通则第五条和支付手册的有关条款作进一步的定义。

4.5 支付信包括主件和附件，主件包括有关提款的特别指示和适用范围，具体包括如下内容：

• 提款签字人的有关要求

• 申请书的最小金额

• 专用账户管理的特别要求

• 追溯贷款

• 支付条件（如果有的话）

• 适用于费用报表（SOE）、摘要表程序的合格费用要求

• 审计要求

• 付款通知和支付月报

附件通常包括如下内容：

• 支付程序的说明

- 专用账户调节表
- 专用账户安慰信的样本
- 摘要表的格式
- 费用报表的格式

4.6　在许多项目中，项目的实施涉及借款人和多个机构，并且均被授权向世界银行寄送申请书。借款人（一般为财政部）应负责向世行（最好在贷款谈判中）提供这些机构的地址，以便均能收到支付信和支付报告的复印件。借款人还应负责向所有处理支付问题的人员传达必要的指示。

5. 法律文件中与支付有关的重要内容

5.1　贷款签字日期一般在贷款协定的首页。

5.2　协定第二章是关于贷款额度和财务条款的描述。世界银行贷款财务条款是标准的。本章内容包括承诺费、手续费、利息等内容的描述。

5.3　协定第四章是“财务要约”，包括借款人在项目财务管理中的责任，财务单据的保存，世界银行财务监督和检查，审计安排等内容。

5.4　协定附件一通常为提款计划（见附件一举例），由借款人和世行通过协议达成。该计划包括提供资金的类别表（如土建工程、货物、咨询服务和培训），每一类别均冠以一名称，并包括预计支付金额和应由贷款支付的百分比。一部分贷款作为“未分配”单列，用以补充实物和价格不可预计费。

[注：有些情况下，关于项目具体部分有关的类别划分，在对项目内容的描述中有详细的说明（通常见于贷款协定附件二）。]

通过本附件应了解以下重要的支付概念：支付类别、类别核定分配额、支付百分比。所有世界银行贷款可支付的合格费用，都必须是某一类别的费用。类别核定分配额和支付百分比不能随意变动。但在项目执行过程中，由于种种原因，项目的实际进度与原先的估计会有偏差。从支付方面讲，这通常意味着贷款资金由一个类别调整到另一个类别，特别是对“未分配”类别的调整。不能直接从“未分配”类别中支付贷款，该类别的资金必须先分配到贷款协定附件一所列示的其他类别中。在某些情况下，世行可以通知借款人重新分配各类别的资金。然而在多数情况下，只有在世行检查团同借款人一起审查了项目进度后，才着手重新分配资金。为了避免拖延已支付完毕，或差不多已支付完毕的类别费用的支付，借款人应在适当的时候，主动讨论考虑重新分配资金。

5.5　当某一类别所分配的资金不足以满足其支出时，在进行不同类别的资金调整后，该类别的资金仍然短缺时，世行可能降低该类别的支付比例。在这种情况下，世行将发出通知，降低支付比例，其他有关支付比例的任何变更，须经过规定的修改程序。

5.6　其他对贷款协定的修改，需借款人和世行双方协商，如果对项目设计和内容影响巨大的变动，还需执董会批准。为修改贷款协定，世行通常签发一封关于修改的信函，并要求借款人会签，以确认接受变动。

6. 支付业务

6.1　多年来，世行的支付规定和程序，为适应不断变化的需要而逐渐演变。后面还要介绍总的提款程序，以及由于特别需要而被广泛使用的两种程序 —— 费用报表（SOEs）和专用账户（有时称为周转金账户）。对于使用费用报表的提款，其证明单据由借款人保留在当地，以备独立的审计师和世行检查团随时检查。当使用专用账户时，银行预付一笔资金以支付预计合理的费用。因此，这两种程序都使借款人对提款申请证明文件的审核和监督，负有更为重要的责任。在世行同意项目使用这些方法之前，对费用控制和审计安排，必须得到世行的认可。

6.2　对货物和劳务的全部付款，都应当符合合同条款规定的货币和付款方式。由于供货商不得不借款以继续进行他们的业务，这些额外的费用通常反映在目前或将来合同的价款中，因此及时付款是相当重要的。

提款前的要求

6.3　在开始提款以前，要做到以下几点：

- 在符合贷款协定和通则中的所有条件之后，贷款必须由世行宣布生效。
- 世行必须收到授权签字提款申请的证明（见第6.4段）。
- 必须符合有关特殊支付类别的支付条件（如果有的话）。

对于所有的提款，世行必须收到可以接受的符合支付程序的申请书，同时附有符合规定的证明文件。

授权签字

6.4　通则要求借款国授权代表指定可以在提款申请书上的签字人，并提供这些签字人的签字真样。在贷款协定中包含了授权代表人（通常为借款国的财政部门官员，或从世界银行直接借款单位的主要负责人）的有关规定。在中国所有授权签字人的签字真样都应经财政部提交世界银行。指定签字人信函的样式见附件三。借款人有权决定每份申请书上需要的签字人数。当签字人不止一人时，该信函中应予明确。对签字的控制与及时签字，应加以协调以保证有效地提款。每当重新确定或其他变化需要新的授权签字人时，借款人应及时通知世界银行。为避免在申请书上签字造成任何耽搁，指定签字人的名单应包括数人为好。

世界银行的内部程序

6.5　根据世界银行内部的安排，所有中国项目的提款申请，都要求送交世界银行北京代表处首先进行预审。贷款局负责审查申请书，批准付款，以及贷款支付和还款的会计处理。

世界银行内部对申请书的处理

6.6 世界银行有关人员检查每份申请书以证实：

- 申请书已由授权签字人签字
- 发生的费用是合格的并正确地记录在文件中
- 在贷款和类别下有足够的未支付资金

与此同时，记录货物和劳务的来源以及申请书的类别。在贷款局批准支付申请以后，现金出纳局安排付款。世行系统提供最快和最安全的支付手段。

6.7 一般说来，从收到申请书到付款的处理时间大约为两周。如果申请书准备得不正确或不完整，处理的时间会长些。如果问题严重，申请书可能被退回，或只支付已发生的合格的支出部分。对此，世界银行会通知借款人拒付或减少付款的原因。

退款

6.8 借款人必须保证世行收到超出支付合格费用以外的提款的退款。所有的退款应付到世行开户行的账户上，注明合适的参考号 —— 贷款号和授权提款号。

退回世行的金额通常是以退款收到的日期为准。原来付款时记入贷款账户的金额，与退款时记入贷款账户的金额的差额，记入借款人账户上。如果因世行的错误造成多提款，退款按提款日汇率折算的金额全部记到贷款账户上。

暂停支付

6.9 当借款人不遵循贷款协定中规定的贷款条件，世行可以暂停支付。暂停支付可用于整个贷款、或贷款的一部分、或几个贷款。当发生债务拖欠时，世行的政策是对会员国的所有贷款或所有担保的贷款暂停支付。实行暂停支付时，世行将以书面的形式通知借款人，并说明世行可能（无条件的）解除暂停的详细项目，在暂停支付日期以前发生的特别承诺付款不受暂停或注销的影响。

注销

6.10 根据贷款通则，借款人可以要求注销未支付的贷款金额，世行已经签发特别承诺书的除外。在下列情况下，世行可以全部或部分地注销贷款额：

- 如果提款权力被连续停止 30 天；
- 如果同借款人商量后，世行决定原先估计需要但现不必从贷款账户支付的费用；
- 同采购条款不一致的情况；
- 在关闭日以后，如在贷款账户上仍有未支付贷款的额。

注销通知指定注销贷款的有效日期（也就是对注销金额不再计收承诺费的日期）。

联合融资

6.11　联合融资可以按不同的方式进行。“联合融资”是指包括发展中会员国从其他融资机构取得资助的项目。在多数情况下，“联合融资”是指得到世行和其他融资机构援助的项目。为了方便起见，“联合融资”还指“独立性的”业务，或从其他融资机构得到资助，但是仍由世行负责管理的支付项目。

如果融资机构不同意使用世行标准的提款表格，支付信中会注明特别的要求。

6.12　单个融资机构在推迟账户关闭日、暂停支付以及贷款额的注销方面，与世行的操作方法可能稍有不同。

税金和其他不合格的费用

税金

6.13　世行不支付（或担保）借款会员国的关税和其他税款。这条政策通过选择贷款的项目，并设定合格支付百分比来实施的，以保证世行支付的贷款不包括税款。对于在本国购买的进口货物，世行通常按采购价格的一定比例（贷款协定附件一）支付，以避免支付关税和其他税款。同样，对于当地工程合同中的成本部分的支出通常不到100%，以剔除税金。

其他不合格的项目

6.14　世行通常不支付以下内容：

- 非会员国的货物或劳务；
- 不是贷款项目内和不在贷款协定规定的类别中的内容；
- 不符合国际复兴开发银行和国际开发协会的采购指南的项目、不符合世界银行贷款使用咨询专家指南的项目，和与贷款协定指定的条款不一致的咨询合同；
- 在贷款账户关闭以后到期的或应付的货物、工程、劳务的费用；
- 土地征用费（尽管在少数情况下，世行管理当局可能同意作为例外处理）；
- 由供货商对推迟付款加收的罚款（如果罚款与仲裁状况下的纠纷付款有关，则不属不合格费用）；
- 违反商业惯例的大量的预付款（如土建合同超过合同价款10%的预付款）；
- 自身保险。

运费和保险费

运费

6.15　以外汇支付，并用会员国货船运输的进口货物的运费属合理费用。会员国货船运输以外汇支付的运费进口的货物是合理费用。向会员国采购的货物，并由在会员国注册的公司的货船运输时，世行也将支付运费，不考虑这些货船的所有权和注册国籍，只要运费付给该家公司即可。如果对合理性不明确，在支付较大的费用前请向世行咨询。

当地运费

6.16　进口货物的当地运费不在世行支付之列，除非在贷款协定附件一中另有说明。

保险

6.17　保险受益人必须是借款人，而不是世行。以外汇支付的保险费是世行贷款的合格支出。除非贷款协定另有明确规定，否则自身保险和以借款国货币计算的保险费不能在世行贷款中支付。

支付条件

6.18　世行可能要求以完成某些不大可能在生效前完成的行动，作为提取一部分贷款的条件。万一条件不能得到满足，也不至于拖延作为整体的项目或损害项目的顺利执行。出现于贷款协定附件一中的支付条件，将制约某一（或多个）类别的贷款的支付，直至采取某些特定行动为止。

7. 世界银行贷款项目的支付方式

7.1　世界银行贷款项目的支付，分为提款申请和特别承诺申请两种方式。其中在提款申请方式下，又分为偿还借款人用自有资金已支付的金额、回补专用账户和直接支付三种方式。所谓直接支付是指要求世界银行将款项直接支付给第三者（通常为供货商）的支付方式。所谓特别承诺是指世界银行对商业银行开具的信用证，进行特别承诺的一种支付方式。有关特别承诺的内容在7.8做专门介绍。

7.2　向世界银行提款报账所使用的表格

项目单位向世界银行申请提款报账，应使用提款申请表（1903表）和特别承诺申请表（1931表）。提款申请表（1903表）主要用于以下用途：

- 偿还借款人用自有资金已支付的金额
- 预付专用账户
- 回补专用账户
- 直接支付给第三者到期的金额

在向世界银行提交提款申请表的同时，还应提交摘要表和费用报表。如果某一支出所涉及的单个合同金额在费用报表限额以下，需要提交费用报表；如果某一支出所涉及的单个合同金额在费用报表限额以上，且仅包括一个或两个条目时，无需提交摘要表；如果某一支出所涉及的单个合同金额在费用报表限额以上，且包括一个或数个类别的几个细目时，或提款申请表的空白处不够填写承包商或供货商的资料时，需提交摘要表。项目单位使用特别承诺申请表时，无需使用摘要表和费用报表，只需提交两份信用证（如果合同已提交世界银行）。

7.3　向世界银行提款报账应注意的事项

项目单位在向世界银行提款报账时，应遵循以下几条原则：

• 所报费用必须是合格费用

所谓合格费用要满足：货物和服务是由世界银行的会员国提供的；是用于项目目的的费用；要遵循世界银行采购指南的要求。

• 授权人的签字

要求申请表上要有借款人授权代表的签字，且该签字已在世界银行备案。

• 完整准确

要求向世界银行提供的付款指示应完整准确，以免造成付款的延误。

• 单一收款人

要求每份提款申请表上只能包括一个收款人。如果有多个收款人，应填列多张提款申请表。

• 单一货币

要求每份提款申请表上只能支付一种货币。如果要支付多种货币，应分别填列多张申请表。

• 提供适当的证明文件

应按照世界银行的要求，提供适当的证明文件。

7.4　提款报账应提交的证明文件

如果采用费用报表方式报账，除提交1903表和费用报表外，无需提交其他任何证明文件；如果是特别承诺申请，除提交1931表和两份信用证外，无需提交其他任何证明文件（如果合同已提交世界银行）。

如果采用摘要表方式报账，除提交1903表和摘要表外，还应提交以下证明文件：

• 预审合同

项目单位在提交申请时应保证：预审合同已经项目经理的审核，并签发了无反对意见函，而且最终签订的合同业已提交世界银行。为保险起见，即使项目单位有此保证，对于第一次付款的合同，最好将项目经理无反对意见函的一份副件提交世界银行。

• 供货商、咨询专家的发票或工程实施汇总表。

• 付款凭证，包括发票、正式收据或商业银行的付款报告。

• 装船证明，包括到岸单、空运单或运输证明。

再从费用类别的角度说明一下证明文件：

- 土建：预付款→合同进度款→发票（收据），进度报告。
- 货物：发票、货运单 。
- 咨询：合同、费用单据 。
- 培训：培训计划和单据 。

7.5　支付中存在的问题

- 无授权人签字
- 无采购合同的审批，即预审合同未经世界银行的审批
- 违背正常商务惯例的大额预付款

合同签订后的预付款必须与合同所包含的货物、土建或咨询服务的成本有关，而且不应过量：通常认为预付款占合同金额的10% ~15%即可。

- 为逃避采购预审而将合同分割

此行为属于错误采购。合同分保方案已在项目评估文件中有明确规定，任何变化都应经世界银行的批准。

- 不在项目描述范围内的支出
- 不在付款类别内的支出
- 来自非会员国的货物和咨询服务
- 贷款关闭后的付款

如果规定贷款关闭后没有4个月的宽限期，则任何关闭日后的付款都是非法的，属专用账户中支付的不合格支出。

- 低于限额以下的申请

如果直接支付或特别承诺所申请的金额，小于支付信中所规定的最低申请额，该申请将被退回。

- 要求对借款人所付税款进行支付

世界银行不支付借款国的关税和其他税款。对于在本国购买的进口货物，世行通常按采购价格的一定比例支付，以避免支付关税和其他税款。同样，对于当地工程合同中的成本部分的支出，通常不到100%，以剔除税金。对直接从工厂采购的当地货物调整支付比例，以便计入最终的产品成本中不含税金和其他税款。

7.6　付款延误的原因

- 没有或错误的签字人
- 付款指令不当

项目单位应按1903及1931表的要求，准确提供收款人的详细资料。使用外汇付款时，如果收款人的开户行不在所支付货币的国家内，应列明议付行的详细资料。

- 证明文件不充分
- 数据不准确（如货币、金额等）
- 缺少合同批准件

如果预审合同未经世界银行的批准，或批准后项目单位未将已签合同的副本送交世界银行，都会造成合同不在系统中，使世界银行无法支付，这是支付过程中造成付款延误和扣款的主要原因。

7.7　申请被扣款或退回的原因

- 不合格项目，包括错误采购，即违反世界银行采购指南有关要求的行为；
- 重复提款；
- 证明文件不充分；
- 类别或报账比例错误；
- 贷款类别下资金不足　。

除非项目经理同意超支，否则世界银行只支付所申请类别的金额。

7.8　特别承诺

为了给项目采购的货物提供资金，借款人常常需要开具一份信用证。如果商业银行在没有担保或抵押的情况下不愿开具、通知或确认信用证时，经借款人申请，世界银行可按特别承诺程序，向该商业银行提供其所需的担保。这种程序通常适用于货物进口的大项合同。

在这种程序下，借款人要求世界银行向商业银行作出特别承诺，同意偿付商业银行在信用证下已付或将要支付的款项。世界银行所做的该承诺是不可撤销的，并且不受日后世行贷款的暂停和取消的影响。世界银行对这种特别承诺不征收任何费用。

特别需要注意的是，世界银行不对有效期超过账户关闭日，或有效期已过的信用证给予特别承诺。同样的，银行不批准修改已特别承诺的信用证的有效期超过贷款账户关闭日。银行不同意将特别承诺方式下的信用证的到期日修改为晚于账户关闭日。

7.9　支付报告

为便于借款人了解其贷款的使用情况，世界银行向借款人提供如下两种支付报告：

- 付款通知单
- 支付月报

借款人应定期将支付报告中的数字与借款人自己的记录进行核对，如发现任何误差，应及时通知世界银行。

7.10 登录世行网址

为便于了解世行贷款支付情况，财政机关和项目单位只需填写世界银行提供的表格（表格见附件九），并用电子邮件的形式发给世界银行，在得到世界银行的批准后，就会得到一个密码，凭此密码就可登录世行网址（www.worldbank.org），以及时了解本项目或本省项目的支付情况。

8. 费用报表（SOEs）提款程序

8.1 什么是费用报表

费用报表是专门设计的表格，作为唯一的提款申请证明文件，附于借款人向世行提交的提款申请后。费用报表要列明每个项目支出的详情。借款人或项目单位将合同、采购文件、支付证明等基础文件保存在负责项目执行的部门，以备独立的审计师和世行检查团的审查和审计。

8.2 使用费用报表的限额

所有项目的支付信中都包括了支付安排的说明，这些安排根据项目的类目，在项目谈判时与借款人进行讨论后确定。支付信中指明了使用费用报表的费用类型，并规定了有选择的支付活动中，多少合同价值以下可使用费用报表。费用报表的合同限额，要根据不同的费用类型来确定。高于这些金额的合同，在提交提款申请，都必须附有充分的证明文件。

使用费用报表的合法性，应依据合同总额，而不是每一笔支付的金额来确定。对于中间金融机构的分贷款，费用报表的限额不能超过贷款协定中确定的世行批准的子项目的限额。

8.3 费用报表限额与采购预审限额的关系

由于世行保留对于大合同的采购决策，即在借款人授标之前进行审查的权利，因而费用报表的限额低于或与预审合同限额一致。有些情况下，贷款协定也规定某一特定类型的头几个合同，不论金额大小，都要经世行预审。对于世行要求使用费用报表的合同，也要按照世行要求保留采购文件和合同。

8.4 何时使用费用报表

当所报费用符合支付信中费用报表的使用条件时，借款人即可使用费用报表支付。费用报表支付的费用类型通常包括下列内容：

- 自营土建工程
- 固定单价土建费用
- 运营费用
- 培训与考察费
- 小额合同付款

• 中间金融机构分贷款

• 其他小额费用

8.5 使用费用报表方式对借款人的要求

在考虑采用费用报表支付时，借款人一定要具备以下条件：

• 在财务管理和会计核算方面具有准备和保存单据记录以备随时检查的能力；

• 严密的内部控制并且安排对费用报表记录进行定期、独立的审计。

8.6 费用报表的格式

对于每一个项目，都根据费用的性质规定了费用报表格式，每个项目的格式都不尽相同。有些情况下，需要提供货物产地、合同总额以及付给供货商的每笔金额的大量信息；在另一些情况下，世行同意可在一个笼统标题下汇总费用，或在几个小标题下的最后汇总（费用报表的格式见附件六）。每个项目所使用的费用报表的格式附在支付信的后面，作为支付信的附件之一。

8.7 审计要求

根据贷款协定中的规定，借款人必须保留在费用报表下提款金额的独立会计记录，以备世行检查团以及独立的审计师（通常为国家审计署及其下属审计单位）进行检查或审计。如果借款人未能遵守世行的有关规定，世行将中止项目使用费用报表或暂停支付。世行也许还会拒绝接受费用报表限额内的提款申请，即使附有全部的证明文件。

借款人或项目单位一定要将所有与费用报表方式提款有关的证明文件（合同、采购文件、发票、收款单据和付款证明等）存放在中心机构，并按贷款协定中的规定保留一段时间。为了在审计师和世行检查团审查时尽快提供这些文件，有必要建立能够迅速调出这些文件的备查系统。目前贷款协定规定借款人在支付结束，并在世行接到最后一份审计报告后，还要将这些原始文件再保留一年。

8.8 使用费用报表应注意的事项

• 申请追溯贷款时，应单独填写费用报表；

• 应填写清楚供应商或费用发生所在的国家，当供应商为美国公司或个人时，请填写州名；

• 不同类别的费用，最好分别填写不同的费用报表；

• 每张费用报表应注明费用类别及代码，如（1－A，1－B 等）。

9. 专用账户

9.1 什么是专用账户

专用账户是由借款人或借款人指定的项目单位管理的，用于存放从世界银行的贷款中提取的一定金额预付资金的周转金账户。其资金仅用于以本国和外国货币支付，并属银行贷款范围之内的支出，充分而迅速地使用专用账户支付合格费用是至关重要的。借款人能够利用存入专用账户的贷款资金，支付贷款项下的合格支出。采取这种安排的每个贷款协定，都有一则规定账户的币种和开设地点的条款，以及规定专用账户如何运作的附件。专用账户要定期回补以保证有足够的资金，回补时要提交附有恰当证明文件的提款申请书（1903 表）。贷款支付将近结束时，银行开始回收程序，以取得同预付金额一致的全部证明文件。

9.2　专用账户的目的

- 提供现成可供使用的资金，特别是外汇资金；
- 减少处理支付的时间，加快支付过程；
- 减少提款申请书的数量；
- 使借款人更好地掌握支付情况；
- 在银行批准使用费用报表提款方式下，减少了提交银行的文件数量。

9.3　专用账户的一些法律要求

建立专用账户的法律要求是在谈判中取得一致的，而且在贷款协定中写明，世行在以后提供给借款人的支付信中将对此进一步解释。它们包括对于存入资金的专用账户的定义（最初在贷款协定中被称为特别存款账户），开户地点，货币以及最高限额（即“核定分配额”），还包括对预付款的要求，回补的规模和频率，审计以及预付款的回收等。

9.4　专用账户的设立

9.41　对借款人的要求：对于要求设立专用账户，世行要求借款人必须具备足够的管理能力，健全的内部控制和会计审计程序。

9.42　对开户行的要求：对于中国的世行项目，项目的专用账户通常开设在一家商业银行。开设专用账户的机构必须可以：

- 经营外汇和本国货币交易，进行外汇结算；
- 开信用证；
- 迅速处理大笔交易；
- 提供及时和详细的银行对账单；
- 有世行满意的银行系统联系网，这主要是指在美国有其代理机构；
- 定期对专用账户进行审计，出具满意的审计报告；
- 收费合理。

借款人有责任和权利挑选专用账户设立的机构。专用账户的收费、余额利率协议等，由借款人自行决定，但应该征得世行的同意。借款人应该向专用账户设立机构指明该账户的特殊性：它是一个贷款资金的特别存款账户，并且同意对账户的特定收费和专用账户额应付利息，而且被挑选的机构也必须为世界银行所接受。一般来说为了保护借款人和世界银行两方面的利益，世界银行要求开设专用账户的商业银行提供一份安慰信，保证存入专用账户的金额不会被注销，没收或扣留，以平抵借款人对商业银行的债务。这封信是世行支付核定分配额的前提条件（见附件九）。商业银行总行发出的一封安慰信，可以覆盖任何借款人在该行所有分行开设的专用账户。在中国的项目上，由于比较大的商业银行总行都已经向世行提交了安慰信，所以各项目单位如果选择的这些全国性的商业银行（包括中国工商银行、中国银行、中国农业银行、中国建设银行、光大银行、中信实业银行、交通银行、华夏银行、中国投资银行、广东发展银行、福建兴业银行、深圳发展银行、招商银行等），就不必向世行提交安慰信。如果是选择其他商业银行，最好先向世行驻中国代表处咨询。

9.43 专用账户的货币

专用账户所使用的货币，在借款人与银行进入谈判时达成一致，并在贷款协定中明确规定，通常是在国际贸易中广泛使用的完全可兑换的稳定货币。请注意，专用账户的风险（主要是汇率风险），在世行的资金到达专用账户后，由借款人承担的。[注：即使是稳定的可兑换货币，仍然会使借款人遭受汇率风险。当在预付资金时，借款人资产（该专用账户）为单一货币，而借款人的负债（向世行偿还的义务），可能是构成货币总库的多种货币，或者特别提款权。] 两为减少这种风险，预付款应限于项目目前执行所需的金额。

9.44 其他设立专用账户应注意的问题

• 多个专用账户的设立：如果在贷款项目中有多个机构或省份介入，世行允许在省级项目单位设立多个账户。根据世行与中国财政部的协定，在中国一个项目设立专用账户的数目一般不超过 5 个，如果一个项目包括的省份超过 5 个，一般只能在财政部设立一个专用账户。

• 专用账户必须仅用于银行应负担的部分。专用账户的资金一般不能与其他资金混用，即在专用账户中只能使用世行的资金，而不能将其他资金放入专用账户，和通过专用账户转账。只有在极少数情况下，世行也许会同意一个账户存放一个或多个联合贷款机构的资金。而且在一个专用账户中的资金，只能为单一世行项目服务。两个或两个以上的世行项目不能共同使用一个专用账户。

9.5 专用账户的使用

9.51 专用账户使用需注意的问题

• 任何情况下，都不能用专用账户的资金垫付本应由借款人配套资金支付的费用。但是借款人可以预先用自有资金支付应由世行承担的那部分费用，然后再从专用账户中得到偿付。

• 预先存入专用账户里的资金，必须在发生合格费用时才能提取。只有当以其他币种支付时，才能转换相应金额的同类货币。特殊情况下，如果贷款局批准，借款人可以在一段时期内（少于30天），对于选定的合格费用先提出足够的金额，未经世行批准将予付款从专用账户中提出，并放到借款人的其他账户里是不允许的，世行会因此拒绝回补专用账户。

• 在使用专用账户时，世行不允许借款人设立二级专用账户。

• 如果有几个机构负责执行项目，借款人可以指定一个协调机构来汇总单据，编制专用账户调节表并且提交回补申请。如果此法不现实，贷款协议中可能要求不同的项目单位开设独立的专用账户。

9.52　专用账户的核定分配额

• 核定分配额的含义：专用账户的核定分配额，指可以存入专用账户的最高金额，一般按照由专用账户支付、应由世行承担的项目四个月平均费用来计算。但是这不一定指四个月内所有合格的费用，因为有些支出（如大型土建工程开支或主要的设备采购），可以通过世行的其他支付程序进行。预付款可以分批存入专用账户（即采用部分预付款），只要累计预付金额不超过核定分配额。世行鼓励借款人在项目实施早期，或支出较少不需要全部核定分配额时，提取部分预付款。当实施加快时，可以再提取到核定的最高限额。

• 核定分配额的举例：世行与借款人在贷款协议中，对专用账户核定分配额的设立和专用账户回补，有详细的规定。例如：一个贷款总额度为10000000美元的贷款项目，专用账户核定分配额为1000000美元。一般贷款协议规定世行对专用账户的首次预付款为500000美元，只有当整个贷款支付的总金额到达5000000美元时，借款人才可以向世行申请全部将预付款付到专用账户上，即继续提交专用账户预付款申请，要求世行将剩下的500000美元预付入专用账户。请注意，此时借款人可以要求世行预付全部预付款，当然还可以要求世行预付部分预付款，如要求世行预付200000美元进入专用账户。此时专用账户额为700000美元。

9.53　预付款和回补具体程序

• 首次预付款：借款人用提款申请书（1903）向银行申请存入专用账户的首次预付款时，不需要任何证明文件，但应该标明贷款协议中有关“核定分配额”的条款。

• 专用账户中的付款和回补：项目单位应当定期提交回补申请书，最好是在收到开户行的月对账单，并做好了专用账户调节表以后一月提交一次。如果世行同意较长的报告间隔，也不能超过三个月。支付信中写明了每一特定贷款提交回补申请书的时间间隔（见附件二支付信的例子）。

• 专用账户的回补提款申请书：专用账户的回补提款申请书（1903 表）。摘要表的设计包括进一步的相关数据，如汇率等。所有回补申请书都要附上银行对账单和专用账户调节表。如果没有同意使用费用报表方法，通常的证明文件要随申请书一起提交。

对于项目的合格费用，要尽可能地使用专用账户来支付。支付信中（附件二）规定了一个针对直接支付和特别承诺的最小申请金额，在此之下的所有支付或信用证，都要通过专用账户来进行。高于这一金额的支付，也可以通过专用账户，要依据专用账户中资金的多少来定。（注：汇率通常要用从专用账户中提款时的汇率，在中国一般是指当天中国银行的外汇牌价。）银行对账单的调节：要求回补专用账户的申请书所附的证明文件中，必须包括相应的开户行对账单。这些对账单必须在剔除了回补申请书中包括的项目后调节平衡。任何差异都必须给贷款局以满意的解释。为使世行迅速处理，项目单位应将包括在回补申请书中的项目，加以适当的注释（见下节专用账户调节表的例子）。

• 专用账户的关闭：关闭专用账户由于专用账户的特殊性质，以及它们同世行贷款资金的联系，这些账户应当在世行已经收到满意的证明预付款资金使用情况的单据之后才关闭。世行对账单应表明该账户额已被减为零。账户是在借款人向世行提供了最后一笔合格支出的申请时关闭的。需要指出的是为方便借款人，有时在贷款协议中规定了在贷款关闭之后，有四个月宽限期来让借款人申请合格的费用。需要提请注意的是，并非每个项目都有四个月宽限期，所以在项目接近结束时，项目单位应该对申请报账的日程提前做好安排。

9.6　专用账户的控制和管理

9.61　借款人的责任

借款人有责任为项目单位制定恰当的方法，以便控制并有效运用专用账户中的资金，支付贷款协议中确定的合格费用。这种控制应该能保证借款人对专用账户的有效控制，但不能阻碍项目的实施或拖延这些费用的支付。借款人应该保证专用账户资金使用的合格性，应该遵循贷款协议中，世行对于有关标书与合同文件预审和后审的一切程序。世行对已经从专用账户中付款的单据要进行通常的审查。

9.62　专用账户支付了不合格费用或审计延误

如果专用账户中支付了不合格的费用，包括那些没有恰当证据的付款，借款人就应当将相应的金额返还到专用账户中，在此之前世行将不再向专用账户中存款。然而，如果世行同意，借款人可以提供从其自有资金中支付的其他合格费用的证据，世行据以冲抵那笔不合格的费用。

9.63　专用账户不活跃

如果专用账户在6个月内没有任何业务发生，则称为专用账户不活跃。世行将通知借款人，在世行发出通知后的90天内如果仍然无业务发生，专用账户余款应该退还世行。这并非是世行对借款人的惩罚措施，只是世行认为借款人暂时不需要预付资金。借款人以后可以再向世行申请预付款。

9.64　警告与暂停支付

在世行认为借款人未履行对专用账户的正常使用，或管理的义务的情况下，可以对借款人提出警告，严重时可以部分或全部暂停专用账户的支付。在对贷款全部暂停支付期间，专用账户不得进行回补。但借款人可以继续运用专用账户的余额偿付合格的费用，相应的申请书也要定期提交世行，这些申请书将作为预付款的回收。如果项目涉及多个部分，世行可以暂停通过专用账户对部分项目的支付，对未受影响的部分，世行仍将通过专用账户对其进行回补；在全部暂停支付的情况下，专用账户的余额仍然可以支付项目的合格费用，在借款人要求世行通过其他支付手段（如直接支付和特别承诺）进行支付之前，借款人必须已经将专用账户的资金完全使用。暂停结束后，世行会同意继续支付，并使专用账户恢复到原来的金额。

9.7　专用账户的利息和费用

因为存入专用账户中的预付金额是从贷款中支付的，国际复兴开发银行的利息和国际开发协会的手续费，从支付日起开始计算。账户余额所获利息不必报告世行，但要遵守借款人的内部规定。专用账户利息最好放入另一个账户，如果存入专用账户，则专用账户调节表要提供相应的细节。使用专用账户所发生的合理费用，可以从贷款中支付。

9.8　专用账户预付款的回收

9.81　专用账户预付款回收的含义和条件

贷款结束之前，世行必须收到满意的证明文件，以保证所有预付金额都用于合格的费用。通常在下述情况之一下发生时，世行可以开始专用账户预付款的回收：

- 当贷款的支付额（不包括特别承诺）等于预付金额的两倍时；
- 当提交提款申请书的最后日期已少于6个月时。

9.82　专用账户回收的具体过程

当开始回收时，世行对于每个有证明文件的回补申请书，都留下一部分金额冲减预付款。回收通常按2∶1的比例进行，即每3美元有证明文件的费用中，世行仅偿付借款人2美元，保留1美元作为回收，这样最后保证全部预付款都有充足的证明文件。这一回收过程也可以通过提前回收截止期，或降低支付与单据之间的比例来加速。

如果从专用账户之外进行了提款（例如特别承诺的付款或直接付款给供货商），

该回收比例要相应修改，以保证在贷款全部支付完毕前回收能够结束。在回收过程中，世行对于处理的每份申请书，都要通知借款人支付和回收的金额，以及未回收余额的证明文件。

下面具体举例来说明专用账户的回收过程：

某项目单位的专用账户的核定分配额为3000000美元。专用账户在5月15日发生一笔支出为1800000美元，6月15日借款人申请回补1800000美元。假定此时专用账户回收已经开始，世行在6月20日只给专用账户回补1200000美元，回收了600000美元，专用账户在6月20日收到回补，专用账户余额变为2400000美元。如此反复，直到将专用账户的预付款全部回收。一般情况下，世行对专用账户的回收金额，不一定为申请金额的固定的比率，而是根据每次申请的具体情况来确定。

9.9　项目前期准备资金专用账户

世行为一些项目前期准备资金提供了专用账户。在项目前期准备资金之下，开设的同一个专用账户，可以在此之后的贷款下继续应用。偿付项目前期准备资金时，项目前期准备资金专用账户中结欠的任何款项，都作为该贷款下核定分配额的部分预付款。这部分金额要在收到合格费用的证明文件后，从贷款中回补。

9.10　专用账户的审计要求

贷款条款确定了所有贷款项目专用账户的审计要求。每一个年度审计都要包括对专用账户记录的检查，证明对资金进行了正确的计算，并且是遵照贷款协定运用的。如果单独对专用账户发表审计意见，该意见是项目审计的一部分。如果有多个项目单位使用专用账户，需要分别对其进行审计。

9.11　专用账户常见问题

- 在专用账户中将世行资金与其他来源资金混用
- 专用账户费用支付的比例不正确
- 未经许可设立二级账户
- 专用账户费用支付的汇率不正确
- 专用账户支付了不合格的费用
- 专用账户不活跃
- 将专用账户的资金作为信用证抵押

10. 提款申请和特别承诺申请的具体要求

10.1　用1903表申请专用账户预付款

- 在提交该笔申请前，借款人开户行向世行提交安慰信，及经财政部签发的授权签字人信；
- 按信贷/贷款协定和专用账户附表中对专用账户预付款的要求申请预付款金额，填写1903表；

• 付款凭证：无。

10.2　用 1903 表和汇总表申请专用账户回补

• 预审合同提款前，借款人提交世行项目经理合同及采购文件，并已收到采购无反对意见的传真

• 填写 1903 表

• 填写摘要表（一式两份）

• 填写专用账户调节表（一式两份）

• 专用账户开户行提供的银行对账单（一式两份）

• 付款凭证（一式一份）

土建：监理工程师认可的进度报告，承包商发票。

货物：供货商发票，货物运输证明（如提货单），验货单。

咨询：服务商发票。

在合同要求有预付款时，或该预付款占货物总成本的比例非常高的情况下，应提交履约保证金，如银行保函；在特定情况下需提供的附加文件等。

10.3　用 1903 表和费用报表申请专用账户回补

• 填写 1903 表

• 填写费用报表（一式两份）

• 填写专用账户调节表（一式两份）

• 专用账户开户行提供的银行对账单（一式两份）

• 付款凭证：无

10.4　用 1903 表申请直接支付

申请直接支付的金额，须超过支付信中规定的最低提款限额。

• 预审合同提款前，借款人提交项目经理合同及采购文件，并已收到采购无反对意见的传真

• 填写 1903 表

• 填写摘要表（一式两份）

• 付款凭证（一式一份）

土建：监理工程师认可的进度报告，承包商发票。

货物：供货商发票，货物运输证明（如提货单），验货单。

咨询：服务商发票。

在合同要求有预付款时，或该预付款占货物总成本的比例非常高的情况下，应提交履约保证金，如银行保函；在特定情况下需提供的附加文件等。

10.5　用 1903 表和汇总表申请偿还已支付的费用

• 预审合同提款前，借款人提交项目官员合同及采购文件，并已收到采购无反

对意见的传真

- 填写 1903 表
- 填写摘要表（一式两份）
- 证明此款项已支付的银行对账单（一式两份）
- 付款凭证（一式一份）

土建：监理工程师认可的进度报告，承包商发票。

货物：供货商发票，货物运输证明（如提货单），验货单。

咨询：服务商发票。

在合同要求有预付款时，或该预付款占货物总成本的比例非常高的情况下，应提交履约保证金，如银行保函；在特定情况下需提供的附加文件等。

10.6　用 1931 表申请特别承诺

- 预审合同提款前，借款人提交项目官员合同及采购文件，并已收到采购无反对意见的传真
- 填写 1931 表
- 付款凭证

一份合同或购货单（除非已呈交世行）。

一式两份商业银行签发的信用证（包括有效的截止日期）。

11.　货物、土建和服务的采购

总则

11.1　货物、土建和某些服务（如设计、监督和咨询），必须按照国际复兴开发银行和国际开发协会采购指南的规定进行采购。咨询服务必须按照世行借款人和世行作为执行机构聘用咨询专家指南的规定进行聘用。这些指南规定了世行对于采购和聘请咨询专家的要求。在贷款协定中对每项贷款如何执行指南给予了详细说明。为了有效而迅速地支付货物、土建和服务的采购，负责准备支付申请表的人员必须充分了解这些要求。拖延支付的最常见原因，乃是没有遵循世行的采购程序，或没有及时向世行提交合同复印件。

无反对意见的通知

11.2　在世行内部，项目官员负责检查每个项目的采购决定。借款人应向项目官员提供所有采购文件，包括最终合同。每项贷款协定均列明各类采购决定应根据合同金额，在合同签订前须经世行审核。除非贷款协定的采购附件中另有规定，所有咨询合同应经世行审核。任何有关事先需要提交世行审查的货物采购、土建和咨询服务的申请书上，必须写明世行“无反对意见通知”的日期。

采购

11.3　在多数情况下，国际竞争性招标是最有效的采购方式。世行可给予国内

或当地的制造商优惠待遇。如果合适，在某些条件下，给国内的合同承包商优惠待遇。有些时候国际竞争性招标，并不是最经济和有效的方法。在这种情况下借款人和世行同意采用其他形式。

（注：采购的特殊程序一般在贷款协定的采购附件中加以规定。）

国际竞争性招标（ICB）

11.4　世行采购指南对国际竞争性招标作了详细的规定。其中包括如下内容：

- 合同的类型和规模
- 通知和广告
- 投标人资格预审和后审
- 招标文件
- 投标的评审标准

国际竞争性招标文件应包括投标须知、合同格式，以及担保方式（通常为标费、预付款和履约保证金）。除了财务上的考虑外，招标文件还应包括如下内容：

- 标书的有效性
- 标准
- 商标的使用
- 保险
- 价格调整
- 违约罚金
- 奖励
- 不可抗力
- 适用语言
- 争端的解决

其他采购方式

11.5　如果国际竞争性招标并不是项目执行和采购最经济和有效的方法，其他方式可能更合适，举例如下：

- 有限的国际竞争性招标（仅限于直接邀请）
- 在当地登广告，按当地程序进行的竞争性招标
- 国际和国内询价采购
- 直接采购
- 按照商业惯例的采购（当贷款资金转贷给私营部门时采用）
- 自营工程

按照货物、土建和劳务类别所采用的适当程序，由借款人和世行双方同意，并常常包括在贷款协定中。

11.6 通常，如果世行可以接受，采购可以遵循下列商业惯例：

•将贷款提供给一个机构（如农业信贷银行或中间金融机构）由其再转贷给受益人（如农民或小公司）；

•将贷款用于私营部门的进口（如在调整贷款中）。

然而，在贷款协定中通常规定，大额采购应采用国际竞争性招标。

合同的费用支出

11.7 招标文件通常规定世行贷款资金，仅限于支付购买世行会员国领土内生产的货物和提供的劳务。为了满足这一要求，以及统计上的需要，招标文件要求承包商或供货商提供货物、土建和劳务原产国的必要资料。

投标价格和货币

11.8 由于投标可能来自几个国家，因此招标文件一般规定表示标价的某种货币。货币可能包括如下几种：

•投标者本国货币

•投标者将实际支付的货币

•在国际贸易中广泛使用，并由借款人在文件中指定的货币

以下为特殊情况：

•在设备供应和安装合同中，借款人可能要求投标者注明使用借款国货币支付的当地部分的标价；

•在土建工程中，招标文件可以要求投标者全部使用借款国货币报价，并附上每种货币报价中需用外币支付的百分比。

付款用货币

11.9 通常每笔合同以中标商在标书中报价使用的一种或几种货币进行支付。然而，如果投标商已经表明用其他货币支付的百分比（如上述土建工程），为保证其标书中的外币部分的价值不考虑任何损益，将使用投标商在招标文件中注明的某一日期的汇率，或中标商的标书中注明的汇率（如招标文件中未就此说明的话）。

付款条件

11.10 付款条件通常遵循该类货物、土建、市场通用的商业惯例，并在合同中明确规定。

11.11 因为世行不是合同一方，因此合同不应提及世行。由世行贷款采购的货物、土建和咨询服务可以按照支付手册第四、五、六章规定的程序进行支付。

价格调整条款

11.12 当在特殊情况下价格需要上下调整时，招标文件包含相对的说明和相应的合同条款。当合同中主要成本的价格（如劳务、设备、主要原料）发生变化时，无论是市场的变化，还是法律的变化，合同价格均可以调整。通常在一年内就

可以交付的供货和土建合同，不包含价格调整条款，除非是当时市场所迫。（注：这些条款有时也称为价格升涨条款。）

预付款

11.13　合同签订后的预付款（对于启动和类似的费用），必须与合同所包含的货物、土建或咨询服务的成本有关，它们不应过量；通常认为预付款占合同金额的10%～15%即可。招标文件应该按规定预付款所应要求的任何担保条款（通常银行担保），合同中应该包括处理其他预付款的条款，例如在土建工程中，为运输到施工现场的材料的预付款。

履约保证金

11.14　对土建工程和为大工厂提供设备和安装设备的招标文件，通常应包括各类履约保证金的条款，以便在承包商或供货商违约的情况下，保护借款人的利益。保证金的形式可有如下几类：

- 履约保证金或银行担保（可由投标者选择）；
- 按照招标文件规定，提交足额保留金，以保证其履约；
- 上述两类之组合。

履约保证金的期限必须比合同的预计工程完成日期要长，以保证合同规定的保修或维修期，否则除非对这个时期另设了单独的保证金。

11.15　在供货合同里，可以要求供货商或制造商提供一份银行担保，以保证其履约和承担保修义务，或根据采购这类货物的市场情况和商业惯例，适当扣留一笔保留金。咨询合同不用银行担保。

保留金

11.16　合同圆满完成、保修期满，或另行规定的日期之后（如原始发票日期起一年后），保留金应还给承包商或供货商。只有当资金交付承包商或供货商时，才能从贷款账户内提取保留金。

咨询服务

11.17　如同货物和土建及采购一样，借款人负责对咨询专家的选择。但是选择程序不同，因为选择咨询专家过程中，必须首先考虑候选人的经验和服务质量，而不是服务的价格。

11.18　在聘请咨询专家中，世行的作用是保证他们的资格，以及他们为执行任务的职责范围是合适的，同时确保他们受到公正待遇。因此，在选择咨询专家过程的几个阶段中，世行有权批准或提出建议。聘请专家的《指南》中，对如下内容进行了详细说明：

- 咨询公司和咨询服务的类型
- 工作评价

- 国内公司的作用
- 选择过程
- 职责范围
- 成本估算
- 合同
- 监督

11.19　一般通用的咨询合同都是以时间为基础的（如人月费用加其他可报销的开支，加上费用）或总付合同。大部分合同都有明确的支付规定，许多还包括价格调整和不可预见费。

三、附　件

附件一　国际复兴开发银行贷款协定附表 1 示例

贷款资金的提取

1. 下表列举由贷款资金资助的分项目类别，对每一类别分配的贷款金额，以及每一类别中提供资金的分次支出的百分比。

类 别	分配的贷款金额（以等值美元表示）	提供资金额占支出百分比
1. 土建工程	50000000	50%
2. 货 物	27000000	国外支出的 100%，当地支出的 100%（出厂价），当地采购支出的 75%
3. 分贷款	6000000	75%
4. 咨询服务	5000000	100%
5. 培训	1000000	当地支出的 60%
6. 项目准备金	1000000	本协定 2.02（C）部分到期的金额
7. 待分配	10000000	
总 计：	100000000	

2. 本附件中所使用的：

- “国外支出”是指以借款人以外的任何一个国家的货币支付的，为采购货物和接受劳务而发生的支出；
- “当地支出”是指以借款人的货币支付的费用，或在借款人国内为采购货物和接受劳务而发生的支出。

3. 尽管有上述第 1 条款的规定，但下述情况不得提款：

• 除了发生在贷款协定签字日期前，但在1990年6月30日以后的，在类别4下累计总额不超过500 000等值美元的费用支出；

• 类别3下的支出，须符合贷款协定3.05节的特别条款。

SCHEDULE 1

Withdrawal of the proceeds of the Loan

1. The table below sets forth the Categories of items to be financed out of the proceeds of the Loan, the allocation of the amount of the Loan to each Category and the percentage of expenditures for items so to be financed in each category:

Category	Amount of the Loan Allocated	% of Expenditures to be Financed
(1) Civil works	69,800,000	48%
(2) Goods	17,700,000	) 100% of foreign expenditures) 100% of local expenditures (ex – factory cost)) and 75% of local expenditures for other items procured locally
(3) Consultants services and training	3,000,000	100%
(4) Fee	1,000,000	Amount due under Section 2.04 of this Agreement
(5) Unallocated	8,500,000	
Total	100,000,000	

2. For the purposes of this Schedule:

(a) the term foreign expenditures means expenditures in the currency of any country other than of the borrower for goods or services supplied from the territory of any country other than of the borrower;

(b) the term local expenditures means any expenditures that are not foreign expenditures.

3. Notwithstanding the provisions of paragraph 1 above, no withdrawals shall be made in respect of payments made for expenditures prior to the date of this Agreement, except that withdrawals, in an aggregate amount not exceeding $ 9,000,000 equivalent, may be made on account of payments made for expenditures before that date but after March 31, 2000.

4. The Bank may require withdrawals from the Loan Account to be made on the basis of statements of expenditure for: (a) expenditures for works under contracts costing less than $ 2,000,000 equivalent each; (b) expenditures for goods under contracts costing less than $ 200,000 equivalent each; (c) expenditures for consultants services under contracts awarded to firms costing less than $ 100,000 equivalent each; (d) expenditures for consultants services under contracts awarded to individual consultants costing less than $ 50,000 equivalent each; (e) expenditures for training, regardless of the cost thereof; all under such terms and conditions as the Bank shall specify by notice to the borrower.

附件二　支付信样式

1999 年 1 月 12 日

财政部

财政部国际司资金处

尊敬的处长先生：

关于：贷款 3000 — RUR（农业发展项目）

这封信是就农业发展项目生效后从世界银行贷款账户提取贷款资金所做的说明。同时附上 1999 年 1 月 5 日生效的贷款和项目协定复印件以及支付手册。这些重要文件和本信应该复印给涉及准备提款申请的所有职员。随信还附上了提款申请表格，这些表格的其他资料已经分别寄给你们。

支付手册提供了基本情况、提款申请表以及填写这些表格的详细提示。我希望提请你们注意支付手册中与该项贷款特别相关的条款，以及将适用的特定限额：

1. 支付开始前需要提交授权签字人（第三章 3.4 段），当签字人改变时应及时更换。

2. 最小申请金额（第四章 4.9 段）。直接从贷款账户支付的最小申请金额或签发的特别承诺额为 100000 等值美元。

3. 专用账户（第六章）。回补申请应每月向世行递交一次，并且必须包括银行调节表及其他相应的证明文件。

4. 费用报表（SOE 表）（第五章）。下列项目采用 SOE 表提款：

- 自营土建工程；
- 小于 250000 等值美元的土建工程合同；
- 小于 100000 等值美元的设备合同；

• 当地培训项目。

表格样本见本信附件。如果因长期违反审计条款而撤回使用SOE表的权力，那么世行保留拒绝在SOE表限额内费用回补的提款申请的权力，尽管这种申请有全部文件证明。

5. 审计要求在贷款协定中第四节已详细说明。请特别注意对专用账户和对采用SOE表提取款项的审计的要求。

6. 付款通知单和支付月报（第七章7.2~7.5段）。这些资料将寄给本信中列示地址的单位。除非我们收到你们要求改变地址的通知。

贷款协定附件1详细说明了提款类别，及每一类别中提供资助的合法支出百分比。该附件为支付目的也规定了下述要求：

• 追溯贷款：第三段（1）节指出，在1990年6月30日以后发生的类别4下累计总额不超过500 000美元的支出可以申请回补。任何这类支出的回补申请应在生效日后及时提交世行。

• 支付条件：第三段（2）节指出，只有在世行批准了满意的分贷款协定后，才可以在类别3（分贷款）下提款。

如果你就上述提款程序有任何问题，请与我们联系。请写明参照号3000—RUR号贷款。

你们忠实的，

（签名）

贷款局支付官员

附件：

抄送：农业部项目项目办公室

Disbursement Letter

Mr. Rui Yue Hua

Director, Financial and

Statistics Division

International Department

Ministry of Finance

Sanlihe

Beijing 100820

Peoples Republic of China

CHINA: Chongqing Urban Environment Project

Loan No. 4561 – CHA

Dear Mr. Rui:

This letter gives guidance on the withdrawal of proceeds from the IBRD Loan for the Chongqing Urban Environment Project. Copies of the Loan Agreement and Project Agreement dated November 3, 2000 and the Disbursement Handbook are enclosed. Please send copies of these key documents, and this letter to all staff involved in the process of preparing withdrawal applications. Application Form 1903 (Application for Withdrawal) and Form 1931 (Application for Special Commitment) are available at the World Bank Office in Beijing. Sample application summary sheets are attached (Annexes 4 and 5) and should be reproduced by the implementing agencies for their use.

The Disbursement Handbook provides background information, as well as examples of withdrawal forms and detailed instructions for their completion. I would like to draw your attention to Chapters 3, 4 and 6 of the Disbursement Handbook which are of particular relevance to this Loan and to outline the specific provisions which apply:

1. Authorized Signatures (Chapter 3, para. 3.4 of the Handbook) are needed before disbursements may begin and should be updated promptly whenever changes arenecessary. Withdrawal applications must be signed by the authorized representative and must be accompanied with the appropriate supporting documentation.

2. Minimum Application Size (Chapter 4, para 4.9 of the Handbook). The minimum application size for payments directly from the loan account or for issuance of Special Commitments is 20% of the amount deposited in the Special Account.

3. Special Account (Chapter 6 of the Handbook). Replenishment applications should be submitted at monthly intervals or when the balance in the Special Account reaches about 50% of the initial deposit, whichever comes first, and must include bank statements from the depository bank, a Special Account Reconciliation Statement (Annex 2) and other appropriate supporting documents. If there are no payments from the Special Account during a given month, a copy of the Special Account bank statement, without a replenishment application, should be submitted. With regard to the Comfort Letter, please refer to Annex 3 of this letter. For further detailed information, please refer to paragraph 6.10 of our Disbursement Handbook.

4. Statements of Expenditures (SOEs) (Chapter 5 of the Handbook). Withdrawals are to be made on the basis of SOEs for the following items:

(a) Works under contracts costing less than $ 6,000,000 equivalent each;

(b) Goods under contracts costing less than $ 500,000 equivalent each;

(c) Consultants services under contracts with firms or individuals, each costing less than $ 100,000 equivalent or $ 50,000 equivalent respectively; and

(d) Training, regardless of the cost thereof.

A sample SOE form is provided as an attachment to this letter (Annex 5). If the right to use SOEs is withdrawn, because of continued noncompliance with audit covenants, the Bank reserves the right to reject withdrawal applications for reimbursement of expenditures falling within defined SOE limits, even if supported by full documentation.

5. Audit Requirements are spelled out in Article IV of the Loan Agreement and Article III of the Project Agreement. Please pay particular note to the requirements for audit of the Special Account and of amounts withdrawn on the basis of SOEs.

6. Payment Advices and Monthly Disbursement Summaries (Chapter 7, paras. 7.2 to 7.5 of the Handbook) will be distributed to the addresses shown in this letter unless we are advised of changes in your requirements.

Schedule 1 to the Loan Agreement spells out the withdrawal categories and the percentage of expenditures eligible for financing against each category.

Please submit withdrawal application through the World Bank Office, Beijing.

Please contact us if you have any questions about our withdrawal procedures, quoting Loan No. 4561 – CHA as your reference.

Yours sincerely,

Simon Bradbury

Asia Disbursements Division

Loan Department

Cc: Foreign Economy Division

Chongqing Finance Bureau

No. 234 Renmin Road

Chongqing, 400015

Fax. 86 – 23 – 63896094

Attachments:

Annex 1 – Notes for Disbursement Procedures

Annex 2 – Special Account Reconciliation Statement

Annex 3 – Sample Special Account Comfort Letter

Annex 4 – Application for Withdrawal, Summary Sheet

Annex 5 – Application for Withdrawal, Statement of Expenditure (SOE)

ANNEX1

CHINA: Loan No. 4561 – CHA

Chongqing Urban Environment Project

Notes for Disbursement Procedures

1. SPECIAL ACCOUNT: After the Special Account has been opened in accordance with the Loan Agreement, the Borrower may withdraw funds from the loan account to the Special Account up to US $12,000,000 equivalent. However, the authorized allocation will be limited to US $ 8,000,000 equivalent until the aggregate withdrawals and outstanding Special Commitments will be equal to or exceed US $ 75,000.000 equivalent.

This account is to be used exclusively to finance the Banks share of eligible expenditures incurred for the project under the Categories 1 through 3 of Schedule 1 of the Interim Fund Development Agreement. Funds are to be maintained in the Special Account in US dollars and should be converted to other currencies only to make payments for eligible expenditures. The funds are to be kept in a single account. Details for the operation of the Special Account are as follows:

Currency: US Dollars

Location: Bank acceptable to the World Bank

Access to Account: Authorized representatives

Currency Conversion: The rate of exchange between the US dollar and the requested currency shall be the one in effect at the time the Special Account is debited by the Special Account Depository Bank.

Replenishment Frequency: At monthly intervals, or when the balance in the Special Account reaches about 50% of the initial deposit, whichever comes first.

Recovery of Initial Deposit: Recovery of the initial deposit will commence when the undisbursed balance of the Loan (excluding Special Commitments) reaches the level about twice the amount of the initial deposit or when the final date to submit withdrawal application is less than six months away. During the recovery state, about 2/3 of the amount requested in the withdrawal application will be replenished to the Special Account until the initial deposit is fully recovered.

2. CONTRACTS SUBJECT TO "PRIOR – AWARD" REVIEW BY THE BANK

These contracts are to be reviewed by the Bank prior to award. For this purpose, draft bidding documents/letters of invitation including terms of reference, and recommendation for award and final contract, must be submitted to the Bank for review and its no – objection. After the no – objection notices for award have been issued by the Bank for these contracts, one copy of the final contract must be submitted to the Bank prior to the submission of the first withdrawal application for such contract or prior to the making of the first payment from the Special Account for each contract, as the case may be. Contracts subject to prior review are as follows:

(a) each contract for goods estimated to cost $ 500,000 or more;

(b) each contract for works estimated to cost $ 6,000,000 or more;

(c) each contract for the employment of consulting firms estimated to (i) cost the equivalent of $ 100,000 or more; (ii) individual consultants estimated to cost the equivalent of $ 50,000 or more.

3. STATEMENT OF EXPENDITURE (SOE): Contracts to be paid from the Special Account or reimbursable by the Bank on the basis of Statements of Expenditures (SOEs), should not be submitted to the Bank unless requested, but should be retained by project implementing agencies as appropriate, and made available for review by visiting Bank missions.

4. DISBURSEMENT PROCEDURES: Please use the appropriate disbursement procedure for each category:

Category	% of Expenditures to be Financed	Disbursement Procedures	SOE Thresholds ($)
(1) Works under Part A of the Project by:			
(a) CMDC	36	SA/DP/SC[1]	6,000,000
(b) CSWM	36	SA/DP/SC	6,000,000
(c) FDC	36	SA/DP/SC	6,000,000
(d) WWSC	36	SA/DP/SC	6,000,000
(e) SWSDC	36	SA/DP/SC	6,000,000
(2) Other works	36	SA/DP/SC	6,000,000
(3) Goods under Part A(4) of the Project for WWSC	100/100/75[2]	SA/DP/SC	500,000
(4) Other goods	100/100/75	SA/DP/SC	500,000
(5) Consultants services and training under Part E of the Project for WWSC	100	SA	All
(6) Other consultants services and training	100	SA	All
(7) Fee	Amount due under Section 2.04 of the Loan Agreement	NA	NA
(8) Unallocated			

[1]/SA: Special Account; DP: Direct Payment; SC: Special Commitment

[2]/100% of foreign expenditures, 100% of local (ex –factory cost) and 75% of local expenditures for other item procured locally.

5. DISBURSEMENT CONDITION:

(a) no withdrawals shall be made in respect of payments made for expenditures prior to November 3,2000, except that withdrawals, in an aggregate amount not exceeding US $ 5,000,000 for expenditures by CMDC under Part A (1) of the Project, FDC under Part A (3) of the Project and Chongqing under Part E of the Project may be made in respect of Categories (1) (a), (1) (c), (2) and (6) on account of payments made for expenditures before November 3,2000 but after January 1, 2000;

(b) no withdrawals shall be made in respect of payments made for expenditures by each Utility Company under Categories 1 (a), 1 (b), 1 (c), 1 (d) and 1 (e) until such Utility Company shall have entered into agreements, acceptable to the Bank, in accordance with Section II of Schedule 1 to the Project Agreement, with consultancy firms for the provision of training, institutional and financial technical assistance services and construction supervision services under Part E of the Project; and

(c) with respect to WWSC, no withdrawals shall be made in respect of payments made for expenditures by WWSC under Categories 1 (d), (3) and (5) until the Subsidiary Loan Agreement has been entered into between Wanzhou and WWSC and that said Subsidiary Loan Agreement has been duly authorized or ratified by the parties thereto and is legally binding upon Wanzhou and WWSC in accordance with its terms.

6. DISBURSEMENT FORMS: Please use the appropriate disbursement application forms and attach supporting documents as needed. In general:

	Forms to be Used [1]/	Attachment
(a) Initial deposit	Form 1903	None
(b) Replenishment of Special Account		
– Non SOE procedures	Form 1903, Annex 4	Contract, Invoice
		Evidence of Payment
		Bank Statement
		Reconciliation Statement
– SOE procedures	Form 1903, Annex 5	Bank statement
		Reconciliation Statement
(c) Direct payment	Form 1903	Invoice/Bill of Lading
		Contract
(d) Special Commitment	Form 1931	Letter of Credit Contract

[1]/Forms may be obtained from the Disbursement Unit, World Bank Office, Beijing, 9th Floor, Building A, Fuhua Mansion, No. 8, Chaoyangmen Beidajie, Dongcheng District, Beijing 100027, China, Tel. 86 10 – 6554 – 3361; Fax 86 10 – 6554 –1686; Telex 210074 IBRD CN.

ANNEX2

SPECIAL ACCOUNT RECONCILIATION STATEMENT

LOAN/CREDIT/PPF/COFINANCIER NUMBER ____________

ACCOUNT NUMBER ________ WITH (BANK) ________

1. TOTAL ADVANCED BY WORLD BANK (OR COFINANCIER) $ ______

2. LESS: TOTAL AMOUNT RECOVERED BY WORLD BANK – $ ______

3. EQUALS PRESENT OUTSTANDING AMOUNT ADVANCED TO THE SPECIAL ACCOUNT

(NUMBER 1 LESS NUMBER 2) = $ ______________________

4. BALANCE OF SPECIAL ACCOUNT PER ATTACHED BANK

STATEMENT AS OF DATE ____________________ $ ______________________

5. PLUS: TOTAL AMOUNT CLAIMED IN THIS

APPLICATION NO. ____________________ + $ ______________________ *

6. PLUS: TOTAL AMOUNT WITHDRAWN AND NOT YET CLAIMED

REASON: ____________________ + $ ______________________ *

7. PLUS: AMOUNTS CLAIMED IN PREVIOUS APPLICATIONS

NOT YET CREDITED AT DATE OF BANK STATEMENTS

APPLICATION NO.	AMOUNT *
____________________	____________________
____________________	____________________
____________________	____________________

SUBTOTAL OF PREVIOUS

APPLICATIONS NOT YET CREDITED + $ ______________________

8. MINUS: INTEREST EARNED - $

__________________ *

9. TOTAL ADVANCE ACCOUNTED FOR (NO. 4 THROUGH NO. 9) = $

____

10. EXPLANATION OF ANY DIFFERENCE BETWEEN THE TOTALS APPEARING ON LINES 3 AND 9:

____

____

____

11. DATE: ________________ SIGNATURE:

____

TITLE:

____

* ALL ITEMS SHOULD BE INDICATED ON THE BANK STATEMENT

ANNEX3

Director, Loan Department

The World Bank

1818 H Street, N. W.

Washington, D. C. 20433

Dear Sir:

We refer to the procedure of the World Bank (IBRD and IDA) for disbursement of loans and credits for World Bank investment Projects and adjustment programs through advances to special deposit accounts opened by World Bank borrowers or other beneficiaries of such loans and credits.

It is our understanding that, in furtherance of the provision in the World Bank's Articles of Agreement designed to ensure that the proceeds of any loan or credit are used only for the purposes for which the loan or credit was granted, the World Bank provides in its loan and credit agreements and supplementary disbursement documents that the World Bank must approve of the placement of funds in such accounts and of the terms and conditions thereof.

From time to time, ____________________ * opens accounts of the nature described above for or at the request of World Bank member borrowers or their central banks or other borrower or beneficiary entities. Recognizing that the World Bank has an interest in safeguarding the use of such funds for the special purposes of its projects and programs, we are pleased to confirm that ____________________ * will not assert any claim to set off, seize or attach amounts on deposit in such accounts to satisfy amounts due to ____________________ * except only to the extent necessary to protect its position in such instances where a third party takes steps to attach such funds. In the event that a third party has attached funds in any such account, ____________________ * will inform the World Bank immediately of such attachment and will cooperate, as appropriate, with the World Bank in its efforts to seek the removal of such attachments.

We understand that this representation will be relied upon by the World Bank in approving future account arrangements and the placement of funds advanced thereto.

Very truly yours,

____

Authorized Representative

Head Office

____

Depository Bank

* Insert name of depository bank

附件三　提款签字人授权信示例

[信头]
财政部

1991 年 2 月 9 日
国际复兴开发银行
1818H 街，N. W.
华盛顿哥伦比亚特区 20433

先生：

关于：贷款 3000 — RUR（农业发展项目）

根据“贷款和担保协定规定”第 5.05 节，下列任何一个人将代表借款人的利益，被授权在本贷款下的提款申请书上签字：

×××先生
农业部项目办主任
签字真样
×××女士
农业部项目办副主任
签字真样

所有先前被授权在该贷款下的提款申请书上签字的官员签名一律撤销。

你们忠实的
（签名）
×××
财政部国际司司长

（注：如果每份申请书需一个以上的官员签名，请在授权信上写明；如果授权签字人分为两组，每一组需要有一位官员签名，这也必须在授权信中写明。）

附件四　提款申请书（表格 1903）

世界银行 1818H 街 N. W. 华盛顿哥伦比亚特区 20433 提款申请书
（请参阅背面说明）

1. IBRD 贷款号：4000
或 IDA 信贷号：3000

致：支付处

2. 联合贷款人号：
IBRD/IDA 参照号：05 ____或 14 ____
3. 申请书号：BJ 10

4. 请付：USD　　　　$ 1858137. 67
（货币名称）　　　　（金额用数字表示）

我们谨申请从设在货款协定或开发信贷协定下的账户中提取款项，特此证明并同意如下：

（1）签署人并未在此之前从该账户中提取款项用于支付这些费用；签署人不曾也不打算从其他贷款、信贷或赠款中获取资金，以用于支付这些费用；

（2）申请书所要求支付的货物或劳务，不论是否已购进，采购程序都是按照货款协定有关条款的规定进行的；

（3）不论费用是否已发生，所购货物和劳务的来源都是合格国家提供的；

（4）以费用报表（SOE）申请回补费用的，所有证明这些费用的文件，将按要求随时接受审计师或世行检查团的审查，这些文件均保留在 SOE 所说明的地点；

（5）当出现按照该提款申请书的要求，从贷款账户中提取的款项全部或部分归还世行时，签署人授权世行把该笔资金直接记入贷款账户贷方，如果金额不大，则用于抵消借款人和下次到期应交付的利息、承诺费、手续费或本金。

<table>
<tr><th>费用详细说明</th><th>付款指示</th></tr>
<tr><td>（如果空格不够，或涉及一个以上的供货商，一种以上的费用类别，或一个以上的分项目，请另填写在摘要表上）

5. 承包商和供货商的名称和地址
（如果与收款人不同）
See Summary Sheet（见摘要表）</td><td>8. 收款人银行名称、地址和账号
（SWIFT 号）
Bank of China, XXX Branch
XXJHJ XXX Road, XXX, Beijing,
China, 100000
A/C: 123456789
SWIFT CODE: XXXXXX</td></tr>
<tr><td>6. 采购详细说明
（1）合同或购货单号和日期（或合同文件的其他参考号）
（2）对于采购无反对意见的通知日期（规定限额以上的合同）
（3）货物、工程或劳务摘要
（4）货币和合同总金额
（5）本申请书所包括的发票总额
（扣除了保留金和其他扣减后的净值）</td><td>9. 收款人名称和地址
Agricultural Project Management Office Beijing, China</td></tr>
<tr><td>7. 提款详细说明
（1）类别或分项目号
（2）提供资金的百分比
①由世行提供：
②由联合贷款人提供（如果有）：</td><td>10. 如果收款人银行不在所要求申请货币所属的国家，请写上在该货币所属国家里与收款人银行有联系的往来银行的名称和地址
Bank of China, New York, USA
A/C: 000321
SWIFT 号: XXXXXX
11. 特别付款指示和发票参考号
SA replenishment（专用账户回补）</td></tr>
<tr><td>12. P. R. China ____________________（借款人名称）</td><td>14. ____________________
（授权签字人签字）</td></tr>
<tr><td>13. January 23, 1999 ____________________（日期）</td><td>15. _ Song Dacheng, Deputy Division Chief
（授权签字人姓名和职务）</td></tr>
</table>

填写提款申请书（表格1903）的说明

注意事项：

1. 申请书一式两份呈送世行。

2. 对于支付每种货币和支付给每个收款人，分别准备申请书。

3. 填写1至15段所有编号的各行。

4. 在给授权人签字之前，认真检查申请书以保证参考号、金额和其他细节准确无误。错误和遗漏会使支付延误。

5. 如果使用摘要表，第5至7段不用填写。提交的证明文件应按摘要表填制的顺序排好。

表格1903 IE（1－92）

说明：与提款申请书上的编号一致

1. IBRD贷款/IDA信贷号：按贷款/信贷协定上的参考号（数字和字母）填写。

2. 联合贷款人参考号：第一栏填上联合贷款人的名称及参考号（如果有）。第二栏填上与世行有关的参考号（05后面加5位数字表示信托基金，14后加5位数字表示其他联合贷款业务）。

3. 申请书号：从1起连号（不论哪些申请书）。当有一个以上的执行机构时，加一前缀，用以区别每一执行机构（例如，MF1＝财政部第1号申请书）。

费用详细说明

4. 请支付：填写支付的货币名称及金额（用数字表示）（例如50 000美元）。

5. 承包商或供货商的名称及地址：写明姓名和地址全称，以保证鉴别无误，如果和第9段（收款人名称和地址）相同，则可以不填。

6. 采购细节

- 合同或购货单号和日期：写明所有参考号以保证合同或购货单随时鉴别。
- 对采购无反对意见的通知日期：如果该合同款的支付须经世行事先的审查，则要写明世行对该合同无反对意见的电传的日期。
- 货物、工程或劳务摘要：填写摘要如水泵、机电设备、学校建设等。
- 货币和合同总金额：填写货币名称和合同价款（包括任何价格调整）。
- 本申请书所包括的发票总额：在扣除未付的保留金和其他不合格金额之后，该次申请的发票价值应该是100%。

7. 提款细节

- 类别或分项目号：请参照贷款/信贷协定附表1的类别号。中间金融贷款的分项目号，是世行批准分项目时建议的编号。
- 提供资金的百分比：
- 由世行：根据贷款/信贷协定附表1或第2款的百分比。

• 由联合贷款人（如果有）：如果是联合融资，填写世行/联合贷款人支付比例（例如，世行60%，联合贷款人40%）；否则填“无”。

付款指示

8. 收款人银行名称、地址和账号：填写收款人银行的全称和地址，可能包括一个代理行或分行，账号必须填写。如果该银行是SWIFT的成员，则填上SWIFT号。

9. 收款人名称和地址：填写全部名称和地址，以保证鉴别无误。

10. 往来银行地址：填上全称和地址。当向不在支付货币所属国家里的银行支付时，要填上在货币所属国家里的往来银行的名称和地址。如向加拿大银行支付美元时，款项直接付入加拿大银行在美国的往来银行的账户。如果该银行是SWIFT的成员，则填上SWIFT号。

11. 特别付款指示和发票号：提供任何特别指示、发票号或其他参考号，以利加快支付。

12. 借款人名称：按贷款/信贷协定上的借款人名称填写。

13. 日期：填写受权签字人在申请书上签字的日期。

14. 授权：受权签字人在申请书上签字。

15. 签字人的姓名和职务：填写签字人的姓名和职务。

SWIFT：是一种世界范围内同业金融通讯组织使用的金融信息系统。世行像许多大的商业银行和金融机构一样，是其中的成员。

证明文件

除世行已经同意用费用报表支付外，否则在递交首次申请书前，应提交世行一式两份最终合同或购货单的复印件。

证明文件的一份复印件，通常随同提款申请书递交给世行。这些文件包括：

1. 供货商或咨询专家的发票，或由监理工程师或其他授权官员签名的工程进度摘要表。

2. 装运证明（采购设备和原料），下面任何一项均可：

（1）承运单的复印件；

（2）承运人的证明。

3. 付款证明（适用于偿还支付），下面任何一项均可：

（1）收款发票或正式收据；

（2）商业银行的付款报告。

4. 履约保证金，如银行保函，在合同要求有预付款时，或该预付款占货物总成本的比例非常高的情况下。

5. 回补专用账户时，需要银行对账单和调节表。

填写摘要表说明

注意事项：

1. 如果费用支出超过一个以上的合同商或供货商，或一个以上的合同，或涉及一个以上的类别，需要使用摘要表，以附加一张或多张空白的表格填写。

2. 摘要表应一式两份呈送世行。

3. 每一类别应分别填写摘要表。

4. 使用摘要表时，表格 1903 中 5 ~ 7 项可不填写。

5. 填写之后，要检查摘要表以保证参考号、金额、其他资料准确无误，并且与表格 1903 的日期一致。

世界银行

提款申请书

日期：January 21,1999　申请书号：BJ 10

摘要表号：1 ________

摘要表

(参阅背面说明)　　　　　类别或分项目号：2

IBRD 贷款或 IDA 信贷或联合贷款人号：4000

序号	合同商或供货商姓名或地址	合同或购货单号及日期（或其他参照号等）	货物劳务工程摘要	合同货币以及合同总金额	本申请书包括的发票总金额（扣除保留金净额）	世行支付%	应支付的合格发票金额	从专用账户支付金额（如果有）	备注（包括合同批准电传日期）	付款日期
1	China International Corporation	IPC/21 1 July 23,1999	Progress payment	2000000	150000	100	150000	150000	June 10, 1999	
				总计				150000		

摘要表各项按顺序说明

1. 申请书号：与所附的申请书号一致。

2. 摘要表号：从 1 起顺序编号。

3. IBRD 贷款/IDA 信贷或联合贷款人号：与所附的申请书上填写的参考号一致(数字和字母)。

4. 类别或分项目号：按贷款/信贷协定附表 1 的类别号。中间金融贷款分项目号，是世行批准分项目时建议的编号。

5. 序号：确定每张摘要表内按序的编号，便于表内相关项目的鉴别。

6. 承包商和供货商的名称和地址：填上名称、城市、州名（如美国的供货商）及国名。

7. 合同或购货单号和日期：填上合同和购货单的全部参考号以易于鉴别。

8. 货物、工程和劳务摘要：简略说明，如水泵、机电设备、学校建设等。

9. 货币和合同总金额：填写货币名称和价款（包括任何价格调整）。

10. 申请书包括的发票总额：在扣除保留金和其他不合格类别的扣除数后，填上货币和发票总价款。

11. 合格支出百分比：贷款协定附件1规定的各类支出百分比。

12. 资助的合格发票金额：该申请书包括的发票总额乘以合格支出百分比。应为扣除保留金和其他扣减数后的总额。

13. 从专用账户支付的金额（如果有）：记入从专用账户中支付金额，以显示在前面的栏中已支付的金额。只有在申请专用账户回补时，才填写这一栏。

14. 备注（包括世行无反对意见的电传日期），包括发票参考号。如果适用，填写需事先送世行审查的合同，世行表示无反对意见的电传日期。

15. 付款日期：支付供货商的日期。

16. 总计：如果是以同样货币显示的，将该栏数字加总。

证明文件

除世行已经同意用费用报表支付外，否则在递交首次申请书前，应提交世行一式两份最终合同或购货单的复印件。

证明文件的一份复印件，通常随同提款申请书递交给世行。这些文件包括：

1. 供货商或咨询专家的发票，或由监理工程师或其他授权官员签名的工程进度摘要表。

2. 装运证明（采购设备和原料），下面任何一项均可：

（1）装运单的复印件；

（2）承运人的证明。

3. 付款证明（适用于偿还支付），下面任何一项均可：

（1）收款发票或正式收据；

（2）商业银行的付款报告。

4. 履行保证金，如银行保函，在合同要求有预付款时，或该预付款占货物总成本的比例非常高的情况下。

5. 回补专用账户时，需要银行对账单和调节表。

（按摘要表的顺序附上证明文件。）

世行鼓励借款人呈送包括详细情况的计算机处理的摘要表。支付信中包括特殊项目所要求的详细情况。

附件五　特别承诺申请书

（表格 1931）

世界银行 1818H 街 N. W. 华盛顿哥伦比亚特区　20433

提款申请书

（请参阅背面说明）

1. IBRD 贷款号：4000

或 IDA 信贷号：3000

致：支付处

2. 联合贷款人号：

IBRD/IDA 参照号：5 —______ 14 —______

3. 申请书号：BJ 11

我们谨申请在贷款协定、开发信贷协定或联合贷款协定下开设的账户中，做出一笔特别承诺并随之提取该款，特此证明并同意如下：

1. 上述账户中将款项交付给议付银行，签署人要求根据协定规定的条件，向议付行做出特别承诺。签署人无条件地授权，在收到议付行任何书面形式声明的，根据可随时修改的信用证条款已支付了款项或到期应付款时，立即从账户中提款并支付。

2. 涉及信用证截止日期延期超过该协定截止日期，或超过原信用证截止日期 6 个月以上（二者视孰更早），对信用证金额、货物种类或数量，或收款人的更换，或在货物装运之前，预付款金额超过信用证金额 25% 以上时，都应事先得到你们的批准。签署人仅同意根据协定中规定的条件对信用证做出修改，并同意由议付行将申请修改的信用证部分，抄送你们或请求你们批准，视情况而定。

3. 为了减少支付全部金额的责任，你们可以该账户记账的货币为单位增设一限制条款，其金额足以补偿汇率波动损失。签署人同意，如果由于限制条款而导致你们不能将全部金额支付给议付行，该账户中的任何未承诺部分可用于支付这部分缺额。如果账户中的未承诺部分不足以支付这部分缺额时，你们将通知签署人将立即安排将该款项支付给议付行。

4. 你们在特别承诺下付款责任的终止：

- 除非世行另行同意，信用证截止期第 30 天或贷款或开发信贷协定截止日之后（二者视孰更早）；
- 当世行将信用证金额全部支付给议付行时；
- 当世行收到议付行撤销特别承诺的书面通知时。

5. 签署人在此之前未从该账户中提款以支付这些费用，签署人不曾、也不打算从任何其他贷款、信贷或赠款收入中获得资金，以用于以上用途。

6. 本申请书所包括的货物和劳务，均是按照本协定的规定进行采购的。

7. 全部费用开支均用于合格来源提供的货物或劳务。

8. 如果根据申请书从账户中提取的全部或部分款项被归还给世行，签署人在此授权世行将这部分资金现额记入该账户的贷方，如果金额很少，则用于抵销借款人下次到期应付的利息、承诺费、手续费和本金。

信用证详细说明	费用详细说明
4. 议付行名称和地址，SWIFT 号 *HongKong and Shanghai Baking Corp.* 5. 开证行（借款人的）名称和地址 *China Everbright Bank Beijing* 6. 用证开具人名称（借款人或执行机构） International Tendering Company 7. 信用证详细资料： (1) 开证银行的信用证号 EBH01 XXXXX (2) 货币名称 USD (3) 货币金额 1000000 (4) 信用证截止日期 June 24, 2002 12. (借款人名称) 13. (日期) 请按上述地址呈送双份申请书	8. 承包商或供货商的名称和地址 IBM Company 9. 采购详细资料： (1) 合同或订货单号及日期 CCNFB – S992501 (2) 对采购无反对意见的通知日期（仅限于限额以上合同）April 20, 2000 (3) 货物、工程或劳务摘要 Computers 10. 提款详细资料 (1) 类别或分项目号 2 Goods (2) 应由世行支付的费用百分比 100% (3) 应由联合贷款人支付的百分比（如果有） 11. 特别指示和备注 14. Wang Hong (受权签字人签字) 15. (受权签字人姓名和职务)

表格 1931 (1-92)

填写特别承诺申请书（表格 1931）的说明

注意事项：

1. 申请书一式两份呈送世行。
2. 填写 1～15 段所有编号的各行。
3. 在给受权人签字前，认真检查申请书，以保证参考号、金额和其他细节准确无误。错误和遗漏会使支付延误。

说明：与特别承诺申请书上的编号一致

1. IBRD 贷款/IDA 信贷号：按贷款/信贷协定上的参考号（数字和字母）填写。

2. 联合贷款人参考号：第一栏填上联合贷款人名称和贷款、信贷或赠参考号（如果有）；第二栏填上与银行有关的参考号（05 后面加 5 位数字表示信托基金，14 后面加 5 位数字表示其他联合贷款业务）。

3. 申请书号：从 1 起连号（不论何种申请书），当执行机构有一个以上时，加一前缀，用以区别每一执行机构（例如，MF1 = 财政部第 1 号申请书）。

信用证详细说明

1. 议付行名称和地址：摘自信用证，写明所有邮政地址。如果该银行是 SWIFT 成员，请标明 SWIFT 号。

2. 开证银行的名称和地址：通常为借款人国内的银行。

3. 信用证开证人的名称：借款人或执行机构的名称。

4. 信用证详细资料：摘自信用证。

费用详细说明

承包商或供货商的名称和地址：信用证的受益人。写明名称、城市、州名（如美国供货商）和国家。

采购细节

1. 合同或购货单号和日期：摘自有关文件。

2. 对采购无反对意见的通知日期：如果该合同款的支付须经世行事先的审查，则要写明世行对该合同无反对意见的电传的日期。

3. 货物、工程或劳务摘要：如农业机械或化肥。

提款细节

1. 类别或分项目号：请参照贷款/信贷协定附表 1 的类别号；中间金融贷款的分项目号，是世行批准分项目时建议的编号。

2. 提供资金的百分比：

• 由世行支付的百分比根据贷款/信贷协定第 2 款或附表 1。

• 在联合贷款人支付的百分比（如果有）：如果是联合融资，填写世行/联合贷款人支付的比例（例如：世行支付 60%，联合贷款人支付 40%），否则填“无”。

特别指示

1. 特别指标和备注：提供任何特别指示、发票号或其他说明，将有利加快特别承诺的签发速度。

2. 借款人名称：按贷款/信贷协定填写。

3. 日期：受权签字人在此申请书上签字日期。

4. 受权：受权签字人在此申请书上签字。

5. 签字人姓名和职务：填上签字人的姓名和职务。

证明文件

应随申请书寄送下列证明文件：

1. 一份合同或购货单（除非已呈交世行）；

2. 一式两份商业银行签发的信用证（包括有效的截止日期）。

注意：如果信用证参照其他文件，如估价单，也将这些文件一式两份随申请书一起寄世行。

附件六　费用报表

费用发生期间：July 23, 2000 to September 21, 2000

费用报表限额：	USD	类别	日期：Jan 20, 2001
土建	2000000	1 – A	申请书号：3
货物	200000	1 – B	贷款号：3000
咨询	100000	1 – C	费用报表序号：1

1. 序号	2. 类别	3. 供应商名称所在国家	4. 本申请书包括的发票总金额（扣除保留金净额）	5. 世行支付%	6. 应支付的合格发票金额	7. 从专用账户支付金额（如果有）	8. 备注（包括汇率）	9. 备注
1	1 – C	KPMG, consulting firm NY	USD 80,000	100	USD 80,000	USD 80,000		

附件七　专用账户调节表

贷款/信贷/前期准备基金/联合贷款人号：______ 4000 __________

账号：____ 12345678 ________ 开户银行：____ China Everbright Bank __________

1. 世行（联合贷款人）预付金额 ________ 8000000.00 __________

2. 减：世行收回总额— ______5000000.00 __________

（一般于项目快终结时开始收回）

3. 等于目前专用账户预付款金额 = ________3000000.00 __________

4. 所附专用账户银行对账单金额______950929.29______

截止日期：______ June 23, 1999 ______

5. 加：本次申请合格支出金额 +____1321546.30 __________

（申请书号：　）

6. 加：已从专用账户支出，本次未申请 +____________________

7. 加：原来已申请世行未回补金额 +________1004521.21 __________

（申请书号）23

以前已申请未回补金额小计 +____________________

8. 减：专用账户利息 -______276996.80 ____________________

9. 等于专用账户预付总额 =______3000000.00 ____________________

10. 说明上述 3 项和 7 项之间的差额（例如已从账户中支付而未申请回补的事项、专用账户存款利息，等等）：

11. 日期：____ July 2, 1999 ____　　签名：____ Chen Wei __________

职务：____ Project Officer __________

填写专用账户调节表的说明

贷款/信贷/前期准备基金/联合贷款人号：填写与有关申请书上相同的参考号全称。

账号和开户银行：填写专用账户开户银行的名称及账号全称。

说明：编号与对账单的一致

1. 预付金额：填写根据专用账户核定额，预付入专用账户的总金额。不包括前期进行回补入专用账户的合格支出金额。

2. 减世行已回收的总金额：如果有，要填写过去已申请世行用于收回预付款金额的扣减总额。当世行开始收回时，通过电传提供该数额的详细资料。不包括世行过去扣除的认为是不合格的数额。

3. 等于目前专用账户预付款金额：1 项减 2 项。这是世行记录的余额，表示最终将送交世行合格文件的支出数额。

4. 截止______日专用账户中金额：所附银行对账单的余额。

5. 加本次申请合格支出金额：填写明所附的申请书号和该申请的合格费用支出金额。

6. 加以前申请世行未回补的金额：检查银行对账单，以确保以前申请的数额已回补入账户。该银行对账单截止日后，已支付申请额（或专用账户的收回数）应提供详细情况。

7. 加原来已申请世行未回补金额。

8. 专用账户利息。

9. 等于专用账户总预付金额：加总4、5、6、7，再减8项，一般应等于3。

注意事项：

1. 回补申请书通常包括银行对账单列示的所有费用支出，如果遵循这一惯例，则专用账户仅用于合格费用支出。那么3项和9项之间就不存在差异。

2. 合理的银行费用被认为是可以回补的合格支出。

3. 开户银行支付的存款利息应单独存入一个账户，如果记入专用账户，则必须在第8项中详细说明记入账户的累计数。

附件八　支付报告

支付通知

INTERNATIONAL BANK FOR RECONSTRUCTION AND DEVELOPMENT

1818H Street NW Page：1

Washington DC 20433，USA

PAYMENT ADVICE

* * * * * * * * * * * * * * *

Loan/Credit Detail ：IDA ACCOUNT 30750 BASIC HEALTH SERVICES

Date ：17 Nov 99

Advice Sent Date ：29 Dec 98

Subject：CREDIT 30750 CHA

Authorized by ：LOAAS BABU JOHN EXTN － Extn － 82376

Contact Person ：Hyung Min Kim Extn － 458 －2402

THE DISBURSEMENT LISTED BELOW HAS BEEN MADE ON YOUR BEHALF ON THE DATE SHOWN

Application ：HN －1 Paid On：29 Dec 98 Our TN：3

Paid (Amount and ccy) ：600000. 000 USD

Paid to ：FOREIGN DEBT MANAGEMENT DIV. OF HENAN PROV. FIN. BUR.

Cost Currency Details :

Cost Ccy Amt Exch Rate Commitment Ccy Amt

USD	600000. 000	1. 401920XDR	427984. 480

Total USD equiv of cost ccy amt : 600000. 000

Category Details :

CATEG	CCY	AMOUNT	– XDR EQUIVALENT –
SA – G	USD	600000. 000	427984. 480
Totals	USD	600000. 000	427984. 480

Current undisbursed credit balance : XDR 58788083. 170

Please advise immediately only if the payee name and currency are not consistent with your application, or if the amount is greater than the amount specified in your application. IT IS NOT NECESSARY CONTACT US IF THE ABOVE INFORMATION IS CORRECT.

Abbreviations :

TN Transaction Number [replaces WA – Withdrawal Authorization Number] USD United States Dollars

XDR Special Drawing Rights

Note : THE UNDISBURSED BALANCE IS AS PER THE PRINT DATE AND NOT THE ORIGINAL PA PRINTING DATE

国际复兴开发银行
H 街 1818 号 N. W.
华盛顿哥伦比亚特区，20433，美国

付款通知书
贷款账户：3000 – 0 RUR 农业发展项目

致：　1999 年 11 月 25 日

财政部：

下列支付是以你们的名义在下列所示的日期进行的，参照你们的请求支付并冲减你们的账户。

类 别	货 币	金 额	货 币	金 额	汇 率	等值美元
申请书号：25	支付：1991 年 11 月 22 日				参照号：WA0026A	
1	德国马克	160000.00	瑞士法郎	64512.05	1.600030	40319.28
2	德国马克	238501.00	瑞士法郎	256436.47	1.600030	160269.79
合计	德国马克	298501.00			合计美元	200589.07
申请书号：26	支付：1991 年 11 月 23 日				参数号：WA0027A	
4	美元	450000.00	日元	5773500.00	128.30500	449982.46
合计	美元	450000.00			合计美元	449982.46

截止 1992 年 1 月 29 日未支付的贷款余额：79605519.90

付款通知内容的说明

1. 贷款/信贷/信托基金：由世行指定贷款参考号由五位数字组成，前 2 或 3 位为借款国缩写。

2. 项目名称：与贷款协定中规定的项目名称一样（由于空格有限一般采用缩写）。

3. 您需要参考的：

- 申请号：借款人指定的用于区分申请书的序列号。
- 类别：当分项目或中间金融机构转贷项目批准时，世行指定一个分项目号，在贷款协定附件一中规定了类别参考。格式一般与贷款协定中规定的格式有一些区别，如类别 1（a）一般表示为 1 – A。
- 货币：按照借款人要求的货币，用国际标准化组织规定的三位代码表示的货币支付给收益人。
- 金额：按照指定的类别和货币支付的金额。在下述情况，金额可能与要求的金额不同：
- 世行已规定合格的支付金额；
- 申请金额的一部分已经预先从专用账户支付了；
- 贷款或类别余额不足以支付申请的全部金额。

4. 你账户已支付和已发生的费用

- 付款：按起息日进行支付。
- 参考号：世行指的序列参考号（授权提款号）。
- 货币和金额：世行进行支付时使用的货币和金额。
- 汇率：世行使用适用汇率计算承诺货币的本币金额。
- 等值：实际贷款账户支付的金额相当于承诺货币的金额。

5. 未支付余额（日）：截止付款通知发出时，未支付的余额。注意该余额不考虑当前可能已经完成但还没有最后进账的支付。

支付月报

国际复兴开发银行

H街1818号N. M.

华盛顿哥伦比亚特区，20433

美国

支付月报

贷款账户：3000－0　RUR农业发展项目

抄送：项目协调办　　　　1991年11月30日

农业部

借款人：财政部长

财政部

原贷款额：100000000

共注销金额：0　　　　等值美元

贷款净额：100000000

截止1991年11月1日未支付余额：80343476.46

下列支付是以你们的名义在下列所示的日期进行的：

申请书	类别	提款申请书	特别承诺号	起息日	货币	支付金额	
24	2	25	G00002	91/11/03	法国法郎	438000.000	87 382.03
25	1	26		91/11/22	德国马克	60000.000	40319.28
	2	26		91/11/22	德国马克	238501.000	160269.79
26	4	27		91/11/23	美元	449982.460	449982.46

1991年11月累计支付额：737956.56

1991年11月累计未支付额：79605519.90

= = = = = = = = = = 用美元表示的各类别余额 = = = = = = = = = = =

类　别	摘　要	已支付	未支付	特别承诺	未承诺
周转	专用账户	2501012.25	-2501012.25	0.00	-2501012.25
未分配	未分配	0.00	10000000.00	0.00	10000000.00
1. 土建		4160 991.69	45839008.31	0.00	45839008.31
2. 物资		12235002.20	14764997.80	8325000.00	6439997.80
3. 分贷款		49235.00	5950765.00	0.00	5950765.00
4. 咨询服务		449982.46	4550017.54	0.00	4550017.54
5. 培训		25125.25	974874.75	0.00	974874.75
6. 前期准备金退款		973131.25	26868.75	0.00	26868.75
总　计		20394480.10	79605519.90	8325000.00	71280519.90

缩写说明

W/A 号：提款申请号 S/C：特别承诺号　USD：美元　DEM：马克　CHF：瑞士法郎　JPY：日元

支付月报内容说明

1. 贷款/信贷/信托基金：由世行指定贷款参考号，由五位数字组成，前 2 或 3 位为借款国缩写。

2. 项目名称：与贷款协定中规定的项目名称一样（由于空格有限一般采用缩写）。

3. 原贷/信贷/赠款金额：注销前，承诺币别的贷款金额。

4. 注销额合计：累计注销金额。

5. 贷款净额：原贷金额，扣除注销额。

6. 未支付余额：月初未支付余额。

7. 申请号：借款人指定的用于区分申请书的序列号。

8. 类别：当分项目或中间金融机构转贷项目批准时，世行指定一个分项目号，在贷款协定附件一中规定了类别参考。格式一般与贷款协定中规定的格式有一些区别，如类别 1（1）一般表示为 1 - 1。

9. 申请书号：由世行指定的从贷款账户支付的每笔的参考顺序号。

10. 特别承诺号：与特别承诺有关的号码。

11. 起息日：一笔支付执行的有效期。

12. 货币：按照借款人要求的货币，用国际标准化组织规定的三位代码表示的货币支付给收益人。

13. 金额：按照指定的类别和货币支付的金额。在下述情况，金额可能与要求的金额不同。

- 世行已规定合格的支付金额；
- 申请金额的一部分已经预先从专用账户支付了（见第六章）；
- 贷款或类别额不足以支付申请的全部金额。

14. 支付额合计（月）：当月各种提款的费用合计。

15. 未支付余额（日）：截至月底未支付的余额。

16. 当前类别余额（承诺的货币）：

- 类别：与上面第八条一样。
- 描述：类别描述反映在贷款协定附件一，或分项目中。由于空格有限一般用缩写，如专用账户常用的基金，基金 A 等缩写。
- 支付额：截至月末用承诺货币所表示的支付总额。
- 未支付额：未支付余额（贷款净额减支付总额）。
- 特别承诺金额：已经承诺未来将要支付的金额。
- 未承诺金额：还没有承诺未支付余额的一部分。
- 合计：上述四列各项之和。

（注）特别承诺和未承诺栏的合计，等于该类别或贷款的未支付额。

附件九　登录世行网址申请表

The World Bank

Controller's Web Services Request Form

Country: ____________________

Organization Name: ____________________

Organization Address: ____________________

Organization Type: ________ Government/Implementing Agency ________

Other ____________________

Please specify: ____________________

Telephone Number: ____________________

FAX Number: ____________________

Email Address: ____________________

Contact Name: ______________________

Title: ______________________

Address: ______________________

Telephone Number: ______________________

FAX Number: ______________________

Email Address: ______________________

Purpose for Access: ______________________

Requested Access:

________ Country Level (only provided to official Borrowers for restricted data)

________Specific Loan/Projects Please specify whether Loans, Credits or Trust Funds.

List of Projects/Loan Numbers: ______________________

____

Please EMail this form to:

JMEADE@ WORLDBANK. ORG

With EMail copy to the Loan Disbursement Officer (sbradbury@ worldbank. org)

附件十　关于印发《世界银行贷款项目会计核算办法》的通知

（财际字〔2000〕13号）

世界银行贷款项目会计核算办法

总说明

一、为了加强世界银行（以下简称世行）贷款项目的会计核算工作，加强贷款项目管理，根据《国有建设单位会计制度》等有关规定和世行贷款财务管理系统及审计指南的要求，制订了《世界银行贷款项目会计核算办法》（以下简称《办法》）。本《办法》是使用世行贷款的基本建设项目单位执行《国有建设单位会计制度》的实施细则。

二、本《办法》适用于所有于1998年7月1日起经世行执行董事会批准并执行《国有建设单位会计制度》的项目。此类项目以世行贷款项目为会计主体，必须按照本《办法》建立独立的项目会计核算体系，除报送《国有建设单位会计制度》规定的会计报表外，还应向财政部和世界银行报送本《办法》规定的会计报表。在此以前已经世行批准的执行国有建设单位会计制度的项目，由项目单位自主决定是执行本《办法》，还是执行《世界银行贷款项目财务报告暂行规定》（财世字〔1997〕

6号)，但同一个项目的各项目单位只能执行统一的核算办法。

三、1998年7月1日后经世行执行董事会批准并执行企业会计制度的项目，除执行现行有关会计制度外，还应同时按照本《办法》报送会计报表。在此以前已经世行批准的执行有关会计制度的世行项目，由项目单位自主决定是按本《办法》编制会计报表，还是按照《世界银行贷款项目财务报告暂行规定》报送会计报表，但同一个项目的各项目单位必须报送相同的会计报表。

四、项目单位应按本《办法》的规定，设置和使用会计科目。一级科目原则上不得变动，如有特别需要，在不影响会计核算要求和会计报表指标汇总，以及对外提供统一的会计报表的前提下，可以根据实际情况自行增设、减少或合并某些会计科目，并报财政部备案。对明细科目的设置，除本《办法》已有规定外，项目单位在不违反有关财务制度和会计核算要求的前提下，可以根据需要，自行规定。

本《办法》统一规定会计科目的编号，以便于编制会计记账凭证、登记账簿、查阅账册，实行会计电算化。项目单位在填制会计凭证、登记账簿时，应填列会计科目的名称，或者同时填列会计科目的名称和编号，不能只填科目编号，不填科目名称。

五、项目单位向外报送项目会计报表的具体格式和编制说明，由《国有建设单位会计制度》和本《办法》规定；项目单位内部管理需要的会计报表由项目单位自行规定。

根据财政部与世界银行达成的协议，项目单位应每半年向财政部和世界银行报送下列项目财务报表：

（一）资金平衡表

（二）项目进度表

（三）信贷/贷款协定执行情况表

（四）专用账户收支表

向外报出的会计报表应依次编定页数，加具封面，装订成册，加盖公章。封面上应注明：项目单位名称、项目名称及编号、项目开工年份、报表所属年度、月份、送出日期等，并由项目单位负责人和主管会计工作的负责人、会计机构负责人（会计主管人员）签名并盖章；设置总会计师的单位，还须有总会计师签名并盖章。

六、如果项目单位不负责该项目专用账户的管理，专用账户的管理部门应将有关报表及资料及时抄送项目单位，以便项目单位能保存一套完整的项目会计核算资料。

七、项目单位应向财政部和世界银行报送经审计过的年度项目财务报表。经审计过的年度财务报表应在次年6月30日以前报送财政部和世界银行。此外，项目单位应向财政部和世界银行报送未经审计的半年期项目财务报表。半年期项目财务报表应分别于当年10月1日和下一年4月10日前报送。

八、本《办法》由中华人民共和国财政部负责解释，需要变更时，由财政部修订。

会计科目表

资金占用类科目			资金来源类科目		
序号	编号	一级科目	序号	编号	一级科目
1	101	建安工程投资	30	301	项目拨款
2	102	设备投资	31	302	项目资本
3	103	待摊投资	32	303	企业债券资金
4	104	其他投资	33	304	国外借款
5	105	待核销项目支出	34	305	国内借款
6	106	转出投资	35	306	上级拨入投资借款
7	111	交付使用资产	36	307	其他借款
8	121	应收生产单位投资借款	37	308	项目资本公积
9	201	固定资产	38	311	待冲项目支出
10	202	累计折旧	39	321	上级拨入资金
11	203	固定资产清理	40	331	应付器材款
12	211	器材采购	41	332	应付工程款
13	212	采购保管费	42	341	应付工资
14	213	库存设备	43	342	应付福利费
15	214	库存材料	44	351	应付有偿调入器材及工程款
16	218	材料成本差异	45	352	其他应付款
17	219	委托加工器材	46	353	应付票据
18	232	银行存款	47	361	应交税金
19	233	现金	48	362	应交基建包干节余
20	241	预付备料款	49	363	应交基建收入
21	242	预付工程款	50	364	其他应交款
22	251	应收有偿调出器材及工程款	51	401	留成收入
23	252	其他应收款			
24	253	应收票据			
25	261	拨付所属投资借款			

续表

资金占用类科目			资金来源类科目		
序号	编号	一级科目	序号	编号	一级科目
26	262	拨出国外借款			
27	263	拨出配套资金			
28	271	待处理财产损失			
29	281	有价证券			

会计科目说明

资金占用

第101号科目　建安工程投资

一、本科目核算项目单位发生的构成项目建设投资支出的建筑工程和安装工程的实际成本，如世行贷款基础设施项目和社会发展项目中能够形成有形资产的支出等。不包括被安装设备本身的价值及按照合同规定付给施工企业的预付备料款和预付工程款。

建筑工程包括：

1. 各种房屋及建筑物，包括列入房屋工程预算内的暖气、卫生、通风、照明、煤气等设备价值及其装设油饰工程，列入建筑工程预算内的各种管道、电力、电讯、电缆导线的敷设工程。

2. 设备的基础、支柱、工作台、梯子等建筑工程，炼铁、焦炉、蒸汽炉各种窑炉的砌筑工程、金属结构工程。

3. 为施工而进行的建筑场地布置，原有建筑物和障碍物的拆除，土地平整，设计中规定为施工而进行的工程地质勘探，以及工程完工后建筑场地的清理和绿化工作等。

4. 矿井开凿工程，石油、天然气钻井工程（不包括生产矿山用生产费用进行的矿井、坑道的整理延伸与探矿工程），以及铁路、公路、桥梁等工程。

5. 水利工程，如：水库、堤坝、灌渠等工程。

6. 防空、地下建筑等特殊工程。

安装工程包括：

1. 生产、动力、起重、运输、传动和医疗、实验等各种需要安装设备的装配、装置工程，与设备相连的工作台、梯子、栏杆的装设工程，被安装设备的绝缘、防腐、保温、油漆等工程。

2. 为测定安装工程质量，对单体设备、系统设备进行单机试运和系统联动无负荷试运工作（投料试运不包括在内）。

二、项目单位收到工程承包单位提交的“工程价款结算账单”承付工程款时，借记本科目，贷记“应付工程款”科目；将预付的备料款和工程款扣减应付工程款，借记“应付工程款”科目，贷记“预付备料款”“预付工程款”科目。上述业务也可以合并为借记本科目，贷记“预付备料款”“预付工程款”“应付工程款”科目。工程承包单位列入“工程价款结算账单”随同工程价款一并结算的临时设施包干费和技术装备费等，不属于建安工程投资的范围，应分别计入其他有关投资科目，不在本科目核算。

项目单位自行施工的自营工程，发生的各项支出，可以直接在本科目核算，借记本科目，贷记“库存材料”“银行存款”“应付工资”等科目。发生需要分摊的施工管理费，可在本科目下设置“施工管理费”明细科目进行核算，月终再分摊计入各核算对象。

三、工程竣工，办妥竣工验收交接手续交付使用单位时，借记“交付使用资产”科目，贷记本科目。

四、本科目应按项目评估文件中列明的项目内容设置二级明细科目，并按支付类别设置三级明细科目。

第 102 号科目　设备投资

一、本科目核算项目单位发生的构成项目建设投资支出的各种设备的实际成本，包括交付安装的需要安装设备、不需要安装设备和为生产准备的不够固定资产标准的工具、器具的实际成本。

需要安装设备，是指必须将其整体或几个部位装配起来，安装在基础上或建筑物支架上才能使用的设备。有的虽不要基础，但必须进行组装工作，并在一定范围内使用的，也应包括在内。

不需要安装设备，是指不必固定在一定位置或支架上就可以使用的各种设备。工具器具，是指生产和维护用的各种工具，试验室、化验室用的计量、分析、保温、烘干用的各种仪器，机械厂翻砂用的模型、锻模、热处理箱、工具台等。

二、项目单位调出库存需要安装的设备进行安装时，根据设备出库凭证，借记本科目，贷记“库存设备”科目。年终时，应对领用出库的设备进行清查，凡不符合“正式开始安装条件”的设备，应办理假退库手续，用红字借记本科目，贷记“库存设备”科目；下年度开始时，再用蓝字重作同样的分录，登记入账。

不需要安装的设备和工具、器具到大建设仓库（或指定地点），并经验收合格，就可以计算投资完成额，借记本科目，贷记“器材采购”科目。购入的不需要安装设备和工具、器具直接交付使用单位时，也应通过本科目核算，视同入库，并同时办理出库手续。

需要安装的设备安装完毕，试车合格后，应办理竣工验收交接手续，交付使用单位，借记“交付使用资产”科目，贷记本科目。不需要安装设备和工具、器具交付使用时，根据设备出库凭证借记“交付使用资产”科目，贷记本科目。

三、本科目应按项目评估报告中列明的项目内容设置二级明细科目，并按支付类别设置三级明细科目。

第 103 号科目　待摊投资

一、本科目核算项目单位发生的构成项目建设投资支出的，按照规定应当分摊计入交付使用资产成本的各项费用支出。

二、待摊投资包括以下内容：

1. 项目单位管理费

核算经批准在建设过程中单独设置管理机构的项目单位进行管理工作所发生的管理费用。包括项目单位经常费和项目管理费。项目单位经常费是指为完成工程建设任务需开支的经常性费用。具体包括：工作人员工资（基本工资、辅助工资、工资附加费）、工具器具使用费、固定资产折旧费、零星固定资产购置费、低值易耗品摊销费、修理费、咨询费、印花税、招标业务费、车辆牌照使用税、保险费、会议费、劳动保护费、教育经费、劳动保险基金、技术图书资料费、差旅费、办公经费和其他管理性费用开支。

2. 土地征用及迁移补偿费

核算通过划拨方式取得无限期的土地使用权而支付的土地补偿费、附着物和青苗补偿费、安置补偿费以及土地征收管理费等，应严格按照批准的面积和规定补偿标准拨付。

经营性项目通过出让方式取得有限期的土地使用权而支付的出让金，作为无形资产在“其他投资”科目核算，不在本科目核算。

3. 勘测设计费

核算自行或委托勘测设计单位进行工程水文地质勘测、设计所发生的各项费用。

4. 研究实验费

核算为项目提供或验证设计数据、资料进行必要的研究实验，按照设计规定在施工过程中必须进行试验所发生的费用，以及支付科技成果和先进技术的一次性技术转让费。不包括应由科技三项费用开支的施工企业对建筑材料、构件和建筑物进行一般鉴定、检查所发生的费用及技术革新研究实验费，以及应由勘测设计费、勘测设计单位的事业费或基建投资中开支的项目。

5. 可行性研究费

核算在建设前期所发生的按规定应计入项目工程成本的可行性研究费用。为进行可行性研究而购置的固定资产，应在“其他投资”科目中核算。

6. 临时设施费

核算按规定拨付给承包商的临时设施包干费，以及自营工程所发生的临时设施实际支出。临时设施费的内容按规定包括：临时设施的搭设、维修、拆除费或摊销费，以及施工期间专用公路养路费、维修费。

7. 设备检验费

核算按照规定付给商品检验部门的进口成套设备检验费。项目单位对进口成套设备自行组织检验所发生的费用，应列入采购保管费，不在本科目核算。

8. 延期付款利息

核算按规定对进口成套设备采取分期付款的办法所支付的利息。

9. 负荷联合试车费

核算单项工程在交工验收以前进行的负荷联合试车亏损（即全部试车费减去试车产品销售收入和其他收入后的差额）。单机试运或系统联动无负荷试运所发生的费用，应在“建安工程投资”科目核算，不在本科目核算。

10. 包干节余

核算实行基建包干责任制的项目单位实现的按规定应计入交付使用资产价值的包干节余。

11. 坏账损失

核算项目单位按规定程序报经批准确实无法收回的预付及其他应收款项。报经批准后，应按批准数额，借记本科目，贷记“其他应收款”等科目。

12. 国内借款利息

核算项目单位向国内银行借入的投资借款和周转借款所发生的按规定应计入项目工程成本的借款利息。项目建成投产后的利息，不在本科目中核算。项目提前建成投产，实现的建设期内利息节余，按规定作为还贷准备金，项目单位支用的借款未按合同规定用途使用，挤占挪用部分的罚息支出和不按期归还贷款而加付的利息，按规定应由项目单位自有资金支付，不在本科目核算。

13. 合同公证费及工程质量监测费

核算项目单位因经济纠纷所发生的有关诉讼费用和按规定支付给司法部门的合同公证费；支付给工程质量监测部门的工程质量监测费以及按照咨询合同支付给工程师单位的监理费。

14. 企业债券利息

核算项目单位使用企业债券资金所发生的按规定应计入工程成本的债券利息。按规定应计入工程成本的企业债券利息，借记本科目，贷记“企业债券资金”科目。项目单位将企业债券资金存入银行所取得的存款利息收入，按规定应冲减工程成本，借记“银行存款”科目，贷记本科目。

15. 土地使用税

核算项目单位在建设期间按规定交纳的土地使用税。按规定计算应交纳的土地使用税，借记本科目，贷记“应交税金”科目。

16. 汇兑损益

核算项目单位使用国外借款所发生的按规定应计入交付使用资产成本的各种汇兑损益。

17. 国外贷款利息及承诺费

核算项目单位使用国外借款所发生的按规定计入交付使用资产成本的国外借款手续费、承诺费和先征费等。收到债务通知单时，借记本科目，贷记“其他应付款”等科目。

18. 施工机构转移费

核算按规定支付给施工单位从外地调来承担施工任务而发生的一次性搬运费用。内容包括职工及随同家属的差旅费、调遣期间的工资，施工极限机械、设备、工具、用具和周转性材料等的搬运费。

19. 报废工程损失

核算由于计划安排不当，设计方案变更，重大灾害事故等原因造成工程报废所发生的扣除残值后的净损失。

20. 耕地占用税

核算项目单位按规定交纳的耕地占用税。按规定计算应交的耕地占用税，借记本科目，贷记“应交税金”科目。

21. 土地复垦及补偿费

核算项目单位在建设过程中发生的土地复垦费用和土地损失补偿费用。

22. 投资方向调节税

核算项目单位按规定交纳的投资方向调节税。按规定计算应交的投资方向调节税，借记本科目，贷记“应交税金”科目。

23. 固定资产损失

核算清理固定资产的净损失以及经批准转账的固定资产的盘亏减盘盈亏后的净损失。固定资产清理后的净损失，借记本科目，贷记“固定资产清理”科目。盘亏的固定资产转账时，借记本科目，贷记“待处理财产损失”科目；盘盈的固定资产转账时，借记“待处理财产损失”科目，贷记本科目。

24. 器材处理亏损

核算处理积压器材所发生的亏损。处理器材时，将取得的价款收入借记“银行存款”等科目，将发生的亏损借记本科目，器材的实际成本贷记“库存材料”“库存设备”和“材料成本差异”科目。自用积压物资的修理改制费用，也在本科目核算。发生时，借记本科目，贷记“银行存款”等科目。

25. 设备盘亏及毁损

核算项目单位发生的设备盘盈、盘亏及毁损。发生的设备盘盈、盘亏及毁损，应先通过“待处理财产损失”科目核算，待报经批准后，盘亏及毁损的设备，借记本科目，贷记“待处理财产损失”科目；盘盈设备，借记“待处理财产损失”科目，贷记本科目。

26. 调整器材调拨价格折价

核算按规定调整器材调拨价格所发生的折价。发生折价时，借记本科目，贷记“库存设备”“材料成本差异”科目。调整器材调拨价格的溢价，借记“库存设备”“材料成本差异”科目，贷记本科目。

27. 企业债券发行费用

核算筹措债券资金而发生的债券发行费用，包括支付给银行的代理发行手续费和债券设计、印刷等费用。项目单位支付给银行的代理发行手续费，应区别不同情况进行账务处理：如果代理发行手续费是银行或企业从发行债券资金中直接扣收的，按实际收到的货币资金，借记“银行存款”科目，按扣收的手续费，借记本科目，按发行债券的实际数额，贷记“企业债券资金”科目；如果代理发行手续费是由项目单位直接支付的，项目单位在支付款项时，借记本科目，贷记“银行存款”科目。项目单位支付的债券设计、印刷等费用，借记本科目，贷记“银行存款”科目。如果以上费用是由生产企业支付的，项目单位在接到生产企业转来的有关账单凭证时，借记本科目，贷记“企业债券资金”科目。

28. 其他待摊投资

核算项目单位发生的除上述各种待摊投资以外的其他应计入交付使用资产价值的待摊投资，如国外设计及技术资料费、出国联络费、外国技术人员费、取消项目的可行性研究费、编外人员生活费、停缓建维护费、商业网点费、供电补贴费和行政事业单位项目发生的非常损失等。

三、项目单位发生上述各项费用时，借记本科目，贷记“银行存款”“现金”“应付工程款”等有关科目。上述费用应在工程竣工交付使用时，按照交付使用资产和在建工程的比例进行分摊。

四、本科目应按项目评估报告中列明的项目内容设置二级明细科目，并按支付类别设置三级明细科目。项目单位可按待摊投资的内容设置明细科目登记辅助账。

第 104 号科目　其他投资

一、本科目核算项目单位发生的构成项目建设投资支出的其他投资成本，如房屋购置和基本禽畜、林木等购置、饲养、培育支出，可行性研究用固定资产购置，不能直接分摊进入有关资产成本的咨询服务和培训考察、土壤改造、公共卫生以及取得无形资产和递延资产发生的支出。

二、项目单位发生各项其他投资支出时，借记本科目，贷记“银行存款”“现金”“应付工程款”等科目；完工验收交付使用时，借记“交付使用资产”科目，贷记本科目。

三、本科目应按项目评估报告中列明的项目内容设置二级明细科目，并按支付类别设置三级明细科目。

第105号科目　待核销项目支出

一、本科目核算非经营性项目单位发生的江河清障、航道清淤、飞播造林、补助群众造林、水土保持、城市绿化、取消项目的可行性研究费以及项目报废等不能形成资产部分的投资支出。形成资产部分的上述投资支出，不在本科目核算，应在“建安工程投资”等科目核算。

二、非经营性项目单位发生的江河清障、航道清淤、飞播造林、补助群众造林、水土保持、城市绿化等支出，借记本科目，贷记“银行存款”等科目。取消的项目发生的可行性研究费，借记本科目，贷记“待摊投资”科目。由于自然灾害等原因发生的项目整体报废所形成的净损失，报经批准后，借记本科目，贷记“建安工程投资”等科目。

三、发生的待核销项目支出，应在下年初进行冲销，借记“项目拨款”等科目，贷记本科目。

四、本科目应按项目评估报告中列明的项目内容设置二级明细科目，并按支付类别设置三级明细科目。

第106号科目　转出投资

一、本科目核算非经营性项目单位为项目配套而建成的、产权不归属本单位的专用设施的实际成本。

二、非经营性项目单位建造的产权不归属本项目的专用设施，在完工时，借记“转出投资”科目，贷记“建安工程投资”科目。

三、发生的转出投资应在下年初进行冲销，借记“项目拨款”科目，贷记本科目。

四、本科目应按项目评估报告中列明的项目内容设置二级明细科目，并按支付类别设置三级明细科目。

第111号科目　交付使用资产

一、本科目核算项目单位已经完成购置、建造过程，并已交付给生产、使用单位的各项资产，包括固定资产、为生产准备的不够固定资产标准的工具、器具、家具等流动资产、无形资产和递延资产的实际成本等。项目单位用项目资金购建的在建设期间自用的固定资产，也通过本科目核算。

二、工程竣工后，必须按照有关规定编制竣工决算，办妥竣工验收和资产交接手续，才能作为交付使用资产入账。项目单位在办理竣工验收和资产交接工作以前，必须根据“建安工程投资”“设备投资”“其他投资”和“待摊投资”等科目的明细记录，计算交付使用资产的实际成本，编制交付使用资产明细表等竣工决算附件，经交接双方签证后，其中一份由使用单位作为资产入账依据，另一份由项目单位作为本科目的记账依据。

三、交付使用资产成本，应按下列内容计算：

1. 房屋、建筑物、管道、线路等固定资产的成本，包括：（1）建筑工程成本；（2）应分摊的待摊投资。

2. 动力设备和生产设备等固定资产的成本，包括：（1）需要安装设备的采购成本；（2）安装工程成本；（3）设备基础、支柱等建筑工程成本或砌筑锅炉及各种特殊炉的建筑工程成本；（4）应分摊的待摊投资。

3. 运输设备及其他不需要安装设备、工具、器具、家具等固定资产和流动资产的成本，一般仅计算采购成本，不分摊“待摊投资”。

4. 役畜、基本家禽、林木等固定资产成本，包括役畜、基本家禽、林木等的实际购置成本、饲养、培育费用和应分摊的待摊投资。

5. 应交付生产、使用单位的各种无形资产和递延资产，一般不分摊待摊投资。

四、已经办理交接手续的交付使用资产，借记本科目，贷记“建安工程投资”“设备投资”“其他投资”和“待摊投资”等科目。

五、本科目应按“固定资产”“流动资产”“无形资产”和“递延资产”设置明细账。

六、本科目的年末余额应在下年年初建立新账时，全数冲转。使用无偿配套资金形成的交付使用资产，冲转“项目拨款”科目；使用投资借款形成的交付使用资产，冲转“待冲项目支出”科目；使用企业债券资金形成的交付使用资产，冲转“企业债券资金”科目。使用多种投资的项目单位完成的交付使用资产，能分清投资来源的，分别按上述泛泛进行冲转；分不清投资来源的，按实际投资比例计算结转。

第121号科目　应收生产单位投资借款

一、本科目是实行投资借款项目单位的专用科目，核算项目单位向生产单位收回的用基建投资借款购建并交付使用的资产价值。

二、项目单位将购建完成的资产，交付生产单位使用时，借记本科目，贷记“待冲项目支出”科目，同时借记“交付使用资产”科目，贷记“建安工程投资”“设备投资”“待摊投资”“其他投资”科目。收到生产单位归还的基建投资借款通知，借记“国外借款”或“国内借款”等科目，贷记本科目。

三、项目单位用基建收入和投资包干结余偿还基建投资借款时，借记“国外借款”或“国内借款”等科目，贷记本科目；同时，借记“应交基建收入”“应交基建包干节余”科目，贷记“银行存款”科目，并通知生产单位转账。

第201号科目　固定资产

一、本科目核算项目单位在建设过程中自用的各种固定资产原价。项目单位按基建计划用基建投资购建完成交付生产单位的已完工程（如宿舍、办公楼、汽车等），在未移交以前，因筹建工作需要，经批准暂时使用的，不作为项目单位的固定资产，不在本科目核算。

二、项目单位用基建投资购建的自用固定资产，应通过“建安工程投资”“设备投资”“其他投资”“待摊投资”等科目核算。购建完成交付项目单位使用时，借记“交付使用资产”科目，贷记“建安工程投资”“设备投资”“其他投资”“待摊投资”等科目；同时，借记本科目，贷记“交付使用资产”科目。项目单位用留成收入购建的自用固定资产，借记本科目，贷记“银行存款”科目。

主管部门或生产单位无偿调拨给项目单位的固定资产，借记本科目（调出单位账面原值），贷记“上级拨入资金”科目（净值）和“累计折旧”（调出单位已提折旧）。

盘盈的固定资产，借记本科目（重置完全价值），贷记“累计折旧”科目（估计折旧）和“待处理财产损失”科目（净值）；按规定程序报经批准转账时，借记“待处理财产损失”科目，贷记“待摊投资”科目。

三、项目单位对于报废和毁损等原因减少的固定资产，应按减少固定资产净值，借记“固定资产清理”科目，按累计折旧，借记“累计折旧”科目，按固定资产原价，贷记本科目。

盘亏的固定资产，借记“累计折旧”科目（已提折旧）和借记“待处理财产损失”科目（净值），贷记本科目（账面原值）。按规定程序报经批准转账时，借记“待摊投资——固定资产损失”科目，贷记“待处理财产损失”科目。

四、本科目应按固定资产的类别和名称进行明细核算。

第202号科目　累计折旧

一、本科目核算项目单位在项目建设期间自用固定资产的累计折旧。

二、固定资产折旧，一般应根据核定的月折旧率和月初在用固定资产的账面原值，按月计算。月份内投入使用的固定资产当月不计折旧，从下月起计算折旧；月份内停止使用的固定资产，当月照提折旧，从下月起停止计提折旧。

固定资产提足折旧后，不管能否继续使用，均不再提取折旧；提前报废的固定资产不补提折旧，其净损失计入待摊投资。

三、按月计提的固定资产折旧，借记“待摊投资”科目，贷记本科目。

四、本科目应按固定资产的类别设置相应的明细科目。

第 203 号科目　固定资产清理

一、本科目核算项目单位因报废、毁损等原因转入清理的固定资产净值及其在清理中所发生的清理费用和清理收入。

二、报废和清理的固定资产转入清理时，应按固定资产原价减去累计折旧后的差额，借记本科目，按已提折旧，借记“累计折旧”科目，按固定资产原价，贷记“固定资产”科目。清理固定资产过程中发生的费用，借记本科目，贷记“银行存款”等科目；收回的残料价值和变价收入等，借记“银行存款”“库存材料”等科目，贷记本科目；应由保险公司或过失人赔偿的损失，借记“其他应收款”“银行存款”等科目，贷记本科目。

固定资产清理后的净收益，借记本科目，贷记“待摊投资 —— 固定资产损失”科目；固定资产清理后的净损失，借记“待摊投资 —— 固定资产损失”科目，贷记本科目。

三、本科目应按清理的固定资产设置明细账。

第 211 号科目　器材采购

一、本科目核算项目单位购入各种设备和材料的采购成本。

委托外单位加工的物资及其加工成本，直接在“委托加工器材”科目核算，不在本科目核算。

二、器材的采购成本一般由以下各项组成：

1. 买价：器材购入价，国际招标的器材为世界银行支付的货物到岸价；

2. 运杂费：包括国内运输、包装、装卸等费用；

3. 采购保管费。

其中买价应直接计入器材的采购成本；运杂费能分清负担对象的，直接计入有关器材的采购成本，不能分清负担对象的，按器材买价的比例等分摊标准，分摊计入各有关器材的采购成本。

三、本科目的核算方法：

1. 根据发票账单支付器材价款和运杂费时，借记本科目，贷记“国外借款”“银行存款”等科目。

2. 器材到达并已验收入库而发票账单尚未收到时，在月份内可暂不记账，待发票账单到达时，再按发票账单金额记账，借记本科目，贷记“国外借款”“银行存款”等科目。月份终了时，对于已经验收入库而发票账单尚未收到的器材，应按合同价格或预算价格暂估入账，借记“库存设备”“库存材料”等科目，贷记“应付器材款”科目。下月初用红字作同样的记录予以冲回。下月发票账单到达，支付价款时，按正常程序记账，借记本科目，贷记“国外借款”“银行存款”等科目。

3. 项目单位根据有关规定预付的大型设备款，借记“应付器材款”科目，贷记“国外借款”“银行存款”等科目。设备到达验收入库后，再根据发票账单的应付金额转账，借记本科目，贷记“应付器材款”科目。

4. 统一组织的国际招标采购的器材直达收货单位，收货单位应按货物验收单上的实际金额，借记本科目，贷记“应付器材款”等科目；器材验收入库时，借记“库存设备”“库存材料”等科目，贷记本科目；收到债务清单时，借记“应付器材款”科目，贷记“国外借款”科目。

5. 向供应单位、运输机构等收取器材短缺或其他应冲减器材采购成本的赔偿款项，根据有关索赔凭证，借记“其他应收款”科目，贷记本科目。需要报经批准转销或尚待查明原因处理的途中损耗，以及由于意外事故造成的非常损失，借记“待处理财产损溢”科目，贷记本科目。

6. 月份终了，分配应记入器材采购成本的采购保管费，借记本科目，贷记“采购保管费”科目。

7. 月份终了，将验收入库的器材登记入账：

（1）验收入库的设备，按实际成本借记“库存设备”“设备投资”科目，贷记本科目。

（2）验收入库的材料，按计划成本借记“库存材料”科目，贷记本科目；同时，将实际成本大于计划成本的差额，借记“材料成本差异”科目，贷记本科目；将实际成本小于计划成本的差额，借记本科目，贷记“材料成本差异”科目。

采用实际成本进行材料日常核算的项目单位，可以不设“材料成本差异”科目。收到材料时，根据发票账单、付款凭证等，借记本科目，贷记“国外借款”“银行存款”科目。材料到达验收入库时，借记“库存材料”科目，贷记本科目。发出材料的实际成本，可以根据实际情况，采用“加权平均”“移动平均”或“先进先出”等方法进行核算。

8. 经过以上记录后，本科目的月末余额，即为货款已经支付但器材尚未到达或尚未验收入库的在途器材。

四、本科目应设置“设备采购”和“材料采购”两个明细科目，并按设备和材料的类别名称、型号设置采购明细账进行核算。

第212号科目　采购保管费

一、本科目核算项目单位为采购、验收、保管和收发设备材料所发生的各种费用，包括采购、保管人员的工资、工资附加费、办公费、差旅及交通费，以及检验试验费、材料盘亏及毁损（盘盈冲减）等。项目管理单位的材料盘亏（盈）、毁损不在本科目核算。

二、发生各项采购保管费时，借记本科目，贷记“银行存款”“现金”“库存材料”“应付工资”等科目。凡应列入“采购保管费”科目内的各项费用，能分清负担对象的，应直接记入本科目所属“设备”或“材料”明细科目；分不清对象的，月末应按当月购入设备和材料总额的比例进行分摊。设备和材料的包装物品，应及时回收，作价入账，借记“库存材料”科目，贷记本科目。

三、各项采购保管费，应于月份终结时，分配计入设备和材料的实际（采购）成本。采用计划成本进行日常核算的材料，其采购保管费应全部分配转入“物资采购 —— 材料采购”科目。

设备和采用实际成本进行日常核算的材料，其采购保管费，可按下列公式进行分配转入“物资采购”科目：

某项设备（或材料）应分配的采购保管费 = 本月购入该项设备（或材料）的买价和运杂费 × 预定分配率

预定分配率 = 全年计划采购保管费 ÷ 全年计划采购该项设备（或材料）的买价和运杂费 × 100%

预定分配率也可以采用概（预）算中所确定的采购保管费率。

四、本科目应设置“设备”和“材料”两个明细科目，并按费用项目进行明细核算。

五、本科目的月末余额，为设备和采用实际成本进行日常核算的材料，按预定分配率分配的采购保管费与实际发生的采购保管费的差额。此项差额应于年度终了或工程竣工时进行调整，借记“建安工程投资”“设备投资”等科目，贷记本科目（实际发生数小于预定分配数的差额用红字）。

第 213 号科目　库存设备

一、本科目核算项目单位库存的需要安装设备的实际成本。

有些设备在验收入库时尚未确定是否需要安装，可以先在本科目核算。

二、购入并已验收入库的设备，借记本科目，贷记“器材采购”等科目。

已经验收入库，但发票账单尚未到达，没有付款的设备，应于月份终了时按合同价格或估计价格暂估入账，借记本科目，贷记“应付器材款”科目。下月初，用红字作相同的会计分录，予以冲回。

委托外单位加工完成验收入库的需要安装设备，按加工后的实际成本借记本科目，贷记“委托加工器材”科目。盘盈的设备，按估计价格入账，借记本科目，贷记“待处理财产损失”科目。

三、设备出库交付安装时，借记“设备投资”科目，贷记本科目。交付外单位委托加工的设备，借记“委托加工器材”科目，贷记本科目。年度终了，对已出库而不符合“正式开始安装”三个条件的设备，应办理假退库手续，用红字冲销原记录，下年度开始时，再重新入账。

四、经批准对外转让不需要的设备，借记“银行存款”等科目（设备销售价款），贷记本科目（设备实际成本），同时将转让设备的实际成本与售价的差额记入“待摊投资”科目的借方或贷方。

五、盘亏和毁损的设备，借记“待处理财产损失”科目，贷记本科目。

六、本科目应按设备的存放地点和设备的类别、名称、型号、规格等设置有数量有金额的明细账进行核算。

第214号科目　库存材料

一、本科目核算项目单位为进行项目建设所储备的各种库存材料的计划成本或实际成本。材料的实际成本与计划成本的差异，在“材料成本差异”科目核算。

二、购入并验收入库的材料，按计划成本借记本科目，按实际成本贷记“器材采购”科目。实际成本与计划成本的差额，借记或贷记“材料成本差异”科目。已经验收入库，但发票账单尚未到达，没有付款的材料，月终按计划成本暂估入账，借记本科目，贷记“应付器材款”科目。下月初，用红字作同样的分录予以冲回。

委托外单位加工完成的材料，验收入库时，按加工后的计划成本，借记本科目，按实际成本贷记“委托加工器材”科目。实际成本与计划成本的差额，借记或贷记“材料成本差异”科目。清查盘盈的材料，按计划成本借记本科目，贷记“待处理财产损失”科目。

三、领用的材料，借记“建安工程投资”科目、“待摊投资”“委托加工器材”等科目，贷记本科目。将材料拨给施工企业抵作预付备料款，按照结算价格借记“预付备料款”科目，按照计划成本贷记本科目，结算价格与计划成本的差额，借记或贷记“建安工程投资”科目。

试行竣工结算，取消预付备料款办法的项目单位，在建设期间，根据有关合同或由于物资供应方式等原因，仍负责供应一部分工程用材料的，拨付给施工企业的材料可直接作抵减应付工程款处理，按结算价格借记“应付工程款”科目，按照计划成本贷记本科目，结算价格与计划成本的差额，借记或贷记“建安工程投资”科目。

销售积压和剩余的材料，借记“银行存款”“其他应收款”等科目（销售收入），贷记本科目（计划成本）和“材料成本差异”科目，销售收入与材料实际成本的差额转入“待摊投资”科目的借方或贷方。盘亏和毁损的材料，借记“待处理财产损失”科目，贷记本科目。

四、月份终了，计算各种发出材料应负担的成本差异，借记有关科目，贷记“材料成本差异”科目（实际成本小于计划成本的差异用红字）。

五、本科目应按材料的存放地点、类别、名称、规格设置有数量有金额的明细账进行核算。

第218号科目　材料成本差异

一、本科目核算项目单位各种材料的实际成本与计划成本的差异。

二、外购材料的成本差异，应从“器材采购”科目转入本科目。委托外单位加工完成器材的成本差异，应从“委托加工器材”科目转入本科目。调整提高或降低材料的计划成本，应将调整数自“库存材料”等有关科目转入本科目：调整减少计划成本的数额，记入本科目的借方，调整增加计划成本的数额，记入本科目的贷方。

三、领用、发出或报废的各种材料应负担的成本差异，可以按当月发出材料的计划成本和材料成本差异率计算。材料成本差异率计算公式如下：

当月材料成本差异率 =（月初结存材料的成本差异 + 本月收入材料的成本差异）÷（月初结存材料的计划成本 + 本月收入材料的计划成本）×100%

结转发出材料应负担的成本差异，借记“建安工程投资”“待摊投资”“采购保管费”等科目，贷记本科目（实际成本小于计划成本的差异，用红字登记）。

四、本科目月末借方余额，为库存各类材料的实际成本大于计划成本的差异；贷方余额为库存各类材料的实际成本小于计划成本的差异。

五、本科目应按材料类别进行明细核算。

第219号科目　委托加工器材

一、本科目核算项目单位委托外单位加工的各种设备和材料的实际成本。

委托加工完成的设备和材料的实际成本，由以下各项组成：

1. 加工中耗用的设备和材料的实际成本；

2. 支付的加工费用；

3. 支付的加工设备和材料的往返运杂费。

二、发给外单位加工的设备，按实际成本借记本科目，贷记“库存设备”科目。发给外单位加工的材料，按计划成本借记本科目，贷记“库存材料”科目；并将应负担的材料成本差异，借记本科目，贷记“材料成本差异”科目（实际成本小于计划成本的差异，用红字登记）；发生的加工费和往返运杂费，借记本科目，贷记“银行存款”“其他应付款”等科目。

三、加工完成并验收入库的设备，按实际成本借记“库存设备”“设备投资”（不需要安装设备）等科目，贷记本科目。加工完成并验收入库的材料，按计划成本借记“库存材料”科目，按实际成本贷记本科目，实际成本与计划成本的差额，借记或贷记“材料成本差异”科目。加工完成退回剩余的设备，按实际成本借记“库存设备”科目，贷记本科目；退回剩余的材料，按计划成本借记“库存材料”科目，按实际成本贷记本科目，实际成本与计划成本的差额，借记或贷记“材料成本差异”科目。

四、本科目的月末余额，为委托外单位加工尚未完成的器材的实际成本和发生的加工费及运杂费。

五、本科目应按加工合同和受托加工单位设置明细账，记录发出设备和材料的名称、数量、实际成本（或计划成本和成本差异）、发生的加工费和运杂费、退回材料物资的实际成本（或计划成本和成本差异），以及加工完成的材料物资的实际成本（或计划成本和成本差异）等资料。

第232号科目　银行存款

一、本科目核算项目单位存入银行或其他金融机构的各种存款。本科目分设银行结算户存款和专用账户存款等二级科目。

二、项目单位将款项存入银行或其他金融机构时，借记本科目，贷记“现金”等有关科目；提取和支出存款时，借记“现金”等有关科目，贷记本科目。

三、项目单位应按开户银行和其他金融机构、存款种类等，分别设置“银行存款日记账”（项目提款报账回款停留在同级财政部门的也在此核算），由出纳人员根据收付款凭证，按照业务发生的顺序逐笔登记，每日终了结出余额。“银行存款日记账”应定期与“银行对账单”核对，至少每月核对一次。月份终了账面余额与银行对账单余额之间有差额的，必须逐笔查明原因进行处理，并应按月编制“银行存款余额调节表”调节相符。

四、有外币存款业务的项目单位，应在本科目下分别按人民币和各种外币设置“银行存款日记账”进行明细核算。期末，项目单位应将外币账户期末余额按照期末国家外汇牌价折合为人民币，作为外币账户的期末人民币余额。调整后的各外币账户人民币额与原账面余额的差额，作为汇兑损益列入待摊投资。

第233号科目　现金

一、本科目核算项目单位的库存现金。

二、项目单位收到现金，借记本科目，贷记有关科目；支出现金，借记有关科目，贷记本科目。

三、项目单位应设置“现金日记账”，由出纳人员根据收付款凭证，按照业务发生的顺序逐笔登记。每日终了，应计算当日的现金收入合计数、现金支出合计数和结余数，并将结余数与实际库存数核对，做到账款相符。

有外币现金的项目单位，应分别按人民币、各种外币设置“现金日记账”进行明细核算。

第241号科目　预付备料款

一、本科目核算尚未试行竣工结算办法的项目单位按照工程合同规定向施工单位预付的备料款，以及拨付给施工单位抵作预付备料款的各种材料。实行工程竣工结算办法的项目单位，可以不设本科目，根据合同规定或由于物资供应方式等原因仍负责供应一部分施工用材料的，拨付材料的价款可直接在“应付工程款”科目核算。

二、项目单位预付施工单位备料款时，借记本科目，贷记“银行存款”科目；拨付抵作备料款的材料时，按结算价格借记本科目，按照计划成本贷记“库存材料”等科目，结算价格与计划成本之间的差额，借记或贷记“建安工程投资”科目。月终分配应负担的材料成本差异，借记“建安工程投资”科目，贷记“材料成本差异”科目（实际成本小于计划成本的差额用红字）。

三、月终或工程竣工与施工单位结算价款时，根据合同规定，应从应付工程款中扣回预付备料款，借记“应付工程款”科目，贷记本科目。

四、本科目应按收取备料款的施工单位进行明细核算。

第 242 号科目　预付工程款

一、本科目核算尚未试行竣工结算办法的项目单位按照工程合同规定向施工单位预付的工程进度款。

二、项目单位按照工程进度，每月或月中向施工单位预付工程价款时，借记本科目，贷记“银行存款”科目。月终或工程竣工与施工单位结算价款时，根据合同规定，应从应付工程款中扣回预付工程款，借记“应付工程款”科目，贷记本科目。

三、本科目应按收取工程进度款的施工单位进行明细核算。

第 251 号科目　应收有偿调出器材及工程款

一、本科目核算项目单位按规定或经批准有偿调出器材及有偿转出未完工程的应收款项。

二、项目单位有偿调出的设备、材料，借记本科目，贷记“库存设备”“材料成本差异”科目；项目单位按规定报经上级批准有偿移交给其他单位继续施工的未完工程，借记本科目，贷记“建安工程投资”“设备投资”“待摊投资”科目。收到调入单位归还的设备、材料或未完工程价款，借记“银行存款”科目，贷记本科目。

三、本科目应分别设置“调出设备”“调出材料”和“转出未完工程”三个明细科目，并按调入单位名称设置明细账进行核算。

第 252 号科目　其他应收款

一、本科目核算项目单位除预付备料款、预付工程款以外的其他各种应收、暂付款项，包括：应收世行贷款利息，应收世行贷款承诺费，应收世行贷款资金占用费，各种赔款、罚款、存出保证金、备用金、应向职工收取的各种垫付款项等。

“应收世行贷款利息”科目，反映项目单位按照贷款、信贷协定规定应收取的世界银行贷款到期的利息。

“应收世行贷款承诺”科目，反映项目单位按照贷款/信贷协定规定应收取的世界银行贷款到期的承诺费。

“应收世行贷款资金占用费”科目，反映经财政部批准后，项目单位展期使用到期应偿还的世界银行贷款本金、利息和承诺资金而应收取的资金占用费。

二、项目单位发生其他各种应收款项时，借记本科目，贷记有关科目；收回各种款项时，借记有关科目，贷记本科目。

三、本科目应按其他应收款的项目分类，并按不同的债务人设置明细账。

第253号科目　应收票据

一、本科目核算项目单位因调剂物资而收到的商业汇票，包括银行承兑汇票和商业承兑汇票。

二、项目单位经批准对外销售不需用设备和积压的材料物资收到应收票据，借记本科目，贷记“库存材料”等科目。应收票据到期收回的票面金额，借记“银行存款”科目，贷记本科目。如为带息票据到期，按收到的本息，借记“银行存款”科目，按票面金额，贷记本科目，按其差额，贷记“待摊投资”科目。

三、项目单位将尚未到期的应收票据向银行贴现，应按实际收到的金额（即扣除贴息后的净额），借记“银行存款”等科目，按贴息部分，借记“待摊投资”科目，按应收票据的票面金额，贷记本科目。如应收票据是带息票据，应按实际收到的本息，借记“银行存款”科目，按票面金额，贷记本科目，按其差额部分借记或贷记“待摊投资”科目。贴现的商业承兑汇票到期，因承兑人的银行账户不足支付，申请贴现的项目单位收到银行退回的应收票据和支款通知时，按所付本息，借记“应收账款”科目，贷记“银行存款”科目；如果申请贴现项目单位的银行存款账户额不足，银行作逾期贷款处理时，记入“其他应收款”科目，贷记“其他借款”科目。

四、项目单位应设置“应收票据登记簿”，逐笔登记每一应收票据的种类、号数和出票日期、票面金额、交易合同和付款人、承兑人、背书人的姓名或单位名称，到期日期和利率，贴现日期、贴现率或贴现净额，以及收款日期和收回金额等资料。应收票据到期收清票款后，应在“应收票据登记簿”内逐笔注销。

第261号科目　拨付所属投资借款

一、本科目核算实行“统借统还”基建投资借款（不包括中央预算内基本建设经营性基金借款）的主管部门，拨付给所属项目单位的基建投资借款和分摊给所属项目单位的投资借款利息。

二、主管部门在核定的贷款指标额度内，按借款合同的规定，统一向银行借入的基建投资借款，借记“银行存款”科目，贷记“国内借款”科目；拨付所属项目单位投资借款时，借记本科目，贷记“银行存款”科目。如果上述投资借款，主管部门在统借时不是先借后拨，而是采取直接下拨方式，则应借记本科目，贷记“国内借款”科目。

主管部门收到投资借款利息通知时，借记“待摊投资”科目，贷记“国内借款”科目；将发生的基建投资借款利息分摊给所属项目单位，借记本科目，贷记“待摊投资”科目。

三、主管部门收到项目单位交来的用于归还借款的基建收入、包干节余和存款利息，借记“银行存款”科目，贷记本科目；归还时，借记“国内借款”科目，贷记“银行存款”科目。

四、主管部门根据所属项目单位转来的应收生产单位投资借款，借记“应收生产单位投资借款”科目，贷记本科目。项目单位编制汇总报表时，应与下级项目单位对应的相关科目相互抵销。

五、本科目应按所属项目单位设置明细科目进行明细核算。

第262号科目　拨出国外借款

一、本科目核算项目管理单位拨付给下级项目单位的国外借款（包括报账回来的资金、统一招标采购的项目物资、服务等）。

二、项目管理单位向下级项目单位拨付国外借款时，借记本科目，贷记“银行存款”等科目。

三、本科目应按下级项目单位设置明细科目，并按国外借款支付类别进行明细核算。项目单位编制汇总报表时，应与下级项目单位相关的“国外借款”等科目相互抵销。

第263号科目　拨出配套资金

一、本科目核算项目管理单位拨付给下级项目单位的配套资金（包括财政预算拨款、自筹资金、进口设备转账拨款、器材转账拨款及捐赠款）。

二、项目管理单位向下级项目单位拨付配套资金时，借记本科目，贷记“银行存款”等科目。项目单位编制汇总报表时，应与下级项目单位相关的“项目拨款”等科目相互抵销。

三、本科目应按下级项目单位设置明细科目，并按配套资金支付类别进行明细核算。

第271号科目　待处理财产损失

一、本科目核算建设单位在清查财产过程中查明的各种财产物资的盘亏和毁损（不包括固定资产的毁损）。财产盘盈也在本科目核算。

二、盘亏的固定资产，借记本科目（净值）和“累计折旧”科目（已计提折旧），贷记“固定资产”科目（原值）。盘盈的固定资产，借记“固定资产”科目（重置完全价值），贷记“累计折旧”科目（估计折旧）和本科目（净值）。

盘亏和毁损的库存设备，按实际成本计价，借记本科目，贷记“库存设备”科目。盘盈的设备估价入账，借记“库存设备”科目，贷记本科目。盘亏和毁损的库存材料，按计划成本，借记本科目，贷记“库存材料”科目；分配盘盈和毁损材料的成本差异，借记本科目，贷记“材料成本差异”科目（实际成本小于计划成本的差异用红字）。盘盈的材料按计划成本，借记“库存材料”科目，贷记本科目。毁损设备材料的残料送交入库，按实际成本，借记“库存材料”科目，贷记本科目。

采购器材在运输途中的损失，除合理的途中损耗应计入材料采购成本外，能确定应由责任单位或过失人负责赔偿的应从“器材采购”科目转入“应付器材款”或“其他应收款”科目，尚待查明原因的需要报经批准才能转销的损失，应从“器材采购”科目转入本科目。

三、各种盘亏和毁损的财产，按规定程序报经批准后，进行转销。

固定资产的盘亏，借记“待摊投资”科目，贷记本科目。库存设备、材料的盘亏、报废和非常损失，以及采购器材在运输中的短缺和非常损失，应分别下列情况进行处理：

1. 应由过失人赔偿的款项，借记“其他应收款”或“应付器材款”科目，贷记本科目。

2. 属于无法收回的超定额损耗，报经批准后，借记“采购保管费”科目，贷记本科目。

3. 属于自然灾害等原因造成的非常损失，借记“其他投资”或“待摊投资”科目，贷记本科目。

4. 盘亏和毁损的设备，按规定程序经批准后，借记“待摊投资”科目，贷记本科目。

四、各种盘盈的财产物资，按规定程序报经批准后进行转账。

固定资产的盘盈，借记本科目，贷记“待摊投资”科目；设备的盘盈，借记本科目，贷记“待摊投资”科目；材料的盘盈，借记本科目，待记“采购保管费”科目。

五、本科目应设置以下明细科目：

1. 待处理固定资产损失；

2. 待处理设备损失；

3. 待处理器材损失。

第281号科目　有价证券

一、本科目核算项目单位购入的国库券、企业债券等有价证券。

二、项目单位购入的有价证券，应于交款时，借记本科目，贷记“银行存款”科目。收到归还的本金时，借记“银行存款”科目，贷记本科目；收到实现的利息，借记“银行存款”科目，贷记“应交基建收入”科目。

三、本科目按有价证券的种类设置明细科目进行核算。

资金来源

第301号科目 项目拨款

一、核算项目单位实际收到各级政府拨款、自有资金和劳务集资等国内无偿配套资金。收到拨入资金时，贷记本科目，借记“银行存款”或“预付工程款”等科目。

二、本科目按中央、地方各级政府拨款、自有资金、劳务集资进行明细核算，并按来源渠道不同分别设置明细账。

第302号科目 项目资本

一、本科目核算项目单位收到投资者以投资形式拨入的项目资本。收到投资者投入的项目资本时，借记“银行存款”科目，贷记本科目。支用款项时，借记“建安工程投资”等科目，贷记“银行存款”。

二、工程完工交付使用时，借记“交付使用资产”科目，贷记“建安工程投资”等科目。工程完工交付使用后，应于下年初建立新账时，借记本科目，贷记“交付使用资产”科目。

三、本科目按不同投资来源渠道设置明细账。

第303科目 企业债券资金

一、本科目核算项目单位收到生产企业拨入的用于项目建设的企业债券资金以及应付的债券利息。项目单位收到生产企业拨入的企业债券资金时，借记“银行存款”科目，贷记本科目。支出企业债券资金时，借记“建安工程投资”“设备投资”“其他投资”“待摊投资”等科目，贷记“银行存款”科目。

二、项目单位使用的企业债券资金属于计付利息的，其建设期利息应在工程竣工时分摊计入工程成本，具体分摊办法可由主管部门根据本部门的建设特点和债券还本付息要求自行规定。按规定应计入工程成本的利息，借记“待摊投资”科目，贷记本科目。

三、项目单位将企业债券资金存入银行所取得的存款利息收入，按规定应冲减工程成本，借记“银行存款”科目，贷记“待摊投资”科目。

四、本科目应分别设置“债券本金”和“债券利息”两个明细科目。

第304号科目 国外借款

一、核算项目单位实际使用和收到的国际金融组织资金。收到国际金融组织付款通知单时，借记“器材采购”“银行存款”“其他应付款”等科目、贷记本科目。

二、本科目按不同国际金融组织设二级明细科目，并按支付类别设置三级明细科目。

第 305 科目　国内借款

一、核算项目单位向国内不同渠道借入的借款。借入时，借记“银行存款”，贷记本科目；归还时，作相反的分录。国内借款的利息支出，应计入项目工程成本，借记“待摊投资”，贷记“银行存款”科目。

二、如国内借款付给工程成本单位，项目单位应根据工程验收进行工程支出核算，借记“建安工程投资”科目，贷记本科目。

三、本科目按资金来源渠道进行明细核算。

第 306 号科目　上级拨入投资借款

一、本科目核算实行“统借统还”基建投资借款（不包括中央预算内基本建设经营性基金借款）的项目单位收到上级主管部门拨入的项目投资借款和分摊的项目投资借款利息。

二、项目单位收到上级主管部门拨入的项目投资借款时，借记“银行存款”科目，贷记本科目；收到主管部门分配来的项目投资借款利息，借记“待摊投资”科目，贷记本科目。

三、项目单位将用于归还项目投资借款的基建收入和包干节余上交主管部门时，借记“应交基建包干节余”“应交基建收入”科目，贷记“银行存款”科目；同时，借记本科目，贷记“应收生产单位投资借款”科目，并通知生产单位相应转账。

四、本科目应按上级主管部门拨入的投资借款种类进行明细核算。

第 307 号科目　其他借款

一、本科目核算项目单位按规定向银行借入的除基建投资借款以外的其他各种借款，如国内储备借款、周转金借款等。

二、本科目应按借款种类进行明细核算。

第 308 号科目　项目资本公积

一、本科目核算经营性项目单位取得的项目资本公积。包括投资额超过其注册资本的差额、接受捐赠的财产等。

二、投资者投入的资金，按实际收到的款项，借记“银行存款”等科目，按合同规定的出资额，贷记“项目资本”科目，按实际缴付的出资额超过其注册资本的差额，贷记“项目资本公积”科目。

三、“项目资本公积”科目按形成类别设置明细账进行核算。

第 311 号科目　待冲项目支出

一、本科目是实行投资借款建设单位专用的备抵科目，核算冲销的已转至生产单位的各项交付使用资产。

二、已转给生产单位的交付使用资产，借记“应收生产单位投资借款”，贷记本科目；同时，借记“交付使用资产”科目，贷记“建安工程投资”“设备投资”“其他投资”“待摊投资”等科目。

三、下年年初建立新账时，冲转用投资借款形成的交付使用资产（实行财政贴息办法的建设单位，用投资借款形成的交付使用资产，还应扣减财政贴息数），借记本科目，贷记“交付使用资产”科目。

第321号科目　上级拨入资金

一、本科目核算项目单位收到投资单位拨入的供项目单位组织和管理基本建设活动使用的资金。如收到项目管理费等。

二、项目单位收到上级拨入固定资产。借记“固定资产”科目，贷记本科目；项目单位收到上级拨入的流动资产，借记有关科目，贷记本科目、上级项目办收到下级上缴项目管理费，借记“银行存款”，贷记本科目。将上级拨入资金退回时，借记本科目，贷记“银行存款”等科目。

第331号科目　应付器材款

一、本科目核算项目单位因购入器材所发生的应付供应单位款项。因接受劳务供应所发生的应付供应单位款项，以及按照规定预付给供应单位的大型设备款，也在本科目核算。

二、购入设备、工具、器具和材料的应付款项，一般应在月份终了时，根据已经验收入库而尚未付款的入库凭证，分别设备、工具、器具和材料等类别，抄列清单，按预算或计划价格暂估入账，借记“设备投资”“库存设备”“库存材料”等科目，贷记本科目。

三、本科目应按供应单位户名、合同号和经办的采购人员设置明细账。

第332号科目　应付工程款

一、本科目核算项目单位按照基本建设工程价款结算办法和工程合同的有关规定，与工程承包单位办理工程价款结算，应付给承包单位的工程款。

二、实行全部工程竣工后一次结算办法的建设项目，项目单位应在工程全部竣工时，根据经审查的承包单位提出的“工程价款结算账单”结算应付的工程款，借记“建安工程投资”，贷记本科目。

三、本科目按提供单位设置二级明细科目，并按项目内容进行明细核算。

第341号科目　应付工资

一、本科目核算项目单位应付给职工的工资总额。包括在工资总额内的各种工资、奖金津贴等，不论是否当月支付，都应通过本科目核算。发给职工个人但不包括在工资总额之内的各种款项，如医药费、福利补助、退休金等，不通过本科目核算。

二、支付工资时，借记本科目，贷记“现金”科目。从应付工资中扣还的各种款项（如职工房租等），借记本科目，贷记“其他应收款”等科目。

三、本科目应按职工类别和工资的组成内容进行明细核算。

第 342 号科目　应付福利费

一、本科目核算项目单位按规定提取的福利费。

二、项目单位按规定提取的福利费，借记“待摊投资”“应交基建收入”科目，贷记有关科目，支用福利费时，借记本科目，贷记有关科目。

三、本科目期末额反映项目单位福利费结余。

第 351 号科目　应付有偿调入器材及工程款

一、本科目核算项目单位收到有偿调入的设备、材料及有偿转入的未完工程的应付款项。

二、项目单位收到有偿调入的设备、材料，借记“库存设备”“库存材料”“材料成本差异”科目，贷记本科目；收到其他单位有偿转入的未完工程，借记“建安工程投资”“设备投资”科目，贷记本科目。

三、本科目应分别设置“调入设备”“调入材料”和“转入未完工程”三个明细科目，并按调出单位名称设置明细账进行明细核算。

第 352 号科目　其他应付款

一、核算项目单位应付、暂收其他单位和个人的款项，包括应付世行贷款利息、应付世行贷款承诺费和应付世行贷款资金占用费。

“应付世行贷款利息”科目，反映项目单位按照贷款/信贷协定规定应交未交的世界银行贷款到期的利息。

“应付世行贷款承诺费”科目，反映项目单位按照开垦/信贷协定规定应交未交的世界贷款到期的承诺费。

“应付世行贷款资金占用费”科目，反映经财政部批准后，项目单位展期使用到期应偿还的世界银行贷款本金、利息和承诺费而应交未交的资金占用费。

以上三科目，于项目编制合并报表时，应和“其他应收款”科目下的“应收世行贷款利息”“应收世行贷款承诺费”和“应收世行贷款资金占用费”对冲。

二、发生各项应付、暂收款项，借记有关科目，贷记本科目；偿还、上交或转销各项应付、暂收款项，借记本科目，贷记有关科目。

三、本科目应按单位和个人进行明细核算。

第 353 号科目　应付票据

一、本科目核算项目单位因购买材料物资和结算已完出包工程价款等而开出、承兑的商业汇票，包括商业承兑汇票和银行承兑汇票。发生业务时，借记“器材采购”“建安工程投资”等有关科目，贷记本科目；项目单位开出、承兑用以抵付应付账款等科目，贷记本科目。

二、项目单位应设置“应付票据备查簿”，详细登记每笔应付票据的种类、号数、签发日期、到期日、票据金额、合同交易额、收款人姓名或单位名称，以及付款日期和金额等详细资料。应付款到期付清时，应在备查簿内逐笔注销。

第361号科目　应交税金

一、本科目核算项目单位按规定应交纳的各种税金，如土地使用税、耕地占用税、投资方向调节税等。

二、按规定计算应交纳的各种税金，借记“待摊投资”科目所属有关明细科目，贷记本科目；预交或补交的税金，借记本科目，贷记“银行存款”等科目。

三、本科目应按税金的种类进行明细核算。

第362号科目　应交基建包干节余

一、本科目核算实行基本建设项目投资包干责任制的项目单位实现的投资包干节余。

二、按规定计算实现的包干节余，借记“待摊投资”科目，贷记本科目，实行基建投资借款指标管理的项目单位，同时，借记“银行存款”科目，贷记“国内借款”科目。

三、本科目一般应无余额，如有贷方余额，反映实现而尚未分配的包干节余。

第363号科目　应交基建收入

一、本科目核算项目单位在建设过程中发生和应上交的各项基建收入，如煤矿、矿山建设中的矿产品收入，油田钻井建设中的原油收入，森工建设的路影材收入，电站建设中移交生产前的电费收入，为检验设备安装质量进行负荷试车的纯收入等。

二、发生的各项收入，借记“库存材料”“银行存款”等有关科目，贷记本科目。按照规定上交基建收入，借记本科目，贷记“银行存款”等有关科目。按规定留用的基建收入，借记本科目，贷记“留存收入”科目。

三、本科目月末一般应无余额，如有贷方余额，为应交未交的基建收入。

第364号科目　其他应交款

一、本科目核算项目单位除应交税金以外的其他各种应上交的款项。

二、项目单位计算出应交纳的各种款项，借记“留成收入”等科目，贷记本科目；上交各种款项时，借记本科目，贷记“银行存款”科目。

三、本科目应按其他应交款的种类设置明细账。

第401号科目　留成收入

一、本科目核算项目单位取得试车收入、物资转让净额，索赔与违约净额，转贷利差收入等作为留成收入。该科目贷方登记各种收益，借方登记实际拨出（使用）的款项，贷方余额表示尚存的留成收入。

二、本科目按资金来源渠道设置明细账。

附 录

主要会计事项分录举例

一、项目资金来源的核算

（一）世行贷款下拨和债务落实核算；

（二）国内配套资金下拨的核算；

（三）自筹资金和其他借款的核算；

（四）项目投资借款下拨到建设单位的核算。

二、设备和材料的核算

（一）器材采购的核算；

（二）库存物资的入库、出库的核算；

（三）库存物资的盘盈、盘亏和毁损。

三、自用固定资产的核算

四、项目工程支出核算

（一）建安工程投资；

（二）设备投资；

（三）待摊投资；

（四）其他投资。

五、交付使用资产的核算

六、留存收入的核算

七、世行贷款还本、付利息、承诺费的核算

会计事项

一、项目资金来源的核算

（一）世行贷款资金下拨和债务落实核算

1. 省财政厅收到财政部下拨报账回补资金

省财政厅和省项目办分录

借：银行存款 —— 外币存款

　贷：其他应付款 —— 财政部

2. 省财政厅将世行回补资金通过银行办理外汇结汇下拨到地或县财政局

借：银行存款 —— 专户存款

　贷：银行存款 —— 外币存款

借：其他应收款 —— ××地、县世行资金

　贷：银行存款 —— 专户存款

地、县财政局和地、县项目办分录

借：银行存款 —— 专户存款

贷：其他应付款 —— 财政厅

3. 收到财政部上笔世行回补资金的债务通知

省财政厅和省项目办分录

借：其他应付款 —— 财政部

贷：世行贷款

同时，借：拨出世行贷款

贷：其他应收款 —— ××县世行资金

地、县财政局和地、县项目办分录

借：其他应付款 —— 财政厅

贷：世行贷款

4. 收到财政部国际招标采购物资的债务通知单

省财政厅和省项目办分录

借：器材采购

贷：世行贷款

5. 省项目办将根据各县物资验收单落实债务给各县财政局

省财政厅和省项目办分录

借：拨出世行贷款

贷：器材采购

6. 各县财政局收到物资债务通知单

县财政局和县项目办分录

借：应付器材款 —— 财政厅

留存收入 —— 亏损

贷：世行贷款

7. 收到财政部出国考察债务通知单，并分割到各县落实债务

省财政厅和省项目办分录

借：拨出世行贷款

贷：世行贷款

县财政局和县项目办分录

借：建安工程投资

其他投资

贷：世行贷款

（二）国内配套资金下拨

1. 县项目办收到农行配套资金

借：银行存款

贷：国内借款 —— 农行

2. 以工代赈资金直接下拨到建设单位、公路局不通过县项目办银行存款账，通过工程验收单进行会计分录

借：建安工程投资 —— 基础设施

贷：项目拨款 —— 以工代赈

（三）自筹资金和其他借款的核算

1. 农户自筹用于农业生产种植果树，经验收进行会计分录

借：建安工程投资 —— 农业

其他投资

贷：项目拨款 —— 自筹资金

2. 从财政借项目周转金属临时借款

借：银行存款

贷：其他借款 —— 财政周转金

（四）项目投资借款下拨到项目单位的核算

1. 县项目办将世行贷款下拨给农业局用于种植业并落实债务

借：应收生产单位借款 —— 农业局

贷：待冲转基建支出 —— 世行资金

同时，借：预付工程款 —— 种植业

贷：银行存款

2. 上述世行贷款不通过项目办账上划拨，而是由县财政直接划拨（记录贷款分户卡）

借：预付工程款 —— 种植业

贷：银行存款 —— 专户存款

二、设备和材料的核算

（一）器材采购的核算

省项目办收到国际招标和国内招标物资

借：器材采购

贷：应付器材款 —— 财政部

（二）库存物资入库、出库的核算

1. 省项目办将招标物资分配给各县项目办

经仓库保管员验收入库、填制入库单，但账单未到县项目办

借：库存物资（计划价）

　　贷：应付器材款（计划价）

2. 将上述物资调剂出去，填制出库单

借：银行存款（销售价）

　　贷：库存物资（计划价）

　　　　应付器材款（差价）

（三）库存物资的盘盈、盘亏和毁损

1. 应由供应单位或运输机构等负责赔偿的

借：其他应收款

　　贷：器材采购

2. 需要报请批准转销或查明处理的

借：待处理财产损益

　　贷：库存物资

3. 经批准转销的定额途耗

借：库存物资

　　贷：待处理财产损益

4. 经批准核销的非常损失

借：待摊投资 —— 其他待摊投资

　　贷：待处理财产损益

5. 发生采购运费

借：器材采购

　　贷：银行存款

三、自用固定资产的核算

用项目投资借款购建完成的自用固定资产

借：交付使用资产

　　贷：建安工程投资

　　　　设备投资

　　　　其他投资

同时，借：固定资产

　　　　　贷：交付使用资产

四、项目工程支出核算

（一）建安工程投资

1. 项目主体工程基础设施

渠道建设，经工程验收完工填制工程验收单，进行会计核算

借：建安工程投资 —— 基础设施

贷：预付工程款

项目拨款 —— 自筹资金

国内借款

（二）设备投资

外购的不需要安装的设备验收入库

借：设备投资

贷：器材采购

（三）待摊投资

1. 各级项目办进行管理工作所发生管理费用

借：待摊投资 —— 建设单位管理费

贷：银行存款

2. 支付世行贷款的利息及承诺费

借：待摊投资 —— 世行贷款利息、承诺费

贷：银行存款

其他应付款 —— 应付利费

3. 根据年终汇率调整世行贷款汇率而产生的差额

借：待摊投资 —— 汇兑损益

贷：世行贷款

（四）其他投资

项目单位按规定支付的进口设备的专利费

借：其他投资 —— 无形资产

贷：银行存款

五、交付使用资产的核算

1. 按照规定程序办理竣工验收交接手续后，结转交付使用资产的实际成本

借：交付使用资产

贷：建安工程投资

设备投资

待摊投资

其他投资

2. 年初过新账时，如果用项目拨款或自有资金、劳务折价形成的交付使用资产

借：项目拨款 —— 拨款

自有资金

劳务折价

贷：交付使用资产

3. 如果用投资借款形成交付使用资产

借：待冲基建支出 —— 世行资金

贷：交付使用资产

六、留存收入的核算

按照财政部规定，留存收入的来源包括：试车收入、物资差价、索赔与违约净额，转贷利差和存款利息净收入等。

1. 世行贷款银行存款利息

借：银行存款（或专户存款）

贷：留存收入

2. 项目招标采购物资，如实际支付贷款大于发放农户物资计价金额（以物抵贷）

借：留存收入

贷：库存物资（应付器材款）

七、世行贷款还本、付利息、承诺费的核算

1. 财政厅收到财政部付费、付息通知单

借：其他应收款 —— 应收利费

贷：留存收入（转贷利差）

其他应付款 —— 应付利费 —— 财政部

2. 地（市）财政收到省财政厅付费付息通知单

借：其他应收款 —— 应收利费

贷：其他应付款 —— 应付利费

3. 县财政收到地（市）财政局付费付息通知单

借：待摊投资 —— 世行利费

贷：其他应付款 —— 应付利费

上交时：

借：其他应付款 —— 应付利费

贷：银行存款 —— 专户存款

4. 地（市）财政收到利费款

借：银行存款 —— 专户存款

贷：其他应收款 —— 应收利费

上交省财政时：

借：其他应付款 —— 应付利费

贷：银行存款 —— 专户存款

5. 省财政厅收到地（市）上交利费

借：银行存款 —— 专户存款

　贷：其他应收款 —— 应收利费

上交财政部时：

借：其他应付款 —— 应付利费 —— 财政部

　贷：银行存款 —— 专户存款

会计报表编制说明

资金平衡表（表 1）

一、本表反映项目单位期末全部资金来源和占用情况。

二、本表“期初数”栏的数字，应根据上期末资金平衡表“期末数”栏内所列数字填列。

三、本表各项目“期末数”的填列方法，除下列项目外，按“会计科目说明”填列。

（一）资金占用方

1.“项目支出合计”项目

“项目支出合计”项目，反映项目单位期末基本建设支出或其他支出余额。本项目包括两部分内容：一部分是上期转入的在建工程支出数和其他项目支出数，另一部分是本期完成的全部基建支出与其他项目支出合计。本项目应根据本表“交付使用资产”“待核销项目支出”“转出投资”和“在建工程”项目的合计数填列。

2.“在建工程”项目

“在建工程”项目，反映项目单位期末各种在建工程成本的余额。本项目应包括建安工程投资、设备投资、待摊投资和其他投资。

3.“器材”项目

“器材”项目，反映项目单位期末结存在库、在途和在加工中的各项物资的实际成本，包括各种材料、设备、低值易耗品等，但不包括在库的不需要安装设备及工具、器具的实际成本（该部分成本在“在建工程”项目中反映）。其中“待处理器材损失”项目，反映项目单位设备、材料的盘盈、盘亏及毁损。本项目应包括器材采购，采购保管费、库存设备，库存材料，材料成本差异和委托加工器材等科目。

4. 银行存款 —— 专用账户存款

专用账户仅应和表 4 期末余额乘上汇率后的人民币数相等。

5.“预付及应收款合计”项目

“预付及应收款合计”项目，反映项目单位期末各种预付和应收款项。包括预付备料款、预付工程款、应收有偿调出器材及工程款、应收票据和其他应收款等。其中：

“应收世行贷款利息”项目，反映项目单位按照贷款/信贷协定规定应收取的世界银行贷款到期的利息。

"应收世行贷款承诺费"项目，反映项目单位按照贷款/信贷协定规定应收取的世界银行贷款到期的承诺费。

"应收世行贷款资金占用费"项目，反映经财政部批准后，项目单位展期使用到期应偿还的世界银行贷款本金、利息和承诺费资金而应收取的资金占用费。

（二）资金来源方

1. "项目借款合计"项目

"项目借款合计"项目，反映项目单位为完成项目计划按规定借入的各种项目建设投资借款和其他各种借款。本项目包括国内借款、国外借款和其他借款等科目。"国外借款"项下的 IDA 和 IBRD 余额，应和表 2－1"国家金融组织贷款"项下 IDA 和 IBRD 的累计完成额，及表 3 信贷协定执行情况表的累计提款总数与表 3（续）贷款协定执行情况表的累计提款总数相等。

2. "应付款合计"项目

"应付款合计"项目，反映项目单位期末各种应付未付款项。包括应付器材款、应付工程款、应付工资、应付福利费、应付有偿调入器材及工程款和其他应付款和应付票据等。其中：

"应付世行贷款利息"项目，反映项目单位按照贷款/信贷协定规定应交未交的世行贷款利息。

"应付世行贷款承诺费"项目，反映项目单位按照贷款/信贷协定规定应交未交的世行贷款承诺费。

"应付世行贷款资金占用费"项目，反映经财政部批准后，项目单位展期使用到期应偿还的世界银行贷款本金、利息和承诺费资金而应交未交的资金占用费。

3. "未交款合计"项目

"未交款合计"项目，反映项目单位期末应交税金、应交基建包干节余、应交基建收入和其他应交款。

项目进度表（表 2－1）

一、本表反映项目单位于本期资金的来源和运用情况。

二、本表各项目内容及填列方法如下：

（一）资金来源合计

按不同渠道分类，资金来源主要分两大类：

1. 国际金融组织贷款

按照国际复兴开发银行贷款（IBRD）和国际开发协会贷款（IDA）分别列示。若有其他国际金融组织贷款，也需分别列于本项目内。IBRD 和 IDA 的累计完成额应和表 1（续）"国外借款"项下的 IBRD、IDA 的余额，及表 3－1 和表 3－2 相对应的累计提款总数相等。

2. 配套资金

配套资金，可按下列方式填列：

(1) 资金来源：中央配套、省级配套、地（市）级配套、县级配套；

(2) 资金性质：有偿配套、无偿配套、劳务折抵。

(二) 资金运用合计

资金运用按照项目评估文件中所列项目内容按大项填列。此累计完成额应与表2－2“项目支出”项下的累计支出数相等。

(三) 差异

本项目用于解释资金来源和运用之间的差异，主要体现在以下的几个会计科目上：

—— 应收款变化（指期初和期末数的增减）

—— 应付款变化（指期初和期末数的增减）

—— 货币资金变化（指期初和期末数的增减）

—— 其他科目变化

(四) 本期

1. 本年计划额：一般按照项目评估文件中所列的年度计划数，按资金来源和运用分别填写。

2. 本期发生额：按本期的实际发生额，分资金来源、运用和差异三栏填列。

3. 本期完成比：等于本期实际发生额除以本年计划额，以百分比方式，按资金来源和运用二栏填列。

(五) 累计

1. 项目总计划额：一般按照项目评估文件中所列的项目总投资计划数，按资金的来源和运用分别填列。

2. 累计完成额：按项目自初始直到本期期末所累计的实际发生额，按资金的来源、运用和差异填列。

3. 累计完成比：等于累计栏完成额除以项目总计划额，以百分比方式，按资金实际来源和运用二栏填写。

项目进度表（表2－2）

一、本表反映项目单位自项目开始建设起到本年年末止累计拨入、借入的基本建设资金的使用情况。

二、本表各栏内容及填列方法：

(一)“项目内容”栏，根据项目评估文件中所列项目内容大项填列，应与表2－1“资金运用合计”项目一致。

（二）“累计支出”栏，反映自项目开始建设起到本年年末止累计完成购置、建造过程和正在购置、建造过程的各项资产和工程数额及其他项目支出，按项目内容分别填列。此数应和表2－1“资金运用合计”的累计完成额相等。

（三）“已交付资产”栏，反映自项目开始建设起到本年年末止累计完成购置、建造过程，并已交付生产使用单位的各项资产。其中：

“固定资产”栏，反映项目单位期末已经完成购置、建造过程并经验收合格交付生产使用单位的各项固定资产的实际成本。

“流动资产”栏，反映项目单位期末已经完成购置并经验收合格交付生产使用单位的不够固定资产标准的工具、器具、家具等流动资产的实际成本。

“无形资产”栏，反映项目单位期末已经完成购置过程并经验收合格单独交付生产使用单位的土地使用权、专利权、专有技术等无形资产的实际成本。

“递延资产”栏，反映项目单位在建设期间发生的并已单独结转生产使用单位的各项递延资产的实际成本，如生产职工培训费、样品样机购置费、农业开荒费用等。

（四）“在建工程”栏，反映项目单位期末各种在建工程成本的余额。根据“建筑安装工程投资”“设备投资”“待摊投资”和“其他投资”科目的期末借方余额合计填列。

（五）“待核销项目支出”“转出投资”

本栏反映项目单位本科目项下的期末余额。

信贷协定执行情况表（表3－1）

一、本表反映项目单位本期和累计的国际开发协会信贷资金的支付情况。

二、本表各栏内容及填列方法：

（一）“核定信贷金额”栏，反映项目单位使用国际开发协会信贷资金的承诺金额。本栏应根据“信贷协定”附件（一）中的类别和有关的转贷协议分栏填写。

（二）“本年度提款数”栏，反映项目单位本期国际开发协会信贷资金的使用情况。本栏应根据“国外借款”科目的有关明细科目的发生额分类填列。

（三）“累计提款数”栏，反映项目单位自项目开始建设起到本期期末止累计使用国际开发协会信贷资金的情况。本栏应根据上期本表该栏数字和“国外借款”科目有关明细科目的本期累计发生额分类合计填列。此栏总数应和表1（续）“国外借款”项下的IDA余额，表2－1“国际金融组织贷款”项下IDA的累计完成额相等。

贷款协定执行情况表（表3－2）

一、本表反映项目单位本期和累计的国际复兴开发银行贷款的支付情况。

二、本表各栏内容及填列方法：

（一）“核定分配金额”栏，反映项目单位使用国际复兴开发银行贷款的承诺金额。本栏应根据“贷款协定”附件（一）中的类别和有关的转贷协议分栏填写。

（二）“本年度提款数”栏，反映项目单位本期国际复兴开发银行贷款的使用情况。本栏应根据“国外借款”科目的有关明细科目的发生额分类别填列。

（三）“累计提款数”栏，反映项目单位自项目开始建设起到本期期末止累计使用国际复兴开发银行贷款情况。本栏应根据上期本表该栏数字和“国外借款”科目有关明细科目的本期累计发生额分类别合计填列。此栏总数应和表1（续）“国外借款”项下的IBRD余额，表2－1“国际金融组织贷款”项下IBRD的累计完成额相等。

专用账户报表（表4）

一、本表反映项目单位本期专用账户收支和调节情况。

二、本表各项目内容及填列方式如下：

（一）A部分

1. 期初余额

本项目反映项目单位专用账户的期初余额。本项目应根据专用账户的上期期末余额填列。

2. 本期世界银行回补总额

本项目反映项目单位于本期内，从世界银行提取并已收讫的贷款数。本项目应根据“专用账户”科目借方发生额的合计数填列。

3. 本期利息收入总额（存入专用账户部分）

本项目反映专用账户在本期的利息收入情况。此总额应等于本表B部分的第8栏。

4. 本期不合格支出归还金总额

本项目反映在本期内，退回专用账户以前所提取的不合格支出。

5. 本期支付总额

本项目反映项目单位通过专用账户支付世界银行贷款各类别费用的金额。本项目应根据“银行存款——专用账户”科目贷方发生额填列。

6. 本期未包括在支付额中的服务费支出

本项目反映项目单位在本期，未包括于“本期支付总额”栏中的各种服务费支出，例如银行手续费等。此支出总额应等于本表B部分的第7栏。

7. 期末余额

本项目反映项目单位专用账户的期末余额。本项目等于期初余额加本表A部分2~4栏，减去5~6栏。此余额乘上期末汇率后的数，应和表1“银行存款”项下的“专用账户存款”余额相等。

（二）B 部分

1. 世界银行首次存款总额

本项目反映项目单位累计申请且世界银行已拨付的专用账户首次存款总额。首次存款总额指项目单位一次或多次向世界银行提取不超过专用账户核定分配额的款项。

2. 世界银行回收总额

本项目反映世界银行从专用账户首次存款总额中回收的金额。本项目应根据世界银行实际回收金额填列。

3. 本期期末专用账户首次存款净额

本项目反映本期期末专用账户预付总额。其数额应等于“世界银行首次存款总额”减去“世界银行回收总额”。此期末总额应等于本表 B 部分的第 9 栏。

4. 专用账户期末余额

本项目反映项目单位本期专用账户的期末余额。本项目的数额应等于本表 A 部分的“期末余额”。

5. 截至本期期末已申请报账但尚未回补金额

本项目反映项目单位截至本期期末，已向世行申请报账，但尚未获得回补的款项，应按申请书号分别列示。

6. 截至本期期末已支付但尚未申请报账金额

本项目反映项目单位截至本期期末已从专用账户支付，但尚未向世界银行申请报账的款项，并说明原因。

7. 本期服务费（如未含在上述第 5 和 6 栏中）

本项目反映项目单位于本期内所发生的服务费用（例如银行手续费等），但未包含在上述第 5 和 6 栏中的款项。

8. 本期利息收入总额（存入专用账户部分）

本项目反映项目单位专用账户在本会计期间的利息收入总额。此金额应等于 A 部分的“本期利息收入总额（存入专用账户部分）”。

9. 本期期末专用账户首次存款净额

本项目应等于本表 B 部分第 3 栏。

国际复兴开发银行贷款和国际开发协会信贷采购指南

（2011 年 1 月）

说　明

本文为世界银行 2011 年 1 月出版的《国际复兴开发银行贷款和国际开发协会信贷采购指南》的中译文，仅供参考。中译文中如有与英文不一致之处，请以英文为准。

同 2006 年 10 月 1 日修订版相比，2011 年 1 月版更改的部分如下：

在第一部分“概述”中增加 1 项 ——“1. 6 利益冲突”；

在第三部分“其他采购方式”中增加 5 项，分别是：“3. 6 框架协议”“3. 9 强制账户”“3. 11 采购代理和建设项目经理”“3. 14 公共与私营部门伙伴关系下的采购”“3. 20 国家系统利用”；

在附录 1 中增加 3 项，分别是：“6. 从事后审查到事前审查的变化”“7. 公布合同授予的情况”“8. 对世界银行的制裁政策和程序应有的关注”。

在第三部分“其他采购方式”中减少 2 项，分别是：“3. 8（原编号）自营工程”“3. 13（原编号）BOO/BOT/BOOT、特许经营和类似的私营部门参与融资的采购”。

目　录

1.14 错误采购

1.15 对世界银行的提法

1.16 欺诈和腐败

1.18 采购计划

二、国际竞争性招标

（一）总则

2.1 概述

2.2 合同的类型和规模

2.6 两步法招标

2.7 通知和广告

2.9 对投标人的资格预审

（二）招标文件

2.11 总则

2.13 投标有效性和投标保证金

2.15 语言

2.16 招标文件的澄清

2.19 标准

2.20 品牌的使用

2.21 报价

2.24 价格调整

2.26 运输和保险

2.28 货币规定

2.29 投标货币

2.31 为比较投标进行的货币转换

2.32 付款货币

2.34 付款条件和方法

2.37 备选方案投标

2.38 合同条款

2.39 履约保证金

2.41 违约赔偿和奖励条款

2.42 不可抗力

2.43 适用法律和争端的解决

（三）开标、评标和授标

2.44 投标书的准备时间

1. 采购计划安排
2. 事前审查
5. 事后审查
6. 从事后审查到事前审查的变化
7. 公布合同授予的情况
8. 对世界银行的制裁政策和程序应有的关注

附录二：国内优惠

1. 对于国内制造货物的优惠
2. 对国内承包商的优惠

附录三：投标人指南

1. 目的
2. 采购的责任
3. 世界银行的作用
5. 招标信息
6. 投标人的作用
10. 保密性
11. 世界银行采取的行动
15. 世界银行任务报告

缩写词

英文缩写	英文全称	中文全称
BOO	Build, own, operate	建设－拥有－经营
BOOT	Build, own, operate, transfer	建设－拥有－经营－转让
BOT	Build, own, transfer	建设－拥有－转让
CIF	Cost, Insurance, and Freight	到岸价
CIP	Carriage and Insurance Paid (place of destination)	运费及保险费付至（目的地）
CPT	Carriage Paid to (named place of destination)	运费付至（指定目的地）
DDP	Delivered Duty Paid	完税后交货

EXW	Ex works, Ex factory, or Off the Shelf	工厂交货价
FCA	Free Carrier (named place)	货交承运人（指定地点）
GNP	Gross National Product	国民生产总值
IBRD	International Bank for Reconstruction and Development (World Bank)	国际复兴开发银行（世界银行）
ICB	International Competitive Bidding	国际竞争性招标
IDA	International Development Association	国际开发协会
LIB	Limited International Bidding	有限国际招标
NCB	National Competitive Bidding	国内竞争性招标
NGO	Nongovernmental organization	非政府组织
PAD	Project Appraisal Document	项目评估文件
SA	Special Account	专用账户
SBDs	Standard Bidding Documents	标准招标文件
UN	United Nations	联合国
UNDB	United Nations Development Business	联合国发展商业报

一、概　述

目的

1.1　本指南的目的在于使项目实施人员了解项目所需货物、工程和服务（非咨询服务）① 的采购政策。这里所说的项目，是指全部或部分地由国际复兴开发银行（简称 IBRD）提供的贷款或国际开发协会（简称 IDA）② 提供的信贷、赠款资助的项目。贷款协定确定了借款人和世界银行之间的法律关系，本指南适用于按贷款协定的规定在项目中采购货物和工程。借款人与项目所需货物和工程的提供者之间

① 国际复兴开发银行（IBRD）和国际开发协会（IDA）的采购要求是一样的。本指南中提及的世行既包括国际复兴开发银行（IBRD），也包括国际开发协会（IDA）；提及的贷款包括国际复兴开发银行贷款以及国际开发协会信贷、赠款和项目准备基金（简称 PPAs）。贷款协定包括开发信贷协定、开发融资协定、开发赠款协定和项目协定。借款人包括开发协会赠款的受益人。

② 本指南中所提及的“货物”和“工程”包括与之相关的服务，比如运输、保险、安装、调试、培训和初期维护。“货物”包括商品、原材料、机械、设备和工厂。本指南的规定还适用于根据可测量的有形产品的完成情况而进行招标和签订合同的服务，如钻孔、制图和类似的业务。本指南不适用于咨询服务。咨询服务使用现行的“ 世界银行借款人选择和聘用咨询顾问指南”（以下简称咨询顾问指南）。

的权利与义务由招标[③]文件、借款人与货物（或工程）提供者之间所签订的合同来规定，而不由本指南或贷款协定确定。除贷款协定的签字方外，其他任何一方都不得从贷款协定中分享任何权利，或对贷款资金提出任何要求。

一般考虑因素

1.2　借款人[④]负责项目的实施，因此也就相应地负责授予和管理项目中的合同。世界银行的协定要求其“……确保任何一笔贷款资金只能用于提供该贷款的既定目的上，并充分注意资金的经济性与效率性，而不应涉及政治的或其他非经济因素的影响或考虑”[⑤]。世界银行为此制定了详细的程序。尽管实际上项目实施所遵循的具体采购规则和程序取决于项目的具体情况，但世界银行对采购的要求一般是出于以下四个方面的考虑：

（1）项目的实施需要经济性和效率性，包括所需货物和工程的采购；

（2）世界银行关注向所有来自发达国家和发展中国家[⑥]的合格投标人提供同样的信息和平等的机会，为世界银行资助的货物和工程而进行竞争；

（3）世界银行关注促进借款国的承包业和制造业的发展；

（4）采购过程透明性的重要性。

1.3　公开竞争是有效公共采购的基础。借款人应为具体采购选择最合适的方式。在多数情况下，管理得当、按照事先确定的条件向国内制造的货物以及适当时向国内工程承包商提供[⑦]优惠的国际竞争性招标（简称 ICB），是最合适的采购方式。因此，世界银行通常要求借款人通过向合格的供货商和承包商公开国际竞争性招标来获得货物、工程和服务[⑧]。本指南第二章阐述了国际竞争性招标的程序。

1.4　在国际竞争性招标不是最合适采购方式的情况下，可采用其他采购方式。本指南第三章描述了其他采购方式以及最适合采用这些方式的情况。贷款协定规定了具体项目的采购方式。符合贷款协定的项目具体合同及其采购方式，由本指南第1.16 段中提及的采购计划确定。

指南的适用性

1.5　本指南所概述的程序适用于全部或部分由世界银行贷款[⑨]资助的所有货物和工程合同。对于不由世界银行贷款资助的货物和工程合同的采购，借款人可采用

---

③　本指南中所使用的“bid”和“tender”含义相同。

④　在有些情况下，借款人只起一个中介作用，而项目是由另一个机构或实体负责实施的。本指南中的借款人包括这些机构和实体以及转贷安排下的子借款人。

⑤　参见《国际复兴开发银行协定》第三条第5节（2）款和《国际开发协会协定》第五条第1节（7）款。

⑥　参见第1.6 段、第1.7 段和第1.8 段。

⑦　本指南所提及的“承包商”仅指那些提供施工服务的公司。

⑧　参见第1.6 段、第1.7 段和第1.8 段。

⑨　包括那些由借款人根据第3.10 段的规定使用采购代理进行的采购。

其他采购程序。在这种情况下，借款人应使世界银行相信其所采用的程序有助于借款人履行其义务，从而使项目得以认真而有效地实施，并使世界银行相信其所采购的货物和工程：

（1）在质量上符合要求，并能与项目的其他部分配套；

（2）能及时交货或完工；

（3）价格不会对项目的经济性和财务的可行性造成不利影响。

利益冲突

1.6 世界银行要求参与世界银行项目采购环节的公司不能有利益冲突。在合同签订前，将排除任何有利益冲突的公司。

1.7 当一个公司在采购环节存在下列情况之一时，将会被认为是有利益冲突的公司：

（1）该公司所提供的货物、服务或非咨询服务与为项目准备或执行的咨询服务有直接或间接的关系。范围包括该公司直接或间接控制的子公司，或与该公司属于同一母公司控制下的公司。上述规定不适用于在一个交钥匙工程或设计和建设合同[10]中执行总承包商责任的多元化公司（咨询商、承包商，或供货商）。

（2）该公司同时参与多个投标，包括该公司独立竞标或与其他公司联合竞标。允许二选一的投标除外。如果有公司这样做，则其所有的投标都将成为废标。然而，这并不限制公司以分承包商的身份参与多个投标。仅针对某些采购，竞标者以分包商的身份参与竞标需要通过世界银行的“不反对意见”，并且符合世界银行对这类采购的标准投标文件中的规定。

（3）该公司（包括公司员工）与借款方（或项目筹备机构，或贷款方）的专职员工有商业或亲属关系。专职员工范围包括：①该员工直接或间接参与投标文件或投标说明书的准备过程，或投标评估过程；②该员工参与项目筹备或监督过程。除非所产生的利益冲突能在货物采购和合同执行过程中，以世界银行接受的方式进行了处理。

（4）该公司存在与具体货物采购的标准投标文件中有关规定不符的其他利益冲突。

合格性

1.8 为了鼓励竞争，世界银行允许所有国家的公司和个人为世界银行贷款项目提供货物、工程和服务。任何有关参与的条件都只是保证参与公司有能力履行合同的基本条件[11]。

---

⑩ 参见2.4段。

⑪ 世界银行允许中国台湾的公司和个人为世界银行贷款项目提供货物、工程和服务。

1.9　对于任何全部或部分由世界银行贷款资助的合同，世界银行不允许借款人以任何与成功履行合同的能力和资源无关的理由拒绝对公司进行资格预审或资格后审，也不允许借款人以这类理由判定任何投标人无资格投标。因此，借款人应该谨慎地审查投标人的技术和财务资格，保证其具有履行该合同的能力。

1.10　例外情况：

（1）一个国家的公司或在一个国家制造的货物，如果属于下列情况，则可以被排除在外：①根据法律或官方规定，借款国禁止与该国有商业往来，但前提是要使世界银行认为该排除不会妨碍在采购所需货物或工程时的有效竞争；②为响应联合国安理会根据联合国宪章第七章做出的决议，借款国禁止从该国进口任何货物或对该国的个人或实体进行任何付款。如果为响应该项决议，借款国禁止对某一家公司付款或对某种货物付款，那么该公司也可以排除在外。

（2）凡是由借款人聘请的为项目准备或实施提供咨询服务的公司及其任何附属机构，均无资格随后为同一项目提供与该公司为准备、实施该项目所提供的咨询服务有关的货物、工程或咨询服务，或直接为该项咨询服务提供相关的货物、工程或咨询服务。本规定不适用于在交钥匙合同或设计和施工合同项下共同履行承包商义务的各种公司（咨询公司、承包商或供货商）[12]。

（3）借款国政府所拥有的企业只有在符合下列条件时才能参加投标：①这些企业在法律上和财务上是独立的，②按照商业法则运作，③独立于借款人或子借款人[13]。

（4）根据本指南1.14段或世界银行集团反腐败政策[14]的规定宣布为不合格公司的，在世界银行确定的期限内不得被授予世界银行资助的合同。

提前签订合同与追溯贷款

1.11　借款人可能希望在相关的世界银行贷款协定签订前就进行初期的采购活动。这时使用的采购程序（包括刊登广告），应符合本指南的规定，以便使最终签订的合同能为世界银行所资助，并且世界银行应对借款人所使用的程序进行审查。从事该提前签订合同活动的借款人自己承担有关风险，而且世界银行对程序、文件或授标建议做出的任何同意并不意味着世界银行承诺对该项目提供贷款。如果合同已经签订，世界银行偿还支付的任何在贷款协定签字前由借款人按合同规定支付的款项，称为追溯贷款，并且只能在贷款协定规定的限额内提供。

---

⑫　见第2.5段。

⑬　第3.8段允许的自营工程单位除外。

⑭　在本段中，相关的世界银行集团反腐败政策收录在“防止和打击国际复兴开发银行贷款和国际开发协会信贷及赠款资助项目中欺诈与腐败的指南”和“国际金融公司、多边投资担保机构和世界银行担保交易中反腐败指南”。

联营体

1.12 任何公司可以独立地投标，或者与国内（或国外）公司组成联营体投标，共同和分别承担责任。但世界银行不接受作为一种投标条件，强制性地要求以联营体或其他的公司间联合体的形式进行投标。

世界银行审查

1.13 世界银行审查借款人的采购程序、文件、评标、授标建议以及合同，以确保采购过程是按照双方同意的程序进行的。对这些审查程序的描述见附录一。世界银行批准的采购计划⑮应规定这些审查程序对全部或部分由世界银行贷款资助的货物和工程的不同类别的适用程度。

错误采购

1.14 世界银行不支付未按贷款协定中所同意的条款以及在采购计划⑯中进一步明确的程序采购货物和工程所发生的费用。在这种情况下，世界银行将宣布其为错误采购，而且世界银行的政策要求注销分配给发生错误采购的货物和工程的贷款额。此外，世界银行还可能采取贷款协定中规定的其他补救措施。即使合同已经获得世界银行的“不反对意见”并已签订，如果“不反对意见”是在借款人提供不完整、不准确和误导性信息情况下做出的，或者合同的条款和条件未经世界银行批准而被修改，世界银行仍可以宣布其为错误采购。

对世界银行的提法

1.15 如果借款人希望在采购文件中提到世界银行，应使用以下措词：

[借款人名称] 已从国际复兴开发银行（以下简称世界银行）获得 [或在有些情况下“已向国际复兴开发银行申请”] 一笔相当于美元的 [贷款] 用于支付 [项目名称] 的费用，并计划将部分贷款资金用于本合同项下的合格支出。只有 [借款人名称或指定的名称] 提出申请，经世界银行批准，并且各方面都符合贷款协定的条款和条件，世界银行才会付款。贷款协定禁止从贷款账户中提款用于对某些个人或实体付款，或者进口货物，如果该付款或进口就世界银行所知是联合国安理会根据联合国宪章第七章作出的决议所禁止的⑰。除 [借款人名称] 之外，任何一方都不得从贷款协定中取得任何权利或对贷款资金提出任何要求。⑱

---

⑮ 参见第1.16段。

⑯ 参见第1.16段。

⑰《国际复兴开发银行贷款通则》第5条第5.01节和《国际开发协会开发信贷通则》第5条第5.01节。

⑱ 根据适当情况，用“信贷”“国际开发协会”和“信贷协定”代替“贷款”“国际复兴开发银行”和“贷款协定”。

欺诈和腐败

1.16 世界银行的政策是要求借款人（包括世行贷款的受益人）以及世界银行资助合同项下的投标人、供货商、承包商和他们的分包商在采购过程中和履行这些合同时遵守最高的道德标准⑲。在执行这项政策时，世界银行将：

（1）为本款的目的确定以下术语

①“腐败活动”⑳ 指直接或间接地提供、给予、收受或要求任何有价财物来不适当地影响另一方的行为。

②“欺诈活动”㉑ 是指有意（或不计后果）的误导，或企图误导一方，以获得财物或其他利益，或逃避一项义务的任何行为或隐瞒，包括歪曲事实；。

③“串通活动”㉒ 是指由双方或多方设计的一种为达到不当目的的安排，包括不适当地影响另一方的行为。

④“施加压力”㉓ 是指直接地或间接地削弱或伤害、或威胁削弱或伤害任何一方或其财产以不适当地影响该方的行为。

⑤“妨碍行为”㉔ 是指以下两种行为：

一是故意破坏、伪造、改变或隐瞒调查所需的证据材料，或向调查官提供虚假材料，严重妨碍世界银行对被指控的腐败、欺诈、施加压力或串通行为进行调查，或恐吓、骚扰或胁迫任何一方使其不得透露与调查相关的所知信息或参与调查。

二是企图严重妨碍世界银行进行调查和行使根据以下 1.14 条款所赋予世界银行的审计权利。

（2）拒绝该授标建议，如果世界银行确定被推荐授予合同的投标人在该合同进行的竞争中直接或通过代理参与了腐败、欺诈、串通、施加压力的活动或存在妨碍行为。

（3）注销已分配给某个合同的贷款额，如果世界银行在任何时候确定借款人的代表或贷款受益人的代表在采购或履行该合同的过程中从事腐败、欺诈、串通、施加压力的活动或存在妨碍行为，而借款人又没有在活动发生时及时采取适当的、令世界银行满意的行动来消除这些活动。

---

⑲ 在此处，投标商、供货商、承包商或分包商采取的任何影响采购过程和合同执行企图获得非应得利益的行为都不适当。

⑳ 在此处，“另一方”指与采购过程和合同执行相关的公务人员。在此文中，“公务人员”包括做出和审查采购决定的世行人员和其他机构的人员。

㉑ 在此处，“一方”指公务人员；名词“利益”和“义务”与采购过程或合同执行相关；“任何行为或隐瞒”指有意影响采购过程或合同执行的行为。

㉒ 在此处，“各方”指在采购过程中企图将合同价定在人为、非竞争水平上的参与者（包括公务官员）。

㉓ 在此处，“一方”指参与采购过程和合同执行的一位参与者。

㉔ 在此处，“一方”指采购过程或合同执行过程中不道德行为的行为人，同样也指作为妨碍行为受害者的实体或个人。

(4) 处罚公司或个人，包括宣布无限期地、或在规定的期限内没有资格被授予世界银行资助的合同，如果世界银行在任何时候确定公司直接或通过某代理在竞争或在履行世界银行资助的合同过程中从事腐败、欺诈、串通、施加压力的活动或存在妨碍行为。

(5) 有权要求在招标文件和世界银行资助的合同中包含一个条款，要求投标人、供货商和承包商允许世界银行检查其与投标和履行合同有关的账户、记录和其他文件，并由世界银行指定的审计师对其进行审计。

1.17　经世界银行特别同意，借款人可以要求投标人在世界银行贷款资助的大额合同的投标书中承诺，在竞争及履行合同时遵从招标文件中所列的国家反腐败反欺诈（包括行贿受贿）的法律[25]。如果世界银行感到满意，可按借款人的要求，接受引入这样的承诺。

采购计划

1.18　作为项目准备工作的一部分，借款人应该在贷款谈判前编制并向世界银行提交采购计划[26]，供世界银行批准。世界银行能接受的采购计划包括：(1) 至少在项目开始后的18个月内为实施项目所需货物、工程和/或服务的合同；(2) 所建议合同的采购方法，而这些采购方法是贷款协定所允许的；(3) 与之有关的世界银行审查程序[27]。在项目实施期间，借款人应该每年或在需要时更新采购计划。借款人应按世界银行批准的采购计划实施。

二、国际竞争性招标

(一) 总　则

概述

2.1　正如本指南所述，国际竞争性招标（简称ICB）的目的在于将借款人的要求及时地、充分地通知给所有合格的、潜在的投标人[28]，并为他们提供对所需货物和工程进行投标的平等机会。

---

[25] 例如该承诺可以作如下规定：我们承诺，在为上述合同投标竞争时（以及中标后实施该合同时）将严格遵守（买方）（雇主）国家现行的反腐败反欺诈的法律，正如（买方）（雇主）在本合同的招标文件中所列的法律规定。

[26] 如果项目中包括聘请咨询顾问，那么，采购计划中也就相应包括选择咨询顾问的方法。这些方法应符合《世界银行借款人选择和聘请咨询顾问指南》的规定。世行将在相应的贷款批准后公开披露最初的采购计划。有关更新的采购计划将在世界银行批准后再公开披露。

[27] 参见附件一。

[28] 参见第1.6段、第1.7段和第1.8段。

合同的类型和规模

2.2　招标文件应该明确说明将要签订的合同的类型，并包括与之相适应的所建议的合同条款。最常见的合同类型所采用的付款方式以总价、单价、可报销费用加酬金为基础或这些方式的结合。可报销费用合同只在特例情况下才能被世界银行接受，例如高风险条件或成本无法事先准确确定。这类合同应包括适当的激励条款以控制成本。

2.3　单个合同的规模和范围取决于项目的大小、性质和地点。对于需要多种不同货物和工程的项目，通常是为不同的设备和设施[29]的供货或安装以及不同的工程分别签订不同的合同。

2.4　在有些情况下，世界银行可接受或要求采用交钥匙合同，即把技术设计和施工图设计、设备的供货和安装以及建造一个完整的工厂或工程，都包括在一个合同之内。另一种选择是，借款人仍可对技术设计和施工图设计负责，但对包括项目组成部分所需的全部货物和工程在内的供应和安装的单一责任制合同邀请投标。设计和施工以及管理承包[30]合同在适当情况下也是可以接受的[31]。

2.5　如果一个项目需要类似的但又是独立分开的设备或工程，邀请投标时可提供几种可供选择的合同方案，从而使大小公司均有投标兴趣。可以允许它们根据自己的情况选择对单个的合同（品目）进行投标或对一组类似的合同（包）进行投标。所有单项投标和组合投标应在同一投标截止期前收到，并同时开标和评标以确定对借款人提供最低评估标成本的单项投标或组合投标[32]。

两步法招标

2.6　对交钥匙合同或大型复杂的设施或特殊性质的工程，或复杂的信息和通讯技术，事先准备好完整的技术规格是不符合需要或不现实的。在这种情况下，可采用两步法招标程序，即首先邀请提交根据概念设计或性能规格编制的不带报价的技术建议书。第二步，在对技术和商务进行澄清与调整的基础上，对招标文件做出修改并邀请提交最终的技术建议书和带报价的投标书[33]。

通知和广告

2.7　在竞争性招标中，及时通告投标机会是很重要的。对于那些包含国际竞

---

[29] 本指南所提及的“设施”是指安装好的设备，如生产设施中的成套设备。

[30] 在施工中，管理承包商通常不直接负责施工，而是把施工部分承包出去，并管理其他承包商的工作，承担全部责任及价格、质量和按期施工的风险。相反，建造师是为借款人工作的咨询顾问或借款人的代理，但它不承担该类风险。（如用世行贷款资助，应按《咨询顾问指南》聘请建造师，参见脚注2）。

[31] 还可参见第3.14和第3.15段关于基于效能的合同。

[32] 参见第2.49段至第2.54段的评标程序。

[33] 考虑到透明性和知识产权的要求，在第二阶段对招标文件进行修改时，借款人应该尊重投标人在第一阶段投标所提交的关于技术建议书保密性的要求。

争性招标（ICB）的项目，借款人应向世界银行提交一份总采购通告草稿，世界银行将安排该通告在线刊登在联合国发展商业报（UNDB online）和发展门户网（dg-Market）上[34]。通告的信息应包括：借款人（或预期的借款人）、贷款金额和用途、国际竞争性招标（ICB）采购的范围以及借款人方面负责采购的机构名称、电话（或传真）号码和地址以及刊登具体采购通告的网址。如果已知，还应注明可得到资格预审文件或招标文件的预计日期。根据具体情况所确定的资格预审文件或招标文件不得早于刊登总采购通告之日发放。

2.8　作为具体采购通告的资格预审邀请或投标邀请（视具体情况而定）应至少刊登在借款国国内全国发行的一份报纸上（或刊登在官方公报上，或可以免费进入的电子门户网站上）。该类邀请还应在线刊登在联合国发展商业报和发展门户网上。通告应留出足够的时间使潜在的投标人能够获得资格预审文件或招标文件并准备和提交反馈意见[35]。

对投标人的资格预审

2.9　对于大型或复杂的工程，或在准备详细投标文件的高成本可能会妨碍竞争的情况下，如为用户专门设计的设备、工业成套设备、专业化服务、某些复杂的信息和技术以及交钥匙合同、设计和建造合同或管理承包合同等，资格预审通常是必要的。这还保证了招标邀请只发给那些有足够能力和资源的投标人。资格预审应完全以潜在投标人具有令人满意地履行具体合同所需要的能力和资源为基础，考虑它们的：（1）经验和过去履行类似合同的情况；（2）人员、设备、施工或制造设施方面的能力；（3）财务状况。[36]

2.10　邀请对具体合同或几组类似合同的投标进行资格预审，应该按照上述第2.7段和第2.8段的规定刊登广告和进行通知。合同的范围和对资格要求的明确规定应发给那些对邀请通告做出反应的投标人。所有达到规定标准的申请者均可参加投标。借款人应将资格预审的结果通知所有申请者。资格预审一经完成，招标文件就应提供给通过资格预审的潜在投标人。对一次或在一段时间内分次授予的几组合同的资格预审，可根据投标人技术能力和资源的胜任情况，对授予任一投标人的合同数量或总金额确定一个限额。当借款人对于备选公司的选择和投标者的保障之间的时间超过12个月，世行可能会通过重新发布招标信息的形式开始新的资格预审程序，投标者的证明信息将预先审查，包括在授予合同前提出的承诺，承诺内容包括

---

[34] 联合国发展商业报是联合国的一种出版物。订阅地址：Development Business, United Nations, GCPO Box 5850, New York, NY 10163 – 5850, USA（网址：www. devbusiness. com；电子邮件：dbsubscribe@un. org）。发展门户网站是发展门户基金的电子门户网站。该基金的地址是：Development Gateway Foundation, 1889 F Street, N. W. Washington, DC 20006, USA（网址：www. dgmarket. com）。

[35] 见第2.44段。

[36] 世行已编制了标准资格预审文件供借款人在适当情况下使用。

人员和设备资质。预先审查可能会拒绝不符合技术条件和资金量要求的投标者。如果没有或仅有很少的申请人能通过预审，会导致缺乏竞争，借款人将签署一个改进资格预审邀请函，提交世行并取得世行的不反对意见。

（二）招标文件

总则

2.11　招标文件应向潜在投标人提供他们在准备有关货物和工程投标文件时所必需的所有信息。虽然招标文件的详细程度和复杂程度将随投标包和合同的大小和性质不同而有所不同，但一般都应包括：投标邀请、投标人须知、投标书格式、合同格式、合同条款，包括通用条款和专用条款、技术规格和图纸、有关的技术参数（包括地质和环境资料）、货物清单或工程量清单、交货时间或完工时间表、必要的附件，比如各种保证金的格式。评标和选择最低评标价投标的基础应该在投标人须知和/或技术规格中明确说明。如对招标文件收取费用，则费用应当合理，只反映它们的印刷和递交给潜在投标人的成本，并且收费不能过高，以免影响合格投标人的投标积极性。借款人可以使用电子系统发布招标文件，但前提是世界银行要对借款人的电子系统的适当性满意。如果招标文件通过电子系统发布，那么，该电子系统应有安全保障措施，以避免对招标文件进行修改，并且不应限制投标人进入该系统获得招标文件。招标文件的关键组成部分将在下面几段中给予说明。

2.12　借款人应使用世界银行发布的适当的标准招标文件（简称 SBD）。世界银行可接受为适应项目具体情况而做的、必要的最小改动。任何此类改动只能放在投标资料表或合同资料表中，或放在合同专用条款中，而不得对世界银行标准招标文件（SBD）中的标准文字进行修改。如果世界银行还没有发布相关的标准招标文件（SBD），那么，借款人应使用世界银行可接受的其他在国际上公认的标准合同条件和合同格式。

投标有效性和投标保证金

2.13　投标人应按要求在招标文件规定的期限内提交有效的投标书，以使借款人有充足的时间完成对投标的比较和评价，同世界银行一起审查授标建议（如果采购计划要求的话），并获得一切必要的批准以便能在该期限内授予合同。

2.14　借款人可以选择是否要求投标人提交投标保证金。如果要求提交投标保证金，投标保证金应该按照招标文件中规定的金额和格式提交[37]。投标保证金应在投标有效期期满后的 4 周内保持有效，以使借款人在需要索取保证金时，有合理的时间采取行动。在与中标的投标人签订合同之后，应及时退还未中标的投标人的投

---

[37] 投标保证金必须按照标准招标文件的格式，并且由投标人选择的有信誉的银行或金融机构提交。如果提供保证金的机构在借款人国外，该机构必须在借款人国内有往来金融机构以确保保证金可以强制执行。

标保证金。如果不要求提交投标保证金，借款人可以要求投标人签署一项声明，声明如果在投标有效期内撤回或修改其投标书，或者在授予合同之后不能签订合同，或不能在招标文件规定的截止日期前提交履约保证金，该投标人的投标资格将被暂停一段时间，从而不得参与借款人有关的任何合同的投标。

语言

2.15　资格预审文件和招标文件以及投标书的编写应使用借款人选择的下述三种语言中的一种：英语、法语或西班牙语。与中标的投标人所签订的合同，应使用招标文件所使用的语言。该语言应作为主导借款人和中标的投标人之间的合同关系语言。除了使用英语、法语或西班牙语外，借款人还可以选择采用本国语言（或者借款国全国性商业活动所采用的语言）[38] 编写资格预审文件和招标文件。如果资格预审文件和招标文件采用两种语言编写，应允许投标人使用其中的一种语言提交他们的投标书。这时，与中标的投标人之间的合同应该使用该投标书的语言签订。该语言还应作为主导借款人和中标的投标人之间合同关系语言。如果使用英语、法语或西班牙语之外的语言签订合同，而且该合同需要世界银行事前审查，借款人应该使用编写招标文件时所使用的国际通用语言翻译该合同文件，并提交给世界银行审查。不应该要求或允许投标人使用两种语言签订合同。

招标文件的澄清

2.16　招标文件的措词应允许和鼓励国际竞争，并且应清楚准确地阐述需要开展的工作、工作的地点、需要提供的货物、交货或安装的地点、交货或完工的时间表、最低性能要求、质量保证和维修要求以及其他任何有关的条款和条件。另外，在适当的情况下，招标文件还应规定用于判定所提交的货物或所完成的工程是否和技术规格相一致所需的检验、标准和方法。图纸应与技术规格的文字内容相一致，并应规定两者之间的优先顺序。

2.17　除价格因素外，招标文件应规定评标时将考虑的全部评标因素以及如何将这些因素量化或进行评价。如果允许采用替代的设计方案、材料、完成时间和付款条件等进行投标，那么，应对接受它们的条件和对它们进行评价的方法做出明确的说明。

2.18　应向所有潜在的投标人提供相同的信息，并应确保他们有同等的机会及时获得额外的信息。借款人应为潜在的投标人合理地进入项目现场进行勘察提供方便。对于工程或者复杂的供货合同，尤其是那些需要更新现有工程或设备的合同，可以安排召开标前会，使潜在的投标人可会见借款人的代表（面对面或在网上）以寻求澄清。标前会的纪要应送给所有潜在的投标人，并抄送世界银行一份（使用书

[38] 所使用的语言必须使世界银行感到满意。

面文件或电子文件的方式）。任何额外的信息、澄清、误差的纠正或对招标文件的修改，都应在投标截止期前足够的时间内发送给每一个原招标文件的接受人，以便投标人能够采取适当的行动。任何对招标文件的修改都将作为文件的附录。如有必要，投标截止期应延长。对于需要世界银行事前审查的合同，世界银行应该收到上述文件的复印件（用书面文件或电子文件的形式）并经商讨获得不反对意见。

标准

2.19 在确保所采购货物和工程的关键性能或其他要求的情况下，招标文件所引用的标准和技术规格应促进最广泛的可能的竞争。借款人应尽最大可能选择国际上认可的标准，比如国际标准组织所发布的那些标准，设备、材料或工艺应该符合这些标准。如果没有这些国际标准或者这些标准不适用，那么，可以规定使用本国的标准。在任何情况下，招标文件都应说明符合其他标准的设备、材料或工艺，只要保证至少实质上相同，也是可以接受的。

品牌的使用

2.20 技术规格应以相关的特性和性能要求为依据。应避免引用品牌名称、产品目录号或类似分类。如果必须引用具体制造商的品牌或产品目录号以澄清在其他方面不完整的技术规格，那么，在该引用后面应加上“或相当于”的字样。技术规格上，应允许接受特征相似的和提供的性能至少与规定的指标在实质上相同的货物。

报价

2.21 对所有在境外制造的货物，应要求投标人报运费及保险费付至（目的地）价（CIP）[39]，包括那些以前已经事先进口的货物。而对借款人国内制造或组装的货物，应要求报出厂价（EXW）[40]（工厂交货或货架交货价）加上运至目的地的内陆运费和保险费。应允许投标人从任何合格来源[41]安排海上运输和其他运输以及相关的保险。如果要求投标人承担安装、调试或其他类似的服务，如“供货与安装”合同，还应要求投标人对这些服务另外提出报价。

2.22 在交钥匙合同中，应要求投标人报现场安装完毕的价格，包括设备供应、海上和内陆运输及保险、安装和调试，以及相关的土建工程和合同范围内包括

---

[39] 参见2000年版《国际贸易惯例术语解释通则》（INCOTERMS）以求更详尽的定义。该通则由国际商会出版。国际商会的地址是：International Chamber of Commerce，38 Cours Albert 1er，75008 Paris，France。CIP是运费及保险费付至目的地价。运用CIP条件时可以不考虑运输方式，包括多式联运。对已经进口的货物或将要进口的货物，CIP条件为关税和其他进口税未付，关税由借款人负责支付。对事先已经进口的货物，CIP报价应该区别于这些货物向海关申报的原始的进口价，应该包括除了关税和其他进口税之外的任何减免、当地代理或代表增加的佣金和所有当地费用。关税和进口税由买方负责支付。

[40] 出厂价（EXW）应该包括为制造或组装投标设备所使用的部件和原材料已支付或将要支付的所有关税、销售税和其他税。

[41] 参见第1.6段、第1.7段和第1.8段。

的所有其他服务，如设计、维修、运营等的全部成本。除非招标文件另有规定，交钥匙价格应该包括全部关税、税收和其他税费[42]。

2.23　应要求工程合同的投标人报完成工程的单价或总价，且该价格应包括所有的关税、税收和其他税费。应允许投标人从任何合格的来源获得所有投入物（非熟练工人除外），以使其能够提供最具竞争力的投标。

价格调整

2.24　招标文件应说明投标价是固定的，或者价格将进行调整以反映合同主要成本组成部分的任何变化（向上或向下），比如劳动力、设备、材料和燃料。对于交货或完工期在18个月以内的简单合同，价格调整条款通常没有必要，但对展期后超过18个月的合同应包含该条款。但是，按照正常的商业惯例，对某些种类的设备可获得固定价格而不管交货期的长短，在这种情况下，不需要价格调整条款。

2.25　价格可采用事先规定的公式进行调整，就是把总价分解成若干部分，然后按照为每个部分规定的价格指数进行调整。也可以根据供货商或承包商提供的票据证明（包括实际发票）进行调整。公式法要比票据法更好。拟采用的调价方法、公式（如果适用的话）和调价的基准日期都应在招标文件中明确规定。如果付款货币不同于投入物的来源和相应指数的来源，公式中应该采用校正系数以避免不正确的调整。

运输和保险

2.26　招标文件应允许供货商和承包商从任何合格的来源安排运输和保险。招标文件中应说明投标人要提供的保险种类和条件。运输保险的赔偿应至少为合同金额的110%并以合同货币或可自由兑换货币支付，以便即时替换遗失或损坏的货物。对于某个由多个承包商承担的大型工程或供货和安装工程，借款人应提供综合保险或全工程保险，在这种情况下，如果保险费用是由世行支付的，借款人依照世行许可的程序为这类保险引入竞争。

2.27　作为例外，如果借款人希望把进口货物的运输和保险留给本国公司或其他指定来源，除了要求投标人根据第2.21段报运费及保险费付至（目的地）价（CIP）以外，还应要求报货物交付承运人（指定地点）价（FCA）或运费付至（指定目的地）价（CPT）[43]。最低评标价投标的选择应根据CIP价进行，但借款人可以按照FCA价或CPT价的条件签订合同并自行安排运输和保险。在这种情况下，合同应仅限于FCA价或CPT价的成本。如果借款人不希望从市场上获得保险，应向世界

---

[42] 交钥匙合同下货物可以用完税后交货（指定目的地）（DDP）条件投标。投标人在准备投标时应能在进口货物或借款人国家制造的货物中自由选择最好的组合。

[43] 分别见《国际贸易惯例术语解释通则》2000年版，货交承运人（指定地点）价（FCA）和运费付至（指定目的地）价（CPT）。

银行提供证据证明已有来源可立即用可自由兑换的货币支付替换遗失或损坏货物所造成的赔偿。

货币规定

2.28 招标文件应说明投标人用于报价的一种或几种货币、为了比较投标而将不同货币表示的报价换算成一种货币的程序以及将用以支付合同价的货币。以下规定（第2.29段至第2.33段）的目的在于：（1）保证投标人有机会使投标货币和付款货币之间的汇率风险最小化，从而可提供最好的价格；（2）给软货币国家的投标人提供使用强货币的选择，从而为其投标报价提供一个更坚实的基础；（3）确保评标过程的公正和透明。

投标货币

2.29 招标文件应说明投标人可以使用任何货币报价。如果投标人希望用不同的外国货币表示报价总额，他们可以这么做，但前提是报价所用的货币不能超过三种。而且，借款人可以要求投标人说明投标价中用借款国货币[44]表示的国内费用的比例。

2.30 在工程采购的招标文件中，借款人可以要求投标人全部使用当地货币报价，并提出不超过三种由其选择的外国货币支付来自借款国以外的预计投入物（用占投标价的百分比表示），同时提供进行该计算时使用的汇率。

为比较投标进行的货币转换

2.31 投标价是投标人用所要求的各种货币付款的总金额。为便于价格比较，应将投标价换算成借款人选定的并在招标文件中规定的一种货币（当地货币或可完全自由兑换的外国货币）。借款人应使用事先选定的某一天的官方来源（如中央银行）、某商业银行或在国际上发行的报纸上为类似交易而公布的那些货币的卖出价（汇率）进行这种转换，这些汇率来源和日期应在招标文件中规定，条件是该日期不得早于截标日前4周，不得晚于原投标有效期期满日。

付款货币

2.32 应按中标人在投标书中表示其标价的某种货币或几种货币支付合同价款。

2.33 当要求用当地货币报价，但投标人要求按投标价的一定百分比支付外币时，付款使用的汇率应为投标人在投标书中规定的汇率，以确保投标价中外币部分的价值不发生损益。

付款条件和方法

2.34 付款条件应符合适用于具体货物和工程的国际商务惯例。

（1）供货合同应在合同货物交货和验收（如要求的话）后付清全部货款，但不

---

[44] 此后称为当地货币。

包括含安装和调试的合同。对于这种包含安装和调试的合同，可保留一部分货款待供货商全部履行其合同义务后再行支付。鼓励使用信用证方式付款以保证向供货商即时付款。对较大的设备和工厂合同，应规定适当的预付款；对于执行期较长的合同，应规定在制造或装配期间根据进度付款。

（2）工程合同在适当情况下应提供筹备预付款、承包商设备和材料预付款、定期进度付款以及合理的保留金，在其按照合同履行全部义务后再行支付。

2.35　货物或工程合同签字后支付的任何筹备预付款及类似的支出，应参照这些支出的估算金额，并应在招标文件中予以规定。对其他预付款的支付金额和时间，如为交运到现场用于工程的材料所作的材料预付款，也应有明确规定。招标文件中应明确有关预付款保证金的安排。

2.36　招标文件应规定付款方法和条件，是否允许有替代的付款方法和条件，如果允许，这些条件将如何影响评标。

备选方案投标

2.37　招标文件应清楚地规定何时允许投标人报送备选方案的投标、如何提交、如何报价以及如何评审备选方案。

合同条款

2.38　合同文件应该明确规定将要开展工作的范围，所需提供的货物，借款人、供货商或承包商的权利和义务，以及如果借款人聘请了工程师、建筑师或施工经理从事合同监督和管理时，他们的职责和权力。除合同通用条款外，合同文件还应包括为将要采购的具体货物或工程及项目所在地而特别制定的合同专用条款。合同条款应该综合考虑风险和责任。

履约保证金

2.39　工程合同和单一责任合同规定履约保证金，金额应足以抵偿借款人在承包商违约情况下所遭受的损失。该保证金应按照借款人在招标文件中规定的适当格式和金额提供[45]。保证金的金额可根据所提供保证金的类型和工程的性质与规模而有所不同。该保证金的一部分应展期至工程竣工日之后，以覆盖截至借款人最终验收的缺陷责任期或维修期。另一种做法是，在合同中规定从每次定期付款中扣留一定百分比作为保留金，直到最终验收为止。可允许承包商在临时验收后用等额保证金来代替保留金。

2.40　在供货合同中，是否需要履约保证金将取决于该种货物的市场情况和商业惯例。可以要求供货商或制造商提供担保以防其不履行合同。适当金额的保证金

㊺　履约保证金的格式应符合标准文件的要求，并由投标人选择有信誉的银行或金融机构出具。如果出具保证金的机构位于借款人国外，为了使其保证金可以强制执行，必须在借款人国内有相应的往来金融机构。

也可用来确保保修义务。另一种选择是可扣留付款的一定百分比作为保留金，以确保保修义务以及任何安装或调试要求。保证金或保留金的金额应当合理。

违约赔偿和奖励条款

2.41　针对因交货拖延、工程竣工误期、提供的货物或工程不能满足性能要求，从而给借款人增加额外成本、收益损失或其他效益损失的问题，合同条款中应包括适当金额的违约赔偿规定或类似的规定。如果供货商或承包商的交货或完工时间早于合同中规定的时间，而该提前交货或完工将给借款人带来效益的，也可规定对这些供货商或承包商予以奖励。

不可抗力

2.42　合同条款中应规定，合同的一方若因出现合同条款中定义的不可抗力事件而不能履行其合同义务，不应被视作违约。

适用法律和争端的解决

2.43　合同条款中应包括适用法律和解决争端的规定。国际商务仲裁可能比其他争端解决方法更具有实际优势。因此，世界银行鼓励借款人在货物和工程的采购合同中采用这种仲裁方式。世界银行不应被指定为仲裁员，也不应要求世界银行指定仲裁员[46]。如果是工程合同、供货与安装合同以及交钥匙合同，解决争端的有关规定还应该包括诸如争端审议委员会或调解员的机制，采用这些机制将有助于加快争端的解决。

（三）开标、评标和授标

投标书的准备时间

2.44　确定投标书的准备和提交时间应充分考虑项目的具体情况和合同的规模及复杂程度。一般而言，国际竞争性招标（ICB）应给出自投标邀请之日或开始发售招标文件之日（以晚者为准）起不少于6周的时间。在涉及大型工程或复杂设备品目的情况下，该时间一般应不少于12周，以使潜在的投标人能够在提交其投标书之前进行调查。在这种情况下，鼓励借款人召开标前会并安排现场踏勘。应允许投标人采用邮寄或亲自送达的方式提交投标书。如果世界银行对借款人电子系统的适当性感到满意，借款人可以允许投标人使用电子系统提交他们的投标书。世界银行对借款人电子系统的适当性感到满意，主要是指借款人的电子系统是安全的，所提交的投标书是保密的和真实的，使用电子签名或其他类似方法使投标人约束于他们的投标书，以及投标书是在投标人和借款人同时使用电子授权的情况才给予拆封。在允许通过电子系统提交投标书的情况下，应同时允许投标人选用打印文本形式提交其投标书。投标邀请中应明确规定接收投标书的截止时间和地点。

---

[46] 但是，解决投资争端国际中心的官员可以“中心”官员的身份指定仲裁员。

开标程序

2.45　开标时间应与接收投标书的截止时间相同或紧随其后[47]，并在投标邀请中与开标地点一起公布。借款人应在规定的时间和地点拆封所有的投标书。开标应公开进行。应允许投标人或其代表出席（亲自出席或电子招标时在线出席）。开标时，应大声宣读并记录投标人名称、每个投标的总金额以及备选方案总金额（要求或允许报备选方案的情况下），如果使用电子招标，则在线公布。该记录的副本应立即报送世界银行，并发送按时提交了投标书的全部投标人。在规定时间之后收到的投标书以及没有在开标时拆封并宣读的投标，均不予以考虑。

对投标书的澄清或修正

2.46　除本指南第2.63段和2.64段的规定外，不应要求或允许投标人在投标截止时间后修改其投标书。借款人应要求投标人进行必要的澄清以便对其投标进行评审，但不得要求或允许投标人在开标之后改变其投标书的实质性内容或投标价。澄清的要求和投标人的答复均应采用书面形式，使用打印文本或世界银行满意的电子系统[48]。

保密性

2.47　公开开标之后直至公布合同授予的结果之前，与投标有关的检查、澄清以及评审和授标建议等情况，均不得向投标人或其他与该程序无关的人员透露。

投标书的检查

2.48　借款人应确定投标书是否：（1）符合本指南第1.6段、第1.7段和第1.8段规定的合格性要求；（2）得到适当的签署；（3）附有所要求的保证金或本指南第2.14段要求的经签署的投标声明；（4）对招标文件作出了实质性的响应，以及在其他方面大体上符合要求。如果投标书不具有实质性的响应，即它包含了对招标文件中的条款、条件及技术规格的实质性偏离或保留，则不应对其作进一步的考虑。一旦投标书被拆封[49]，投标人将不得纠正或撤回其投标中的实质性偏离或保留。

对投标的评审和比较

2.49　评标的目的是在对各个投标的评标价格进行比较的基础上，确定每个投标对借款人产生的成本。根据第2.58段的规定，合同应该授予具有最低评标价[50]的投标，而不一定是报价最低的投标。

2.50　开标时宣读的投标价，应予以调整以纠正计算上的错误。同样，为方便评标，应对任何可以量化的非实质性的偏离或保留进行调整。评标时不应考虑适用

[47] 需留有足够的时间把投标书运到公布的公开开标地点。

[48] 参见第2.44段。

[49] 参见第2.50段关于纠正的规定。

[50] 参见第2.52段。

于合同执行期的价格调整规定。

2.51 评标以及对投标的比较应以国外进口货物的运费及保险费付至（目的地）价（CIP）[51] 和借款国国内制造货物的出厂价（EXW）加上运至目的地的内陆运费和保险费为基础，并考虑任何所需的安装、培训、调试和其他类似服务的价格[52]。

2.52 除了价格因素之外，招标文件还应明确评标中需考虑的其他有关因素，以及运用这些因素来确定最低评标价投标的方法。对于货物和设备，评标时可考虑的其他有关因素包括：付款时间表、交货期、运营成本、设备的效率和兼容性、零配件和服务的可获得性以及相关的培训、安全和环境效益。除价格以外，用以确定最低评标价投标的因素应在实际可能的范围内尽量货币化，或在招标文件的评标条款中给出相应的权重。

2.53 在工程和交钥匙合同中，承包商负责交纳所有关税、税收和其他税费[53]。投标人在准备其投标书时应考虑这些因素。对投标书的评审和比较应以此为基础。工程的评标应严格按货币化的方式进行。任何因投标超过或低于某一事先确定的投标估值即被自动淘汰的程序都是不能接受的。如果时间是个关键因素，那么只有在合同条款中规定对未按期完工的承包商进行相应处罚的情况下，评标时才可根据招标文件中规定的标准把提前完工给借款人带来的价值考虑进去。

2.54 借款人应准备一份详细的评标报告，其中应说明作为授标建议依据的具体理由。

国内优惠

2.55 应借款人的要求，并根据贷款协定中双方同意的条件和招标文件中的规定，评标时，一定幅度的优惠可给予：

（1）在借款国国内制造的货物，当这些货物的投标与国外制造的货物的投标进行比较时；（2）人均国民生产总值[54]低于规定限额的会员国的工程，当合格的国内承包商的投标与国外承包商的投标进行比较时。

2.56 如果允许给予国内制造的货物或国内承包商优惠的话，对投标书的评审和比较应按照本指南附录二中规定的方法和步骤进行。

---

[51] 只有在货物交由海运和非集装箱运输的情况下，借款人才可以要求用到岸价（CIF）报价。到岸价不能用于海运以外的其他任何情况。经过制造的货物通常采用集装箱运输，所以不太可能采用到岸价条件。运费及保险费付至（目的地）价（CIP）可以用于任何运输方式，包括海运和多式联运。

[52] 评标时不应考虑：（1）对报运费及保险费付至（目的地）价（CIP）的进口货物征收的关税和其他税（CIP 价不含关税）；（2）与该货物销售或递交有关的销售税和类似的税。

[53] 除非招标文件对交钥匙合同另有规定（参见第 2.22 段）。

[54] 世界银行每年确定的国民生产总值。

投标有效期的延长

2.57　借款人应在原投标有效期内完成评标和授标工作，这样就不必延长投标有效期。如有意外情况必须延长投标有效期，那么，应在投标有效期截止日之前，以书面形式要求所有投标人延长投标有效期。延长期应为完成评标工作、获得必要的批准以及授予合同所需的最短时间。如果是固定价合同，第二次延期及随后的延期只有在延期请求中提供了适当的报价调整机制以反映延期期限内合同投入物成本变化的前提下才会得到允许。无论何时要求延长投标有效期，均不得要求或允许投标人改动其投标报价（基础报价）或其他投标条件。投标人有权拒绝延期。如果招标文件要求提交投标保证金，则投标人的投标保证金不应因其拒绝延期而被没收。但是，对于那些愿意延长投标有效期的投标人，应要求它们适当延长投标保证金的有效期。

对投标人的资格后审

2.58　如果未对投标人进行资格预审，借款人应确定提供最低评标价投标的投标人是否有能力和资源按其投标所报条件有效地履行合同。要求达到的标准应在招标文件中规定，如投标人未达到这些标准，其投标应被拒绝。在这种情况下，借款人应对下一个提供最低评标价的投标人进行类似的审查。

授予合同

2.59　借款人应在投标有效期内将合同授予满足适当能力和资源标准的投标人，而且其投标已被确定为：（1）实质性响应了招标文件的要求；（2）提供了最低评标价[55]。不应要求投标人承担未在招标文件中规定的工作责任或修改其原提交的投标书，并将此作为授予合同的条件。

公布合同授予的情况

2.60　在收到世界银行对合同授予建议的“不反对”意见后两周内，借款人应在联合国发展商业报和发展门户网上在线公布评标结果，列明招标编号、合同编号及以下信息：（1）每个提交了投标书的投标人的名称，（2）开标时宣读的投标价，（3）经过评审的每一投标人的名称及其评标价，（4）投标书被拒绝的投标人的名称和拒绝的理由，（5）中标的投标人的名称及其中标价以及所授予合同的期限和范围。

拒绝所有投标

2.61　招标文件中通常规定借款人可拒绝所有投标。拒绝所有投标只有在缺乏有效竞争，或投标书未对招标文件做出实质性响应，或投标价大大高于现有预算的情况下才是正当的。但是，缺乏竞争性不应仅仅以投标人的数量来确定。如果招标

---

[55] 分别指“最低评标价的投标商”和“最低评标价的投标”。

广告的刊登令人满意，而所报的价格与市场价格相比是合理的，即使只有一份投标书，招标过程也可以被认为有效。在获得世界银行批准后，借款人可以拒绝所有投标。如拒绝了所有投标，在重新招标之前，借款人应当审议拒标的原因，并考虑对合同条款、设计和技术规格、合同范围进行修改。

2.62 如果拒绝所有投标是因为缺乏竞争性，应考虑扩大广告的范围。如果拒标是因为大部分或所有投标都没有响应招标文件的要求，可以邀请原来通过资格预审的公司，或在征得世界银行同意后只邀请那些在上次招标中提交了投标书的投标人提交新的投标书。

2.63 不允许单纯为了获得更低的价格而拒绝所有投标，而重新招标却又使用相同的招标文件和合同文件。如果具有响应性投标的最低评标价大大超过借款人的标前费用估算，借款人应调查费用过高的原因，并考虑按照前段所述重新招标。另一种方法是，借款人可与最低评标价的投标人进行谈判，以尝试通过缩小合同范围或重新分配风险和责任等方法来获取满意的合同，而这些缩小和重新分配应能够降低合同价。但是，对合同范围的实质性缩小或对合同文件的实质性修改可能需要重新招标。

2.64 在拒绝所有投标、重新招标或与最低评标价的投标人进行谈判之前，应征得世行的同意。

事后情况说明

2.65 在根据第2.60段的规定公布合同授予的情况时，借款人应该说明：需要了解其投标未中标原因的投标人，可以要求借款人进行解释。借款人应选择以书面的形式或召开情况说明会及时解释不中标的原因。提出要求的投标人应该承担事后情况说明的全部费用。

（四）简化的国际竞争性招标

涉及进口计划的项目[56]

2.66 在贷款资金是用于支付一项进口计划的情况下，应对贷款协定[57]中确定的大金额合同采购采用国际竞争性招标（ICB），但有关刊登广告和货币的规定可予以简化。

2.67 经简化的国际竞争性招标不要求刊登总采购通告。具体采购通告除要在线刊登在联合国发展商业报和发展门户网上外，还应至少刊登一份在借款国全国发行的报纸上（或官方公报上，或可以免费进入的电子门户网站上）。允许提交投标的期限可以缩短到4周。招标和付款的货币可以仅限于一种国际贸易中广泛使用的货币。

---

[56] 参见第3.11段。

[57] 小额合同的采购通常是按照私营或公共实体进口时所遵循的程序，或者按照第3.12段所述的世行可接受的其他商业惯例来办理。

商品的采购

2.68 一些商品的市场价格，如粮食、饲料、食用油、燃料、化肥以及金属等，会随着当时的市场供求情况而波动。许多商品在所设立的商品市场上都有报价。采购经常涉及分批量多次授予合同以保证供货安全，或在一定期限内多次购买以充分利用有利的市场条件并降低库存量。在这种情况下，可以制定一份通过资格预审的投标人名单，定期向他们发出投标邀请。可邀请投标人报出与装运时或装运前的市场价格相关联的报价。投标有效期应尽可能短些。可使用通常在市场上给商品标价的某种单一货币进行招标和付款。该种货币应在招标文件中明确规定。招标文件可以允许采用电传、传真或电子文件的方式进行投标。这时，可以不要求提供投标保证金，或通过资格预审的投标人已提交的投标保证金在某一规定的期限内保持有效。应使用与市场惯例相一致的标准合同条款和格式。

三、其他采购方式

总则

3.1 本章说明在国际竞争性招标（ICB）不是最经济、最有效的采购方式，而其他采购方式更加适宜时的采购方式[58]。世界银行关于给予国内制造的货物和国内承包商一定评标优惠幅度的政策不适用于国际竞争性招标（ICB）之外的其他采购方式。第3.2段至第3.7段按优先顺序说明了其他常用的采购方法，其余的段落说明特殊情况下的采购。

有限国际招标

3.2 有限国际招标（简称LIB）实质上是一种不公开刊登广告而直接邀请投标人投标的国际竞争性招标（ICB）。有限国际招标（LIB）作为一种合适的采购方式，适用于供货商数量有限，或有其他例外的理由，使得不完全按照国际竞争性招标（ICB）的程序进行采购是正当的。采用有限国际招标（LIB）时，借款人应从一份列有足够广泛的潜在供货商的名单中寻求投标，以保证价格具有竞争性。当供货商为数不多时，该名单应该包括所有供货商。国内优惠不适用于有限国际招标的评标。除了刊登广告和国内优惠两条之外，国际竞争性招标（ICB）的程序，包括第2.60段要求的公布合同授予情况的有关要求，均适用于有限国际招标（LIB）。

---

[58] 合同不应被分割成更小的合同从而使其不适于采用国际竞争性招标（ICB）程序。任何把一个合同分成几个小合同包的建议都必须得到世行的事前同意。

国内竞争性招标

3.3 国内竞争性招标（简称NCB）是借款国国内公共采购中通常采用的竞争性招标程序，而且可能是采购那些因其性质或范围不大可能吸引外国厂商和承包商参与竞争的货物和工程的最适当的方式。这种方式要想在世界银行贷款资助的采购中能够被接受，就必须对它的程序进行审查和进行必要的修改[59]，以确保其经济性、有效性和透明度，并与本指南第一章的规定保持广泛的一致性。当估计外国厂商会因为合同的金额小、工程的地点分散或工期过长、工程为劳动密集型、或当地可获取的货物或工程的价格低于国际市场价格，而对投标不会感兴趣时，国内竞争性招标（NCB）可能是最适当的采购方式。当国际竞争性招标（ICB）所涉及的行政或财务负担明显超过所带来的好处时，也可以采用国内竞争性招标（NCB）。

3.4 国内竞争性招标（NCB）的广告仅限于刊登在全国发行的报纸、官方公报或可以免费进入的电子网站上。招标文件可只使用借款国语言（或借款国全国范围内商业交易使用的语言），并且一般使用借款国货币作为招标和付款的货币。此外，招标文件应清楚地说明如何提交投标书、如何报价以及投标书送达的时间和地点。应给投标人提供充分的响应时间来准备并提交投标书。为了保证合理的价格，该程序应提供充分的竞争。评标和授予合同所采用的方法应客观，并在招标文件中告知所有投标人，而不是任意乱用。国内竞争性招标（NCB）的程序也应该包括公开开标、公布评标结果和合同授予情况，以及投标人的投诉程序。如果外国厂商愿意在这种情况下参加投标，应该允许他们参加。

询价采购

3.5 询价采购是对几个供货商（采购货物时）或几个承包商（采购工程时）提供的报价进行比较的一种采购方式。通常至少有三家报价，以确保价格具有竞争性。询价采购适合用于采购小金额的货架交货的现货、标准规格的商品或简单的小型工程。询价函上应对货物进行描述并注明数量、工程的技术规范以及要求的交货（或完工）时间和地点。报价可以采用信函、传真或电子文件的形式提交。报价的评审原则与公开招标的评审原则相同。已接受的报价条件应包括在订单或简短的合同中。

框架协议

3.6 框架协议是与供应方签订的长期合同，包括货物、建筑工程和非咨询服务，合同的组织条款和条件在特殊采购（通知送货）时贯穿协议始终。

框架协议的价格取决于预定价格，或在通知送货阶段的竞价，或一个没有后期

[59] 任何这样的修改必须在贷款协定中反映。

竞争[60]的回顾价格。获得批准的框架协议作为一种对采购和 NCB 方式的替代规定，针对于：

（1）成品或具有统一行业标准的货物。

（2）较简单、不定时的，多次由同一机构（或多家机构）提供的非咨询服务。

（3）紧急活动中签订的小额合同。借款方需事先向世界银行申请，取得世界银行对他们使用框架协议的“不反对”意见，包括特殊渠道、采购的选择、预先选择和合同的条款和条件，框架协议不能约束国外竞争，最长时限 3 年。框架协议指定的供应方必须是世界银行信任的，其名称和情况会出现在贷款协定中。

采购计划规定了框架协议数额的上限，该数额的确定应保证使用框架协议的风险不高于 NCB 的规定，并且得到世界银行的同意。

框架协议遵循 3.3 和 3.4 的条款和程序，包括但不限于广告程序、公平和公开竞争机制，对于高效和独立的监督机制的规定以及对于投标透明度的评估和标准。对框架协议的公开方式遵循附件 1 的第 7 段。

直接签订合同

3.7 直接采购是在没有竞争（单一来源）的情况下直接签订合同，可能是适用于下列情况的采购方式：

（1）对按照世界银行可接受的程序授予的现有货物或工程合同进行续签，以增购或增建类似性质的货物或工程。在这种情况下，应使世界银行满意地认为进一步的竞争不会得到任何好处，且续签合同的价格是合理的。如果事先考虑到有可能续签，原合同应包括有关续签合同的条款。

（2）为了与现有设备相配套，设备或零配件的标准化可作为向原供货商增加订货的正当理由。证明这种采购合理的条件是：原有设备必须是适用的，新增品目的数量一般应少于现有的数量，价格应该合理，并且已对从其他厂商或设备来源另行采购的好处进行了考虑并已予以否定，否定的理由是世界银行可以接受的。

（3）所需设备具有专利性质，并且只能从单一来源获得。

（4）负责工艺设计的承包商要求从特定供应商处采购关键部件，并以此作为性能保证的条件。

（5）特殊情况下，如应付自然灾害。

3.8 在合同签字后，借款人应在联合国发展商业报和发展门户网上在线公布

---

[60] 借款人选择不同形式的框架协议有不同名称。最常用的 3 种依据“关闭或开放”“单阶段或两个阶段”“竞争方式”分为：（1）“关闭框架”依据预订标准，包括提前“通知送货”，和一个或多个供货商/承包商签约，和在框架协议期内不允许新的参与者加入。（2）有限制的“关闭框架”，通过两个阶段控制新参与者的加入：第一个阶段是选择多个供货商/承包商，第二阶段是这些供货商/承包商通过竞争成为“通知送货”的供方。这样做的目的是在第一阶段有目标的评估出供货商/承包商的底价和送货条件。（3）“开放框架”也是两个阶段，但对于新的参与者不设条件。

合同商名称、价格、期限和合同范围。可以每季度公布一次，采用包括上一次情况的汇总表形式。

强制账户

3.9　强制账户，是借款国的政府部门使用本国人员和设备[61]提供建筑或设备安装和非咨询服务的情况，是在特殊环境下采购的唯一适用方式。

使用强制账户要求借款人预先为强制账户设定数额上限，这样世界银行才能给予“不反对”意见。世界银行给予“不反对”意见后，将在以下几种情形下合理使用强制账户：

（1）建筑和安装工程的工程量不能预先确定；

（2）建筑和安装工程的工程量过小、工程过于分散或没有公司以合理的价格投标；

（3）建筑和安装工程不需分期，能一次完工；

（4）借款人对于工程中断风险的承担能力比承包商大；

（5）勘测和地形绘制这类的非咨询服务，借款国有法律规定或政府认为关乎国家安全，只能由政府的专业机构承担。

（6）对于毁损的紧急修护和保护，需要迅速关注的事件，或工程地处私人企业不感兴趣的冲突区域。

从联合国机构采购

3.10　在有些情况下，从作为供货商的联合国专门机构按其自己的程序进行采购，可能是最适当的采购方式。这种方式适用于：

（1）小批量的货架交货货物，主要是用于教育及卫生等领域的货物；

（2）供货商有限的特殊产品，如疫苗或药品。

采购代理和建设项目经理

3.11　当借款人缺少必要的组织、资源和经验，借款人需要（或应世界银行要求）雇佣一家专业公司代理采购业务。

在类似情况下，借款人需要雇佣建设项目经理并支付费用。比如，合同中包含复杂的工程重建、单一修补、全面修复，以及紧急情况和后期冲突情况下的工程新建，或存在大量小额合同，或借款人能力有限等情况。

采购代理和建设项目经理均应遵守贷款协定中的采购条款，这些条款是世界银行为了借款人的利益制定的，包括世界银行的SBDs、审查程序和说明书。上述要求

---

[61] 当隶属于政府的建筑单位是非管理性部门、合法的或自负盈亏的，会被认为是一家强制账户单位。“强制账户”是“直接劳务”“部门特权”，或“直接工程”另一种说法。

同样适用于联合国代理担任采购代理的情形。借款人需与世界银行[62]协商，在合同中添加能力建设方面的内容。

检验代理

3.12　装运前的检验和进口的验收是保护借款人的措施之一，特别是对那些有大量进口计划的国家而言更是如此。检验和验收通常包括质量、数量和价格的合理性。国际竞争性招标（ICB）程序采购的进口货物不应进行价格核定，而只核定质量和数量。但是，对不是通过国际竞争性招标（ICB）采购的进口货物可以另外进行价格核定。对检验代理通常根据货物的价值付费。国际竞争性招标（ICB）的评标中不得考虑进口货物的验收费用。

中间金融机构贷款的采购

3.13　在贷款是发放给中间金融机构（或其指定的代理机构）的情况下，如农业信贷机构、开发金融公司或公共建设发展基金，由该机构再转贷给受益人，如个人、私营企业、中小型企业或公共部门的自主经营的商业性企业，作为对子项目的部分融资，采购通常由相应的受益人按照世界银行可接受的那些当地私营部门通用的采购方式或商业惯例进行。不过，即使在这种情况下，对于那些单个品目数量很大的采购或大量的相近货物可打捆进行大批量采购的情况，国际竞争性招标（ICB）可能是最适当的采购方式。

公共与私营部门伙伴关系下的采购

3.14　在世界银行参与对一个项目进行资助，而该项目是BOO/BOT/BOOT[63]、特许经营或类似的私营部门参与融资的情况下，应采用以下采购程序中的任何一种进行采购，这些程序在贷款协定和经世界银行批准的采购计划中有更详细的规定。

（1）在BOO/BOT/BOOT或相似类型合同项下的特许权获得者或企业家，应公开竞标，由借款人选择并为世界银行[64]接受。选择工作可能包括几个阶段，以便实现评价标准的最佳组合。评价标准包括提供融资的成本与数量、设施的性能规格、向使用者或购买者收取的费用、该设施能给借款人或购买者带来的其他收入，以及该设施的折旧期限等方面。按照这种方式选定的企业家，可采用自己的程序，从合格来源自由地采购建设这些设施所需的货物、工程和服务。在此情况下，项目评估文件和贷款协定应规定可由世界银行贷款支付给该企业家所发生费用的种类。

---

[62] 咨询服务指南用于对采购代理和建设项目经理的选择，同时也适用于检查服务的选择。如果贷款协定中有规定，并且采购代理和建设项目经理以及检查服务人团队的工作和雇佣条件得到世界银行的认可，从贷款中支付他们的费用和薪酬是合法的。

[63] BOO：建设－拥有－经营。BOT：建设－经营－转让。BOOT：建设－拥有－经营－转让。

[64] 适用于收费道路、隧道、码头、桥梁、电站、污水处理厂和供水系统等项目。公开竞争招标指：（1）国际竞标；（2）国内竞标，合同数额上限由区域经理签字确认，并低于限额。此外，还需要考虑LIB这样的邀标，所有合同授予前必须经过世界银行认可。

（2）如果特许权获得者或企业家不是按照上述3.14（1）段规定的方式选择的，设施所需的并将由世界银行贷款资助的货物、工程或服务，应该按照第二章定义的国际竞争性招标（ICB）程序进行，大额采购依据LIB的第二部分内容，其他小额采购依据咨询指南的相关条款。

3.15 依据下述条款，世界银行能接受上述3.14（2）段提到的非标准方式选择的特许权获得者或企业家，当某些企业或特许经营者在一个小范围内建立了一套成熟的系统，但这些实体是公私合营，以及公开竞争不能被保证的时候：（1）这些实体符合1.10（2）的条款；（2）世界银行决定接受依据这些实体常规商业操作的采购条款；（3）依据1.7条款规定的实体，这些实体对他的伙伴、附属或持股人不存在先期约定；（4）采购程序可以保证公平竞争、效益、效率、质量和透明度；世界银行会不时监控采购程序的实施，贷款协定中有相关规定。

[建议：当以上述3.14（2）段提到的非标准方式选择特许权获得者或企业家，虽然这些实体在一个小范围内建立了一套成熟的系统，但它们是公私合营的，且不能保证公开竞争时，如果满足下述条款，世界银行可以接受：①这些实体符合1.10（2）的条款；②世界银行决定接受依据这些实体常规商业操作的采购条款；③依据1.7条款规定的实体，这些实体对他的伙伴、附属或持股人不存在先期约定；④采购程序可以保证公平竞争，效益，效率，质量和透明度；世界银行会不时监控采购程序的实施，贷款协定中有相关规定。]

基于性能的采购

3.16 基于性能的采购[65]，又称基于产出的采购，系国际竞争性招标（ICB）、国际限制性国际招标（LIB）、国内竞争性招标（NCB）等竞争性采购程序所产生的一种合同关系，其付款是以可计量的产出为依据，而不是传统的以投入为计量依据。技术规格定义了所要求的结果和对产出的计量及其计量方法。产出要在质量、数量和可靠性方面达到满意的要求。如果产出满足了要求的质量水平，那么，支付则可依据完成的数量进行。如果产出的质量低，则需扣减支付额（或保留金）。在某些情况下，对高质量的产出可以给予奖励。招标文件一般不说明承包商的投入，也不限制承包商的工作方法。根据工程的性质和实践证明的成功经验，承包商可以自由选择最适当的方案，并证明可以满足招标文件规定的质量标准。

3.17 基于性能的采购（或基于产出的采购）可以用于：（1）以产出为基础进行支付的（非咨询）服务；（2）由借款人负责运营的设施的设计、供应、施工（或恢复）和调试；（3）设施的设计、供应、施工（或恢复）和调试，以及调试后一段

---

[65] 适用于收费道路、隧道、码头、桥梁、电站、污水处理厂和供水系统等项目。

时间内的经营和维护[66]。如需要设计、供应和施工，一般要进行资格预审，并按第2.6段的规定采用两步法进行招标。

由世界银行提供担保的贷款项下的采购

3.18 如果世界银行对另一贷款人贷款的偿还提供担保，那么，由该贷款资助的货物和工程应按照经济性和有效性的原则以及第1.5段要求的程序进行采购。

社区参与采购

3.19 出于对项目可持续性的关注，或为实现项目特定的社会目的，在选定的项目内容中有必要：（1）请当地社区和/或非政府组织参与提供服务；（2）增加当地专有技术和材料的使用；（3）使用密集型劳动和其他合适的技术。在此情况下，采购程序、技术规格和合同包的使用应适当地反映这些考虑，但前提是这些是有效率的并被世界银行所接受。建议使用的程序和由社区参与实施的项目部分应在贷款协定中明确规定，并在经世界银行批准的采购计划或世界银行批准的有关项目实施文件中进一步详细规定。

国家系统利用

3.20 国家系统利用涉及对借款国公共采购系统成熟采购程序和方式的使用，这些采购程序和方式遵循世界银行国家系统示范计划[67]的规定，借款人在执行世界银行国家系统示范计划下的示范项目时可以使用这些规定。

附 录

附录一 世界银行对采购决定的审查

采购计划安排

1. 世界银行应对借款人在采购计划中提议的采购安排进行审查，以确保其符合贷款协定和本指南的规定。采购计划应该至少涵盖项目开始之初的18个月。借款人应每年或根据需要更新采购计划，并总是涵盖项目实施中随后18个月的活动。对采购计划的任何修改都必须提交给世界银行，以获得世界银行的事前批准。

---

[66] 这类采购的例子有：（1）采购服务的例子：提供医疗服务，即为特殊服务支付，如对办公室的出诊或规定的实验室试验等；（2）采购设施的例子：将由借款人运营的火电厂的设计、采购、施工和调试；（3）采购设施和服务的例子：设计、采购、施工（或重建）公路，并在施工后5年内负责该公路的运行和维护。

[67] 国家系统示范计划在2008年3月3日和3月25日签署的使用“国家系统利用”的文件中有详细描述。文件名为“世界银行支持操作：被提议的示范计划”，这份文件于2008年4月24日被世界银行高级经理核准通过。

事前审查

2. 对于须经世界银行事前审查的所有合同[68]：

（1）需进行资格预审的，借款人应在发出资格预审邀请之前，将拟使用的文件草本，包括资格预审邀请的内容、资格预审问题清单以及评审的方法，连同拟采用的刊登广告程序说明一起报送世界银行。在世界银行提出合理要求时，借款人应按要求对上述程序和文件做出修改。借款人在将资格预审的结果通知申请者之前，应把对所收申请书的评审报告和建议通过资格预审的投标人名单，连同一份他们的资格声明和预审中拒绝申请者的理由一起报送世界银行，征求意见，并在世界银行提出合理要求时，对该名单进行增删或修改。

（2）在投标邀请前，借款人应将招标文件草稿，包括投标邀请、投标人须知（包括评标的基础和授标的标准），以及工程、供货或设备安装等（视具体情况而定）合同条款和技术规格，连同招标拟采用的刊登广告程序（如未进行资格预审的话），一并报送世界银行征求意见。在世界银行提出合理要求时，借款人应对该文件作相应修改。对招标文件做出的任何进一步修改，均应在向潜在的投标人发出之前征得世界银行批准。

（3）借款人应在收到投标书和完成评标之后，在做出授予合同的最后决定之前，将其对所收投标书进行评审和比较的详细评标报告（如果世界银行有要求，则由世界银行所接受的专家来编制）、授标建议，以及世界银行合理要求的其他材料一起报送世界银行，报送时应考虑给世界银行留出足够的审议时间。如果认定授标意向不符合贷款协定或采购计划的规定，那么，世界银行应立即通知借款人，并说明做出该认定的理由。否则，世界银行应对授予合同的建议发出不反对意见。借款人只能在获得世界银行“不反对”意见后才能授予合同。

（4）借款人需要延长投标有效期以便完成评标、获得必要的批准和澄清，以及授予合同时，如果第一次延期超过4周，则应获得世界银行的事前批准，并且对于以后的所有延期要求，不管期限多长，都应事前征得世界银行的同意。

（5）在公布评标结果后，借款人如果收到了投标人的抗议或投诉，则必须向世界银行提交一份投诉的复印件和借款人答复的复印件。

（6）在分析投标人抗议后，借款人如果改变了授予合同的建议，则必须向世界银行提交修改的原因和修改过的评标报告，以征得世界银行的不反对意见。借款人必须按照本指南第2.60段的要求和内容重新公布授予的合同。

（7）未经世界银行事前批准，合同条款和条件不得与招标时或资格预审时（如

---

[68] 对于根据第3.6段和3.7段直接签订的合同，在合同签订前，借款人应向世行提交一份技术规格和合同草稿供世行审查。合同只有在世行批准后才能签订。本段中的（9）款适用于已经生效执行的合同。

果有的话）的合同条款和条件有实质性的出入。

（8）在合同生效后，并在第一次为该合同向世界银行申请从贷款账户中提款之前，一份与正本完全一致的合同副本应报送世界银行。在从专用账户中对合同进行付款的情况下，应在从专用账户中为该合同支付第一笔款项之前，将一份合同副本报送世界银行。

（9）所有评标报告都应按世界银行提供的格式附上一份采购摘要。一旦收到经签字的合同副本，世界银行即可对外发布该合同的描述和金额以及中标人的名称和地址。

3. 修改。对于需要事前审查的合同，在对规定的合同履行期给予实质性的延长，或同意对该合同的条款做出修改或放弃之前，包括在该合同下发布的任何使原合同金额的累计增加超过原合同价百分之十五（15%）的一项变更或多项变更（特别紧急的情况除外），借款人应取得世界银行对所建议的延期、修改或变更的不反对意见。世界银行如果认定该建议与贷款协定或采购计划的规定不符的话，则应立即通知借款人并说明其作出认定的理由。所有合同修改书的副本都应报送世界银行备案。

4. 翻译。如果通过国际竞争性招标（ICB）程序授予的合同需要世界银行事前审查，而且是以借款人本国语言（或借款国全国范围内商业交易使用的语言）签订的[69]，应将一份经核证的用招标文件中规定的国际语言（英语、法语或西班牙语）翻译后的翻译本，连同与正本完全一致的合同副本报给世界银行。如果后来对该合同进行了任何修改，也应将修改后的、经核证的翻译本报送世界银行。

事后审查

5. 对于不受上述第2段约束的合同，借款人应在项目实施期间和贷款账户关闭后的2年之内保存与每一份合同有关的全部采购文件，以备世界银行及其所聘请的咨询顾问审查。这些文件包括，但不限于签字的合同原件、对相关建议书的分析以及授标建议。在世界银行要求时，借款人还应该向世界银行提交这些文件。如果世界银行认定所采购的货物、工程或服务，与贷款协定或世界银行批准的采购计划所规定的、经双方同意的程序不符，或合同本身不符合这些程序，世界银行可以按照本指南第1.12段的规定宣布为错误采购。世界银行将立即通知借款人并说明作出该认定的理由。

从事后审查到事前审查的变化

6. 最低价中标。在合同授予前，世界银行要检查评估报告和备忘录，提出“不反对”意见，当竞标价低于世界银行事前评估价格时，会执行事后评估环节，防止

---

[69] 参见第2.15段。

因价格过低而导致的严重后果。同时，过高或过低的价格影响到采购环节时，比如从 NCB 到 ICB 或反向，借款人需提前告知世界银行采购计划的变化，并取得“不反对意见”。

公布合同授予的情况

7. 对于 ICB 和 LIB 下的所有合同信息，由借款人在 UNDB 网站上公布，包括 PPP 协议下的合同、中介机构和企业的次级合同、所有的直接合同；在国家级媒体公布 NCB 下的合同，包括框架协议、强制账户和低值直接合同（见脚注 64）。

对于事前审查的合同，相关信息应在取得世界银行对合同授予建议的不反对意见后两周内公布；对于事后审查合同，相关信息在借款人做出授予决定并提交世界银行审查后的两周内进行公布。

信息公布在国家级报纸和/或有广泛受众的官方报纸、不受限制的网站[70]，使用 2. 15 段规定的官方语言。作为与投标有关的适当程序，信息披露应包括投标、批号和下列信息：

（1）每一个竞标者的名称；

（2）标底；

（3）已被评估的竞标价；

（4）类别或估价错误等情况的竞标者名称；

（5）中标者名称，中标价。

从借款人那里得到合同复本和安全表现（如果事先在第 2 段 8 款提及）后，世行将在其外部网站上公布合同授予情况。

对世界银行的制裁政策和程序应有的关注

8. 借款人应依据指南 1. 16（4）和咨询指南 1. 23（4）评估竞标者的能力，上述指南由世界银行公布在外部网站上。借款人应对没有执行的合同（不论是事前还是事后）额外关注，关注没有执行的原因和动机，以及公司或个人以前是否被世界银行制裁。

如果没有世界银行的事前检查和“不反对”意见，借款人不能将合同授予被制裁的公司和个人。世界银行允许额外的费用，如果制裁发生在竞标日前：对于事前审查合同，在给予的“不反对”意见前修正；对于事后审查合同，在合同生效日修正。

---

[70] 信息公布在国家级报纸和/或有广泛受众的官方报纸、不受限制的网站，使用 2. 15 段规定的官方语言。

附录二　国内优惠

对于国内制造货物的优惠

1. 经世界银行同意，在国际竞争性招标（ICB）的评标过程中，当提供借款国国内制造货物的投标与提供他国制造货物的投标进行比较时，借款人可向前者提供一定幅度的优惠。在此情况下，招标文件应明确说明将对国内制造的货物所给予的优惠，以及享受该优惠所需的投标合格性信息。制造商或供货商的国籍不是该合格性的条件。在对投标进行评审和比较时应遵从以下规定的方法和步骤。

2. 为便于比较，应将具有响应性的投标分类归入下列三组标中的任何一组：

（1）A 组：投标提供的完全是借款国国内制造的货物，而且投标人已向借款人和世界银行满意地证明：来自借款国国内的劳务、原材料和部件将占该产品出厂价的 30% 以上，且将要制造或组装该货物的生产设施至少从提交投标书之日起已开始制造或组装该类货物。

（2）B 组：提供借款国国内制造货物的所有其他投标。

（3）C 组：提供国外制造的已经进口或将要直接进口的货物的投标。

3. A 组和 B 组的投标价中应包括在国内市场上购买的或进口的基本材料或部件已缴纳或将要缴纳的所有关税和其他税收，但不包括对制成品征收的销售税和类似的税。C 组的投标价应是运费及保险费付至（目的地）价（CIP），不包括已付或将要付的关税和其他进口税。

4. 首先，应在本组内对组内所有经评审的投标进行比较，以确定本组内最低评标价的投标。然后，再将各组的最低评标价进行相互比较，如果比较的结果是 A 组或 B 组中投标的评标价最低，则应选择该最低评标价的投标授予合同。

5. 按照上述第 4 段比较的结果，如果最低评标价的投标出自 C 组，则应将 C 组中的这个投标价加上 15% 的该种货物的运费及保险费付至（目的地）价（CIP），再与 A 组中的最低评标价投标进行比较。合同应授予两者中的较低者。

6. 对于提供大量分散品目的设备，以及含有主要安装和/或施工服务的单一责任制或交钥匙合同，国内优惠不适用[71]。但是，在世界银行“不反对”的前提下，

---

[71] 这并不包括供应货物和安装监督在一起的合同，这种合同应视为供货合同。所以其货物部分可以享受国内优惠。

这种合同的投标可以邀请对国外制造的货物报完税后交货（指定目的地）价（DDP）[72]，并以此为基础进行评标。

对国内承包商的优惠

7. 对于通过国际竞争性招标（ICB）授予的工程合同，合格的借款人可在世界银行同意的条件下，向国内承包商[73]提供7.5%的优惠，但应根据并取决于下列条件：

（1）应该要求申请享受国内优惠的承包商提供包括所有权在内的有关详细资料，作为其资格文件的一部分[74]。根据借款人制定并为世界银行所接受的分类方法，这些资料将用来确定一个特定的承包商或一组承包商是否有资格享受国内优惠。招标文件应明确规定国内优惠，以及在对投标进行评审和比较时给予国内优惠的方法。

（2）借款人在收到投标书和完成评标之后，应将具有响应性的投标按下列类别分组：

①A组：有资格享受国内优惠的国内承包商提交的投标。

②B组：其他承包商提交的投标。

为便于对投标进行评审和比较，对B组的投标应加上相当于其投标金额7.5%的金额。

附录三　投标人指南

目的

1. 本附录向愿意参加世界银行贷款资助采购的潜在投标人提供指导。

采购的责任

2. 项目实施和对项目项下采购的货物、工程和咨询服务进行支付的责任完全在借款人。世界银行本身按照其协定的要求需保证资金只用于支付已经发生的费用。贷款资金只能根据借款人的要求进行支付。借款人在提交支付申请时应该提供支持材料，说明资金的使用符合贷款协定和采购计划的要求。世界银行的支付用于：（1）回补借款人已经用自己的资源垫支的部分；（2）直接支付给第三方（通常是供

---

[72] DDP是国际贸易术语，意为“完税后交货”。在这种贸易方式下，卖方办完进口手续后将货物交给买方，但不从到达指定目的地的任何交通工具上卸货。卖方承担货物递交前的全部费用和风险，包括目的国的进口关税和作为交钥匙合同的一部分在最终目的地卸货的费用。如果借款人对世行贷款项目的合同免征进口税，评标的基础为对进口的国外制造的货物不免关税和进口税。招标文件应该说明在合同签字前，买方和中标的投标人将确定因为免税进口货物需要缴纳的税款的金额。但是，签字的合同金额将不包括经确定的免征的全部关税和进口税。

[73] 对国内承包商的优惠只适用于合格的国家。

[74] 在资格预审和/或投标阶段。

货商或承包商）；（3）或支付给商业银行用于世界银行特别承诺下通过信用证付款的支出[75]。正如本指南第1.2段所强调的，借款人在法律上对采购负责。它负责邀请、接收和评审投标并授予合同。合同是借款人和供货商或承包商之间签订的。世界银行不是合同的一方。

世界银行的作用

3. 正如本指南第1.11段所述，世界银行负责审查采购程序、文件、评标、授标建议和合同，以确保采购是按照贷款协定中所规定的双方同意的程序进行的。如果是大型合同，根据本指南附录一的规定，文件在发出之前要经过世界银行审查。而且，在采购过程中的任何时刻（甚至在授予合同之后），如果世界银行认定双方同意的程序在实质性方面没有得以遵守，按本指南第1.12段的规定，世界银行可以宣布其为错误采购。然而，即使借款人在收到世界银行“不反对”意见后已经授予了合同，如果“不反对”意见是在借款人提供的不完整、不准确或误导性信息情况下做出的，世界银行仍可能会宣布其为错误采购。而且，如果世界银行认定借款人或投标人的代表从事腐败或欺诈活动，世界银行将根据本指南第1.14段规定行使相应的制裁措施。

4. 世界银行已为各种类型的采购出版了标准招标文件（SBD）。正如本指南第2.12段所述，借款人必须强制性使用这些招标文件，且只可根据本国和具体项目的情况做最小的改动。资格预审文件和招标文件由借款人负责定稿和对外发布。

招标信息

5. 国际竞争性招标（ICB）中招标机会的信息，正如本指南第2.7段和第2.8段所说明的，可以从总采购通告和具体采购通告中获得。关于参与竞争的一般指南和未来项目中商业机会的预先信息可以通过世界银行的网站[76]以及从公共信息中心获得[77]。项目评估文件（PAD）在贷款批准后也可以从公共信息中心和世界银行的网站中得到。

投标人的作用

6. 投标人一旦收到资格预审文件或招标文件，应认真地进行研究，以确定自己是否能满足技术、商务和合同条件。如果能够满足，就可以着手准备投标书。然后，投标人应着重审查这些文件中是否有含糊不清、遗漏或自相矛盾的地方，或有不明确的、带有歧视性或限制性的技术规格或其他条件。如果有，投标人应要求借款人

---

[75] 世界银行的支付程序在世界银行的支付手册中有全面的说明（见世界银行的网址 http://www.worldbank.org/projects）。

[76] http://www.worldbank.org。

[77] 世界银行公共信息中心的地址是世界银行的地址，即 1818 H Street, N.W., Washington DC, 20433, U.S.A.。项目数据库可以通过点击 http://www.worldbank.org/projects 进入。

在招标文件中规定的时间内以书面的形式予以澄清。

7. 选择中标人的标准和方法在招标文件中有明确规定，一般写在投标人须知和技术规格中。如果这些规定不清楚的话，投标人应同样要求借款人予以澄清。

8. 关于这一点，应该着重强调的是，借款人发布的具体招标文件只是针对某一项具体采购，这在本指南第1.1段中已有规定。如果投标人觉得文件中的一些规定与本指南不相符合，也应向借款人提出来。

9. 投标人的责任是在提交投标书之前，指出招标文件中含糊不清、相互矛盾、遗漏等问题，以保证提交一份完全符合要求的投标书，包括招标文件中要求的辅助证明文件。不满足主要（技术和商务）要求的投标将被拒绝。如果投标人希望对非关键性的要求提出偏离或提出替代性解决方案，投标人应该先对完全符合要求的投标提出报价。然后，再单独注明，如所提出的偏离被接受，他能够做出的价格调整。备选方案只有在招标文件允许的情况下才能提交。一旦借款人收到投标书并已公开拆封，就不得要求或允许投标人改变其投标价格或投标的实质内容。

保密性

10. 正如本指南第2.47段所述，在公布合同授予情况之前，评标过程应该保密，以使借款人和世界银行的审查人员能够避免事实上或感觉上的不正当干预。如果在这一阶段某投标人希望向借款人和世界银行提供额外的资料，以引起他们注意，应该以书面形式提供。

世界银行采取的行动

11. 投标人可以把向借款人提出问题的函电抄送给世界银行。在借款人对函电没有迅速做出答复，或要抱怨借款人时，投标人也可以直接写信给世界银行。所有这些函电都应发给该项目的项目经理，并抄送给该借款国的国家局局长和地区采购顾问。在项目评估文件（PAD）中有项目经理的名字。

12. 在投标截止期之前收到的函电，如适当，世界银行将会把收到的函电连同世界银行的意见和建议转交给借款人来采取行动或做出答复。

13. 在开标以后收到的投标人函电，将作如下处理：如果合同不需要世界银行事前审查，函电将送交借款人供其认真考虑和采取适当行动（如可以采取），世界银行有关人员在随后的项目监督时，将对这些函电的处理情况进行检查。如果是需要事前审查的合同，世界银行将对这些函电进行审查，并与借款人进行磋商。如果完成审查还需要额外的信息，应请借款人提供。如需从投标人处取得额外的信息或澄清，世界银行将要求借款人获取这些信息，并将这些信息资料写入评标报告或在评标报告中加以评论。在对这些往来函电进行全面审查和考虑后，世界银行的审查工作才告完成。

14. 除了告知已收到这些函电外，在公布合同授予结果之前，世界银行在评标和审查过程中不得与任何投标人进行讨论或通信往来。

世界银行任务报告

15. 根据第 2. 65 段的规定，在发出中标通知书之后，如果投标人希望知道其投标为什么没有被选中，应该向借款人提出要求。如果投标人对答复不满意，并希望和世界银行开会的话，可以向借款国所属地区的地区采购顾问提出，地区采购顾问将安排适当级别的会议，有关人员也将参加。在讨论中，只能讨论该投标人的投标，而不讨论其竞争对手的投标。

世界银行借款人
选择和聘请咨询顾问指南

（2011年1月）

非官方中文译本
以官方英文本为准

目　录

准备并发出建议书征询文件（RFP）

邀请信（LOI）

咨询顾问须知和数据表（ITC）

合同

建议书的接收和拆封

建议书的澄清或修改

对建议书的评审：考虑质量和费用

质量评审

财务建议书的拆封和费用评审

质量和费用综合评审

谈判和授予合同

公布合同授予的情况

借款人进行事后情况说明

拒绝所有的建议书及重新邀请

保密性

三、其他选择方法

总则

基于质量的选择（QBS）

固定预算下的选择（FBS）

最低费用的选择（LCS）

基于咨询顾问资历的选择（CQS）

单一来源的选择（SSS）

使用国家体系

中间金融机构和实体贷款下咨询顾问的选择

世界银行担保贷款下咨询顾问的选择

特殊类型咨询顾问的选择

四、合同类型和重要条款

合同类型

重要条款

五、个体咨询顾问的选择

附录

附录一：世界银行对选择咨询顾问的审查和公布授予合同的情况

选择过程的计划安排

事前审查

事后审查

由事后审查变为事前审查

公布合同授予的情况

涉及世界银行制裁政策和程序的尽职调查

附录二：建议书征询文件中的咨询顾问须知和数据表

附录三 ：咨询顾问指南

目的

选择咨询顾问的责任

世界银行的作用

咨询服务信息

咨询顾问的作用

保密性

世界银行采取的行动

世界银行进行事后情况说明

缩写词

英文缩写	英文全称	中文全称
CDD	Community Driven Development	社区主导型发展
CPAR	Country Procurement Assessment Report	国别采购评估报告
CQS	Selection Based on Consultants' Qualification	基于咨询顾问资历的选择
EOI	Expression of Interest	意向书
FBS	Selection under a Fixed Budget	固定预算下的选择
FPA	Fiduciary Principles Accord	信托原则协定
IBRD	International Bank for Reconstruction and Development (World Bank)	国际复兴开发银行（世界银行）
ICSID	International Centre for Settlement of Investment Disputes	国际投资争端解决中心
IDA	International Development Association	国际开发协会
IDC	Indefinite Delivery Contract	不定产出合同
IFC	International Finance Corporation	国际金融公司

续表

英文缩写	英文全称	中文全称
INT	Integrity	廉政局
ITC	Instruction to Consultants	咨询顾问须知
LCS	Least - Cost Selection	最低费用的选择
LOI	Letter of Invitation	邀请函
MDTF	Multi Donor Trust Fund	多捐赠人信托基金
MIGA	Multilateral Investment Guarantee Agency	多边投资担保机构
MOS	Monthly Operational Summary	业务摘要月报
NGO	Nongovernmental organization	非政府组织
PAD	Project Appraisal Document	项目评估文件
PPA	Project Preparation Advance	项目准备基金
PPR	Procurement Post Review	采购事后审查
PID	Project Information Document	项目信息文件
QBS	Quality - Based Selection	基于质量的选择
QCBS	Quality - and Cost - Based Selection	基于质量和费用的选择
REOI	Request for Expressions of Interest	意向书征询文件
RFP	Request for Proposal	建议书征询文件
SA	Special Account	专用账户
SSS	Single - Source Selection	单一来源的选择
SWAps	Sector - Wide Approaches	部门贷款计划
TOR	Terms of Reference	任务大纲
UCS	Use of Country Systems	使用国家体系
UN	United Nations	联合国
UNDB	United Nations Development Business	联合国发展商业报

一、概　述

目的

1.1　本指南的目的在于规定世界银行项目所需咨询顾问的选择、签约和监督的有关政策及程序。这些项目全部或部分由国际复兴开发银行（简称IBRD）贷款、国际开发协会（简称IDA）① 信贷或赠款、项目准备基金（PPA）、世界银行赠款，或世界银行监管并由受赠人执行的信托基金②资助。

1.2　贷款协定确定了借款人与世界银行之间的法律关系，本指南适用于按贷款协定的规定选择和聘请项目咨询顾问。借款人③与咨询顾问的权利和义务由借款人编制的具体建议书征询文件（RFP）④，以及和借款人与咨询顾问之间所签订的合同规定，而不由本指南或贷款协定确定。除贷款协定的签字方外，其他任何一方都不得从贷款协定中分享任何权利或对贷款资金提出任何要求。

1.3　本指南中，“咨询顾问”这一术语包括种类繁多的私营和公共实体，具体有咨询公司、工程公司、建设管理机构、管理公司、采购代理、检验服务提供商、审计师、联合国机构和其他多边国际组织、投资和商业银行、大学、研究机构、政府机构、非政府组织（NGO）以及个体咨询顾问⑤。世界银行借款人使用这些实体作为咨询顾问，帮助其开展各种活动，如政策建议、机构改革、管理、工程服务、施工监理、财务服务、采购服务、社会和环境研究，以及项目识别、准备和实施，以补充借款人在这些领域的能力。

一般考虑因素

1.4　借款人负责项目的准备和实施，因此应负责选择咨询顾问、授予合同并对合同进行管理。而世界银行则根据自己的章程［《国际复兴开发银行章程》的第三条款第5（2）段，《国际开发协会章程》的第五条款第1（7）段］，来“确保任

---

① 国际复兴开发银行和国际开发协会的采购要求是一样的，本指南中提及的世界银行既包括国际复兴开发银行也包括国际开发协会，提及的贷款包括国际复兴开发银行贷款、开发协会信贷或赠款、世界银行赠款、由世界银行监管并由受赠人执行的信托基金和项目准备基金（简称PPAs）。
本指南所述贷款协定包括世界银行与借款人之间的法律协定，也可包括世界银行与项目实施单位之间的项目协定。
本指南所述借款人包括执行项目的贷款、信贷、赠款和项目准备基金的接受方，可包括子借款人或项目实施单位。

② 作为例外的情况，仅限于世界银行管理下的信托基金或赠款的协定与本指南规定不发生冲突的范围，包括在紧急状况下的联合国信托原则协定（FPA）或多捐赠人信托基金（MDTF）。

③ 在某些情况下，借款人只作为中介，而项目由另一机构或实体负责实施。本指南中提及的借款人包括该类机构和实体，以及在“转贷安排”下的子借款人。

④ 参见附录二。

⑤ 参见第3.15段至第3.21段关于咨询顾问的具体类型，个体咨询顾问的有关规定见第五章。

何一笔贷款资金只能用于提供该贷款的既定目的上，并充分注意资金的经济性与效率性，而不涉及政治的或其他非经济因素的影响或考虑”。世界银行为此制定了详细的程序。虽然聘请咨询顾问应遵循的具体规则和程序取决于当时的具体情况，但对下述5个主要方面的考虑，主导了世界银行在选择程序方面的政策：

（1）需要高质量的服务；

（2）需要经济性和效率性；

（3）需要向所有合格的咨询顾问提供一个机会，参与世界银行资助服务的竞争；

（4）世界银行鼓励其发展中成员国发展和使用本国咨询顾问；

（5）选择过程需要透明。

1.5 世界银行认为，在多数情况下，这些考虑能够通过进入短名单的有资格的咨询公司之间的竞争而得到最佳体现。这些咨询公司的选择是基于建议书的质量，并在适当情况下考虑所提供服务的成本。本指南的第二章和第三章说明了世界银行可接受的选择咨询顾问的不同方法以及这些方法所适用的条件。由于基于质量和费用的选择（QCBS）是最常推荐的方法，因此，本指南第二章详细描述了基于质量和费用的选择（QCBS）的程序。但基于质量和费用的选择（QCBS）并不是适合所有情况的最恰当的方法，所以第三章描述了其他选择方法及这些方法所适用的情况。

1.6 在具体项目中，选择咨询顾问所使用的具体方法会在贷款协定中规定。而项目所资助的具体合同及其符合贷款协定规定的选择程序，应在本指南第1.25段所提及的采购计划中确定。

本指南的适用性

1.7 本指南适用于智力性和顾问性的咨询服务，不适用于其他物质方面占主导地位的服务。物质方面占主导地位的服务，是指可以通过根据可计量的有形产品的完成情况来进行招标和签订合同，并可以明确规定和统一应用完成服务的标准。例如钻井、航空摄影、卫星遥测、绘图等类似活动，以及工程施工、货物制造、设施或工厂的运营和维护。[⑥]

1.8 本指南所阐述的原则、规定和程序适用于全部或部分由世界银行贷款资助的所有咨询服务合同[⑦]。本指南第一章中的所有规定适用于本指南的所有其他章节。对于属于贷款协定规定的项目范围，但不是由贷款资金资助的咨询服务的采购，

---

⑥ 后面提及的这些服务是根据可计量的有形产品的完成情况而进行招标和签订合同的，并按《国际复兴开发银行贷款和国际开发协会信贷和赠款采购货物、工程和非咨询服务指南》（后面简称《采购指南》）的规定进行采购的。

⑦ 包括借款人按照本指南3.17段聘用的采购代理或建设管理机构所选择的咨询顾问。
根据本指南3.12段的规定，世行可能同意使用借款国的公共采购体系来选择咨询顾问（包括个人），称为“使用国家体系”（UCS）。在这种情况下，借款人和世行签订的“贷款协定”应描述借款人使用的选择程序，说明要完全遵照本指南第一章和其他世行认为相关的章节。

借款人可采用其他规定和程序。在这种情况下，世界银行需要确信：（1）将要采用的程序能够让借款人勤奋和高效地完成实施项目的任务，并能够选择有所需资格的咨询顾问；（2）所选定的咨询顾问能够按双方同意的时间表完成咨询任务；（3）服务范围与项目的需要保持一致。

利益冲突

1.9 世界银行的政策要求咨询顾问提供专业、客观和公正的意见，并且在任何时候都将委托人的利益置于最高位置，而不考虑未来的工作；要求他们在提供建议时避免与其他任务或其本公司的利益发生冲突。咨询顾问不得受聘从事那些与他们对以前或目前其他客户的义务相冲突的工作，或从事那些可能将造成不能以借款人的最大利益为出发点来履行其咨询任务的工作。在不限制前面所述规则的普遍性的前提下，不应在以下几种情况下聘请咨询顾问：

（1）咨询活动与货物、工程或非咨询服务（即非本指南所涉及的咨询服务[⑧]）采购之间发生冲突。已被借款人聘请为项目提供货物、工程或非咨询服务的公司，以及任何直接或间接控制该公司、或被该公司控制的单位，与该公司有共同上级机构的单位，均无资格提供源自或与该货物、工程或非咨询服务直接相关的咨询服务。反之，已被聘请为项目的准备（贷款生效前）或实施提供咨询服务的公司，以及任何直接或间接控制该公司或被该公司控制的单位，与该公司有共同上级机构的单位，均无资格接着提供货物、工程或服务（非本指南所涉及的咨询服务），包括那些源自或直接与项目准备、实施相关的服务。本规定不适用于共同履行交钥匙或设计建造合同下承包商义务的各种公司（咨询顾问、承包商或供应商）。

（2）咨询任务之间发生冲突：不论是咨询顾问（包括他们的人员和分包咨询顾问），还是直接或间接控制该咨询顾问、或被该咨询顾问的控制单位，与其有共同上属机构的附属机构，均不能被聘请从事任何在性质上可能与该咨询顾问的另一项任务有冲突的咨询工作。例如，协助客户编制公共资产私有化方案的咨询顾问，既不能购买该资产，也不能向该资产的购买者提供建议。同样，被聘请为某咨询任务编制任务大纲（TOR）的咨询顾问不应被聘请从事该项咨询任务。

（3）与借款人有关人员之间的关系：咨询顾问（包括他们的专家、其他人员和分包咨询顾问）与借款人（或是项目执行机构，或是部分贷款的受款人）的专业人员之间存在着密切的商业联系或家庭关系，而这些专业人员又直接或间接地参与了项目任务大纲（TOR）的编制、合同的选择或合同的监督等工作。这些情况下，这项合同便不能授予该咨询顾问，除非由这种关系产生的冲突已经通过世界银行可接受的方式，在选择过程和合同履行的过程中得以解决。

---

⑧ 参见本指南的第1.7段。

（4）咨询顾问只能提交一份建议书，可独自提交，也可与联营伙伴共同提交。如果咨询顾问，包括联营伙伴，提交或参与一份以上的建议书，这些建议书将全部被取消资格。但如果情况许可，而且建议书征询文件也许可，咨询公司可以作为分包咨询顾问、个体咨询顾问可以作为团队成员参与一个以上建议书的提交。

不公平竞争优势

1.10　选择过程的公平与透明要求咨询顾问及其附属机构在为具体咨询任务竞争时，没有从与该任务有关的、已提供的咨询服务中获得竞争优势。为此，借款人应使所有短名单上的咨询顾问，在获得建议书征询文件（RFP）的同时取得那些可能会给某个咨询顾问带来竞争优势的全部信息。

合格性

1.11　为了鼓励竞争，世界银行允许所有国家的咨询顾问（公司和个人）为世界银行资助的项目提供咨询服务。[⑨] 任何参与条件仅限于保证公司有能力完成合同的基本要求。

1.12　对于任何全部或部分由世界银行贷款资助的合同，世界银行不允许借款人以其他无关理由将咨询顾问排除在短名单、选择程序或授予合同之外。下述两个因素除外：（1）咨询顾问不具备成功完成合同任务的能力和资源；（2）上面1.9段所述的利益冲突情况。

1.13　上述1.11和1.12段的例外情况：

（1）某些咨询顾问也可能被排除在外，如果：①根据法律或官方规定，借款国禁止与咨询顾问的国家有商业往来，但前提是世界银行能满意地认为这种排除不会妨碍采购所需咨询服务时的有效竞争；②为履行联合国安理会根据联合国宪章第七章做出的决议，借款国禁止向任何国家、任何个人或任何实体进行任何付款。如果为履行该项决议，借款国禁止对某公司付款或对某项货物付款，那么该公司也可被排除在外。

（2）借款国政府拥有的企业或机构，只有在能够证明符合下列条件的情况下才能参加借款国的采购活动：①这些企业或机构在法律上和财务上是独立的；②按照商业法则运作；③不是借款人或子借款人的附属机构。[⑩]

（3）作为上述（2）款的一个例外，借款国政府拥有的大学、研究中心或其他机构，如果其服务具有独特和特殊的性质，并且由于合格的私营部门机构缺失，它

---

⑨　世界银行允许中国台湾的公司和个人为世界银行资助的项目提供咨询服务。

⑩　要获得有效资格，政府所有的企业或机构应通过所有相关文件，包括其章程和世界银行要求的其他信息，充分地向世界银行证明该企业或机构：（1）是独立于政府的法律实体；（2）目前并未得到补贴或预算支持；（3）作为商业企业运行，即不需将盈余上交政府、能承担权利和责任、借贷并自行偿还债务、能宣告破产；（4）所竞标合同所属的政府部门或机构并非相关法律法规规定的该企业或机构的上级或监管机构，或此政府部门或机构能够影响或控制此企业或机构。

们的参与对项目执行具有关键的作用，在这种情况下，世界银行可能针对具体个案同意聘请这些机构。基于同样的考虑，大学教授或研究机构的科研人员作为个人可受聘提供世界银行资助的服务。

（4）借款国的政府官员和公务员，不论是作为个人，还是作为咨询公司拟定专家组的成员可以受聘，条件是其受聘不会与借款国的就业法或其他法律、法规或政策产生冲突，而且还要符合下列条件：①不带薪休假、已经辞职或退休；②不能受聘于他们不带薪休假、辞职或退休前所供职的机构；[11] ③他们的受聘不会产生利益冲突（参见第1.9段）。

（5）世界银行根据本指南第1.23（4）段或世界银行集团反腐败政策和制裁程序[12]的规定宣布为不合格的公司，在世界银行确定的期限内无资格获得世界银行资助的合同，不能从世界银行资助的合同中获取财务或其他好处。

提前签订合同与追溯贷款

1.14　在某些情况下，如为加快项目实施进度，在世界银行不反对的情况下，借款人可能希望在相关的贷款协定签字之前就开始选择咨询顾问。这个过程被称为提前签订合同。在这种情况下，选择程序，包括刊登广告，应符合本指南的规定。世界银行应审查借款人所使用的程序。借款人应自行承担提前签订合同所带来的风险。世界银行对有关程序、文件、或合同授予建议做出的任何“不反对”意见，都不意味着世界银行承诺对有关项目提供贷款。如果合同已经签订，世界银行偿还的任何在贷款协定签字前由借款人按合同规定支付的款项，称为追溯贷款，并且只能在贷款协定规定的限额内提供。

咨询顾问之间的联合

1.15　咨询顾问之间可以以联营体的形式联合起来，或以咨询分包协议的形式联合起来以便对各自的专业领域进行补充、加强他们建议书的技术响应性，并建立一个更大的专家库、提供更好的途径与方法。在某些情况下，还可以提供较低的报价。这种联合可以是长期的（与任何特定的咨询任务无关），也可以是针对某一具体咨询任务的。如果借款人聘请一个联营体形式的联合体，那么，该联合体应指定一家公司代表该联合体。联合体中的所有成员或有授权书的授权代表都应在合同上签字。联营体的所有成员应共同地和分别地承担整个咨询任务的责任。一旦确定了短名单，并发出了建议书征询文件（RFP），短名单上公司之间无论以联营体形式还

---

⑪ 辞职或退休应至少达到6个月，或遵照借款国针对公务员的法定期限，以长者为准。来自大学、教育机构和研究机构的教授、员工和特定领域的专家可以签订个人兼职合同，前提是在签合同前，他们已在这些机构全职工作一年或更长时间，而且对于要求的服务而言，该聘用有充分的合理性。

⑫ 在本段中，相关的世界银行集团反腐败政策收录在“关于预防和打击国际复兴开发银行贷款和国际开发协会信贷及赠款资助项目中腐败行为的指导方针”和“国际金融公司、多边投资担保机构和世界银行担保交易中反腐败指南”。世行的制裁程序公布在其外部网站上。

是以咨询分包协议的形式进行联合，只有在借款人同意的情况下才能允许。借款人不应要求咨询顾问与任何特定的一个或一些公司组成联合体，或在其建议书中包括特定人选，但可以鼓励咨询顾问与有资格的本国公司联合。

世界银行的审查、协助和监督

1.16　世界银行对借款人聘请咨询顾问进行审查，以保证选择过程是按照贷款协定的规定进行的。审查程序见附录一。

1.17　在特殊情况下，如借款人没有能力准备短名单或长名单，应其书面要求，世界银行可协助借款人，从世界银行预期有能力完成咨询任务的公司中建立短名单[13]或长名单[14]。提供这些名单并不代表世界银行对这些咨询顾问的认可。借款人依然负有核实名单上公司的合格性和资格能力的责任，并可以根据自己的意愿对名单进行删除或增加。但是，最终的短名单应在发出建议书征询文件（RFP）之前提交世界银行，征求世界银行的不反对意见。

1.18　借款人负责监督咨询顾问的工作，并确保其按合同要求完成咨询任务。在不承担借款人或咨询顾问责任的前提下，世界银行有关人员应对咨询顾问的工作质量进行必要的监督，以确信工作是按适当的标准并根据可靠的资料进行的。在适当的情况下，世界银行可参加借款人与咨询顾问之间的讨论，并且在必要时，帮助借款人解决与咨询任务有关的问题。如果咨询工作的相当一部分是在咨询顾问自己的办公室进行的，在征得借款人同意的情况下，世界银行有关人员可访问咨询顾问的办公室，以检查其工作。

错误采购

1.19　如果世界银行认为合同有如下问题，世界银行将不资助与之相关的咨询服务的开支。(1) 未按贷款协定中双方同意的条款及世界银行发出不反对意见的采购计划[15]中的详细规定授予合同；(2) 由于借款人的有意拖延或其他行为，导致不当的延误、使得获选的建议书不再有效、或不合理地否决任何建议书，而造成合同不能授予本应该被选中的咨询顾问；(3) 借款人代表或部分贷款的受款人参与了1.23 (3) 段所陈述的欺诈、腐败行为。在这种情况下，世界银行将在事前审查或事后审查时宣布其为错误采购，而且世界银行的政策要求注销分配给发生错误采购的咨询服务的贷款额。此外，世界银行还可能采取贷款协定规定的其他补救措施。即使合同已经获得世界银行的不反对意见并已签订，如果不反对意见是在借款人提供的不完整、不准确和误导性信息情况下做出的，或者合同的条款和条件在未得到世界银行不反对意见的情况下被大幅修改，世界银行仍然可以宣布其为错误采购，

---

⑬　短名单：参见第2.6段、第2.7段和第2.8段。

⑭　长名单：一份潜在咨询公司的初步名单，短名单中的公司从其中选出。

⑮　参见第1.25段。

而且不论贷款是否关闭，世界银行将全力执行其政策和补救措施。

对世界银行的提法

1.20 在建议书征询文件（RFP）和合同文件中提及世界银行时，借款人应使用以下措词[16]：

［借款人名称］已从国际复兴开发银行（以下简称世界银行）获得［或“已向国际复兴开发银行申请”］一笔相当于美元的贷款用于支付［项目名称］的费用，并计划将部分贷款资金用于本合同项下的合格支出。只有［借款人名称或其指定人的名称］提出申请，经世界银行批准，并且各方面都符合贷款协定的条款和条件，世界银行才会给予付款。贷款协定禁止从贷款账户中提款用于支付某些个人或实体，或者支付任何货物进口的付款，如果这些付款或进口，就世界银行所知是联合国安理会根据联合国宪章第七章做出的决议所禁止的。除［借款人名称］外，任何一方都不得从贷款协定中取得任何权利或对贷款资金提出任何要求。

培训或知识转让

1.21 如果咨询任务的重要组成部分是为借款人的人员或本国咨询顾问提供培训或进行知识转让，任务大纲（TOR）中应注明培训计划的目的、性质、范围和目标，包括有关培训者和受训者的细节、拟转让的技能、时间范围以及监督和评审安排。培训计划的费用应包含在咨询合同和任务预算之中。

语言

1.22 建议书征询文件（RFP）和建议书应使用借款人选择的下述语言中的一种编制：英语、法语或西班牙语。除了以上语言外，借款人还可以选择把这些文件翻译成其他语言。但这些其他语言应是：（1）借款人的本国语言；（2）借款国全国性商业活动所采用的语言（以下统称为国家语言）。[17] 如果如2.7段规定，短名单只包括本国的咨询顾问，世界银行可同意借款人只用本国的国家语言发布建议书征询文件。如果建议书征询文件采用两种语言发布，咨询顾问可选择使用其中的一种语言提交建议书。与选中的咨询顾问之间的合同应该使用其建议书的语言签订，该语言还应作为主导借款人和选中的咨询顾问之间合同关系的语言。如果使用国家语言签订合同，借款人应按照附录一的规定向世界银行提交原始合同，同时提供给世界银行一份准确的英语、法语或西班牙语合同翻译件。不应该要求或允许咨询顾问使用一种以上语言签订合同。

---

[16] 在使用国际开发协会信贷，或赠款，或信托基金时应作适当修改。

[17] 所使用的语言必须使世界银行感到满意。借款人全权负责文件翻译为国家语言的准确性。如果文件的国家语言与英语、法语或西班牙语存在不一致之处，当以后者为准。
如果借款人使用多种国家语言，国家法律规定官方文件必须以所有国家语言发布，借款人应使用一种国家语言准备建议书征询文件，然后发布其他国家语言的翻译版本。

欺诈和腐败

1.23 世界银行的政策是要求借款人（包括世界银行贷款的受益人）、咨询顾问、咨询顾问代理（不论申明或未申明）、分包商、分包咨询顾问、服务提供商或供应商，以及任何相关方面，在选择和履行世界银行资助的合同时遵守最高的道德标准⑱。在执行这项政策时，世界银行将：

(1) 为本款的目的确定以下术语

①“腐败活动”意指直接或间接地提供、给予、收受或要求任何有价财物来不适当地影响另一方的行为；⑲

②“欺诈活动”意指任何有意或不计后果的误导、或企图误导一方，以获得财物或其他方面的利益、或为了逃避一项义务的行为或隐瞒，包括歪曲事实；⑳

③“串通活动”意指由双方或多方设计的一种为达到不当目的的安排，包括不适当地影响另一方的行为；㉑

④“施加压力”意指直接或间接地削弱（或伤害）、或威胁削弱（或伤害）任何一方（或其财产），以不适当地影响该方的行为；㉒

⑤“妨碍行为”意指故意破坏、伪造、改变或隐瞒调查所需的证据材料，或向调查官提供虚假材料，严重妨碍世界银行对被指控的腐败、欺诈、施加压力或串通行为进行调查，或威胁、骚扰或胁迫任何一方，使其不得透露与调查相关的所知信息或参与调查，或企图严重妨碍世界银行进行调查和行使根据以下1.23（5）条款所赋予世界银行的审计权利的行为。

(2) 拒绝该授标建议，如果世界银行确定被推荐授予合同的咨询顾问、或咨询顾问的工作人员、代理、分包咨询顾问、分包商、服务提供商、供应商或其雇员，在为该合同进行的竞争中直接或间接参与了腐败、欺诈、串通、施加压力的活动或存在妨碍行为。

(3) 宣布错误采购并注销已分配给某个合同的贷款额，如果世界银行在任何时候确定借款人的代表或部分贷款使用人的代表，在选择或履行该合同的过程中参与了腐败、欺诈、串通、施加压力的活动或存在妨碍行为，而借款人又没有在活动发

---

⑱ 在此小段，咨询顾问、或其人员、或其代理、或其分包咨询顾问、分包商、服务提供商、供应商、和/或他们的雇员采取的任何影响选择过程和合同执行，企图获得非应得利益的行为都不适当。

⑲ 在此小段，“另一方”指与咨询顾问选择和合同执行活动相关的公务人员。在此文中，“公务人员”包括做出和审查采购决定的世行人员和其他机构的人员。

⑳ 在此小段，“一方”指公务人员；名词“利益”和“义务”与选择过程或合同执行相关；“任何行为或隐瞒”指有意影响选择过程或合同执行的行为。

㉑ 在此小段，“各方”指在采购或选择过程中的参与者（包括公务人员），他们自己或通过其他不参加采购或选择过程的个人或实体企图模拟竞争、将合同价定在人为的、非竞争的水平上、或互相秘密通报自己的报价和其他条件。

㉒ 在此小段，“一方”指参与选择过程或合同执行的一位参与者。

生时及时采取适当的、令世界银行满意的行动来消除这些活动，包括在其知道这些活动后未及时通知世界银行。

（4）根据世界银行的制裁程序，制裁咨询公司或个人咨询顾问，[23] 包括公开宣布无限期地、或在规定的期限内没有资格：①被授予世界银行资助的合同；②被指定[24]为另一合格公司所获得的世界银行资助合同下的分包咨询顾问、供应商或服务提供商。

（5）要求在世界银行资助合同的建议书征询文件和合同中包含一个条款，即要求咨询顾问及其代理、人员、分包咨询顾问、分包商、服务提供商或供应商，允许世界银行检查其与提交建议书和履行合同有关的所有账户、记录和其他文件，并由世界银行指定的审计师对这些文件进行审计。

（6）如果如 3.15 段所述，借款人与联合国机构签订协定，由联合国机构提供技术援助服务，世界银行要求上述 1.23 段所有制裁欺诈或腐败的规定，都适用于与联合国机构签订合同的咨询顾问、分包咨询顾问、供应商、服务提供商、承包商、分包商以及其员工。

作为上述规定的一个例外，1.23（4）段和（5）段不适用于联合国机构及其雇员，1.23（5）段不适用于联合国机构与其供应商和服务提供商签订的合同。在这些情况下，联合国机构将援引自己的规定和规则调查对欺诈或腐败的投诉，但要遵照世界银行和联合国机构达成的条款和条件，包括定期通知世界银行有关的决定和采取的行动。世界银行保留要求借款人采取暂停或终止合同等补救措施的权力。联合国机构应参考世界银行暂停资格或制裁的公司和个人的名单。如果联合国机构与世界银行暂停或制裁的公司（或个人）签订合同或采购订单，世界银行不会资助相关的支出，并会采取其他适当的补救措施。

1.24 经世界银行特别同意，借款人可在世界银行贷款资助合同的建议书征询文件（RFP）中要求咨询顾问在其建议书中承诺，在竞争及履行合同时遵从建议书征询文件（RFP）[25] 所列的该国反腐败反欺诈（包括行贿受贿）的法律。如果世界银行感到满意，可按借款人的要求，接受引入这样的法律要求。

㉓ 公司或个人将被宣布失去获得世行资助合同的资格，一旦：（1）世行按照其制裁程序完成了制裁审理流程，包括与其他国际金融机构（包括多边发展银行等）达成一致的交叉制裁决定，和通过申请世界银行集团针对欺诈和腐败的行政程序做出采购制裁的决定；（2）对正在进行的制裁审理做出暂停资格决定或做出早期暂停资格的决定。参见第 12 条脚注和本指南附录一的第 8 段。

㉔ 指定的分包咨询顾问、供应商或服务提供商是指其：（1）被包括在咨询顾问的建议书中，在对咨询顾问就此服务的建议书进行技术评审时，该分包咨询顾问、供应商或服务提供商对某一特定服务所具有的独特而重要的经验和专门技术是考虑的因素；（2）被借款人指定。

㉕ 例如：该承诺可以作如下规定：我们承诺，在为上述合同竞争时（以及中标后实施该合同时）将严格遵守委托人国家现行的反腐败反欺诈的法律，正如委托人在本合同的建议书征询文件（RFP）中所列的法律。

采购计划

1.25　为项目编制一份切实可行的采购计划[26]，对于项目的成功监测和实施至关重要。作为项目准备工作的一部分，尽管有较大的不确定性，借款人必须编制一份涵盖全部项目范围的初步采购计划。按最低限度要求，借款人至少必须编制一份从项目开始实施起18个月的详细的、全面的采购计划，包括所有选择公司和个人的合同。借款人应最迟在贷款谈判期间与世界银行达成一致意见。在项目执行期间，借款人至少每年更新一次采购计划，包括以前授出的合同和未来12个月要签订的合同。所有的采购计划及其更新或修订都需要经过世界银行事前审查[27]，在得到世界银行的不反对意见后才可实施。在贷款谈判结束后，世界银行将在其外部网站上安排公布同意的初步采购计划，以及世界银行提供了不反对意见的所有随后更新的采购计划。

二、基于质量和费用的选择（QCBS）

选择程序

2.1　基于质量和费用的选择（QCBS）是在列入短名单的公司中使用竞争程序，根据其建议书质量和服务价格来选择公司。价格作为选择因素应审慎使用。对于质量和价格所占的权重应取决于具体咨询任务的性质。

2.2　选择过程应包括以下步骤：

（1）准备任务大纲（TOR）；

（2）准备费用估算及预算，以及入选短名单的条件；

（3）刊登广告；

（4）准备咨询顾问短名单；

（5）准备并发出建议书征询文件（RFP）［包括：邀请信（LOI）、咨询顾问须知（ITC）、任务大纲（TOR）和合同草案］；

（6）接收建议书；

（7）评审技术建议书：考虑质量；

（8）财务建议书公开拆封；

---

[26] 采购计划及其更新的采购计划应至少包括以下内容：（1）简要说明项目需要的咨询服务，这些咨询服务的建议书邀请文件会在本计划期内发布；（2）拟采用的符合贷款协定的选择方法；（3）世行审查的要求和限额；（4）主要选择活动的时间表，以及世行合理要求的其他信息。对于需求驱动的项目或子项目，如社区主导型发展（CDD）、部门贷款计划（SWAps）等，如果具体合同及时间表无法事先确定，应与世行就合适的采购计划模板达成一致意见，以监测和落实咨询顾问的选择。如果项目中包括货物，工程和不属于咨询服务的其他服务，那么，采购计划中也应包括其相应的采购方法。这些方法应符合《国际复兴开发银行贷款和国际开发协会信贷和赠款项目世界银行借款人采购货物、工程和非咨询服务指南》的规定。

[27] 参见附录一。

(9) 评审财务建议书；

(10) 最终评审质量和价格；以及

(11) 谈判并向所选中的公司授予合同。

任务大纲（TOR）

2.3 借款人负责为咨询任务准备任务大纲（TOR）。任务大纲（TOR）应由咨询任务所属领域的专业人员或公司来准备。任务大纲（TOR）中所描述的服务范围应与现有的预算相匹配。任务大纲（TOR）应明确规定咨询任务的目的、目标、工作范围，并提供背景情况（包括现有的相关研究及基础数据的清单），以便于咨询顾问准备他们的建议书。如果知识转让或培训是一个目的，则应对其作特别概述并提出受训人数等细节，以使咨询顾问能够估算所需的资源。任务大纲（TOR）应列明完成咨询任务所必需的各项服务和调查，以及预期的成果（如报告、数据、图纸和调查结果等）。但是，任务大纲（TOR）不应过于详尽和缺乏灵活性，这样，相互竞争的咨询顾问才可能提出自己的工作方法和人员配备。应鼓励咨询公司在建议书中对任务大纲（TOR）提出意见。借款人和咨询顾问各自的职责应在任务大纲（TOR）中明确界定。

费用估算（预算）

2.4 如果需要安排较实际的预算专款，准备翔实的费用估算就显得至关重要。费用估算应以借款人对完成这项咨询任务所需资源的估价为依据，即：专家工作的时间、后勤保障和物质投入（如车辆、实验室设备等）。费用应分为两大类：(1) 服务费或酬金（根据所使用合同的类型而定）；(2) 可报销费用，还可再分为国外和国内费用。应根据对所需国际和国内专家时间的实际要求，来估算专家费用。建议书征询文件应说明估算的专家投入时间或估算的合同总费用，但不需详细的费用估算。

刊登广告

2.5 对所有项目而言，借款人需要向世界银行提交一份总采购通告。世界银行将安排该通告在线刊登在联合国发展商业报和世界银行的外部网站上[28]。为获得意向书（EOI），借款人应在总采购通告中包括一份预期的咨询任务清单，并在传播范围广泛的国家级公报，或至少在一份全国性报纸、技术（或财经）杂志、或在国内外能够免费进入的广泛使用的电子门户网站上，用英语、法语或西班牙语[29]对每一份合同发布意向书征询函（REOI）。此外，估算金额30万美元以上合同的广告还

㉘ 联合国发展商业报电子版是联合国的一种出版物。订阅地址：Development Business, United Nations, GCPO Box 5850, New York, NY 10163-5850, USA（网址：www.devbusiness.com；电子邮件：dbsubscribe@un.org）。世界银行外部网站为 www.worldbank.org。

㉙ 另外，借款人可选择加上1.22段定义的国家语言。

要在线刊登在联合国发展商业报上。[30] 借款人还应在一份国际性报纸，或技术、财经刊物上刊登意向书征询函的广告。所要求的信息量应尽量少，只要能够判断公司是否适合参与有关咨询业务即可，而不应太复杂致使咨询顾问对表示意向望而却步。意向书征询函应至少包含下列与任务相关的信息：对公司的资格和经验要求，但不需要专家个人的简历信息；入选短名单的条件；利益冲突规定。在准备短名单之前，应留出不少于14天的应答时间。该时间从在联合国发展商业报上刊登广告之日算起。应答意向书征询函的时间稍晚不应被作为拒绝其意向书的理由，除非借款人已经基于收到的意向书准备了合乎下面2.6段规定的短名单。世界银行会安排在其外部网站上同步发布借款人编制和提交的意向书征询文件。

咨询顾问短名单

2.6 借款人负责准备短名单。借款人应首先考虑那些表示过兴趣而又有相应资格的公司。短名单应包括地理分布广泛的6家公司，而且来自同一国家的公司不得超过2家，除非没有其他公司能达到资格要求；[31] 还要至少有一家公司来自于发展中国家，除非在发展中国家找不到有资格的公司。如果收到的意向书无法满足以上任一条件，借款人可根据其掌握的情况直接询问有资格公司的意向，或根据1.17段要求世界银行的协助。在特殊情况下，世界银行可同意短名单上的公司数量少一些。例如，没有足够的有资格的公司对某项咨询任务表示了兴趣，或者没法找到足够的有资格公司，或者合同的规模或任务的性质不足以引起广泛的竞争。一旦世界银行对短名单发出了不反对意见，借款人在未得到世界银行不反对意见的情况下不得修改短名单。借款人应将最终形成的短名单告知给对咨询任务表示有兴趣的公司，以及特别提出希望得到短名单的公司或实体。

2.7 如果咨询任务低于世界银行批准的采购计划中的限额[32]，而且让外国咨询顾问参加竞争确实是不合理的，或是外国咨询顾问没有表示出兴趣，而合格的本国咨询顾问的数量足以列出短名单并形成具有竞争性的报价，那么，短名单中可以全部都是国内的公司（在国内注册或组成）。同样的限额用于世界银行贷款业务支持

---

[30] 例外的情况是，如果世行同意短名单中只包括国内咨询顾问，世行可允许借款人不在联合国发展商业报电子版上刊登金额在30万美元以上的合同。本指南中使用的美元限额一律包括税款和关税（如果有的话）。

[31] 为了制定短名单，公司的国籍规定为公司注册地或公司组成地所在的国家。而对于联营体来说，国籍是联营体领导方的国籍。

[32] 以美元表示的限额应视具体情况而定，需要考虑项目的性质、国内咨询顾问的能力、咨询任务的复杂性。限额通常不能超过该借款国的国别采购评价报告（CPAR）或世行其他类似评价报告中所规定的限额。每个借款人国家的这种美元限额将在世行的外部网址上公布。

如果借款人要求，世行可以同意此类任务的建议书征询文件中包括这样一个条款，即世行不资助被借款国司法机构裁定为无资格获得合同的借款国公司，前提是世行认定该公司参与了欺诈或腐败活动并且该公司经过了适当的司法程序的审理。

的部门贷款计划（SWAps）[33]（这种项目汇集了政府或捐赠人的资金），低于此限额的咨询服务的短名单将全部由本国公司组成，这些公司的挑选应遵循世界银行同意的程序。但是，如果外国公司表示了兴趣，应给予考虑。

2.8 短名单最好由同一类别的咨询顾问组成，这些咨询顾问有相似的商业目标、公司能力、经验和专长，并承担过具有类似性质、复杂性的工作。国有企业或机构以及非营利性组织（非政府组织、大学、联合国机构等）通常不应与私营部门公司一起列入短名单，除非它们作为商业实体运行，符合本指南1.13（2）段的要求。如果短名单将不同类别的咨询顾问混合在一起，那么，选择程序应通常使用基于质量选择（QBS）方法或基于咨询顾问资历选择（CQS）方法（适用于小额的咨询任务）。[34] 短名单中不应包括个体咨询顾问。最后，如果考虑在同时进行的多项任务的短名单中包括一家公司，借款人在将其加入到多个短名单之前，应先评估该公司执行多项合同的整体能力。

准备并发出建议书征询文件（RFP）

2.9 建议书征询文件（RFP）应包括：（1）邀请信（LOI）；（2）咨询顾问须知（ITC）和数据表；（3）任务大纲（TOR）；（4）拟定的合同类型。借款人应使用世界银行发布的、适用的标准建议书征询文件（RFP），并且只能做世界银行能接受的尽可能小的改动，以反映项目的具体情况。任何此类改动只能放在建议书征询文件（RFP）的数据表中。借款人应列明建议书征询文件（RFP）中包括的所有文件。借款人可以使用电子系统发布建议书征询文件（RFP），前提是世界银行对此系统的完整性感到满意。如果建议书征询文件（RFP）通过电子系统发布，那么，该电子系统应有安全保障措施，以避免对建议书征询文件（RFP）进行修改，并且不应限制短名单上的咨询顾问进入该系统以获得建议书征询文件（RFP）。

邀请信（LOI）

2.10 邀请信（LOI）应说明借款人希望就咨询服务达成协议的意愿、资金的来源、委托人的详细情况以及提交建议书的日期、时间和地点。

咨询顾问须知和数据表（ITC）

2.11 咨询顾问须知（ITC）应包含有助于咨询顾问编制响应性建议书所必要的全部信息，并尽可能地使评审程序透明，包括提供评审过程方面的信息、说明评审标准、因素及其各自的权重以及最低的质量合格分数线。咨询顾问须知

---

[33] 部门贷款计划（SWAps）表示一种方法，由开发机构支持一项国家领导的计划，它的规模大于单个的项目。它的特点是计划涉及整个部门或部门中的大部分。

[34] “小额合同”的美元限额应根据咨询任务的性质和复杂性而分别确定，但不能超过30万美元，除非遇到特殊情况，如借款人宣布并得到世界银行的认可的紧急情况。

（ITC）应说明所估计的咨询顾问所需要的主要专家的投入水平（用人·月表示）或估计的总预算，但不能两者都提供。咨询顾问应自行编制其完成这一工作所需要的专家时间并在他们的建议书中提供相应的费用。对于某些基于时间的合同，如果服务属于常规性质，不需采用创新手段，借款人在得到世界银行不反对意见的情况下，可以要求咨询顾问在其建议书中完全响应 RFP 中关于时间投入的要求，如果技术建议书中未包含此信息，将对其财务建议书进行相应的调整，以便比较建议书并作出授予合同的决定。咨询顾问须知（ITC）应规定建议书的有效期，以便借款人有充足的时间对建议书进行评审、做出授予合同的决定、报送世界银行审查和完成合同谈判。附录二给出了一份咨询顾问须知（ITC）所应包括的详细的信息清单。

合同

2.12 本指南第四章简要地概述了最常见的几种合同类型。借款人应使用合适的世界银行标准合同格式，并只能在世界银行可接受的情况下对该格式作必要的最小改动，以适应特定国家和项目的具体情况。这类修改只能通过合同数据表或合同特殊条款来完成，而不得对世界银行标准合同格式中的合同一般条款的措词进行修改。这些合同格式适合于绝大部分的咨询服务。当这些格式不适用时（例如，装船前的检验、采购服务、对大学学生的培训、为私有化刊登的广告或企业重组的配对安排等），借款人应使用世界银行可接受的其他合同格式。

建议书的接收和拆封

2.13 借款人应给予咨询顾问足够的时间来准备其建议书。给予的时间视咨询任务情况而定，但一般不应少于4 周或超过3 个月。（例如，要求建立一套复杂方法的咨询任务，或准备一份包含多学科总体规划的咨询任务。）在此期间，咨询公司可要求对建议书征询文件（RFP）中提供的情况予以澄清。借款人应书面应答这些澄清，并抄送给短名单上的所有公司（有意提交建议书的公司）。如有必要，借款人应延长提交建议书的截止时间。技术建议书和财务建议书应同时提交。不得接受在截止时间后提交的对技术建议书或财务建议书的修改，但可在截止时间前提交修改后的建议书。为了保证程序的诚信，技术建议书和财务建议书应分别装在密封的信封中提交。在截止时间前收到的技术建议书，无论数量有多少，应由借款人相应部门（技术、财务、法律等，视情况而定）的官员组成的委员会，在建议书征询文件中指定的地点拆封。在拆封技术建议书时，愿意参加的咨询顾问可以在场出席，但不能讨论任何建议书的优点。借款人不能拒绝咨询顾问的出席。任何在提交建议书截止时间后收到的建议书都应宣布为过期，拒绝后立即原封退回。委员会应大声宣读提交建议书的咨询顾问名称，密封状态的财务建议书的存在或缺失，以及其他应宣读的信息。在按照2.23 段所述公开拆封前，财务建议书应保持密封状态并保存在声誉良好的公共审计师或独立机构处[35]。如果世界银行对借款人的电子系统的适用性感到满意，尤其是认可系统的安全性能确保所提交的建议书是完整、保密和真实的，系统使用的电子签名或其他等同方法能确保咨询顾问受其建议书的约束，借款人可以使用这一电子系统来接受咨询顾问用电子方式提交的建议书。

建议书的澄清或修改

2.14　除了本指南第二章 2.27 至 2.29 和附录二 1（16）段规定的情况，在提交建议书截止日后，不应要求也不允许咨询顾问修改其建议书。对建议书进行评审时，借款人只能完全根据提交的技术和财务建议书进行评审。除事先征得世界银行同意可以问一些简单问题外，借款人不应该要求咨询顾问澄清其建议书。

对建议书的评审：考虑质量和费用

2.15　评审建议书应分两个阶段进行：首先是质量，然后才是费用。技术建议书的评审员在技术建议书评审结束之前，包括世界银行的审查和发出不反对意见之前，不得接触财务建议书。财务建议书只能在此之后拆封。评审应完全按照建议书征询文件（RFP）中的规定进行。

质量评审

2.16　鉴于对高质量服务的需要，对技术建议书进行的评审非常重要。借款人须组成包括咨询任务所属行业的资深专家在内的至少 3 人，通常不超过 7 人的评审委员会，对每一份技术建议书进行评审。评审委员会的每一成员不能有 1.9（3）段描述的利益冲突情况，并在参与评审前进行确认。如果世界银行认定技术评审不符合建议书征询文件的规定，或未能恰当评估建议书的强项或弱项，而评审委员会又不能及时解决问题，世界银行将要求借款人成立一个新的评审委员会，如果需要，评审委员会将包括咨询任务所属行业的国际专家。

2.17　技术评审要考虑 2.18 段指明的评审标准和 2.19 段、2.20 段的子标准，这些评审标准必须包括在建议书征询文件中。建议书征询文件应说明这些标准和子标准对应的最高得分，并说明可接受的最低技术总分，一旦低于后者，建议书将因不响应而被拒绝。如果分值在 1～100 之间，最低技术总分一般落在 70～85 区间。每个评审标准的最高得分和最低技术总分的设定将根据具体任务的性质和复杂性来确定。

2.18　评审标准包括：（1）咨询顾问与该咨询任务相关的工作经验；（2）所建议工作方法的质量；（3）所建议主要专家的资历；（4）知识转让，如果任务大纲中有此项要求；（5）在完成咨询任务过程中，主要专家中借款国本国人员的参与程度。每项标准的分值应在下述指示范围之内，除非世界银行另行给出不反对意见。“本

---

[35] 独立机构应未直接或间接地参与咨询任务，也无任何直接或间接的利益。

国专家的参与程度”一项的分值不能超过10。

咨询顾问的专门经验	0~10
工作方法	20~50
主要专家	30~60
知识转让㊱	0~10
本国专家的参与㊲	0~10
总分	100

2.19 借款人一般应将这些标准再细分为子标准，然后根据分配给每项子标准的权重给每项子标准打分。例如，在工作方法项下，可再细分为创新和详尽程度两类子标准。但是，子标准的数目应保持在基本的程度。世界银行不建议使用过分详细的子标准清单，以避免使评审工作成了机械化的练习，而不是对建议书进行职业化的评判。对咨询顾问经验所给予的权重可相对少一些，因为这个标准在准备咨询顾问短名单时已经给予了考虑。越是复杂的咨询任务（例如，涉及多学科的可行性研究或管理研究），越应给予工作方法以更大的权重。

2.20 借款人应只对主要专家进行评估，因为这些人员最终将决定工作的完成质量。所以，如果提出的咨询任务较复杂，就应给予这一标准更大的权重。借款人应通过主要专家的简历审查其资历和经验。简历必须准确、完整并由咨询公司经授权的官员和所建议的专家本人签字。根据与咨询任务的相关程度，有关人员按以下三个子标准评级：

（1）一般资历：一般的受教育和培训程度、工作经历年限、担任过的职务、作为团队专家以前承担的项目，在发展中国家的工作经验等；

（2）足以承担本咨询任务的条件：具有与具体咨询任务相关的行业、领域、学科方面的教育、培训及经验等等；

（3）在该地区的经验：了解当地语言、文化、管理体制、政府机构等。

2.21 借款人应以对任务大纲（TOR）的响应程度为基础对各建议书进行评审。如果建议书不符合建议书征询文件（RFP）中重要方面的规定，那么，该建议书应被认为是不合适的，并在这一阶段即被拒绝。如果在技术建议书中包含任何实质上的财务信息，该技术建议书将被宣布无效。

2.22 评审委员会成员应根据建议书征询文件规定的评审标准互相独立地评估建议书，不受任何人或机构的外部影响。如果建议书未能达到建议书征询文件规定

㊱ 知识转让可能是某些咨询任务的主要目的；此时，这一点应在任务大纲（TOR）中给予明确，并且只有在得到世界银行不反对意见的情况下，才能对此给予较大的权重以反映其重要性。

㊲ 可以从主要专家中（不论是借款国本国还是外国公司提出）借款国本国人员参与的数量反映出来，可以按建议书中本国主要专家的投入时间（人·月）占主要专家的总投入时间（人·月）的比例计算。

的最低技术总分，该建议书将被拒绝。在评审阶段结束时，借款人应使用世界银行的标准评审报告格式或世界银行可接受的其他报告形式，向世界银行提交技术评审报告。该报告应具体证明所得出的评审结论，并描述建议书的相对长处与不足，说明每份建议书技术得分的理由。如果不同委员会成员对同一份建议书的同一标准或子标准给出了相差很大的分数，应在技术评审报告中给出理由。对于需要进行事前审查的合同，包括每名评审委员详细评审记录的技术评审报告应报送世界银行审查，征得"不反对"意见。所有与评审有关的记录，如个人评分表，均应根据附录一第2（11）和5段的规定保存。

财务建议书的拆封和费用评审

2.23　在完成技术评审报告后（对于需要进行事前审查的合同，在世界银行发出了不反对意见之后），借款人应告知有关咨询顾问，其建议书未能达到最低的技术合格分或被认为未对建议书征询文件（RFP）和任务大纲（TOR）做出响应，将在合同签订后被原封退回。另外，借款人应告知以上咨询顾问其获得的技术总分，如果可能，还应告知每项评审标准和子标准下的具体得分。借款人应同时通知那些达到最低技术总分及得分更高的咨询顾问，告知拆封财务建议书的日期、时间和地点，并让其自己选择是否参加。确定拆封时间时应考虑给咨询顾问留出足够的时间，使他们能够做出安排参加财务建议书的拆封。财务建议书可以在有咨询顾问的代表到场（亲自出席或在线出席）的情况下拆封。咨询顾问的名称、技术得分、各项标准得分和总报价应大声宣读（如使用电子方式提交建议书，则在线公布）并加以记录。借款人还须准备开标纪要，并且该纪要的副本应立即递交给世界银行和提交了建议书的全部咨询顾问。

2.24　借款人随后根据以下步骤对财务建议书进行评审和比较。报价应按建议书征询文件（RFP）所述折算成借款人选定的一种货币（当地货币或可完全自由兑换的外币）。借款人应按官方来源（如中央银行）、商业银行或国际发行的报纸为类似交易报出的这些货币的卖出价（汇率）进行折算。建议书征询文件（RFP）应规定拟使用汇率的来源以及该汇率的日期，前提是该日期不能早于提交建议书截止日期前4周，也不能晚于原定的建议书有效期截止日。对于基于时间的合同[38]，如存在算术错误，应予以校正。如果报价没有包括技术建议书中包含的所有投入，应对报价进行调整。对于总价合同，认定咨询顾问在其财务建议书中包括了所有费用，所以既不做算术校正，也不做价格调整，财务建议书的价格（按照2.25段规定不含税）被视作报价。

2.25　为了对建议书进行评审，报价不应包括当地可确认的、向合同征收的间

---

[38] 参见第四章对各种合同类型的说明。

接税[39]，以及向咨询顾问的非借款国居民专家和其他人员征收的、其在借款国提供服务所得酬金应付给借款国的所得税。在特殊情况下，如果借款人在评审财务建议书时无法完全列出间接税，世界银行可同意，仅为方便评审，价格可包括付给借款国的所有税额。总报价应包括所有咨询顾问的酬金和其他费用，如差旅费、翻译费、报告打印费或文秘费等。总报价最低的建议书可得财务 100 分，其他建议书的财务得分按其报价成反比递减。作为选择，也可在对财务建议书分配分值时使用直接比例或其他方法。所使用的方法应在建议书征询文件（RFP）中说明。

质量和费用综合评审

2.26　总分应在对质量和费用的得分加权后再相加得到。"费用"权重的选定应考虑咨询任务的复杂性和质量的相对重要性。除第三章中规定的服务类型外，费用权重一般应在 100 分总分中占 20 分。对质量和费用拟定的权重应在建议书征询文件（RFP）中规定。应邀请得分最高的公司进行谈判。

谈判和授予合同

2.27　谈判应包括对任务大纲（TOR）、工作方法、借款人的投入以及合同专用条款的讨论。这些讨论不应对任务大纲（TOR）原定服务范围或合同条款作实质性地改变，以免最终成果的质量、价格以及最初评审的准确性受到影响。不得仅为了满足预计的费用或预算要求而对工作投入作重大削减。最终的任务大纲（TOR）和双方同意的工作方法应写入"服务说明"中，作为合同的组成部分。

2.28　选中的公司不得替换其主要专家，除非双方一致认为选择过程的不适当拖延使得这种替换不可避免，或者这种改变对达到咨询任务的目的而言是至关重要的[40]。如果不是这种情况，并且建议书中所包括的主要专家未能确保届时能到位，则可以认为该公司是不合格的，应该选择下一家公司继续谈判。建议替换的主要专家应具有与最初建议的主要专家相当或更佳的资历。[41]

2.29　财务谈判应包括澄清咨询顾问在借款国的纳税义务（如果有的话），以及这些纳税义务在合同中是如何体现的或将如何体现。总价合同的支付是根据所提交的成果（或产品）进行的，所报的价格应包括所有费用（专家费、管理费、差旅费、住宿费用等）。因此，如果总价合同的选择方式把价格作为评估因素，那么该价格是不能谈判的。在以时间为基础的合同中，支付是根据投入（专家的投入时间和可报销费用）进行的，所报的价格应包括专家人工费率和估算的可报销金额。当选择方法把价格作为评估因素，专家费率是不能谈判的，除非有特殊理由，如所报

---

[39] 所有的国家、州（或省）和市对合同发票征收的间接税，如销售税、增值税、货物税/执照税等类似税费。

[40] 在建议书征询文件（RFP）中确定切合实际的建议书有效期，并进行高效率的评审可以减小这种风险。

[41] 详细信息参考附录二的第 1（16）段。

的专家费率远远高出咨询顾问为类似合同所报的典型费率。因此，不得谈判的规定并不排除委托人要求澄清的权利。如果费用非常高，在征得世界银行意见后，可以要求修改费用。可报销费用是根据实际发生费用的单据支付的，因此，不进行谈判。但是，如果委托人需要确定某些可报销费用（如旅费或住宿费）的单价上限时，他们应该在建议书征询文件（RFP）中说明这些费率的最高标准或在建议书征询文件（RFP）中规定每日津贴的标准。

2.30　如果与得分最高的咨询顾问的谈判失败，借款人应书面告知该咨询顾问所有有待解决的问题和异议，为其提供最后一次机会进行书面回复。不能仅因预算原因终止合同谈判。如果还存在异议，借款人应书面通知咨询顾问终止谈判的意向。在得到世界银行的不反对意见后，谈判可以终止，并邀请排名表中的下一家公司进行谈判。借款人应把谈判纪要、所有相关通信及终止理由提交给世界银行审议。与下一家公司的谈判一旦开始，借款人便不得重开与前一家公司的谈判。在谈判顺利完成后，而且世界银行也对已谈判的合同发出了不反对意见，借款人应立即通知短名单上的其他公司，告知其未被选中。

公布合同授予的情况

2.31　公布合同授予的程序见附录一第7段的规定。

借款人进行事后情况说明

2.32　在根据第2.31段的规定公布合同授予情况时，借款人应该说明，希望了解其建议书没有被选中原因的咨询顾问，可以要求借款人进行解释。借款人应立即以书面的形式解释建议书未被选中的原因。如果咨询顾问要求召开事后情况说明会，咨询顾问应承担参加事后情况说明会的全部费用。

拒绝所有的建议书及重新邀请

2.33　只有在下列几种情况下，借款人可以拒绝所有的建议书：(1) 所有提交的建议书都是非响应性，因为它们未能对任务大纲的主要方面做出响应，或如2.21段所述在满足任务大纲（TOR）方面均存在着重大缺陷；(2) 所有建议书都未达到建议书征询文件中规定的最低技术总分；(3) 成功建议书的报价远远高于预算或最近更新的估算。在后一种情况下，作为替代重新邀请的方案，借款人可以与世界银行协商研究增加预算或缩减公司服务范围的可行性。但是，根据2.27段的规定，大幅削减服务范围是不可接受的，应该重新邀请。如果费用是基于时间合同的一个评估因素，可以对咨询顾问提议的人·月数量进行谈判，前提是不会降低质量或给任务带来负面影响。即使是在这些情况下，根据2.29段规定，专家的费率通常是不能谈判的。

2.34　在拒绝所有建议书和重新邀请新建议书之前，借款人须向世界银行说明拒绝所有建议书的理由，并在拒绝所有建议书和开始新的选择前得到世界银行的“不反对”意见。新的选择过程可包括修改建议书征询文件（RFP），包括任务大纲、短名单和预算。这些修改应征得世界银行的同意。

保密性

2.35 除了第2.23段和第2.30段的规定外，建议书评审和授予合同建议等有关情况，在公开宣布授予合同之前，不得向提交建议书的咨询顾问或其他与该程序无关的人员透露。

三、其他选择方法

总则

3.1 本章将描述基于质量和费用的选择（QCBS）方法以外的其他选择方法及其所适用的情况。第二章［基于质量和费用的选择（QCBS）］中的所有相关规定在第三章的竞争性选择程序中均应适用，除非第三章另有其他具体的规定。如果是这种情况，当以后者为准。[42] 借款人应使用世界银行发布的相应的标准建议书征询文件，根据项目具体情况，在世界银行同意的情况下可对标准文件做微小变动。本章第3.8、3.12、3.13、3.14和3.15段规定的其他情况除外。

基于质量的选择（QBS）

3.2 基于质量的选择（QBS）方法适用于以下类型的任务：

（1）复杂的或专业性很强的咨询任务，很难确定精确的任务大纲（TOR）和所需的咨询顾问投入，而委托人又希望咨询顾问在其建议书中提出创新（例如：国家经济或行业研究、跨行业多部门可行性研究、设计一个处理有危险废弃物的工厂、制定城市总体规划或金融部门改革方案等）；

（2）对下游工作具有很大影响且需要请最好专家的咨询任务（例如：像大坝那样重要的基础设施的可行性研究和工程设计、国家重大政策研究、大的政府机构的管理研究）；

（3）可用不同方法完成的咨询任务，以致不同建议书之间不具可比性（例如：管理建议以及服务的价值取决于分析质量的行业和政策研究）。

3.3 在基于质量的选择方法中，建议书征询文件（RFP）可要求只提交技术

---

[42] 例如，借款人：（1）采用基于质量的选择方法时使用单信封制，而非双信封制；（2）采用固定预算下的选择时不在建议书征询文件中说明估算的人·月数量；（3）采用单一来源的选择方法时不使用意向书，或在采用基于咨询顾问资历的选择时不在UNDB上刊登意向书广告；（4）采用基于咨询顾问资历的选择等方法时，不在非常小额合同（见第46条脚注）中使用世界银行的标准建议书征询文件和合同格式；（5）采用基于质量的选择、基于咨询顾问资历的选择、单一来源的选择或商业惯例时进行允许的价格谈判；（6）按3.12段描述，在使用国家体系试点项目下选择顾问；（7）在聘请采购代理、检验代理、投资银行或审计师时使用的价格权重超过20%；（8）根据商业惯例不遵循基于质量和费用的选择程序等。

建议书（不提交财务建议书），或要求同时提交技术和财务建议书，但分装在不同的信封内（双信封制）。建议书征询文件（RFP）或是提供费用预算，或是提供估算的主要专家工作时间，并说明该估算仅供参考，咨询顾问应自行提出自己的估算。

3.4　如果只邀请提交技术建议书，在使用基于质量和费用的选择（QCBS）方法中所使用的方法完成技术建议书评审后，借款人应要求获最高技术分的咨询顾问提供一份详细的财务建议书。然后，借款人应与该咨询顾问就财务建议书[43]和合同进行谈判。这种选择程序的所有其他方面与基于质量和费用选择（QCBS）方法完全相同，包括按第2.31段和附录一第7段的规定公布合同授予的情况，但仅需公布赢得合同公司的价格。如果要求咨询顾问在提交技术建议书的同时提财务建议书，则应像基于质量和费用选择（QCBS）方法那样设定保护措施，以保证只拆封选中公司的财务建议书，其余的应在谈判顺利完成后原封退还。

固定预算下的选择（FBS）

3.5　这种方法仅适用于简单的咨询任务，而且能够准确地界定，同时预算也是固定的。建议书征询文件（RFP）应说明可获得的预算，并要求咨询顾问以不同的信封分别提交其在预算范围内的最佳技术和财务建议书。尤其要很好地编制任务大纲（TOR），以确保有足够预算让咨询顾问完成预期的任务。建议书征询文件应明确说明预算是否包括借款国各种税费以及委托人提供的投入价格。首先，应像基于质量和费用选择（QCBS）方法那样对所有技术建议书进行评审。然后，再按照2.23段的规定拆开财务建议书信封。超过指定预算金额的建议书应被拒绝，余者中技术建议书得分最高的咨询顾问将被选中和邀请进行合同谈判。合同授予情况的公布应按附录一第7段的规定执行。

最低费用的选择（LCS）

3.6　这种方法通常适用于标准的或常规性质的咨询任务（审计、非复杂工程的工程设计等等），而这类任务一般都有公认的惯例和标准。使用这种方法时，应为“质量”设定一个“最低”合格分值。短名单上的咨询顾问将被邀请提交建议书，技术和财务建议书分别用两个信封封装。技术建议书将被首先开启和评审。那些未达到最低合格分[44]的技术建议书将被拒绝，其余的财务建议书按2.23段规定拆封。报价最低的公司将被选中。在这种方式下，设定最低合格分时应考虑到所有高于此分的建议书都仅在价格上进行竞争。最低合格分应在建议书征询文件（RFP）中规定。合同授予情况的公布应按附录一第7段的规定执行。

---

[43] 基于质量的选择（QBS）方法下的财务谈判包括所有咨询顾问的酬金和其他开支。

[44] 这种方法不得用来替换基于质量和费用的选择（QCBS）方法，而且仅能用于非常标准的和常规性质的、也不需要有太多的智力投入的个别案例。为此，这个最低合格分应是70分或更高。

基于咨询顾问资历的选择（CQS）

3.7 这种方法可用于小型的咨询任务[45]，或借款人宣布并获世界银行承认的、不适合发布建议书征询文件、编写和评审有竞争的建议书的紧急情况。采用这种方法，借款人应准备任务大纲（TOR），获得包括经验和资格信息的意向书。最终通过发布可能需要的意向书征询文件（REOI），从尽可能多的公司中获得至少三家有相关经验的合格公司的意向书。对具备与咨询任务相关的经验和能力的公司进行评估和比较，选出最有资质和经验的公司。只要求被选中的公司提交一份合并的技术-财务建议书，如果建议书对所要求的内容做出了适当响应且可以被接受，就邀请该公司进行合同谈判。可以对建议书的技术和财务方面进行谈判。如果与被选中公司的谈判失败，就遵照2.30段的规定。双方应准备并签署谈判纪要。合同授予情况的公布应按附录一第7段的规定执行。

单一来源的选择（SSS）

3.8 使用单一来源选择（SSS）方法选择咨询顾问将不能得到质量和费用方面的竞争所带来的好处。在选择过程中缺乏透明度，并且可能鼓励一些不可接受的做法。因此，单一来源选择（SSS）方法只可在例外的情况下使用。使用单一来源选择（SSS）方法的理由应从委托人和项目的整体利益，和从世界银行对确保经济性、效率性和向所有合格的咨询顾问提供平等机会所承担责任的角度来审查。

3.9 单一来源选择方法可能适用于以下情况，且只有在表现出比竞争性选择具有明显优势时才是适当的：（1）这项工作是某公司以前承担工作的自然连续（参见下一段）；（2）在特殊情况下，如（但不限于）应对自然灾害或借款人宣布并获世界银行承认的紧急情况；（3）非常小的咨询任务[46]；（4）只有一家公司是合格的或对该咨询服务具有特殊价值的经验。在上述所有情况下，借款人都不需发出建议书征询文件，而只需报送以下文件供世界银行审议并提供不反对意见，包括任务大纲、采用单一来源选择方法而不采取竞争性选择程序的详细理由、推荐某一特定公司的理由，但那些低于根据风险和项目范围确定的限额并在采购计划中有所安排的合同除外。

3.10 当连续性对下游工作至关重要时，最初的建议书征询文件（RFP）应将这种预期描述出来。如果可行，选择咨询顾问所考虑因素中应包括延续的可能性。技术方案的连贯性、前期工作所取得的经验，以及同一咨询顾问专业责任的连续性，使得与前期咨询顾问续签合同比通过新的竞争选择新的咨询顾问更为可取。但前提

---

[45] “小额合同”的美元限额应根据咨询任务的性质和复杂性而具体确定，但不能超过30万美元，特别情况例外。

[46] “非常小额合同”的美元限额应根据咨询任务的性质和复杂性而具体确定，但不能超过10万美元，特别情况例外。

是该咨询顾问在前期工作中的表现令人满意。对于该类下游的咨询任务，借款人可要求最初选择的咨询顾问根据借款人提供的任务大纲（TOR）编制技术和财务建议书，然后对这些建议书进行谈判。

3.11 如果前期咨询任务合同不是通过竞争的方式授予的，或是在与融资挂钩的条件下授予的，或者下游咨询任务涉及的金额较大，一般应按世界银行可接受的竞争程序选择咨询顾问。如果从事前期工作的咨询顾问表示了兴趣，通常应该将其纳入考虑范围。只有在特殊的情况下，并且只有在新的竞争过程不可能实现时，世界银行才会考虑对本规则作例外处理。合同授予情况的公布应按附录一第7段的规定执行。

使用国家体系

3.12 使用国家体系（UCS）是指在“使用国家体系试点项目”[47] 中使用借款国已有的并得到世界银行认可的公共采购体系选择咨询顾问（包括个人）的方法。借款人可在世界银行批准的试点项目中使用这一方法。

中间金融机构和实体贷款下咨询顾问的选择

3.13 如果贷款是通过中间金融机构或实体（或其指定代理机构）转贷给受益人，如个人、私营部门中的企业、中小企业，公共部门中的自主经营的商业企业，为子项目提供部分资金，通常由各受益人根据世界银行可接受的私营部门的采购方法或商业惯例选择咨询顾问。[48] 如果贷款是转贷给公共部门受益人或用于大型的复杂任务时，应考虑使用本指南所规定的竞争性方式。

世界银行担保贷款下咨询顾问的选择

3.14 如果世界银行为另一贷款方所放贷款的偿还进行担保，采购该贷款资助的咨询服务时应注意遵守1.8段的原则和程序要求。世界银行可能在贷款关闭时对采购活动进行审查。

特殊类型咨询顾问的选择

3.15 选择联合国机构。当联合国机构[49]在其专业领域中具备独有优势或最佳资格提供技术援助和建议时，借款人可聘请它们作为单一来源的咨询顾问。世界银行可同意联合国机构在下述事宜中遵循自己的程序：（1）选择分包咨询顾问和个体专家，和执行合同最基本的、必要的货物的供应；（2）本指南3.7段第45个脚注

---

[47] 试点项目的详细介绍见2008年3月3日和3月25日题为“在世行资助的项目中使用国家体系：拟定的试点项目”（R2008－0036和0036、0036/1）的董事会文件，世行董事会于2008年4月24日批准了该文件。

[48] 更多详细信息，请参见《世界银行借款人采购货物、工程和非咨询服务指南》第3.13段“金融中介机构和实体贷款下的采购”。

[49] 联合国机构指联合国司局、特别机构及其地区办公室（如泛美卫生组织－PAHO）、基金和计划署。借款人需向世行提交完整的聘用理由和与联合国机构签订的协定草案，征询世行的不反对意见。

定义的小型咨询任务；（3）应对自然灾害，以及应对借款人宣布并获世界银行认可的紧急情况。针对世界银行同意的技术援助服务，借款人应使用世界银行适用于借款人和联合国机构之间的标准协定格式。借款人应向世界银行提交完整的聘用联合国机构理由文件，以及与联合国机构签订的协定草案，在世界银行给出不反对意见后才能签署此协定。在竞争性选择过程中，联合国机构不应得到任何优惠待遇。除非借款人可接受在现行国际公约下给予联合国机构及其人员的特权和豁免，并且可与联合国机构就该机构章程所要求的特殊付款安排达成一致意见。前提是这些特权、豁免和安排是世界银行可接受的。为了平衡联合国机构的这些特权和其他优势，例如，税收豁免和其他便利以及特殊的付款规定，应使用基于质量的选择（QBS）方法或针对小型任务的基于咨询顾问资历的选择方法（参见脚注45）。

3.16　使用非政府组织（NGOs）。非政府组织（NGO）是非营利的组织，它们可能是唯一有资格协助项目准备、管理和实施的机构，这主要是因为它们对当地事务的介入和对当地问题、社区需要和参与方法的了解。如果非政府组织（NGO）表示了兴趣且借款人和世界银行对其资格满意，可将它们包括在短名单中。对于那些强调参与式和需要大量当地知识的咨询任务，短名单可以完全由非政府组织（NGOs）组成。如果是这样，则应根据任务的性质、复杂程度和规模采用适当的选择方法（QCBS、FBS、LCS 或 CQS），且评审标准应反映出对非政府组织（NGOs）独特资格的要求，如当地知识、业务规模和以前的相关经验。如果能满足本指南第3.9段规定的条件，非政府组织（NGO）也可根据单一来源选择（SSS）方法聘请。

3.17　采购代理和建设管理机构。当借款人缺乏必要的机构、资源或经验时，聘请一个专门从事采购的公司作为其代理，不但效率高，而且效果也好。当采购代理是作为一个特别的“代理机构”负责具体品目的采购，而且是在其自己的办公室里工作时，通常是按采购额的一定百分比向其支付代理费，或按这种百分比和一个固定收费额相结合方式支付代理费。在这种情况下，应按照基于质量和费用的选择（QCBS）方式来聘请采购代理，其中费用所占的权重最大为50%。但是，当采购代理只提供采购顾问服务，或作为“代理机构”在一个为项目而特别准备的办公室中为全项目服务时，通常是按时间向其支付代理费。在这种情况下，应像对待其他咨询任务那样，使用本指南规定的基于质量和费用的选择（QCBS）方式和以时间为基础的合同。代理机构应以借款人的名义遵守贷款协定规定的和世界银行批准的采购计划所规定的所有采购程序，包括使用世界银行的标准建议书征询文件，审查程序和文件。以上规定也适用于建设管理机构。

3.18　检验服务。借款人可能希望聘请一个检验服务提供商在货物装运前或在运抵借款国时对该货物进行检验和验证。检验通常包括对有关货物质量和数量以及价格合理性的检查。聘请检验服务提供商应使用基于质量和费用的选择（QCBS）

方法，给予费用的权重最大不超过50%，并且应使用以被检验和被验证货物价值的一定百分比为基础支付代理费的合同格式。

3.19 银行。借款人应按基于质量和费用的选择（QCBS）方法聘请投资银行、商业银行、财务公司和基金管理人为其进行资产出售、金融票证发行以及其他公司金融交易，特别是在私有化业务中涉及的上述交易。建议书征询文件（RFP）应规定与这些活动相关的选择标准——例如，在类似咨询任务中的经验，或潜在的购买者网络，以及服务的费用。除常规的酬金（称作“雇用费”）外，补偿费还包括“成功费”。该成功费可以是固定的，但通常是以拟售资产或其他金融票证价值的一定百分比表示。建议书征询文件（RFP）应说明费用评审时将考虑成功费，或是与雇用费合并考虑，或是单独考虑。如果是单独考虑，则应向所有短名单上的咨询顾问公布标准的雇用费，并在建议书征询文件（RFP）中明确，财务得分应根据成功费来确定。对于合并考虑的评审（主要对大额合同而言），可给予费用一个比第2.26段所推荐的权重还大的权重。建议书征询文件（RFP）应清楚地说明建议书应怎样提出，以及将怎样对这些建议书进行比较。

3.20 审计师。审计师通常按明确的任务大纲（TOR）和职业标准开展审计工作。他们应按基于质量和费用的选择（QCBS）方法聘请，其价格是选择的一个重要因素（占40分~50分），或按第3.6段描述的最低费用选择（LCS）方法来选择。对于小型咨询任务[50]，可以按基于咨询顾问资历选择（CQS）方法来选择咨询顾问。

3.21 提供服务的承包人。有些项目可能涉及聘请大量根据合同提供服务的个人。对于这些个人的直接选择或通过公司进行选择要按照本指南第五章的规定进行。工作说明、最低资历要求、聘请条件、通过与公司签订合同来进行选择时采用的选择方法，以及世界银行对这些文件和方法的审查程度都应在项目文件中说明。这类合同应包括在世界银行将审查的采购计划中。

四、合同类型和重要条款

合同类型

4.1 总价合同[51]。总价合同主要用于那些服务范围和期限，以及要求咨询顾问提交的成果能够明确规定的咨询任务。这类合同被广泛应用于简单的规划和可行性研究、环境研究、标准或普通建筑物的详细设计、准备数据处理系统等。付款与成果（可交付物）相联系，如报告、图表、工程量清单、招标文件、软件程序等。合

---

[50] 参见脚注45。

[51] 咨询服务合同（报酬总付）标准格式。

同应包括咨询顾问执行活动的固定价格，价格不能做出调整，除非本指南4.7段规定的情况。总价合同容易管理，因为合同原则是任务固定、价格固定，而且只有在取得了明确规定的成果和达到“里程碑”后才会付款。

4.2 以时间为基础的合同[52]。这类合同适用于难以定义或确定服务范围和时间长度的服务，或是因为服务与其他完成时间可能不同的活动相关联，或咨询顾问达到任务目的所需的投入难以估计。这类合同广泛用于复杂的研究、施工监理、顾问性服务以及大多数的培训任务。付款是以双方同意的专家（一般在合同中列出名单）投入的小时、日、周或月费率计算的，以及以实际支出或双方同意的单价计算的可报销项目费用。专家的费率包括工资、社会成本、管理费、利润以及合适情况下的特别津贴。这类合同应包括一个对咨询顾问付款的最高限额。这一付款上限应包括为不可预见的服务和工作时间留出的预备费，并允许根据本指南4.7条规定，视通货膨胀情况调整价格。以时间为基础的合同需要由委托人严密监督和管理以确保各项工作的进展令人满意，以及咨询顾问的付款申请是适当的。

4.3 雇用费和意外（成功）费合同。雇用费和意外费合同广泛用于咨询顾问（银行或财务公司）为公司出售或合并所做的准备，特别是在私有化业务方面。咨询顾问酬金包括雇用费和成功费，后者通常表示为资产售价的一定百分比。

4.4 百分比合同。这类合同通常用于采购和检验服务提供商。百分比合同直接将付给咨询顾问的费用与估算的或实际的项目建设成本联系起来，或与所采购或检验的货物的成本联系起来。这类合同按服务的市场标准或估算的人·月费用进行谈判，或进行竞争性报价。需要注意的是，在建筑或工程服务方面，百分比合同意味着对设计的经济性没有激励作用，所以不鼓励使用。因此，仅在合同是以一个固定的目标成本为基础，并且合同项下的服务内容能精确界定时（例如，工程监理就不行），才推荐在建筑服务中使用此类合同。

4.5 不定产出合同（IDCs）或价格协议。借款人在特定的活动中，需要快速、持续的“随叫随到”的专业服务，而服务的程度和时间在事前无法确定时，使用不定产出合同。在执行世界银行资助的项目时，不定产出合同通常用于为子项目或复杂任务的设计或实施保持一批“顾问”、专家调解员、委员会成员或专家（如水坝项目的专家组、争端解决小组、机构改革、采购建议、技术攻关、评估安全保障问题等），合同期限通常至少为一年。意向书征询文件中规定了相关专家的资格和专长的选择标准。提供服务的合格公司在响应征询文件的意向书中列出其建议的可用专家的名单，然后由借款人列出有资格的专家的长名单。借款人和公司就专家的费

---

[52] 咨询服务合同（复杂的以时间为基础的咨询任务）标准格式。这些文件可以通过登录www.worldbank.org/procure获得。

率、标准、和按实际工作时间付款事宜事先达成协议，并且按标准合同条款和实际工作时间付款。具体选择需要使用的专家时将基于具体任务大纲对“随叫随到”服务的要求，通过对建议的长名单专家的简历进行定性评估、比较，或费率水平的比较，从长名单中选出最合适的专家，再与其为每项任务签订一个合同。

重要条款

4.6　货币。建议书征询文件（RFP）应清楚地说明公司可以以任何可完全自由兑换的货币表示其服务的价格。如果咨询顾问希望以不同的外国货币金额之和来报价，他们可以那样做，但前提是建议书中包括的外币种类不超过三种。借款人可以要求咨询顾问说明其报价中以借款国货币表示的本地费用的比例。合同项下的付款应按建议书中要求的一种或多种货币进行。

4.7　价格调整。如果预计以时间为基础的合同期限超过18个月，应在合同中包括一个价格调整条款以针对国外和当地的通货膨胀对酬金进行调整。在当地或国外通货膨胀预计很高和不可预测时，一个较短期的以时间为基础的合同也可包括一个价格调整条款。对于总价合同，除小额多年合同（如审计师合同）外，如果合同期未超过18个月，一般不进行自动价格调整。如果服务范围超出了原来任务大纲和合同的规定，可对总价合同的价格进行特别修订。

4.8　支付条款。支付条款，包括支付金额、支付时间表和支付程序，应在合同谈判期间达成一致。支付可以按固定的间隔时间（如在以时间为基础的合同中），或按双方同意的产出（如在总价合同中）进行。预付款（如动员费预付款）一般应要求提供预付款保证金或担保，脚注34定义的小额合同例外。如果预付款为合同总价的10%或更低，借款人可以决定不要求提供预付款保证金，但应在建议书征询文件的合同草稿中对此进行说明。

4.9　应根据合同条款迅速支付。

（1）在借款人提出要求时，世界银行可直接或在例外的情况下通过一份信用证向咨询顾问付款；

（2）只应扣留有争议的金额，对发票的其余部分应按合同付款；以及

（3）如果由于委托人的失误致使付款发生超过合同规定时间的延误，合同应支付融资费用；费用率应在合同中规定。

4.10　建议书保证金和履约保证金、误期损失赔偿金。不建议针对咨询服务要求提供建议书保证金和履约保证金，但是，如果需要，保证金金额要合理。保证金的收缴与否通常取决于主观判断，容易被滥用，并且它们趋向于增加咨询业的成本而又没有明显的好处，这些增加的成本最终会转嫁到借款人头上。除此之外，智力性和顾问性服务的交付在很多方面取决于委托人的行动，这样如果出现延误，很难认定咨询顾问应该独立承担全责，所以不建议在咨询服务中使用误期损失赔偿金。

4.11 借款人的贡献。借款人可指派自己的专业人员以不同方式参与到咨询任务中。借款人和咨询顾问之间的合同应对这些人员，或称对口人员，以及应由借款人提供的有关设施做出详细的规定，例如住房、办公室、文秘、公用设施、材料及车辆。合同应当规定如不能提供上述内容或在咨询任务完成过程中不得不被撤回的情况下，咨询顾问能够采取的措施和将获得的补偿。

4.12 利益冲突。咨询顾问除得到合同规定的酬金外，不应得到任何与咨询任务有关的其他报酬。咨询顾问及其附属机构不得从事与合同委托人的合同利益有冲突的咨询或其他活动。根据本指南第1.9段和第1.10段的要求，合同中应包括有关咨询顾问在将来不得从事来源于该咨询服务或与之直接相关的其他服务的条款。

4.13 职业责任。咨询顾问应以应有的勤奋并按现行职业标准开展工作。鉴于咨询顾问对借款人的责任受制于相关法律，合同不需涉及此项事宜，除非双方都希望限制此项责任。如果他们希望对此进行限制，他们应当确保：（1）在咨询顾问严重疏忽大意或故意做错的情况下，必须没有这类限制；（2）被限制的咨询顾问对借款人的责任在任何情况下都不能低于咨询合同总价的一个乘数，这应在建议书征询文件（RFP）和合同专用条款中说明（该限制的具体金额取决于具体情况）[53]；（3）这类限制只涉及咨询顾问对委托人的责任，而不涉及咨询顾问对第三方的责任。

4.14 专家替换。在执行咨询任务的过程中，如果确实需要替换有关人员（例如，由于健康原因或由于某个专家被证明不合适或不合格），咨询顾问应提出至少具有同等资历的其他专家供借款人批准。

4.15 适用法律和争端的解决。合同应包括涉及适用法律和解决争端的规定。咨询合同中总是应该包含一个解决争端的条款。在一个中立地点进行国际商务仲裁可能比其他争端解决方式更具有实际的优势。因此，世界银行要求借款人在授予外国咨询顾问的合同中采用这类仲裁，除非世界银行基于合理理由（如国内具有与此同等的法规和仲裁程序）明确同意不做此要求。世界银行不应被指定为仲裁员，也不应要求世界银行指定仲裁员[54]。

五、个体咨询顾问的选择

5.1 通常在以下类型的咨询任务中聘请个体咨询顾问[55]：（1）不需要一组专

---

[53] 鼓励借款人为此限额以上的可能风险进行保险投保。乘数应大于1。如果没有必要做出职业责任要求，借款人应解释原因，并征得世界银行对建议书征询文件的不反对意见。

[54] 但是，解决投资争端国际中心的官员可以“中心”官员的身份指定仲裁员。

[55] 如果任务金额低于世行规定的限额，为世行使用国家体系试点项目提供服务的个体咨询顾问将按3.12段的方法选择。

家；（2）不需要外部（公司）额外的专业支持；（3）个人的经验和资历是首要的要求。当所需个体咨询顾问的数量较多，使得对他们的协调、管理和形成集体责任变得困难时，聘请公司便更为可取。如果有资格的个体咨询顾问由于与一家公司已有协定而没有时间或不能直接与借款人签订合同，借款人可以邀请公司提供合格的个体咨询顾问来承担任务。

5.2 鼓励通过刊登广告征集意向书，特别是借款人不掌握有经验的和有资格的个人咨询顾问的信息或者这些顾问的可用情况，或者任务很复杂，或者大范围广告能带来潜在的好处，或者国家法律规定必须刊登广告。但是不应对所有任务都做此要求，小额合同不需刊登广告[56]。所有意向书征询文件都要明确说明完全基于经验和资格的选择标准。如果邀请公司推荐个体咨询顾问，意向书应明确在选择过程中只考虑个体咨询顾问的经验和资格，其公司经验不在考虑范围之内，意向书要说明是与公司还是与个体咨询顾问签署合同。

5.3 对个体咨询顾问的选择应根据其执行咨询任务的相关经验、资格和能力来进行。咨询顾问不需要提交建议书。只要他们满足最低的要求就应该被考虑。借款人根据任务的性质和复杂程度确定最低要求，根据个体咨询顾问的学术背景、相关的具体经验，以及根据需要考虑对地方情况的了解，如国家语言、文化、行政体制以及政府组织，来评估其是否达到了最低要求。选择应通过对至少三个有资格的咨询顾问的总体能力进行比较来完成，这些咨询顾问应已对咨询任务直接或通过公司表示有兴趣，或已由借款人直接联系。被借款人选中的应是最具有经验和资格并且完全有能力完成咨询任务的咨询顾问。在就合理咨询报酬和其他费用等合同条款达成一致后，借款人应根据情况，与选中的个体咨询顾问或公司商谈合同。

5.4 选择个体咨询顾问通常不需事前审查。但在下述情况下，借款人应征求世界银行的不反对意见：（1）如果借款人在聘请顾问前，未能比较至少3名有资格的候选人，在这种情况下，借款人要给出理由；（2）在如本指南第5.1段所述，邀请公司提供个体咨询顾问服务之前；（3）如果与选中个体咨询顾问的谈判失败，借款人应根据情况，在与下一最佳个体咨询顾问或公司谈判之前；（4）如果采用如本指南5.6所述的单一来源选择方法。世界银行还要求对一些类型的个体咨询顾问进

---

[56] 低于5万美元的个人咨询合同通常不需要刊登征询意向书的广告。但是限额应根据每项任务的性质、复杂程度和风险来确定。如果借款人要求，世行可以同意为世行贷款项目提供咨询服务的个人要服从借款国不得参与竞争的制裁政策，即世行不资助被借款国司法机构根据有关法律规定裁定为无资格获得合同的借款国个人，前提是世行认定该个人参与了欺诈或腐败活动并且该个人经过了恰当的司法程序的审理。

行事前审查。[57]

5.5　如果与咨询公司签订提供个体咨询顾问的合同，不论是其永久雇员，或合作者，还是其聘用的其他专家，本指南所述的利益冲突条款应适用于母公司。不能替换原来建议的并评估过的个体咨询顾问，如果发生这种情况，将与排名下一位的咨询顾问签订合同。

5.6　只有在以下例外的情况下，并有足够的理由，才可采用单一来源选择（SSS）方法选择个体咨询顾问，如：（1）该任务为该咨询顾问以前所承担工作的延续，并且该咨询顾问以前的工作是通过竞争而获得的；（2）咨询服务期在6个月之内；（3）紧急情况；（4）对该咨询任务而言，只有该咨询顾问是有资格的。在以上所有情况下，借款人需报送以下文件供世界银行审议并提供不反对意见，包括任务大纲、采用单一来源选择方法而不采取竞争性选择程序的详细理由、推荐某一个体咨询顾问的理由，但那些低于根据风险和项目范围确定的限额，并在采购计划中有所安排的合同除外。

附　录

附录一　世界银行对选择咨询顾问的审查和公布授予合同的情况

选择过程的计划安排

1. 世界银行将审查[58]采购计划和借款人按照1.25段规定更新的采购计划。采购计划应符合项目实施计划、贷款协定和本指南的规定。

事前审查

2. 对于所有需要世界银行进行事前审查的合同[59]：

（1）在邀请提交建议书之前，借款人应将费用估算和建议书征询文件（RFP）提交世界银行审查以征得不反对意见（包括短名单）。借款人应按世界银行提出的合理要求对短名单和有关文件进行修改。在向短名单上的咨询顾问发出建议书征询文件（RFP）前，任何进一步的修改都应得到世界银行的不反对意见[60]。

---

[57] 那些在项目执行期内提供长期的技术援助或顾问服务的个体咨询顾问（高于贷款协定或采购计划中规定的事前审查限额），及（不涉及事前审查限额的）那些从事法律工作或项目相关的采购活动的个体咨询顾问。世行对个体咨询顾问的任务大纲进行事前审查是强制性的，除非世行地区采购经理决定的那些有限的、简单的、小额的任务不需事前审查。

[58] 附录三第11～15段规定了世界银行对投标人函电的处理办法，其中包括投标人投诉及进行事后说明的要求。

[59] 基于含所有税款和关税的合同总额确定世行对此合同进行事前审查还是事后审查。

[60] 在根据第3.11段的要求授予合同而新的竞争过程是不可操作时，借款人在向世界银行提交有关说明供其考虑并收到世界银行的“不反对”意见之前，不能开始谈判，而且应遵守上面第2段在各方面的相关要求。

(2) 在技术建议书的评审完成后，借款人应向世界银行提交一份技术评审报告(如果世界银行有要求，报告应按照2.16段规定由世界银行认可的专家编写)，并给世界银行留出充足的审查时间。在世界银行有要求时，还应提交建议书的副本。如果世界银行认定技术评审不符合建议书征询文件（RFP）的规定，它将立即通知借款人并阐明其做此认定的理由。否则，世界银行应对技术评审提出不反对意见。如果评审报告建议拒绝所有建议书，借款人也应征得世界银行的不反对意见。

(3) 借款人只有在收到世界银行对技术评审的不反对意见后，才能将财务建议书的信封拆封。当价格是选择咨询顾问的因素之一时，借款人应按建议书征询文件(RFP) 的规定对财务建议书进行评审。借款人应向世界银行提交最终评审报告及其对选中咨询顾问的建议，并通知最终评审得分最高的公司有关向其授标的意向，邀请该公司进行谈判。如果世界银行在审查中或由于他方投诉发现财务评审中有不符之处，世界银行将立即通知借款人，借款人应立即就相关问题提出世界银行满意的处理方案。此后，借款人才能开始与选中的咨询顾问谈判或继续谈判（如果谈判已经开始)。在以上情况下，借款人在世界银行对其建议给出不反对意见之前，不能采取下一步行动。

(4) 当借款人要求延长建议书的有效期以完成评审、获得必要的内部审批或世界银行的不反对意见以及完成授予合同过程时，如果申请的第一次延期超过4周，就需要事先征得世界银行的不反对意见。对于第一次延期之后的延期，不论期限多长，都要事先征得世界银行的不反对意见。

(5) 如果借款人收到咨询顾问的投诉，那么，借款人应立即回复投诉人确认收到投诉，并将投诉信、借款人对投诉中涉及的每一问题的说明及其对投诉的拟定回复抄送世界银行，以便世界银行审查和给出建议。

(6) 如果在分析了投诉后，或因其他原因，借款人改变了授予合同的建议，那么有关的原因和修改的评审报告应提交世界银行以征得不反对意见。借款人应根据本附录第7段的要求重新公布合同授予的情况。如果与选中咨询顾问的谈判失败，借款人应向世界银行提供谈判纪要和失败原因说明，供世界银行审查。在完成本指南2.30段规定的步骤，并得到世界银行的不反对意见后，借款人可以中止谈判，并邀请排名下一位的公司进行谈判。

(7) 在与选中的公司完成谈判后，或在采用单一来源选择方法时，借款人应向世界银行提交选中的咨询顾问草签的、借款人准备签署的经谈判的合同，并给世界银行留出足够的审查时间。如果经谈判的合同需要替换主要专家，或修改任务大纲(TOR）和原定合同，借款人应注明这些改变，并说明为什么这些改变是必要的、为什么借款人接受这些改变。

(8) 如果世界银行认定，最终的评审报告、授予合同建议、经谈判的合同与建议书征询文件（RFP）中的规定不一致，它将立即通知借款人并阐明其认定的理由。否则的话，世界银行将对授予合同的建议提出最终的不反对意见。借款人只有在收到世界银行的不反对意见之后，才能确认合同的授予并签署合同。

(9) 合同签字后并在提出合同项下贷款账户中的第一次提款申请之前，借款人应迅速向世界银行提交一份合同的签字副本。在从专用账户（SA）第一次付出合同款项前，应先向世界银行提供此合同的副本。

(10) 世界银行根据上面2（9）的规定从借款人收到签字的合同文本后，将向公众公布该合同的内容和合同金额以及选中公司的名称和地址，个体咨询顾问除外。

(11) 借款人应在项目执行期间保留每个合同相关的文件，一直保留到贷款协定关账日的两年后。这些文件包括但不限于：①签字合同原件及所有随后的修订或补遗；②建议书原件，与合同选择和实施相关的所有文件和通信，包括建议书评审的支持文件（包括每个人的打分表），以及报送世界银行的授予合同建议；③付款发票或证明。对于按单一来源选择授予的合同，文件中还应包括使用这一方法的理由，选中咨询顾问的资格和经验，合同签字原件。如果有要求，借款人应把这些文件提供给世界银行，供世界银行或其咨询顾问、审计师审核。

3. 已签字合同的修改。对于需要事前审查的合同，在同意以下事宜之前：(1) 延长规定的履约时间；(2) 对服务范围做出实质性修改、替换主要专家、对合同条件做出重大修改；(3) 建议终止合同执行，借款人应征得世界银行的不反对意见。如果世界银行认定，提出的修改不符合贷款协定和采购计划的规定，它应立即通知借款人并阐明其认定的理由。对合同的所有修改都要提交一份复印件给世界银行存档。

4. 翻译。如果使用借款国语言[61]签订的合同需要事前审查，借款人负责向世界银行提供准确翻译的技术和综合评审报告以及草签的经谈判的合同草案文本，此文本语言为建议书征询文件（RFP）规定的国际上使用的语言（英语、法语或西班牙语）。此后这类合同的修改也同样需要将准确的翻译件报送世界银行。

事后审查

5. 采购事后审查（PPRs）通常由世界银行执行。至于不受本附录第2段约束的合同，借款人应在项目实施期间和贷款协定关闭后的2年之内，保存与每一份合同有关的全部采购文件。这些文件包括，但不限于：签字的合同原件及所有随后的修订或补遗、建议书原件、技术评审报告和综合评审报告、授标建议、付款发票或证明，以备世界银行或其所聘请的咨询顾问、审计师的审查。按单一来源选择（SSS）方法授予的合同应包括有关理由的记录、咨询顾问的资历和经验、签字的合同原件。

---

[61] 参见1.22段。

如果世界银行要求，借款人还应该向世界银行提交这些文件。如果出现本指南1.19段描述的情况，包括世界银行认定合同的授予与贷款协定、合同双方对世界银行给出不反对意见的采购计划所进一步确定的程序和方法不符，或合同本身不符合这些程序和方法，世界银行将宣布为错误采购。世界银行应立即通知借款人做出此决定的理由。基于项目的风险和范围（如包括大量、小额、简单合同），世界银行可能与借款人达成一致意见，由借款人指定独立机构进行采购事后审查，但要遵循世界银行认可的条款、条件和报告程序。在这种情况下，世界银行将审核借款人提交的报告，并保留在项目执行期间根据需要直接进行事后审查的权利。

由事后审查变为事前审查

6. 在采购计划中某合同估算成本低于世界银行的事前审查限额，但如果选中公司的报价超出限额，那么对该合同应做事前审查而非事后审查。所有相关的采购文件，包括评审报告和授予合同建议都应交送世界银行进行事前审查，在获得世界银行不反对意见后才能授予合同。如果出现相反的情况，即选中公司的报价低于事前审查限额，那事前审查程序也要继续。在一些情况下，世界银行可能要求借款人对采购计划中低于事前审查限额的某个合同遵循事前审查程序，例如出现世界银行认定性质严重的投诉情况。同时，如果由于成本估算高于或低于以前的评估而需改变选择方法，借款人应修改采购计划并提交给世界银行审查，获得世界银行的不反对意见。

公布合同授予的情况

7. 对于短名单包括外国公司的合同，以及所有授予外国公司的单一来源选择合同，借款人应在联合国发展商业报在线公布信息；对于短名单只包括国内公司的合同，以及所有授予国内公司的单一来源选择合同，借款人应在国家出版物[62]公布信息。对于世界银行事前审查的合同，借款人应按照本附录第2（8）、2（10）段的要求，在收到世界银行合同授予不反对意见的两周内公布信息；对于世界银行事后审查的合同，借款人应在与选中公司合同谈判成功的两周内公布信息。公布的信息应包括以下与各种方法相关和适用的信息：（1）列入短名单的全部咨询顾问的名称，指明哪些提交了建议书；（2）每一个咨询顾问的技术得分以及每个标准、子标准的得分；(3）每一个咨询顾问被宣读并评审的报价，(4）咨询顾问的最终综合得分和排名，(5）选中的咨询顾问名称及其合同价格、期限和范围概述。这些同样的信息应提供给提交了建议书的所有咨询顾问。对于事前审查的合同，世界银行在收到借款人按上述第2（9）段送交的签字合同副本后，将在其外部网站上公布授予合

---

[62] 在传播范围广泛的全国性报纸和/或国家级公报、或在能够用第2.15段定义的国家语言从国内外免费进入的广泛使用的电子门户网站上。

同的情况。

涉及世界银行制裁政策和程序的尽职调查

8. 在评审建议书时，借款人应查看世界银行在其外部网站上发布的制裁和暂停服务资格的公司和个人名单［根据本指南第 1.23（4）段和采购指南的第 1.16（4）段］，确定咨询顾问是否合格。针对合同签订后被制裁的公司或个人正在执行的合同（不论是事前审查合同还是事后审查合同），借款人要密切关注和监测，进行额外的尽职调查。如果没有世界银行的事前审查和不反对意见，在暂停或制裁日期生效后，借款人不能与被制裁的公司或个人签订新的合同，也不能就正在执行的合同签订修订文件，包括延长完工时间。世界银行只资助在原始合同完工日期前发生的额外支出，以及以下两种修改后完工日期前的额外支出：（1）对于事前审查合同，在世界银行给出不反对意见的修订文件中修改了完工日期；（2）对于事后审查合同，在暂停资格或制裁生效日前签订的修订文件。世界银行不会资助任何在暂停资格或制裁生效日期及之后，与被暂停或制裁公司或个人签订的新合同，或对当前合同做出重大修改的修订文件或补遗。

附录二　建议书征询文件（RFP）中的咨询顾问须知（ITC）和数据表[63]

1. 借款人应使用世界银行颁布的标准的建议书征询文件（RFP），其中包括适用于大部分选择方式的咨询顾问须知（ITC）。如果在特殊情况下，借款人需要对标准的咨询顾问须知（ITC）进行修改，借款人可以这样做，但应通过技术数据表进行，而不应对正文进行修改。咨询顾问须知（ITC）应就咨询任务的以下方面提供充分的信息：

（1）咨询任务简介。

（2）技术和财务建议书的标准格式。

（3）有关官员的姓名和联系信息，需要澄清的事项可提交给他们，如有必要可派代表与他们会面。

（4）将遵循的详细选择程序，包括：①两阶段过程的描述（如果适用）；②技术评审标准的清单以及各项标准的权重；③财务评审的细节；④在基于质量和费用的选择（QCBS）方法中，质量和费用的相应权重；⑤质量及格分；⑥财务建议书公开拆封的细节。

（5）要求咨询顾问提供的主要专家投入程度的估算（以人月表示）或总预算，但两者不需要都提供。

（6）关于主要专家最低经验、学术成就等的说明。

---

[63] 本附录不适用于第 3.12 段描述的在“使用国家体系试点项目”下授予的合同。

（7）任何外部融资的细节和情况。

（8）谈判信息、要求被选中的公司在合同谈判过程中提供的财务资料和其他信息。

（9）提交建议书的截止时间。

（10）报价、比较和付款时使用的货币。

（11）与拟议的咨询合同可能特别相关的借款国法律。

（12）一份关于公司及其任何附属机构将无资格为项目下游事宜提供货物、工程、或服务的声明，如果世界银行判定该类活动对咨询任务项下提供的服务构成利益冲突。

（13）建议书的提交方式，包括要求技术建议书和财务建议书均应密封，并分别提交，以确保技术评比不受价格的影响。

（14）一份对被邀请公司的要求，即要求它们：①告知建议书征询文件（RFP）是否收悉；②告知借款人其是否提交建议书。

（15）被邀请提交建议书的咨询顾问短名单，并说明是否接受被列入短名单的咨询顾问之间的联合。

（16）咨询顾问所提供的建议书应保持有效的期限，以及在此期间咨询顾问应保留其建议的主要专家及提出的费率和总价格不变。在有效期延长的情况下，咨询顾问有不保持其建议书有效的权利。如果咨询顾问同意延长其建议书的有效期，其必须保证不变更原始的建议书，并确认原来建议的主要专家依然可用，除非出现以下情况：如果有主要专家不可用，咨询顾问同意延长建议书有效期的同时要求替换此专家，咨询顾问应提供充分的令借款人满意的理由和证明。如果发现不可用的专家在建议时未得到本人的确认、替换的原因或理由不可接受、或替换专家的资历和经验不能等同或不强于原来建议的专家，建议书将被拒绝。如果该替换可以接受，不能再对技术或财务建议书做其他改动。基于主要专家的技术评审得分、财务建议书和原始建议书中的其他细节均应保持不变。

（17）选中的咨询顾问开始执行任务的预计日期。

（18）一份声明，表明：①是否对咨询合同和人员免税，②如不免税，可能的税收负担是多少或在何处能获得这些信息；以及一份说明，要求咨询顾问在其财务建议书中将准备用来缴税的金额清楚地单列出来。

（19）如果任务大纲（TOR）或合同草案中未包括，则应列出借款人将要提供的服务、设施、设备和人员的细节。

（20）咨询任务的分阶段（如适用的话）情况，以及后续任务的可能性。

（21）对建议书征询文件（RFP）中提供的信息进行澄清的程序。

（22）对分包部分咨询任务的条件。

附录三　咨询顾问指南

目的

1. 本附录向希望为世界银行资助的任务提供咨询服务的咨询顾问提供指导。

选择咨询顾问的责任

2. 项目实施和对项目项下咨询服务进行支付的责任完全在借款人。世界银行本身按照其章程的要求，保证资金只用于支付已经发生的费用。贷款资金或赠款只能根据借款人的要求进行支付。借款人在提交支付申请时应该提供支持文件，说明资金的使用符合贷款协定和采购计划的要求。[64] 正如本指南第1.4段所强调的，借款人对选择和聘请咨询顾问负责。它负责邀请、接收和评审建议书并授予合同。合同是在借款人和咨询顾问之间签订的，世界银行不是合同的一方。

世界银行的作用

3. 正如本指南（附录一）所述，世界银行负责审查建议书征询文件（RFP）、建议书的评审、授标建议和合同，以确保程序是按照贷款协定中所规定的和采购计划中经双方进一步确定的程序进行的。对于需要世界银行进行事前审查的合同，世界银行在文件发出之前要按附录一的规定对其进行审查。而且，在选择过程中的任何时候（甚至在授予合同之后），如果世界银行判定双方同意的程序在实质性方面没有得以遵守，按本指南第1.19段所作的规定，世界银行可以宣布其为错误采购。而且，即使借款人在收到世界银行不反对意见后已经授予了合同，世界银行仍可能会宣布其为错误采购，但仅限于不反对意见是在借款人提供的不完整、不准确或误导性信息情况下做出的。而且，如果世界银行确定借款人或咨询顾问的代表从事腐败或欺诈活动，世界银行将运用本指南第1.23段规定的制裁措施。

4. 世界银行出版了各种咨询服务的标准建议书征询文件（RFP）与合同。正如本指南第2.9段和第2.12段所述，借款人必须强制性地使用这些文件，且只可根据本国和具体项目的情况做最小的改动。借款人负责定稿和对外发布这些文件，作为建议书征询文件（RFP）的一部分。

咨询服务信息

5. 咨询服务信息，包括服务性质的简要描述、时间安排、费用估算、专家的时间投入等，首先包括在描述项目准备情况的项目信息文件（PID）中。同时，同样的信息也会包括在含有每个项目信息的业务摘要月报（MOS）中。这些信息将不断

---

[64] 世界银行的支付政策和程序在《项目支付指南》和《世界银行客户支付手册》中有更多说明（见世界银行的网址www.worldbank.org/projects）。

更新。每个项目都需要在联合国发展商业报[65]在线刊登总采购通告，其中应包括对所需服务的更详细描述、委托人以及预算费用。对于大额合同[66]而言，在总采购通告之后还要在联合国发展商业报在线刊登具体通告，以征集意向书。项目评估文件（PAD）将提供更详细的信息。

6. 项目信息文件（PID）和业务摘要月报（MOS）可从互联网上和世行的公共信息中心[67]获得。项目评估文件（PAD）在贷款批准后也可以得到。联合国发展商业报可以在线订阅。

咨询顾问的作用

7. 当咨询顾问收到建议书征询文件（RFP），并能够达到任务大纲（TOR）及商务和合同条件的要求时，他们应做出必要的安排，准备有响应的建议书（如访问咨询任务所在国、寻求联合、收集文件、建立筹备组等）。如果咨询顾问发现建议书征询文件（RFP），特别是评选程序和评选标准，有任何含糊不清、遗漏或自相矛盾之处，或者有任何不明确、带有歧视性或限制性之处，他们应要求借款人予以澄清。澄清应该采用书面形式在建议书征询文件（RFP）中规定的澄清时间内进行。

8. 关于这一点，应该着重强调的是，借款人发出的具体建议书征询文件（RFP）只适用于每一项具体选择程序，这在本指南第1.2段中已有规定。如果咨询顾问觉得建议书征询文件（RFP）中的规定与本指南不一致，他们也应将此问题向借款人提出。

9. 咨询顾问应确保递交一份完全响应的建议书，包括建议书征询文件（RFP）要求的所有证明文件。需要说明的一点是，要确保建议书所附的主要专家简历的准确性。个人简历应由咨询顾问和相应人员签字并标明日期。一旦收到并拆封了技术建议书，便不得要求或允许咨询顾问改变其实质内容、主要专家等。不满足重要要求的建议书将被拒绝。同样，一旦收到财务建议书，除按建议书征询文件（RFP）中的规定进行谈判时可作适当调整外，不得要求或允许咨询顾问改变所报的费用等。如果建议书的有效期延长是因为主要专家不能到位，那么根据本指南第2.28段和附录二第1（16）段，则更换的专家应是具备同等或更好资历的人员。

保密性

10. 正如第2.35段所述，在公布合同授予情况之前，除按第2.23段和第2.30段的规定披露技术得分外，评审建议书的过程应该是保密的。保密性可使借款人和

---

[65] 联合国发展商业报电子版是联合国的一种出版物。订阅地址：Development Business, United Nations, GCPO Box 5850, New York, NY 10163 - 5850, USA（网址：www.devbusiness.com；电子邮件：dbsubscribe@un.org）。

[66] 估算价格超过30万美元的等值合同，除非短名单只包括国内咨询顾问（见本指南的第2.5和2.7段）。

[67] 世界银行公共信息中心的地址也就是世行的地址，即美国华盛顿哥伦比亚特区西北区，H街1818号，邮编：20433。项目数据库见www.worldbank.org/projects。

世界银行的审查人员能够摆脱事实上或感觉上的不正当干预。如果在评审过程中咨询顾问希望提供额外的信息，以引起借款人和世界银行注意，应采取书面形式提供。

世界银行采取的行动

11. 如果咨询顾问希望就选择过程提出问题或疑问，可将其与借款人的往来函电抄送给世界银行。当借款人没有迅速做出答复，或函电本身是对借款人提出抱怨时，他们可直接写信给世界银行。所有这些函电都应发给项目经理，并抄送给借款人的国家局局长和地区采购经理。在项目评估文件（PAD）中有项目经理的名字。

12. 如果适当，世界银行将会把在提交建议书截止日期之前收到的短名单上咨询顾问发来的这些函电，连同世界银行的意见和建议转给借款人，以便采取行动或做出答复。

13. 对于世界银行在拆封技术建议书之后收到的咨询顾问函电，包括投诉，将作如下处理：如果合同不需要世界银行事前审查，任何函电或其相关部分（视情况）都将转给借款人供其认真考虑并采取适当的行动。借款人要将所有相关文件提供给世界银行审查和评论。如果是需要事前审查的合同，世界银行将在与借款人磋商的基础上对这些函电进行审查，并且如需要额外的信息，将要求借款人提供。如需从咨询顾问处取得额外的信息或澄清，世界银行将要求借款人去获取，并在评审报告中对其加以评论或加以适当反映。直到对这些函电进行了全面的审查和考虑之后，世界银行的审查工作才告完成。如果来自咨询顾问的函电涉及欺诈和腐败[68]的指控，出于保密性的考虑，可能要采用不同的处理办法。在这种情况下，世界银行与借款人共享信息时要特别谨慎。

14. 除了告知已收到这些函电外，在公布合同授予结果之前，世界银行在选择和审查过程中将不与任何咨询顾问进行任何讨论或通信往来。

世界银行进行事后情况说明

15. 如果在授予合同之后，咨询顾问希望知道他的建议书没有被选中的原因，他应该根据第 2. 32 段的规定向借款人提出要求。如果咨询顾问对书面答复和借款人的事后情况说明不满意并希望和世界银行开会，可以向借款国所属地区的地区采购经理提出来，地区采购经理将安排适当级别的会议，有关人员也将参加会议。在讨论中，只能讨论该咨询顾问的建议书，既不改变世界银行已向借款人表达的立场，也不讨论竞争对手的建议书。

---

[68] 可直接通过以下方式向世行的廉政局（INT）报告欺诈和腐败嫌疑情况。电子邮件：investigations_hotline@ worldbank. org；世行网站；第三方负责的 24 小时热线电话：免费电话 +1 - 800 - 831 - 0463，付费电话 +1 - 704 - 556 - 7046（有译员，接受匿名电话）；联系世行在华盛顿总部的廉政局：+1 - 202 - 458 - 7677。

世界银行资助项目的
年度财务报告和审计指南

（2003 年 6 月 30 日）

缩写词

英文缩写	中文全称
FMR	财务监督报告
IAS	国际会计准则（国际会计准则委员会颁布）
IASB	国际会计准则委员会
IFAC－PSC	国际会计师联合会－公共部门委员会
IFRS	国际会计报告准则（国际会计准则委员会颁布）
INTOSAI	国际最高审计机关组织
IPSAS	国际公共部门会计准则（国际会计准则委员会、公共部门委员会颁布）
ISA	国际审计准则（国际会计师联合会国际审计和保证准则委员会颁布）
MDB	多边开发银行
OECD－DAC	经合组织－发展援助委员会
SA	专用账户
SAI	最高审计机关
SOE	费用报表
TOR	工作大纲

目　录

（二）审计单位
（三）审计准则
（四）审计期间
（五）免除
（六）审计费用的资助
（七）审计机关的聘用时间安排

四、审计报告

五、附件

1. 连续经营单位的财务报表补充披露 —— 仅适用于世行
2. 连续经营单位的财务报表补充披露 —— 多个援助方
3. 审计意见样本 —— 标准
4. 审计意见样本 —— 特定情况

一、前 言

1. 世界银行[①]要求借款方对于世行支持的项目提供经审计的年度财务报表。财务报表应根据公认会计准则编写，并经世行认可的审计机关根据公认的审计准则进行审计。[②] 本指南为借款方、审计机关以及其他须熟悉世行审计规定的单位提供了指导。[③] 本指南取代了先前发布的此方面的指南。[④] 世行的要求旨在确保年度财务报表合理地反映与项目的执行有关的财务交易和余额，并按国际准则制订机构颁布的有关准则反映贷款资金的使用情况，[⑤] 同时还规定审计范围须反映被评审项目的风险。

2. 适用问题。审计规定适用于所有贷款、信贷、项目准备基金项下的预支以及世行提供的赠款，包括机构开发基金和发展赠款基金提供的赠款。规定还适用于援助方信托基金提供的由受援方执行的赠款，除非在个别情况下，与援助方签订的协议条款另有规定。

3. 协调。世行承诺将致力于与其发展伙伴在各国财务报告和审计方面所应采用的共同方法上达成一致，并且，在对具体的项目进行联合融资时，在满足借款方和所有联合融资方需要的、经过审计的年度财务报表方面达成一致。鉴此，世行批准

---

① “世界银行”包括国际开发协会，“贷款”包括信贷，“借款方”包括赠款接受方。
② 世界银行业务政策 10.02：财务管理。
③ 世行对临时财务报告规定的指导意见见诸于：“世行资助项目的财务监督报告：借款方指南”，2001 年 11 月。
④ 先前的指导意见见诸于：财务会计、报告和审计手册，1995 年。
⑤ 主要有国际会计联合会、国际会计准则委员会和国际最高审计机构组织。

了经合组织发展援助委员会制订的财务报告和审计良好做法文件⑥和多边开发银行制订的财务报告和审计协作框架。⑦

4. 国别审计策略。世行正在逐步制订针对国别情况的财务报告和审计方法，并且在能力允许的情况下，将依赖于成员国的报告和审计程序来满足其要求。因此，世行力求在借款方和其他援助方认同的总的国别审计策略框架下适用本指南。⑧ 对于采用本国审计准则进行审计的国家，国别审计策略应说明与国际准则的偏差并对其影响进行分析。这种方法旨在促进可持续审计能力的发展，同时使世行可得到其所需的贷款资金用款保证。

二、年度财务报告

（一）会计准则

5. 年度财务报表须按世行认可的会计准则填报。世行认可的会计准则为国际会计标准委员会颁布的国际财务报告准则，或由国际会计师联合会公共部门委员会颁布的国际公共部门会计准则。此外，世行也接受那些与国际准则差异不大的而且这种差异得到充分披露并在财务报表中加以解释的本国会计准则。

6. 会计准则的选择。IFRS/IAS 旨在适用于盈利企业的财务报表，而 IPSAS 则旨在适用于公共部门非营利性企业的财务报表。对于世行资助项目，财务报表主要是按 IPSAS（现金或权责发生制）或相应的国内准则来填报。报表采用的准则应在年度财务报表中加以说明。

（二）格式和内容

7. 对于年度财务报表世行并没有规定一个格式。然而，如果借款方是按现金制填写报表，世行则鼓励采用现金制的 IPSAS（现金制会计财务报告）中规定的格式。还可从 IFAC－PSC 制定的国际公共部门指南和国际公共部门研究中得到进一步的指导。⑨

8. 财务报表内容。在项目准备期间，将就年度财务报表应包含的内容基本框架进行磋商，并在贷款谈判期间加以确认。按现金制会计财务报告规定，报表通常至

---

⑥ 参见：协调援助方做法，提供有效援助，经合组织发展援助委员会，可从下址中查阅：http：//www.oecd.org/EN/document/0，EN－document－731－2－no－21－38994－0，00.html。

⑦ 参看：参与多边开发银行财务报告和审计协作框架，2003 年 2 月。

⑧ 国别审计策略通常包括：（1）世行资助项目的正常审计范围和授权；（2）适用的会计和审计准则；（3）确定经认可的可对世行资助项目进行审计的审计单位的过程；（4）其正常审计程序得到世行信赖的那些机构和执行单位；（5）促进协调的策略，制订出与对该国进行援助的其他援助方共同的审计方法；（6）世行可能与其他援助方一起提供进一步能力支持的领域。

⑨ 登陆 IFAC－PSC 万维网地址：http：//www.ifac.org/PublicSector/。

少应包含下面的内容：

- 列支所有现金收入、现金支付以及企业控制的现金余额；单独显示第三方代表该企业所作支付的现金收支表。
- 采用的会计政策和解释性说明。解释性说明应对现金收支表中的项目做出系统的诠释，表中的项目应与说明中的有关信息交叉引用。这种信息例子包括按资产类别对固定资产的合计，以及应收账款和应付账款的合计。
- 管理层声明：世行资金的支出符合有关世界银行法律协议中规定的用途。

9. 报告单位。应填报和提交哪种财务报表取决于项目执行单位的性质。一般来说，世行的项目是由特设单位或连续经营单位执行的。[⑩] 如果世行资助项目是由特设单位执行的，年度财务报表应反映所有的项目活动，包括由其他援助方资助的活动。[⑪] 如果世行资助的项目是由某个连续经营单位执行的，该单位年度财务报表即应按世行认可的会计准则来填制。报表应通过说明或附加表格或报表的方式充分披露与世行资助的项目有关的资金的来源和用途。附件 1 和 2 说明了与项目有关的可适用于上述情况的披露。如果世行资助的项目是由连续经营单位执行的，但是填制单独的项目财务报表更能节约成本，世行还可能要求提交连续经营单位经审计的年度财务报表的副本。[⑫]

10. 连续经营单位报表的使用。在执行单位为国有企业、非政府组织或社会基金的情况下，可采用连续经营单位的财务报表。在上述情况下，执行单位大多定期并及时地填报财务报表，并且会计制度可以方便地适应项目信息的披露要求。在一家单位负责几个世行项目的情况下，采用连续经营单位的财务报表也是适当的。世行也接受政府部门的财务报表，如果这些报表所披露的世行贷款支持的项目信息对于世行来讲是可接受的。

11. 调整项目。对于调整项目，世行贷款资金通常不用于支出具体费用。因此，世行也不要求编制财务报表。如果世行要求对贷款资金账户进行审计，即需编报此账户的交易概要。

---

⑩ 特设单位往往又称作项目执行单位，这种单位是为执行世行资助的项目专门设立的。连续经营单位的存在独立于世行贷款资助项目的执行。这种单位通常在世行支持的项目之前就已存在，或者在其项目到期之后还会存在下去。连续经营单位可能是也可能不是有收入的单位。

⑪ 一些援助方的资金并非是在借款国内拨付的，而且相关信息也不送給借款国的执行单位，所以这些单位也无法进行登记。在得不到这种信息的情况下，财务报表中应注明数字不可得，并尽可能地采用金额估计值，或是注明：无法取得这种估计值。在可以取得此信息，但有关援助方不同意对其资金进行外部审计时，则应在财务报表和审计报告中对此加以适当的说明。IFAC－PSC 正在根据多边开发银行和经合组织发展援助委员会的请求制订发展援助会计准则，此准则一经颁布则会在此方面形成进一步的指导。

⑫ 只有在连续经营单位的财务状况对于世行资助的项目的成功至关重要，或者项目的目标之一是为了改善该单位的机构能力时，世行才会提出此要求。

三、审　计

12. 世行要求审计工作范围和大纲、审计单位以及适用的审计准则应为其所认可。

（一）工作范围和工作大纲

13. 审计范围由借款方基于项目的具体情况并根据所存在的项目风险商世行定。然后由审计单位确定拟采用的审计程序，以实现审计目标。在确定拟采用的审计程序过程中，审计单位应考虑到项目准备期间对财务管理能力的评估结论、内部审计结论、同部门其他项目的审计结论以及先前对费用报表或财务监督报告进行审议的结果。所有项目审计都应包括对年度财务报表的意见。针对存在的项目风险，可以扩大审计范围，包括提交一份关于项目特定方面的报告或意见书，如内部控制、支出是否合格、世行采购程序的执行情况以及贷款资金效益和有效性。

14. 重要性问题。在对连续经营单位的财务报表进行审计，而且世行提供资金余额和资金额在该单位的总体经营中所占比重很低的情况下，就需做出一些特定考虑。在此情况下，审计单位对何谓重要性的专业判断是十分关键的，如果是符合重要性的即须接受审查或是须在财务报表中披露。对此应考虑非货币因素。现金制会计财务报告指出"如果信息的遗漏或误报会影响到用户基于财务报表所作的决策或评估"，这种信息就是"重要性的"。ISA320（对重要性问题的审计）[13] 进一步指出："……在对问题的重要性进行评估时，公共部门审计单位须……考虑到影响评估的法律或规章。对于公共部门，重要性也是基于某个事项的'背景和特点'，并应考虑到其敏感性及其价值。敏感性包括诸多方面，如当局规定的执行，法律上的考虑或公共利益。"对于世行资助的项目，在确定重要性时，应考虑到签署的法律协议条款的执行，尤其是世行的贷款仅可用于指定的用途的规定。

15. 调整项目。如第 11 段中所述，对于调整项目则不需编报财务报表。因此，通常的审计范围也是不适用的。尽管世行不要求提交报表，但世行可能会要求对世行资金存放的账户进行审计。

16. 工作大纲。世行要求审计单位提出意见或属于审计范畴的其他报告，并会要求有合理的具体程度。审计范围应在借款方提出的工作大纲中加以反映，并应得到世行的认同。如果审计单位需依赖于专家的工作，例如需对效益和有效性进行审计，那么，在确定主审计工作大纲的同时，还应对该专家的工作大纲作出单独规定。工作大纲通常应包括以下内容：

---

[13] 由 IFAC 国际审计和保证准则委员会颁布。请登录：http：//www. ifac. org/IAASB/。

- 背景。项目详细说明，包括项目资金来源方面的信息；提供资金的目的；以及执行安排一般说明，包括所有执行单位的组织结构。
- 准则。编制报表中采用的会计准则以及审计中所采用的审计准则的说明。
- 范围。这方面的文字应十分清楚，从而可对审计范围做出适当的界定，但是，这方面的文字不应对审计单位在对所要求的报表提出意见的过程中拟使用的审计程序或技术构成限制。此方面的内容应：（1）解释清楚审计单位将对交易进行必要的检查，并对该单位的会计制度进行了解，以对作为编报项目财务报表基础的会计制度的充分性进行评估，并确定该单位是否保留了完整的记录；（2）应明确尽管防止不规、欺诈或将贷款基金用于法律协议规定的目的之外的用途的责任在于借款方，但对审计发现该单位财务报表中重要的误报仍有合理的期待。如果要求审计单位就诸如世行采购政策的执行、提交的提款文件的准确性以及效益和有效性等方面问题进一步提供意见和报告，文件中还应对此详细加以说明。
- 报告。这部分应明确审计单位须提交哪些报告（如管理层声明）。
- 可得信息。这种信息应包括但不限于世行项目评估文件和有关法律文件副本，本指南，以及世行对项目单位的财务管理评估。这部分还应明确审计单位有权取得与审计有关的任何信息。
- 时间安排。明确应何时向借款方提交经审计的财务报表、管理层声明及其他报告。

（二）审计单位

17. 世行资助的项目须经有资质的并且是独立的审计单位的审计。

18. 资质。有资质的审计单位是指健全的有一定声誉的；在对接受发展援助单位的审计方面有经验的；采用程序和方法与公认的审计做法相一致的；具有有效的质量保证制度的；以及雇员具有适当的专业资质和经验的审计单位。

19. 独立性。世行资助项目的审计单位应独立于被审计单位。根据宪法或法律规定建立的旨在确保独立性（如赋予最高审计机关向立法机关直接报告的权利）的最高审计机关通常被认为是独立的。然而，在某些情况下，世行可能会商借款方安排一独立的私人部门审计单位协助最高审计机关，或是要求除了有最高审计机关提供的报告之外，还需由独立的私人部门审计单位提供审计意见和报告。在最高审计机关直接介入项目单位的会计或内部控制过程，其独立性受到影响的情况下，世行可能要求做出上述安排。对于私人部门审计单位，对独立性的检查包括确认此审计单位与被审计的单位是否有关联（尤其是，在审计工作期间，审计单位不应受雇于此项目单位，作为其董事，或与其有任何财务或密切的商业关系）。世行通常不接受向执行单位提供咨询服务的审计单位。

20. 可接受性的确定。世行会采用系统的方法确定每个国家可接受的审计单位名单，必要时还会商联合融资方。对于私人公司，评估会涉及独立性、经验、质量保证安排以及人事和培训政策等方面。这种方法与经合组织发展援助委员会制订的财务报告和审计良好做法文件中规定的方法是一致的。世行会通过国别财务可靠性评估、能力得到公认的最高审计机关的同行评议、在执行的项目审计的经验以及与一些最高审计机构的对话来了解有关最高审计机关的能力和表现。

（三）审计准则

21. 年度财务报表须按世行接受的审计准则进行审计。世行接受的审计准则有国际会计师联合会所属的国际审计和保证准则委员会颁布的审计准则和最高审计机关组织颁布的审计准则。此外，世行还接受本国准则，如果这些本国准则与国际准则没有重大差异。世行会在其国别诊断工作中对这些本国审计标准进行审议。

22. 审计准则的选择。ISA 是针对私人部门制订的，但它为各种财务审计工作提供了重要的基本原则、做法和程序。INTOSAI 准则是针对公共部门的。这些准则对于公共部门可信赖问题采取了综合性处理方法，不仅仅涉及财务报告和规范问题。在上述两组准则并轨之前，具体应适用哪种准则需由审计单位作出决定。[14] 财务报表的审计中采用的准则应在审计意见书中加以说明。

（四）审计期间

23. 财务报表以及审计授权文件中要求的任何其他报告的审计应考虑每个借款方的财务年度，通常应在财务年度结束后的 6 个月内向世行提交审计报告。世行通常接受借款方的财务报告期。

24. 非为 12 个月的期间。在下列情况下，世行也会接受非为 12 个月的期间：

- 如果贷款生效日到借款方财年结束时的时间短于 6 个月，首份审计报告即可针对从生效日到第二个财年结束时的这段期间（即此期间可延长至 18 个月）。
- 如果上一支付日[15]距项目的最后一个财务年度开始日不满 6 个月，最后的审计报告期间即可从倒数第二个财务年度开始时到最后支付日（即可延长至 18 个月）。
- 如果项目周期相对较短（即项目周期短于 24 个月），即只有一个完整的财务年度，那么世行可能同意接受一份审计报告包括整个项目周期。
- 在使用项目准备基金的情况下，如果拨付的金额会在项目准备基金预付资金支持的项目的第一个报告期间里加以反映，而且后续项目会在项目准备基金

---

⑭ 目前，IFAC 与 INTOSAI 正在讨论基于 IAASB 发布的准则制订一个统一的适用于私人和公共部门单位的审计准则。

⑮ “最后支付日”是指决算日或申请到期日两个日期中较晚的日期。

项下的第一个支付日期后的两年内生效时，则不要求提交单独的审计报告。

（五）免　除

25. 在有限的情况下，并且根据具体项目的风险评估，世行可能会允许免于执行正常的审计规定。具体地说来，如果可以采用可替代性的、更为节约的而且又能同样地保证世行的资金得到适当的使用的措施时，世行可能会首先考虑使用这些措施，但同时会保留要求进行审计的权利。这种免除规定往往只适用于在签署法律文件时，项目的金额不超过 50 万美元或等值金额的情形。

（六）审计费用的资助

26. 借款方可要求使用世行贷款资金支付世行所要求的所有审计的合理成本。项目最后报告期财务报表的审计通常是在项目贷款关闭日之后完结的，因此往往会使得有关成本不再符合世行的资助条件。但是，鉴于世行对最后审计十分重视，它也许会同意通过借款方开立的委付账户提供资金，但有关相关条件应得到世行认可。

（七）审计单位的聘用时间安排

27. 审计单位的聘用或续聘应在每个财务年度中尽可能早的时候完成。这样使得审计单位可以尽早地在财务年度中开展查验工作，同时使得其能及时地完成审计工作。

四、审计报告

28. 借款方应将经审计的财务报表（包括审计意见书）连同工作大纲中规定的其他报告的副本送交世行。世行保留对其认为不满意的审计单位的工作向借款方进行查问的权利，同时可以要求提供进一步的信息，或要求进一步的审计。附件 3 提供了审计意见书样本。

29. 补充报告。世行可能会根据项目的具体情况要求提交补充报告或意见。此项工作的范围会在审计工作大纲中加以说明。如附件 4 所显示的，此项工作可能包括费用报表或财务检测报告方面的专门意见。补充报告可能会涉及报告期间项目单位控制框架的运作，或项目单位对世行采购程序的执行情况。

30. 管理意见书。如果在审计过程中审计单位发现存在严重问题，但在审计意见书中未提及时，即应在致借款方的管理意见书中加以报告：

- 内部控制制度中存在的缺陷。
- 不适当的会计政策和原则。
- 协议的总体执行情况，如项目的执行是否经济有效。
- 审计单位认为应提请借款方注意的任何其他事项。

31. 披露。世行支持向公众提供公共财务方面的信息。世行在其诊断工作中会经常地检查公共财务方面的透明程度。作为此项工作的一部分，世行鼓励借款方向公众提供所有世行资助的项目审计报告。

五、附　件

1. 连续经营单位的财务报表补充披露 —— 仅适用于世行

适用于世界银行为唯一援助方的情况。

说明 X。世界银行融资：

（1）国家电力公司得到世界银行的资助，国际复兴开发银行的贷款号为 1234 - MY，贷款生效期为 mm/dd/yy（月/日/年），此贷款用于支持［项目］的实施。本年度期间发生的交易的有关信息如下：

	本年度	上年
	$	$
本年度初始余额	X	X
本年度收到的金额	X	X
本年度支出	(X)	(X)
年度期末余额	X	X

（2）上述期初和期末余额已登列现金和现金等价物，同时也反映在______银行中设立的 1234 号世界银行资金专门账户的余额中。贷款项下已支付金额 X 美元（上年为：X 美元）也已登列长期负债。

（3）世界银行贷款资金的支出符合贷款协议中规定的用途。

2. 连续经营单位的财务报表补充披露 —— 多个援助方

适用于资金来源于多个援助方的情况。

说明 X。收到发展援助资金额：

（1）本年度中发生的交易信息概要如下：

	本年				上年			
	援助方 1	世界银行	援助方 3	总额	援助方 1	世界银行	援助方 3	总额
	$	$	$	$	$	$	$	$
年初余额	X	X	X	X	X	X	X	X
本年度收到的资金额	X	X	X	X	X	X	X	X
本年度支出	(X)	(X)	(X)	(X)	(X)	(X)	(X)	(X)
本年度末余额	X	X	X	X	X	X	X	X

（2）上述期初和期末余额均登记在现金和现金等价物项目中，并反映在____银

行开立的1234号世界银行专门账户中。已支付的世界银行贷款X美元（上年：X美元）也已登录在长期负债中。

(3) 所有发展援助资金的支出均符合有关法律协议中规定的用途。

3. 审计意见样本——标准

我们对截止于mm/dd/yy财年的所附［项目名称］的财务报表（包括收支表/资产负债表/补充披露说明）进行了审计。上述报表均由［项目名称］负责。我们的责任是根据我们的审计提出对上述报表的意见。

我们依据［国际会计师联合会国际审计和保证准则委员会颁布的国际审计准则/国际最高审计机构组织颁布的审计准则/ —— 颁布的国家审计准则］进行了审计。上述准则要求我们作出审计安排并进行审计，以就上述财务报表是否存在重大误报情况作出合理的保证。审计包括在检查基础上对财务报表中有关数字的证据和披露进行审查。审计还包括对所采用的会计原则和管理当局做出的重大估计进行评估，并对报表的总体情况提出评价。我们相信我们的审计为我们的意见提供了合理的基础。

［项目名称］管理当局的政策是按［国际会计师联合会公共部门委员会颁布的国际公共部门会计准则/国际会计准则委员会颁布的国际会计准则/______颁布的国家会计准则］，在现金收付基础上编报所附报表。据此，收到的现金即列作现金收入，支出的现金（而非发生支出）即列作现金支出。

［我们认为，财务报表反映的该项目在截至　年　月　日的年度间的现金收付符合说明X中所述（国际会计联合会公共部门委员会颁布的国际公共部门会计准则/国际会计准则委员会颁布的国际会计准则/______颁布的国家标准准则）。

或

［我们认为，上述财务报表的编制符合说明X中所述（国际会计联合会公共部门委员会颁布的国际公共部门会计准则/国际会计准则委员会颁布的国际会计准则/______颁布的国家标准准则），合理地反映了截至　年　月　日的财年中该项目发生的现金收支，而且所有重大方面支出均符合第1234号贷款协议中规定的贷款用途］。

4. 审计意见样本——特定情况

我们对所附提交世行的截至　年　月　日的本年度反映1234－MY号贷款协议项下的用款情况的（费用报表/财务监督报告）进行了审计。

我们根据公认审计准则进行了审计，包括在检查基础上对［支出表/财务监督报告］中的数字证据和披露的情况进行了审查。审计还包括对所采用的会计原则和管理当局所做的重大估计进行了评估，同时还对报表所反映的总体情况做了评价。我们相信我们的审计为我们的意见提供了合理的基础。

我们认为，提交的反映贷款用途的［支出表/财务监督报告］以及编报中涉及的内部控制和程序均是可靠的。

世界银行债务偿还手册

（2009 年 6 月）

目　录

缩写词

英文缩写	中文全称
ACTCF	借款客户与金融服务处
ACTLC	借款客户与金融服务处（Chennai）
AER	适用汇率
AfDF	非洲开发基金
APL	可调整计划贷款
ARF	自动固定利率
CAT	灾难风险贷款
CPA	货币购买协议
CPL	货币总库贷款
DDO	延迟提款选择
DPL	开发政策贷款
DRL	减债贷款
DSA	债务承受能力分析
ERL	紧急恢复贷款
EUR	欧元
FEF	先征费
FIL	金融中介贷款
FSCL	固定利率单一币种贷款
FSL	固定利差贷款
HIPC	重债穷国
IBRD	国际复兴开发银行
IDA	国际开发协会
IDB	美洲开发银行
IFL	国际复兴开发银行灵活贷款
IMF	国际货币基金组织
JPY	日元

英文缩写	中文全称
LIBOR	伦敦银行同业拆借利率
LIL	学习和创新贷款
LLDCs	最不发达国家
LRP	本金等额偿还
LSG	贷款服务组（ACTCF 和 ACTLC）
MDA	衍生品总协议
PPA	项目筹备预付款
PPF	项目准备金
PRFG	扶贫和增长贷款
PSAL	项目结构调整贷款
RIL	修复贷款
SAL	结构调整贷款
SCP	单一币种总库贷款
SDPL	特殊开发政策贷款
SDRs	特别提款权
SECAL	部门调整贷款
SIL	特别投资贷款
SIM	部门投资与维护贷款
SNAL	次国家级调整贷款
SSAL	特别结构调整贷款
TAL	技术援助贷款
TTL	项目经理
USD	美元
VLR	浮动贷款利率
VSL	浮动利差贷款

导　言

这是为借款客户和世界银行工作人员准备的手册，目的是帮助他们了解世界银行金融产品的债务偿还政策及程序。这些产品包括贷款、开发信贷、担保和对冲产品。

借款客户和金融服务处负责管理世界银行所有借款客户的贷款账户，是国际复兴开发银行和国际开发协会中行使账户管理和回收职能的重要机构。此外，它还负责处理信托基金账户的支付，解决借款客户有关在国际复兴开发银行和国际开发协会的贷款和信用结构上的技术问题。

手册中世界银行一词指代国际复兴开发银行（IBRD）和国际开发协会（IDA）。如果讨论中仅涉及其中一个机构，将明确指出其机构名称。

世界银行财务管理局借款客户与金融服务处
美国华盛顿哥伦比亚西北区 H 街 1818 号
邮编：20433
电话：202－458－8330
传真：202－522－3428
电子邮箱：loanclientservices@ worldbank. org

第一章　世界银行贷款工具

世界银行的贷款业务分为两大部分[①]：投资和开发政策。投资贷款为政府提供资金（以国际复兴开发银行贷款、国际开发协会信贷和赠款的形式），满足他们在各领域经济和社会发展项目中的具体资金需求。开发政策贷款为政府在政策和机制改革方面提供无附加条件的、直接的资金支持，目的是取得一系列特定的开发成果。

一、投资贷款

投资贷款的期限较长（5 至 10 年）；贷款针对各领域经济和社会发展项目中的产品、工程和服务提供资金支持。资金的支付按照与投资项目有关的国外或当地具体支出进行，包括前期确定的民用工程、设备、材料、技术和咨询服务以及经常性成本开支。投资贷款向未拖欠世界银行贷款的国际复兴开发银行和国际开发协会借款客户提供。过去 20 年来，投资贷款平均占世界银行贷款总额的 75% ~ 80%。目前可提供 7 种不同类型的投资贷款：

1. 可调整计划贷款（APLs）为长期开发项目提供分阶段的支持。这种贷款包括一系列的品种，均建立在以往贷款经验的基础上。可调整计划贷款要求借款客户

① 关于《世界银行贷款工具》的更多信息，可在网站 www. worldbank. org 上查询。

和世界银行就以下问题达成一致：（1）贷款所支持的分阶段的长期开发项目；（2）与所支持的阶段有关的部门政策；（3）针对部门投资和经常性开支的优先权。在下一个阶段启动前，要对项目的阶段进展进行评估，必要时还要进行深入分析。

2. 紧急恢复贷款（ERLs）是在战争、内乱或自然灾害等严重破坏社会经济的重大事件发生后，迅速向借款客户提供支持以帮助其恢复资产和生产的贷款形式。这些贷款也可用来：（1）加强重建工作的管理与落实；（2）开发抗灾技术和预警系统，防范或减轻未来突发事件的影响。

3. 金融中介贷款（FILs）向当地金融机构提供长期资金，满足实体部门的投资需求。金融中介贷款支持会对金融中介的服务效率产生实质性的直接影响的金融部门改革，例如，利率政策、补贴、提高金融系统竞争力的措施和金融中介的体制发展。

4. 学习和创新贷款（LILs）支持小型试点性投资和能力建设项目。这些项目的成功能够带来规模更大的项目，将学习和创新贷款创造的经验成果广泛应用。学习和创新贷款的贷款金额通常不超过500万美元，贷款期限为2至3年。所有的学习和创新贷款都有一个有效的监督与评估系统，用以总结经验教训。

5. 特别投资贷款（SILs）支持经济、社会和机构基础设施的建立、重建和维护。此外，特别投资贷款还可以为咨询服务以及管理、培训项目提供融资。

6. 部门投资与维护贷款（SIMs）的主要对象是特定部门②的公共开支项目，旨在通过协助有关方面在新的资本投资、恢复、重建和维护之间达成适当的平衡，使部门开支、政策和绩支、政策和绩效与国家的发展重点相一致。

7. 技术援助贷款（TALs）向借款客户提供技术援助，用于机构能力建设。重点是组织安排、人员配置方法以及重要机构的技术、人力物力或是财政资源。

二、开发政策贷款

开发政策贷款（DPLs）为短期贷款（1至3年）；提供快速支付的外部融资，以支持政策和机构改革。开发政策贷款确保为有外部融资需求的国家提供快速援助，支持结构改革。这类贷款支持营造有利于可持续的、公平的增长环境所需的政策和机构调整。近20年来，开发政策贷款平均占世界银行贷款总额的20%~25%。

2004年8月9日，世界银行执行董事会在同银行内外的利益相关者进行广泛磋商后，通过了OP/BP 8.60开发政策贷款③。这项新政策统一适用于所有开发政策贷款，消除了结构调整贷款（SALs）、部门调整贷款（SECALs）、国内调整贷款（SNALs）、恢复贷款（RILs）和项目结构调整贷款（PSALs）之间的差别。

这些调整将使世界银行能够更加有效地应对客户国的融资和发展需求。“开发政策贷款”一词取代了“调整贷款”。此外，开发政策贷款还是唯一一种基于政策

② 关于部门详细信息，请参考部门编码。

③ 关于OP/BP 8.60，《开发政策贷款》的更多信息，请登录www.worldbank.org。

的贷款工具。

先前政策奉行的某些重要原则保留不变：

- 世界银行的评估内容包括对方是否具备适当的宏观经济政策框架；
- 限制条件有望更加精简，只规定有限的条件或期望的先期行动，这些行动要对项目的成功与否起着重要的作用；
- 支付程序和世界银行的审计权保持不变。

第二章　项目准备金

世界银行会从项目准备金（PPF）中划拨项目筹备预付款（PPA），在以下方面向借款国提供资金支持：

（1）项目筹备、规划和一些前期落实活动；

（2）开发政策支持的项目筹备工作；

（3）建立应急反应机制以应对危机和突发事件。

项目筹备预付款是世界银行支持项目筹备工作的一条途径，是对项目筹备信托基金和追溯融资等方式的补充。

只有在银行极有可能为筹备中的项目提供贷款的条件下，才能提供项目筹备预付款。但是，项目筹备预付款的发放并不意味着银行一定会为项目提供贷款。在项目贷款发放后，项目筹备预付款由项目贷款资金偿还。在未发放项目贷款的情况下，它需要再融资或偿还（参考再融资/偿还一节）。项目筹备预付款的币种是美元，利率按照国际复兴开发银行固定利差条款执行，或按照国际开发协会信贷或赠款的条款执行，取决于借款国的情况。

世界银行决定项目准备金的总承诺额和每笔预付款的最高限额。在贷款批准之前，可以提供一笔或多笔预付款。有关它们最高额度的规定为：（1）对于属于危机和应急事件快速反应范畴的预付款，累计不得超过500万美元；（2）其他范畴的预付款总金额不超过300万美元。

再融资/偿还

项目准备金是周转资金的一种形式。偿还和再融资的条款都是在保证周转资金的完整性的基础上设立的。预付款的利息按照银行的利率计算。在预付款再融资或偿还的其他条款决定前，它的利息可以延期偿还。

在借款国与世界银行达成的项目预付款协议中，规定了预付款的用途、期限与条件，并明确规定了预付款再融资或开始偿还的日期。正常情况下，再融资的日期是项目贷款协议开始生效的日期。从这个日期开始，不能再提取预付款，未使用的金额作废。如果在预付款协议执行的2年内，项目贷款协议没有生效，那么借款国和世界银行需要可以协商推迟预付款再融资的日期。在项目贷款协议在再融资日期之前生效的可能性不大的情况下，预付款可以由其他贷款偿还，或者借款国要保证

《贷款协议》会在再融资日期前生效。

为了偿还项目预付款，项目贷款协议中需要明确一个单独的支付类别，其支付金额可以足够覆盖预付款的本金、累计的应付利息或者可能发生的服务费。在偿还预付款后，如果这个支付类别中还有剩余的金额，则可以用于《贷款协议》支付时间表中的其他支付类别对于接下来发生的有资格由贷款再融资的项目预付款，可以根据《贷款协议》中适当的支付类型予以支付。

在《贷款协议》未在预付款再融资日期前生效的情况下，需要按照以下方式偿还贷款：

（1）如果借款国是国际复兴开发银行成员国或国际开发协会成员国，能够在项目预付款获准之日起享受国际开发协会信贷，那么它应该在从再融资日期开始的5年内，分期偿还预付款（以及应计利息或可能发生的服务费），每半年支付一次，共分10次还清。如果项目预付款的金额为50000美元或低于50000美元，借款国应在收到银行贷款回收的通知后，在60天之内还清预付款。

（2）如果借款国是国际开发协会成员国，只能在项目预付款获准之日起接受国际开发协会的赠款，那么预付款将成为国际开发协会的赠款，借款国可以不予偿还。

对于项目预付款协议中明确指出或提及的事项，一旦中止执行，银行可以暂停支付预付款。在预付款没有依照协议条款使用的情况下，银行有权要求归还款项。

项目预付款的开单程序要求多方的协调，包括世界银行国别局、贷款部门以及贷款服务组（LSG）。指定的项目经理（TTL）负责通知贷款服务组和贷款部门预付款未能再融资一事。应项目经理的要求，贷款服务组提供已支付的预付款信息，包括当前的余额以及应收的费用。项目经理将准备出一份正式的通知单，由世界银行在借款国国别局的局长签字，通知借款国将不会对项目预付款进行再融资，相关单据将于近期送达。在收到正式通知单的副本后，贷款服务组将启动开单程序。

由国际复兴开发银行提供的项目预付款利息是可变的6个月LIBOR加上利差计算，以美元标价。在开单前，利息期都是从1月1日或7月1日算起。对于其他利息期，LIBOR的调整日期均为相关利息期之前的1月1日或7月1日前的倒数第二个伦敦银行营业日。在开单后，银行将付款的分期偿还时间表日期告知借款客户，银行将决定LIBOR的调整日期变为每月1日或15日前的倒数第二个伦敦银行营业日，而具体哪一天要看离支付日期最近为准。

对于国际复兴开发银行在1999年8月31日之后发放的项目预付款，贷款利率与固定利差贷款（FSL）利率相同。

对于由国际开发协会提供的项目预付款，它的偿还条件同国际复兴开发银行相同，只是前者不收取应计利息，而是统一收取75个基点的服务费。

第三章　国际复兴开发银行贷款产品

国际复兴开发银行（IBRD）在借款、避险保值和信用增级方面向有资格的成员国提供一系列灵活、低成本的金融工具。这些工具能够帮助成员国满足他们的融资需求，用较低的成本实现他们的风险管理战略。国际复兴开发银行的金融产品[④]包括贷款和风险管理，此外，它还为成员国提供了几种担保产品，包括部分风险担保、部分信用担保和基于政策的担保。本章主要介绍国际复兴开发银行现有贷款产品的条款和条件。

一、国际复兴开发银行灵活贷款（IFL）

对大多数公共部门的借款客户来说，国际复兴开发银行在主要币种的贷款上比其他国际金融机构更有竞争力，更加灵活。IBRD 灵活贷款（IFL）集中了固定利差贷款（FSL）和浮动利差贷款（VSL）这两个前期贷款产品的最大优点。

灵活贷款可以使借款客户调整偿还条款（包括宽限期，还款期和分期偿还结构）以满足他们的债务管理或项目需求。只要加权平均期限不超过 18 年，最终的还款期可以达到 30 年，其中包括宽限期。偿还条款需要在项目筹备时开始考虑，在贷款谈判的过程中加以明确，不过，固定利差除外，它是在贷款签订时决定的。例如，如果借款客户的目的是减少债务的总体融资风险，他们可以选择一些有利于梳理还贷结构的偿还条款。另外，偿还条款的灵活性也适用于转贷项目，以满足项目预期的现金流。

国际复兴开发银行灵活贷款可以在贷款期间提供币种和/或利率方面的几种选择。这些选择会在《贷款协议》中写明，并根据借款客户的需求加以执行。为了降低货币风险，灵活贷款可以提供换汇服务，即转换未支付和/或已支付贷款金额的币种。鉴于流动的掉期市场的存在，借款客户也可以增大用当地货币偿还国际复兴开发银行贷款的比例。

灵活贷款借助国际复兴开发银行 AAA 级的信用等级为它的所有借款客户节约了贷款成本。另外，通过使用规范的市场基准，国际复兴开发银行的贷款具有定价的可预测性和透明度。一些主要币种的贷款利率在 6 个月 LIBOR 和浮动或固定利差的基础上，每半年调整一次。在贷款期限内，借款客户可以在以下方面享受到贷款的灵活性：

- 改变已支付和尚未支付金额的贷款币种；
- 固定已支付金额的利率；
- 解除或重新固定已支付金额的利率；
- 设定已支付金额利率的上限或上下限。

在项目开始时，一次性收取贷款金额 0.25% 的先征费（FEF）。这个费用也可以从贷款中扣除。

---

④ 有关 OP 3.10，《国际复兴开发银行贷款、避险产品和国际开发协会信贷的期限和条件》的更多信息，请登录www.worldbank.org。

国际复兴开发银行灵活贷款（IFLs）的利差

国际复兴开发银行灵活贷款的利率是贷款币种在利率确定当日的 6 个月 LIBOR 加固定或浮动利差。

浮动利差

灵活贷款的浮动利差包括银行相对 LIBOR 的平均利差和银行的标准贷款利差。表 1 介绍了在 2009 年 1 月 1 日至 2009 年 6 月 30 日这一段时期内灵活贷款的浮动利差。

表 1　国际复兴开发银行灵活贷款的浮动利差

（截至 2009 年 1 月 1 日）

贷款币种	基准利率	浮动利差选择*
美元	美元 6 个月 LIBOR	-0.05%
欧元	欧元 6 个月 LIBOR	-0.05%
日元	日元 6 个月 LIBOR	-0.05%

固定利差

国际复兴开发银行固定利差包括由执行董事会批准的贷款利差、预估的资金成本和项目的风险溢价。如果市场走向支持预估的美元融资利差的基本掉期和/或变化，那么世界银行可以调整新的固定利差灵活贷款的固定利差。从 2009 年 3 月 28 日起，国际复兴开发银行灵活贷款针对不同的偿还期限提供了几档固定利差。表 2 显示了 2009 年 6 月 14 日生效的固定利差贷款的贷款利率。

表 2　国际复兴开发银行灵活贷款的浮动利差

	2009 年 6 月 14 日起签订的 IBRD 固定利差灵活贷款		
	10 年和 10 年以下*	10 年至 14 年*	14 年以上*
合约利差	+0.30%	+0.30%	+0.30%
市场风险溢价	+0.10%	+0.10%	+0.15%
预估的资金成本	+0.30%	+0.55%	+0.75%
美元的贷款利率	**LIBOR +0.70%**	**LIBOR +0.95%**	**LIBOR +1.20%**
欧元**	**LIBOR +0.70%**	**LIBOR +0.95%**	**LIBOR +1.20%**
日本**	**LIBOR +0.60%**	**LIBOR +0.85%**	**LIBOR +1.10%**

* 根据贷款承诺时的平均偿还期

** 日元固定利差中可以有 -0.10% 的基本掉期调整

有关目前的定价信息，请登录网站 http：//treasury. worldbank. org。

条款和条件

国际复兴开发银行灵活贷款和它的转换条款适用于国际复兴开发银行借款客户的所有规范的国际复兴开发银行贷款项目。

表3　国际复兴开发银行灵活贷款的条款和条件

贷款币种	承诺的币种：贷款币种可以是美元、欧元和日元中的一种或多种。其他币种也可以，不过要视具体情况而定，取决于国际复兴开发银行能否在市场上获得该币种的充分资金。 支付的币种：贷款可以以不同的币种支付，这取决于客户的需求。首先由国际复兴开发银行获得该币种的货币，接着转给客户。不过，贷款义务仍是贷款承诺的货币。 偿还币种：贷款本息和其他费用可以以承诺时的币种偿还。不过，如该表嵌入的选择权一栏所示，银行也可以提供换汇服务。
贷款利率	贷款利率包括浮动的基准利率加利差。利率从每个利息支付日开始，每半年调整一次，适用于整个利息期。 大多数币种的基准利率是一个利息期开始时的6个月LIBOR，而其他币种的基准利率则参考知名商业银行的浮动利率。
贷款利率利差	借款客户可以选择不同的利差： 半年可变利差：国际复兴开发银行在筹资上相对于6个月LIBOR的加权平均成本差额（每年重新计算两次，分别是1月1日和7月1日）加国际开发复兴银行的合约贷款利差（0.30%，截至2009年3月31日）。 贷款期内的固定利差：国际复兴开发银行相对于美元LIBOR的预估筹资成本差额，合约贷款利差，风险溢价，非美元贷款的基本掉期调整。
嵌入的选择权	利率转换 设定利率的上限和上下限 币种转换
先征费	先征费根据贷款金额的0.25%收取。借款客户可以选择在贷款生效后将先征费从贷款中扣除，如果不采用这个方式，借款客户必须在贷款生效的60天内，并且第一笔贷款尚未提取之前交纳该费用。
分期偿还模式和还款计划	借款客户可以灵活地调整偿还条款，以满足他们项目、资产和债务管理的需求。分期偿还模式可以是等额支付、年度支付、期末整付或其他个性化的支付形式。偿还时间表可以在贷款承诺时确定或在支付过程中确定。
偿还期	最终的还款期限是30年。 最长的加权平均期限是18年。
偿还日期	还款日期是每月的1日或15日，通常每六个月支付一次。支付日期是由借款客户在贷款协商过程中决定的。
提前还款⑤	借款客户可以随时提前偿还全部或部分贷款余额。提前还款手续费（溢价）的标准是：（1）国际复兴开发银行对提前还款金额的重新调配成本；（2）解除余额利息或转换货币的成本费；（3）之前已转换金额的交易费。

⑤　关于提前还款的详细信息，请参考本手册的第七章。

偿还条款

政策限制：最终还款期最长为30年，包括宽限期（在此期间内，只需支付利息）。加权平均期限最长为18年。偿还条款在贷款协商过程中确定。一旦签订贷款协议，偿还时间表在贷款期内不得更改。另外，借款客户有两种偿还时间表可以选择：

- 与贷款承诺挂钩的偿还时间表：贷款偿还时间表在《贷款协议》签订时确定。偿还本金金额按照总的贷款支付金额和余额确定。
- 与支付挂钩的偿还时间表：贷款偿还与实际的支付相关。鉴于偿还时间表与支付相关，平均还款期和预期的平均支付期之和最长为18年。对于这种贷款，平均还款期的计算为支付日与计划还款日之间的加权平均期。

这个限制适用于每笔支付金额的偿还时间表。预期的平均支付期为贷款批准日与预期的支付日之间的加权平均期。每个半年内总的支付等同于一个支贷款或子贷款，有各自的偿还条款（包括宽限期、最终的还款期和偿还模式）。同一贷款下所有支贷款的偿还条款都必须相同。

利率转换

贷款支付金额的浮动利率可以调整为固定利率，即使在变为固定利率后，也可以回调为浮动利率。这由借款客户在贷款期内随时选择，调整的对象可以是全部或部分贷款余额。另外，借款客户也可以为全部或部分已支付的贷款金额的浮动利率设置上限或上下限。

币种转换

为了降低货币风险，国际复兴开发银行灵活贷款能够提供币种转换服务，转变尚未支付或已支付金额的币种。鉴于流动的掉期市场的存在，借款客户也可以加大用当地货币偿还IBRD贷款的比例。（参考表3：贷款币种：承诺币种）

未支付金额：全部或部分未发放金额可以转换成IBRD能够有效介入的币种。

已支付金额：全部或部分已支付金额可以转换成其他币种，包括借款客户的当地货币，取决于该货币掉期市场的普及程度。

转换费

币种和/或利率转换需要收取交易费，第一次固定利率除外。有关最新的转换费的收取情况，请登录世界银行网站：http：//treasury. worldbank. org。为了利于转换，浮动利差贷款需要首先变为固定利差贷款，在此过程中，收取每年0.03%的固定利差费。

有关利率和币种转换的更多信息，请参考《贷款条款变更指南》。

二、国际复兴开发银行应急贷款

延迟提款选择（DDO）是一种应急贷款产品，在类似自然灾害、经济增长减速、商品价格或贸易下滑等不利事件发生时，为借款客户迅速提供所需现金。延迟提款选择能够使借款客户在开发政策贷款（DPL）协议生效之后，在固定的提款期内推迟提款。国际复兴开发银行提供了两种类型的延迟提款选择产品。

开发政策贷款下的延迟提款选择（DPL DDO）：这个产品为成员国提供了资金来源，使他们在出现融资需求的时候能够获得长期的国际复兴开发银行资源，保证结构化项目的继续推行。同时，它使借款客户在没有迫切融资需求的情况下，与世界银行在政策方面持续巩固正式的合作基础，重视世界银行的建议，在必要的时候能够迅速获得银行的现金支持。

灾难风险下的延迟提款选择（CAT DDO）：世界银行研发这个产品的目的是满足中等收入国家的需求，在这些国家发生自然灾害后，能够通过这个贷款更快更好地解决他们的资金需求。灾难风险下的延迟提款选择的主要目标是：（1）发展/提高借款客户管理自然灾难风险的能力；（2）发生自然灾难后，在其他的资金来源（如特许资金、双边援助或重建贷款）还在调配时，它能够发挥过渡融资的作用，迅速为灾难国提供资金。开展意外风险管理项目是申请灾难风险下的延迟提款选择的先决条件。它在世界银行全面灾难风险管理框架下，为国家的其他工具提供补充，主要强调风险防范，而不只是风险反应。

条款和条件

开发政策贷款下的延迟提款选择和灾难风险下的延迟提款选择同灵活贷款相同，有着同样的定价并提供风险管理选择。表 4 介绍了这两种产品的主要条款和条件。

表 4　延迟提款选择的主要条款和条件

	开发政策贷款下的延迟提款选择	灾难风险下的延迟提款选择
目标	在借款客户需要的时候迅速向他们提供资金	发展/提高借款客户管理意外风险的能力。 在自然灾害发生后，提供紧急资金，弥补融资缺口。 保障正在进行的开发项目。
资格	有资格获得国际复兴开发银行贷款的借款客户（需要满足一些先决条件）	
先决条件	建立适当的宏观经济政策框架 项目的总体实施项目令人满意	建立适当的宏观经济政策框架 准备开展或已经开展了灾难风险管理项目
货币	与国际复兴开发银行普通贷款相同	

续表

	开发政策贷款下的延迟提款选择	灾难风险下的延迟提款选择
提款	在贷款生效的3年内，可在任何时间分次或全额提取贷款。 提款期限也可以延长3年。	在贷款生效的3年内，可在任何时间分次或全额提取贷款。提款期限最多可以延长4次（总计15年）。
提款要求	贷款可以在借款客户的请求后迅速支付，除非银行认为借款客户没有满足一条或多条提款条件并且已经提前通知了借款客户。	贷款在发生自然灾难，使国家处于紧急状态后，可以迅速支付，除非银行认为借款客户没有满足一条或多条提款条件并且已经提前 通知了借款客户。
偿还条款	在最长期限的政策限制内，可以选择与承诺挂钩的偿还时间表或与支付挂钩的偿还时间表。偿还时间表从提款日期开始执行。	
贷款利率	大多数币种的基准利率是利息期开始时的6个月 LIBOR，其他币种的基准利率参考知名商业银行的浮动利率。	
贷款利差	同于国际复兴开发银行普通贷款在提款时的适用利差	
先征费	同于国际复兴开发银行普通贷款：在贷款生效时收取贷款金额0.25%的费用。不收取延长提款期的先征费。	
币种转换、利率转换、设定上限和上下限、支付日期、转换费、提前还款	同于国际复兴开发银行普通贷款	
其他特色		国家限制：最大规模为GDP的0.25%或等同于5亿美元，取二者中的低值（对一些小国的额度限制可以视具体情况而定）。 循环特色：在关闭日前，借款客户偿还的金额可以循环提取。

三、引入的新的贷款特色

世界银行在它的贷款中引入了一些最新的贷款特色。

2009年

2009年6月14号：国际复兴开发银行固定贷款降低固定利差于2009年6月14号生效，以减少了固定利差的不同价格层次。新的固定利差将适用于在2009年

6 月 14 日当日及之后签署的贷款，以签署的当地日期为准。

2009 年 3 月 30 日：国际复兴开发银行灵活贷款的固定利差提高；引入了以偿还期为基础的定价。从 2009 年 3 月 28 日开始，国际复兴开发银行根据平均偿还期，提供了有不同定价水平的固定利差灵活贷款。凡是在 2009 年 3 月 29 日（含 29 日，签订地的当地时间）之后签订的固定利差贷款适用新的利差。

2008 年

2008 年 3 月 4 日：国际复兴开发银行应急贷款：加强延迟提款选择权。应急贷款为借款客户在融资需求方面提供了灵活性（DPL DDO），提高对自然灾害的快速反应（CAT DDO）。

2008 年 2 月 12 日：国际复兴开发银行贷款简化，偿还期延长。董事会批准延长最长还款期至 30 年（平均期限升至 18 年），适用于国际复兴开发银行所有新的贷款和担保，并且简化国际复兴开发银行贷款至同一产品线。凡是在 2008 年 2 月 12 日（含 12 日）由董事会批准的所有新贷款和担保适用新的期限规定。

2007 年

2007 年 9 月 27 日：国际复兴开发银行贷款定价改革。世界银行的执行董事会批准大幅简化和降低国际复兴开发银行贷款和担保的定价。主要的变化包括统一的较低定价和逾期 30 天以上 0.5% 的罚息规定。在取消承诺费后，开发政策贷款和投资贷款的定价目前相同。与旧的定价相比，开发政策贷款平均节约成本 0.17%，投资贷款平均节约成本 0.32%。新的定价适用于在 2007 年 9 月 27 日（含 27 日）之后签订的所有新的贷款。对于在 2007 年 5 月 16 日至 2007 年 9 月 27 日期间签订的贷款，借款客户可以以签订变更协议的方式要求执行新的定价条款，只不过变更协议要在 2009 年 3 月 31 日才开始生效。

新的定价政策降低了贷款定价的复杂性，通过取消较高的合约贷款利差、先征费和每年批准减免的承诺费，进而以较低的单一合约利差和一次性先征费（取消了减免和承诺费）代替，降低了每年对贷款收费水平的不确定性。但是，在本金逾期方面引入了罚息政策，取代了之前为了使借款客户按时还款而制定的减免激励政策。有关管理币种和利率风险的嵌入选择仍全部保留。

第四章　终止的贷款产品

本章主要介绍国际复兴开发银行已经停止提供的贷款产品的条款和条件。它们虽然不再出现在新贷款中，但仍然对一些尚有余额的老贷款有效。

一、固定利差贷款（FSL）⑥

2008年2月12日，国际复兴开发银行停止发放固定利差贷款（FSL），取而代之的是国际复兴开发银行灵活贷款（IFL）。固定利差贷款出现于1999年，它为借款客户提供由6个月LIBOR和固定利差构成的浮动贷款利率，同时提供的还有贷款币种和利率的转换选择。固定利差在贷款期内保持不变。

根据固定利差贷款的规定，借款客户选择承诺币种，这将写入《贷款协议》。借款客户可以选择用一种或几种货币来获得固定利差贷款，其中包括欧元、日元、美元、瑞士法郎、英镑，以及国际复兴开发银行能够有效中介的其他币种。⑦

应借款客户的要求，在贷款期限内，可以将承诺币种转换为另一币种，转换次数不限。对于未支付金额，币种转换可以通过贷款的重新选币定值来完成。对于已支付而尚未偿还的金额，币种转换将反映国际复兴开发银行开展避险币种交易的市场利率。

偿还条款

国际复兴开发银行贷款的偿还条款依据国别指标，特别是人均收入和其他国家信誉指标。⑧ 国际复兴开发银行每年都对国家分类情况进行复核。假如某国被重新分类，则新的偿还条款只适用于新的贷款承诺。现有贷款不受影响。

固定利差贷款有两种偿还时间表可供选择：

- 贷款承诺时确定的偿还时间表（与承诺挂钩）；
- 同实际支付挂钩的偿还时间表（与支付挂钩）。

与承诺挂钩的固定利差贷款偿还时间表

根据与承诺挂钩的固定利差贷款，借款客户在承诺贷款时就可确定宽限期的长度和本金偿还时间安排。此外，借款客户还可以制定明确的偿还时间表：（1）本金等额偿还（按期偿还相同金额的本金）；（2）年金型时间表（本金加利息金额相对稳定，只在调整利率或已支付未清偿贷款金额时才会发生变化）。

此外，借款客户还可以选择其他的偿还时间表，比如一次性偿还贷款或者量身定制本金偿还方式的贷款。与承诺挂钩的固定利差贷款的平均偿还期限以预期贷款批准时间和计划偿还时间为起止日期，以偿还金额加权（见表5）。

---

⑥ 要了解更多情况，请参阅《固定利差贷款》（2003年4月）和《国际复兴开发银行贷款的主要条款及条件》（2001年2月）。这两本手册均可向银行业务与债务管理组索取，或访问网站 http：//treasury. worldbank. org。

⑦ 假如国际复兴开发银行无法提供某种特定币种，可以为借款客户提供一个替代币种，但出现这种情况的可能性不大。

⑧ 要了解更多情况，请参阅 OP 3.10，附件4，www. worldbank. org（点击 Projects & Operations，选择 Project Database，Policies & Procedures，Operational Manual）。

表5　在贷款承诺时确定偿还期限的国际复兴开发银行固定利差贷款的限制条件（年）

政策限制			“标准”国别条件		
国家类别*	平均偿还期限	最终偿还期限	宽限期	最终偿还期限	偿还方式
一至二类	14.25	25	5	20	年金
			或8	20	本金等额偿还
三类	11.25	25	4	17	年金
			或5	17	本金等额偿还
四至五类	10.25	25	3	15	年金
			或5	15	本金等额偿还

* 关于国家类别，参见 OP 3.10，附件3和附件4，www.worldbank.org。

与支付挂钩的固定利差贷款偿还时间表

与支付挂钩的固定利差贷款其每6个月内的累计支付金额（已支付金额）的偿还时间表是从支付后的下一个计息期算起。偿还时间表以及宽限期和最终偿还期在《贷款协议》中有明文规定，该贷款下的所有已支付金额均适用。与支付挂钩的贷款偿还时间表的限制条件是以预期平均支付期以及每笔已支付金额的平均偿还期限之和为基础设定的。（见表6）

预期平均支付期是贷款批准日期与预期支付日期之间的加权平均期。这类贷款的平均偿还期限为支付日期与计划偿还日期之间的加权平均期限，以偿还金额作为权数进行计算。

表6　与实际支付情况相关的国际复兴开发银行固定利差贷款偿还时间表的限制条件（年）

国家类别*	预期平均支付期与平均偿还期之和	最终偿还期限
一至二类	14.25	25
三类	11.25	25
四至五类	10.25	25

* 关于国家类别，参见 OP 3.10，附件3和附件4，www.worldbank.org。

贷款利率

固定利差贷款的利率由浮动基准利率和固定利差共同构成。贷款利率每半年在各个利息支付日重新确定，新确定的利率适用于始于该日期的计息期。

- 浮动基准利率为每个计息期开始时的6个月 LIBOR。
- 利差反映出如下各项之和：

—— 国际复兴开发银行相对于美元LIBOR的预期筹资成本利差，加上或减去非美元固定利差贷款的基准掉期调整；

—— 国际复兴开发银行合约贷款利差；

—— 市场风险溢价。

考虑到基于 LIBOR 之上的贷款利差为固定值，且国际复兴开发银行的借款期限低于其发放给借款客户的贷款期限，市场风险溢价可以对国际复兴开发银行的再融资风险形成补偿。

二、浮动利差贷款（VSLs）

国际复兴开发银行在 2008 年 2 月 12 日停止提供浮动利差贷款（VSL）。固定利差贷款和浮动利差贷款的特点被结合到一个统一的贷款平台 —— 第三章中讨论的国际复兴开发银行灵活贷款（IFL）。浮动利差贷款（以前称为浮动利率单一货币贷款）的币种由借款客户选择。这种贷款的利率可变，以 6 个月 LIBOR 和每 6 个月调整一次的利差为基准，利差的调整幅度取决于前一时期国际复兴开发银行的筹资成本。同固定利差贷款一样，借款客户也可以选择一种或几种货币作为浮动利差贷款的货款币种。

贷款利率

浮动利差贷款的利率是以直接成本转让方式为基础，以现行的 LIBOR 加上或减去国际复兴开发银行相对于前者的平均成本差额，再加上国际复兴开发银行的合约贷款利差。适用于浮动利差贷款的成本利差是所有币种相对于 LIBOR 的半年平均成本差额的加权平均值。国际复兴开发银行的成本利差每年计算 2 次，分别在 1 月 15 日和 7 月 15 日生效。

偿还条款

浮动利差贷款的期限通常为 15 至 20 年，其中包括 3 至 5 年宽限期。其本金偿还以本金偿还时间表为准，以贷款币种表示。还款受承诺贷款金额影响，与支付时间无关。

借款客户可采用本金等额偿还（每次偿还相同金额的本金）式时间表，也可采用年金式时间表。按照年金式时间表，到期应付的本金和利息总和相对固定，只在调整利率或调整已支付、但尚未清偿的贷款金额时才会发生变化。年金法只适用于第一类和第二类国家。

表 7　浮动利差贷款的标准国家期限（年）

国家类别	宽限期	最终偿还期限	分期偿还方式
一至二类	5	20	年金
三类	4	17	年金
	5	17	LRP*
四至五类	3	15	年金
	5	15	LRP

* 本金等额偿还。

三、固定利率的单一货币贷款（FSCLs）

1995年，随着单一货币贷款的推广，董事会批准了以LIBOR为基础的固定利率单一货币贷款。这种贷款产品一直提供到1999年12月，此后被固定利差贷款取代。相对于固定利率单一货币贷款，固定利差贷款在条款和条件方面提供了更大的灵活性，并且不增加额外的成本。固定利率单一货币贷款的贷款币种为所有银行能有效募得的货币。

贷款利率

固定利率单一货币贷款的利率包括一个基准利率，能够反映具有相同偿还期的某一货币贷款的市场利率，外加固定利差。固定利差包括：（1）国际复兴开发银行相对于这些贷款基本利率的预期筹资成本利差；（2）风险溢价，对国际复兴开发银行在预期的，而不是实际的成本差额方面所承受的市场风险的补偿；（3）国际复兴开发银行的合约贷款利差。利率每半年于固定日期确定，适用于前6个月的支付额。这一利率保持不变，直到该部分金额还清。也就是说，固定利率单一货币贷款实际是一系列的固定利率子贷款，各子贷款金额为每半年的累计支付额。

偿还条款

每笔支付金额有三年的宽限期，始于固定利率的日期。在宽限期后，已支付的本金可以每半年等额偿还，直到最终的偿还期。适用的最终偿还期包括宽限期，是以预期的支付期为基础确定的（见表8）。

表8　固定利率单一货币贷款的限制条件（年）

预期的支付期	每笔支付的宽限期	每笔支付的最终偿还期	从批准日期起的最终贷款偿还期
0 ~ 3	3	12	12 ~ 15
3 ~ 6	3	9	12 ~ 15
高于6年	3	6	12 ~ 20*

＊对于第三类借款国家，总的贷款期限最长为17年，对于第四类和第五类国家，贷款期限最长为15年。

四、货币总库贷款（CPLs）

在1982年至2001年期间，世界银行提供浮动利率的货币总库贷款（CPLs）。这些贷款为多币种债务。虽然它们以美元等值承诺，但其本身并不是美元债务。借款客户的货币债务币种反映出世界银行货币总库的货币构成情况。借款客户的应付利息以国际复兴开发银行用于支付这些贷款的未清贷款债务的半年期平均成本为基准。

每一笔货币总库贷款的货币构成都是世界银行货币总库的一部分，货币总库的构成情况每天都在发生变化。世界银行的目标是控制货币总库的货币构成情况，至少90%的美元等值的价值保持在1美元：125日元：1欧元的固定比例。

在支付当日，通过适用汇率（AER）将已支付的货币金额转换为美元等值。随后，用美元等值除以支付当日的一个货币总库单位的价值（参见总库单位价值），得出支付的货币总库单位数量。将这个数量计入尚未清偿的货币总库单位数量，以决定借款客户须偿还的金额。

总库单位价值

用货币总库中的各货币美元等值的总额除以尚未清偿的货币总库单位总数，就可得到货币总库单位价值。货币总库单位价值每日随下列因素变化：（1）货币总库中货币汇率的波动；（2）货币总库中的货币构成情况。货币总库单位价值可被视为用来将国际复兴开发银行货币总库单位转换为其美元等值的汇率。

货币总库中主要货币相对于美元的汇率波动会影响到总库单位价值，从而也影响各项货币总库贷款的美元等值。例如，假如美元相对于货币总库中的其他币种升值，以美元标价的货币总库单位价值将降低。

借款客户债务的计算方式是以尚未清偿的货币总库单位数量乘以货币总库单位价值，因此，因汇率波动而产生的货币总库单位价值的变化会影响到还款金额的美元等值。

本金偿还预测

《贷款协议》规定了偿还时间表。根据时间表，宽限期结束后，国际复兴开发银行将计算到期日应回收的货币总库单位数量，方法是用计划到期值除以尚未清偿的提款额的原始价值，再乘以贷款尚未清偿的货币总库单位总数和现行货币总库单位价值。在每个到期日偿还的货币总库单位美元等值将随着货币总库单位价值的每日波动而变化。

对于全额支付的贷款，借款客户可以预测在每个到期日偿还的货币总库单位数量，方法是用某个特定到期日的计划到期值除以尚未清偿的提款额的原始价值，再乘以尚未清偿的货币总库单位总量。

例如，假设这样一种情况：一笔贷款的计划到期额为750万美元，在未来10年内每半年偿还一次；尚未清偿的提款额的美元历史价值为1.4亿美元；尚未清偿的货币总库单位总量为6900。如此算来，在每个到期日偿还的货币总库单位数量为一个常数369.64（参见表9）。

表9　应偿还的货币总库单位计算方法

到期日	应偿还的货币总库单位	本金余额的原始价值	货币总库单位余额
1	（7.5m/140m）×6900 = 369.64	140m - 7.5m = 132.5m	6900 - 369.64 = 6530.36
2	（7.5m/132.5m）×6530.36 = 369.64	132.5m - 7.5m = 125m	6530.36 - 369.64 = 6160.72
3	（7.5m/125m）×6160.72 = 369.64	125m - 7.5m = 117.5m	6160.72 - 369.64 = 5791.08

贷款利率

成本基数和贷款利差：货币总库贷款转至借款客户的利率是国际复兴开发银行用于这些贷款的未清贷款债务的平均成本加上贷款利差。利率的基准是国际复兴开发银行1982年以来未清贷款债务的半年期平均成本（VLR82），其中不包括用于支付国际复兴开发银行流动性资产的债务以及1989年以后发放的其他贷款产品（VLR89）。货币总库中国际复兴开发银行借款的每一种币种的成本基数每6个月重新计算一次，以对应分别结束于6月30日和12月31日的半年期。随后，以每种货币对应的美元等值在货币总库中所占的份额加权计算出货币自身的平均成本。

五、单一货币总库（SCP）贷款

1996年9月1日至1998年6月1日期间，国际复兴开发银行允许借款客户变更已签订的货币总库贷款协议的条款，改变贷款承诺的币种。

借款客户可以要求：

（1）将未支付的贷款金额转换成单一货币贷款形式（浮动利差贷款或固定利率单一 货币贷款）；

（2）将已支付但未清还的贷款金额和未支付的贷款金额（尚未转换成单一货币贷款 形式）转换成四种单一货币总库（SCPs）的一种；

（3）以上两种的组合。

将未支付的贷款金额转换成单一货币贷款（SCL）

借款客户可以将未支付的金额转换成他们所需的，国际复兴开发银行能够有效中介的任何一种或多种币种。此外，他们也可以选择浮动利差贷款或固定利率单一货币贷款。

以LIBOR为基础的单一货币贷款（现称为浮动利差贷款条款）。对于转换为浮动利差贷款的贷款金额，它的利率水平根据新的浮动利差贷款规定确定，但是不涉及减免（参考OP 3.10，第25~26段。）

未支付贷款金额转换为浮动利差贷款后，它的偿还期与原有的货币总库贷款中规定的偿还期相同。分期偿还时间表根据原有贷款分期时间表按份额调整。份额是已转换金额与已转换和未转换金额之和的比例。

固定利率单一货币贷款（FSCL）：对于转换为固定利率单一货币贷款的贷款金额，它的利率水平根据现有的固定利率单一货币贷款的规定确定，但是不涉及减免。

贷款转换为固定利率单一货币贷款后，与新承诺的固定利率单一货币贷款相同，有偿还期、宽限期和分期偿还时间表。但是，期限不得超过原有货币总库贷款的最终偿还期。

将已支付和未支付的贷款金额转换成单一货币总库（SCP）贷款

币种。转变单一货币总库贷款的贷款最初是多重币种，并继续以美元等值的形式表示。单一货币总库贷款可以提供四种货币贷款：德国马克、日元、瑞士法郎和美元。从 2001 年 12 月 31 日，贷款币种之一的德国马克被欧元替代。

1999 年 1 月 1 日后，国际复兴开发银行统一了单一货币总库贷款的货币结构，使每笔贷款的币种 100% 是借款客户指定的币种。

第五章 国际复兴开发银行分险管理和转换产品

国际复兴开发银行提供避险产品。⑨ 这些产品可以转移借款客户在国际复兴开发银行的债务风险特点，即便在某个贷款协议的协定条款固定不变的情况下。它们能够帮助借款客户在项目、贷款以及主权资产—负债管理方面提高风险管理能力。

国际复兴开发银行的避险产品包括利率掉期、利率上限及上下限、货币掉期以及视项目具体情况而定的商品掉期。要使用避险产品，借款客户必须同国际复兴开发银行签署一份《衍生品总协议》（MDA）。该协议规定了借款客户与国际复兴开发银行之间的契约关系。表 10 列出了适用于国际复兴开发银行贷款的多项避险产品。

表 10 适用于国际复兴开发银行贷款的避险产品＊（用于已支付而尚未清偿的贷款金额）

贷款类型	利率掉期	上限和上下限	货币掉期	商品掉期＊＊
固定利差贷款（FSLs）	✓	✓	✓	
浮动利差贷款（VSLs）	✓	✓	✓	
固定利率单一货币贷款（FSCLs）	✓	✓	✓	
货币总库贷款（CPLs）	✓		✓	
单一货币总库贷款（SCPs）			✓	
固定利差贷款（FSLs）			✓	

＊货币总库贷款（CPLs）、单一货币总库贷款（SCPs）和浮动利差贷款（VSLs）的避险只是近似避险。

＊＊视具体情况而定。

⑨ 要了解更多情况，请参阅相关手册，《国际复兴开发银行避险产品介绍》（2001 年 5 月），可向世界银行的银行业务与债务管理部索取，或访问 http：//treasury. worldbank. org/。

一、利率避险

国际复兴开发银行的借款客户可以选择通过利率掉期或利率上限及上下限，来管理其固定利率单一货币贷款、浮动利差贷款以及固定利差贷款所产生的利率风险。

利率掉期是逐笔协商的交易，用于将借款客户基础贷款债务的利率基准从固定利率改为浮动利率，或是相反。这种掉期规定将来两次现金流交易的条件，其中一次是借款客户支付（掉期支付方），另一次是借款客户接收（掉期接收方），而国际复兴开发银行则作为对应方。两次现金流均以同一货币计值。由一方支付的现金流反映出固定利率，而由另一方支付的现金流则反映出浮动利率。不涉及本金交换。

利率上限及利率上下限对浮动利率贷款产品的使用者在利率上调时提供保护。利率上限是逐笔协商的交易，在支付了一笔前期的溢价费用后，借款客户可以对支付的浮动利率贷款的利率设定上限。利率上下限是逐笔协商的交易，在支付了一笔前期的溢价费用后，借款客户可以对支付的浮动利率贷款的利率同时设定上限和下限。

二、货币避险

货币避险是逐笔协商的交易，用于转换借款客户净贷款债务的计值货币。作为货币掉期的双方，国际复兴开发银行和借款客户同意在今后某个特定日期交换两笔以不同的货币计值的现金流。这些现金流反映的是以这些货币支付的固定利息或浮动利息，以及本金的交换。[⑩]

本国货币金融产品。世界银行向借款客户提供以其本国货币计值的金融产品，条件是存在易变现的掉期市场，使得世界银行能够有效地开展这些交易。有了这些产品，借款客户可以根据贷款产品的情况，选择是否将已支付的贷款转换或掉期为本国货币。本国货币金融产品仅限于世界银行融资支持的国内费用部分；对于客户的要求会视情况而定。[⑪]

三、商品避险

商品掉期是逐笔协商的交易，在未来的某个日期交换两笔现金流。其中之一是与某种商品的市场价格或指数挂钩，另一笔为事先商定的固定现金流或者以浮动或固定利率为基准的现金流。国际复兴开发银行将视情况决定是否提供此产品。

四、避险产品的交易费

利息上限/上下限和商品掉期的费用在交易执行时开具账单，应在60天内付款。

---

⑩ 货币总库贷款和单一货币总库贷款的货币掉期只反映出本金的交换。

⑪ 现行及修订后的收费标准可见于 http：//treasury. worldbank. org。

对于货币掉期和利率掉期，交易费以相对于贷款或部分贷款利息的利差形式收取。国际复兴开发银行可以随时调整收费表。修改后的收费表只适用于在新表生效后提交的避险申请。

表 11 显示了国际复兴开发银行避险产品的交易费。如无特别说明，费用以避险本金金额的百分比表示。

表 11　国际复兴开发银行避险产品交易收费表

交易类型	交易费	
对国际复兴开发银行债务的避险		
货币掉期	0.020% *	
利率掉期	0.010%	
利率上限及利率上下限	0.125% * *	
商品掉期	0.375% * *	
交易类型	交易费	
对其他的债务避险		
	主要货币	当地货币 *
货币掉期	0.100%	0.020%
利率掉期	0.030%	0.010%

* 对于当地货币掉期要收取风险折算附加费，费用金额视具体国家而定。

* * 以避险本金金额的百分比表示，费用一次性付清。

五、总库贷款利率转换

2006 年 5 月，关于将货币总库和美元总库贷款的利率基准改变为更加透明、市场化的利率的提议得到批准。基于目前市场执行的利率，转变后的利率有望低于这些贷款项目预期增高的利率，从而降低借款客户的贷款成本。

根据提议条款，货币总库和美元总库的借款客户可以选择转换利率基准，将其转变为浮动的六个月 LIBOR 加 1 个百分点或等同于相关的掉期利率加 1 个百分点的固定利率。掉期利率对应的期限要求离贷款剩余加权平均偿还期最贴近。

对于货币总库贷款，LIBOR（掉期利率）是总库中三种主要货币 LIBOR 利率的加权平均，并且这三种货币的价值保持 1 美元：1 欧元：125 日元的比例。提议还包括以转换的贷款重置成本为基础的提前还款条款。转换的货币总库贷款不涉及部分利息减免。

对于在 2009 年 6 月 30 日前的任何一笔总库贷款或美元总库贷款，借款客户可以为它们申请利率基准变更。第一笔转换在 2007 年 1 月 1 日生效。

作为对上述选择的补充，国际复兴开发银行又提供了快速固定利率的选择。根据这个方案，货币总库贷款和单一货币总库贷款的利率在银行收到借款客户转换申请后的第一个利率固定日决定，而不是在贷款的下一个付息日。按照现行的程序，新的固定利率生效的利息期从贷款的下一个付息日开始。

借款客户如果希望转换他们现有货币总库贷款的利率基准，可以最晚在下一个付息日的 30 天前提交转换申请。[⑫] 申请表有指定的格式。一旦银行收到了提交的申请后，客户不得取消或变更申请。利率反方向变动所带来的风险大小取决于客户提交固定利率申请的日期与国际复兴开发银行执行这项工作的实际日期之间的时间间隔。国际复兴开发银行固定利率的日期大概是每笔贷款下一个付息日前的倒数第二个工作日。在“快速”转换方案下，国际复兴开发银行固定利率的日期是下一个利率固定日前的倒数第二个工作日。因此，从客户提出申请到国际复兴开发银行固定利率，这之间可能有 30 天至 7 个月的间隔。

第六章　国际开发协会开发信贷

一、国际开发协会普通信贷

国际开发协会（IDA）是世界银行的优惠贷款机构。国际开发协会以无息信贷的形式向最贫困的发展中国家提供资金。各项开发信贷均向成员国政府提供，或由成员国政府给予担保，或提供给成员国内部的某一地区成员政府，已经提供给区域开发机构用于支持国际开发协会成员或地区成员的开发信贷除外。

国际开发协会开发信贷的使用资格取决于国家的人均收入水平以及该国是否缺乏向国际复兴开发银行借款的财政能力。在 2009 年财政年度，国际开发协会设定的有资格使用其信贷的国家的人均收入上限为 935 美元[⑬]。印度和巴基斯坦等国由于人均收入低，有资格申请国际开发协会的开发信贷，但他们同时也有资格获得国际复兴开发银行的某些贷款。这些国家被称为混合借款客户。

国际开发协会开发信贷的使用资格是一种过渡性安排，目的是帮助最贫困的国家获得重要资源。随着国家经济的发展，这些国家将从这种资格中毕业。一些国际开发协会成员国只能获得赠款，而其他国家则既能获得赠款，也能获得信贷。判断赠款资格的唯一因素是国家的债务压力风险。在第 14 次国际开发协会增资（IDA14）中，大概有 22% 的承诺额是赠款。

---

⑫ 要索取转换申请表，请联系债务资本市场 & CBP 的高级财务官 Miguel Navarro – Martin。电子邮箱：mnavarromartin@ worldbank. org。

⑬ 参见 OP 3.10，附件 4，《国际复兴开发银行/国际开发协会成员国：人均收入、贷款资格与偿还条件》，见于 www. worldbank. org（点击 Projects & Operations，选择 Project Database，Policies & Procedures，Operational Manual）。

第15次国际开发协会增资（IDA15）的赠款对象限于仅用国际开发协会信贷的国家，赠款额度由国际开发协会根据国家绩效进行分配的制度和该国的债务压力风险决定。对于风险较低的国家，国际开发协会分配的全部是信贷额度；对于中等风险的国家，国际开发协会分配的额度中一半是信贷，一半是赠款；风险较高的国家所获得的份额全部是赠款。

国际开发协会的开发信贷以特别提款权（SDRs）计值。支付的金额、手续费与承诺费以及偿还金额均以特别提款权（SDRs）计算。本金偿还和费用以《信贷协议》中明确规定的货币计算（美元、英镑或欧元），其金额等值于《信贷协议》所要求的特别提款权数。

贷款条款

国际开发协会的开发信贷不计收利息，但要收取手续费，数额为已提取而尚未清偿的本金的0.75%，同时，对未支付的信贷余额收取0.35%的承诺费。国际开发协会承诺费的标准每个财政年度调整一次，费率介于0~0.5%之间。承诺费从签署《信贷协议》的60天后开始累计。管理部门每年审查国际开发协会的财务状况，并提出当年的具体费率，交由董事会批准。借款客户在每个财政年度之初会收到关于当年适用费率的通知。在2009年财政年度，银行董事会批准的承诺费率是0，适用于所有余额和新签订的国际开发协会信贷。

分期偿还与宽限期

董事会在1987年6月30日之前核准的开发协会信贷的最终偿还期限为50年。在这个日期之后核准的开发协会信贷有三种不同的最终偿还期限和偿还时间表（各国当前的到期时间和偿还时间表见OP 3.10，附件4）：

（1）对于只具备开发协会信贷资格的国家或联合国划定的最不发达国家（LLDCs），信贷偿还期限在40年以上，从第11年到第20年，每年按信贷额的2%偿还本金，之后按4%偿还（只具备开发协会信贷资格的国家和最不发达国家的分类，见附件4）。

（2）对于其他具备开发协会信贷资格的国家，信贷偿还期限在35年以上，从第11年到第20年，每年按信贷额的2.5%偿还，之后按5%偿还。

（3）对于2002年6月30日之后核准的信贷，对具备开发协会信贷资格、人均国民总收入连续两年以上高于开发协会信贷资格业务界限的国家来说，信贷偿还期限在20年以上，从第11年到第20年，每年按10%偿还本金。

一笔信贷的第一笔还款应在开发协会核准信贷日10周年后最近的那个半年期付款日支付。对于1987年6月30日前核准的信贷，最后一笔还款应在50年前最近的那个半年期付款日支付。对于该日期之后核准的信贷，最后一笔还款应按情况在20

年、35年或40年前最近的那个半年期付款日支付。

加速还款规定

对于1987年6月30日之后核准的开发信贷，如满足以下条件，给予特定借款客户未偿还信贷的期限会被修改：

（1）借款客户的年人均国民总收入连续5年持续高于历史最高额⑭；

（2）借款客户已获得国际复兴开发银行的借款资格。

对于在1996年8月1日当日或之后发出谈判邀请的开发信贷协议，经董事会审查和核准后，如能满足以下条件，特定借款客户未偿还信贷的条款将会被修改：

（1）借款客户的年人均国民总收入连续三年持续高于人均收入业务界限⑮；

（2）借款客户已获得国际复兴开发银行的借款资格。

如能满足以上条款调整条件，经董事会审查和核准，开发协会可要求借款客户双倍偿还每次应付的本金金额，直到全部还完。

或者，借款客户也可以要求开发协会对将来更高金额的部分或全部本金偿还额收取利息，前提条件是新条款中有一个相当于双倍偿还每笔付款额后所产生的赠予成分。如条款调整后借款客户的经济状况严重恶化，经借款客户要求，开发协会可恢复原有偿还时间表。

二、国际开发协会硬贷款

在国际开发协会第14次增资中对有资格获得国际开发协会硬贷款的国家做了说明。这些国家要满足以下条件：（1）人均收入在可获得开发协会信贷资格的业务界限之下；（2）正在开展国际复兴开发银行的贷款项目。硬贷款的偿还期限是35年，从第11年到第20年，每年按2.5%偿还本金，从第21年到第35年，每年按5%偿还本金。

在贷款期间，开发协会按标准收取服务费、承诺费和固定的利息。利息每年调整一次，适用于整个财政年度所有获批的开发协会硬贷款。对于在2009财政年度批准的信贷，利率是3.2%。各年度的适用利率将发表在OP3.10，附件4中：《国际复兴开发银行/国际开发协会成员国：人均收入、贷款资格与偿还条件》。

利率由以下几部分构成：

（1）基准利率和利差。

- 基准利率是Garban－Intercapital（路透）公布的40年利率掉期。
- 目前的利差计算方式等同于国际复兴开发银行固定利差贷款中的当前利

⑭ 关于历史人均最高收入数字的当前等值，见OP 3.10附件4的前期说明。

⑮ 关于业务界限数字的当前等值和例外情况，见OP 3.10附件4的前期说明和脚注2。

差。净利差由合约利差和风险溢价构成。

(2) 在第一点中基准利率与净利差之和的基础上，减去200个基点。跟普通的国际开发协会信贷相同，以特别提款权（SDRs）计值。《开发信贷协议》将明确说明本金偿还、利息、服务费和承诺费的货币（美元、欧元或英镑），金额等值于《信贷协议》所要求的特别提款权（SDRs）。

表12反映了国际开发协会产品的贷款条件。

表12 国际开发协会条款示意图（截至2008年7月1日）

IDA 产品	偿还期 a/	宽限期	本金偿还		加速还款条款 b/	FY09 承诺费 c/		信贷服务费 d/	利率
			年份 11～20	年份 20～40		信贷	赠款		
仅限于IDA	40	10	2.0%	4.0%	是	0.00%	0.00%	0.75%	尚无
混合	35	10	2.5%	5% e/	是	0.00%	0.00%	0.75%	尚无
条件提高条款f/	20	10	10.0%	尚无	否	0.00%	0.00%	0.75%	尚无
硬贷款	35	10	2.5%	5% e/	是	0.00%	0.00%	0.75%	3.20%
担保	尚无	尚无	尚无	尚无	尚无	0.00%	0.00%	0.75% g/	尚无

a/ 1987年6月30日前，所有经董事会核准的开发协会信贷的偿还期是50年。在这个日期后，经董事会核准的开发协会信贷偿还期是35年至40年。

b/ 开发协会信贷包括加速还款规定，允许人均收入超出标准的有信贷资质的借款客户双倍偿还应付到期本金。

c/开发协会承诺费的收取标准为其信贷和赠款未支付部分的0～0.5%。每年的具体实施标准由执行董事决定。

d/服务费按照已支付但尚未偿还的信贷金额的0.75%收取。服务费仅针对信贷项目。

e/年份25年至35年。

f/条件提高条款在国际开发协会第13次增资（IDA13）期内获批，并从2002年7月1日开始生效。对于人均收入连续两年超过业务界限的国家，他们要执行国际开发协会更高要求的条款，这个条款先于加速偿还的条款。

g/这项费用根据担保融资中已支付但尚未偿还的金额收取，同于开发协会信贷服务费。担保费目前的收费标准是75个基点，也与开发协会信贷服务费的固定水平相同。

三、欧洲经济共同体（EEC）信贷

从1978年开始，国际开发协会代表欧洲经济共同体（EEC）管理基金。在1977年的国际经合会议上，工业国家请求设立专项基金以满足低收入国家的迫切需求，这个基金由此诞生（最初的数目是3.85亿美元）。欧共体基金按照国际开发协

会的条件向有资格的借款客户提供信贷，而借款客户需要在10年后通过开发协会向提供资金支持的欧盟成员偿还本金。

欧共体基金来自各成员国的资金支持，包括比利时、丹麦、德国、法国、爱尔兰、意大利、卢森堡、荷兰和英国。它有一个行动专户，而国际开发协会的作用就是这个专户的管理员。

属于国际开发协会成员国的借款客户也可以获得这个专户下的资金支持，用于具体项目的融资。

作为这个账户的管理员，国际开发协会每年从各笔欧共体信贷中获得的报酬是其余额的0.75%。

对于达到重债穷国（HIPC）标准的国家，欧共体成员提议免除他们的欧共体负债。这个提议需要得到所有欧共体成员的同意，并且视各个国家的具体情况而定。

第七章　世界银行担保[16]

世界银行提供三大类担保业务：部分风险担保（国际复兴开发银行和国际开发协会）、部分信贷担保（国际复兴开发银行），以及政策担保（国际复兴开发银行）。各国政府、政府实体、私营化或私营部门实体均有资格获得由世界银行担保的信用增级。在世界银行限制国际复兴开发银行对其提供贷款的国家中，担保也同样受限。

一、国际复兴开发银行担保

国际复兴开发银行担保只提供给有资格获得该银行贷款的国家，某些外汇收益项目除外；对于这些项目，可以为具备国际开发协会信贷资格的国家提供国际复兴开发银行担保。

工具类型与项目资格

部分风险担保帮助私营借贷者规避公共实体不履行对于私营项目义务的风险。在私营部门项目中的政府或政府机构不履行合同义务而造成违约的情况下，这种担保可以保证付款。这些主权合同义务因项目、部门和国情的不同会有所不同。具体义务在担保谈判中确定。

部分信贷担保在公共投资债务融资期的某一特定时期内，帮助私营借贷者规避所有风险。这类担保允许公共部门的项目延长贷款期限，并降低利差。部分信贷担保为融资安排的指定一方处理各种拒付情况。通过为贷款期限的后半程提供担保，

---

[16] 要了解更多情况，请访问www. worldbank. org上的担保网站（Guarantees website）。

鼓励延长贷款期限。

政策担保拓宽了世界银行部分信贷担保工具的使用范围，将担保对象从投资项目扩大到向国外私营部门的债权人举借的主权借款，以支持双方达成一致的结构、机构、社会政策和改革。政策担保旨在起到催化剂的作用，帮助有着强大经济和社会项目的世界银行借款客户获得更多的国外私营部门融资。这类担保或独立存在，或作为规模更大的国际复兴开发银行一揽子金融支持的一部分。[17]

飞地担保是为仅具备国际开发协会信贷资格国家的出口导向型商业性外汇创收项目提供部分风险担保。国际复兴开发银行考虑为那些已做出充分安排，可以保证东道国政府能够履行担保义务的项目提供非加速型[18]担保，飞地担保通常覆盖直接主权风险，例如财产没收、法律变动、战争以及内乱。一般情况下，世界银行不会为支付义务担保（比如产出购买方的付款义务），也不会为转让风险担保。在任何情况下，可担保的风险范围都保持在动员项目融资所需的最低程度。

二、国际开发协会担保

在许多只符合国际开发协会信贷条件的国家，宏观经济改革已经使得其商业环境得到改善，适合私营部门加大参与力度，特别是在正在进行重大改革的部门。

工具类型与项目资格

部分风险担保是为了协助已经明显启动改革进程的国际开发协会成员国实现平稳过渡。在政府机构和私营市场提供的保险覆盖面不足的情况下，这类担保帮助私营部门的贷款者规避投资者无法控制的国家风险。由于某些特定主权风险而产生的违约情况，包括政府违反合同、外汇兑换风险、资产没收和法律变动，担保金额最多可以全面覆盖私人债务本金及利息。在得不到国际复兴开发银行飞地担保的仅具备国际开发协会信贷资格的成员国中，可以视情况提供这类担保。

三、世界银行担保的费用与定价

世界银行在提供担保时会收取备用费（仅限于国际开发协会担保）、担保费和先征费。此外，对于私营部门项目，世界银行可能还会收取启动费和处理费。收费标准以贷款均等定价理论为依据，根据担保结构的不同而有所变化。表 13 列出了在 2009 财政年度，国际复兴开发银行及国际开发协会针对新的担保所收取的各类费用。

---

⑰ 这类担保通常适用于合格成员国向外国私营部门债权人的借贷（贷款或债券）的部分债务偿还，而借贷必须是用于支持双方达成一致的结构、机构和社会政策及改革。担保可以独立存在，也可以作为规模更大的国际复兴开发银行一揽子金融支持的一部分。

⑱ 国际复兴开发银行在此类担保中之于借款客户的支付义务仅限于最初在担保贷款中规定的年度本金和利息义务。在加速担保中，银行在要求担保的情况下支付担保暴露中的未付金额。

表13　2009财政年度世界银行担保收费表

担保类型	预付费用			常规收费	
	启动费[1,2]	处理费[1,2]	先征费	担保费[3]	备用费
国际复兴开发银行部分风险担保	担保债务总额的0.15%或至少10万美元（取两者中数目高 的一值）	最高为担保债务的0.5%	0.25%	按年收取0.30%（根据已支付但未清偿的债务金额）	尚无
国际复兴开发银行政策和部分信贷担保	0	0	0.25%	按年收取0.30%（根据担保暴露的现值或协议规定的基本标准）	尚无
国际复兴开发银行关于特别开发项目贷款的政策担保	0	0	1%	按年收取4%（根据担保暴露的现值或协议规定的基本标准）	尚无
国际复兴开发银行飞地部分风险担保	担保债务总额的0.15%或至少10万美元（取两者中数目高 的一值）	最高为担保债务的0.5%	0.25%	按年收取2%（根据已支付但未 清偿的债务金额）	尚无
国际开发协会部分风险担保	担保债务总额0.15%或至少10万美元（取两者中数目高的一值）	最高为担保债务的0.5%	尚无	按年收取0.75%（根据已支付但未清偿的债务金额）	尚无

[1] 对于所有私营部门借款客户，只适用于部分风险担保。

[2] 视具体情况而定。对于特殊项目，收费将超出担保债务金额的0.5%。

[3] 根据担保暴露的现值计算。

第八章　国际开发协会赠款

根据《国际开发协会协定》第2（1）②节第5条规定，为国际开发协会赠款提供融资的资金必须经过特定赠款授权。从国际开发协会第11次增资开始，董事会授权国际开发协会在重债穷国债务倡议的框架内发放赠款。在第12次增资中扩大了这项授权的范围，在执董会批准的框架内，为冲突后国家提供特殊情况下的赠款也被包括在内。在第13次增资中，董事会批准大幅度增加国际开发协会赠款的发放，其数额可以达到国际开发协会资金总额的18%～21%。2005年2月，关于开发协会第14次增资的讨论结束，协会捐资国同意为国际开发协会提供20年来增幅最大的资金。其中，用于赠款的资金估计占到30%左右，而在第13次增资中仅为18%～21%。[19]

2007年12月，关于国际开发协会第15次增资的谈判结束。未来3年的增资额将达到417亿美元，为国际开发协会幅度最大的一次增资。在捐资国提供的资金的基础上，增资款还包括捐资国之前向多边债务减免倡议（MDRI）提供的63亿美元的资金和世界银行集团回笼和内部融资所得的102亿美元。国际开发协会第15次增资将在2008年7月至2011年6月这一期间，向低收入国家提供资源，在帮助开发协会受捐国在2015年实现世纪发展目标的过程中发挥重要的作用。

在第15次增资期间，国际开发协会以绩效为基础的分配体制将继续作为其资源分配的基础，同时，针对在第13次增资期间作为试点项目启动的区域整合项目，将出台具体的条款，计划每年为它们提供价值4亿美元的特殊提款权。这些资金可以满足一个国家在一个区域项目中的2/3成本支出，其余的1/3由开发协会向该国分配的资金支付。从第15次增资期开始，一个国家最多可将20%的资金用于区域项目。

对于刚从严重冲突[20]中走出的国家，在特定条件下，可以获得额外的资源用于恢复工作，并允许设定特殊需求时期。对冲突后国家的分配要基于该国的绩效情况。这是通过冲突后绩效指标衡量的。

对于在长时间未与国际开发协会发生关系后又重新加入的国家，可以对他们进行特殊分配。分配基础是一个捐资国共同支持的详细的过渡计划。但这个资格不是自动取得的，能否持续获得额外支持取决于这个国家的绩效。有资格的国家能够得到特殊分配，解决清算他们的国际复兴开发银行和/或国际开发协会逾期债款所需的成本资金。

这些赠款将被分配到具体领域，例如艾滋病毒/艾滋病、自然灾害，以及极端贫困、对增加的债务难以承受或者正努力从武装冲突中恢复过来的那些只符合国际开

---

[19] 关于国际开发协会赠款的更多情况，请访问国际开发协会网站 http：//www. worldbank. org/ida。

[20] 冲突的严峻性取决于该国在重建工作中所需特殊支持的程度。它分为三个主要的方面：（1）冲突直接或间接造成的伤亡程度；（2）内部转移或逃亡人口的比例；（3）建筑物等实体遭受破坏的程度，如隔离的地区或区域。合格的国家即为经过以上一个或多各方面衡量，经历非常严峻的冲突的国家。（参考国际开发协会第14次增资：《向受冲突影响的国际开发协会成员国提供援助：世界银行的作用》）。

发协会信贷资格的国家。从1997年财政年度开始，国际复兴开发银行作为净收入转让的资金包括了明确的允许将这些资金用于赠款的授权。

资金分配

为每个国际开发协会国家所提供的赠款数额均视国际开发协会以绩效为基础的分配制度、获得赠款的资格以及国际开发协会的可用赠款总额而定。国际开发协会及其借款客户共同商定哪些项目完全用赠款融资，哪些项目以信贷和赠款混合融资。判断的依据是一个国家的状况、优先项与侧重点，项目的规模与性质以及国际开发协会分配给该国的赠款比例。

根据国际开发协会第15次增资的指导原则，与绩效挂钩的分配制度将与国际开发协会新的赠款分配制度同时执行，后者规定了国际开发协会提供资金的条件（信贷或赠款）。在新的制度下，债务压力风险是衡量一个国家是否有资格获得赠款的重要标准，而赠款在国际开发协会总融资中的比例将通过逐一分析各国的债务压力风险来确定。

获得赠款的资格

在国际开发协会第15次增资中，只有符合国际开发协会信贷资格的国家才有资格获得赠款，并且要以各国债务压力风险的级别作为评判依据。债务压力风险的最初估算指标是重要外债比率的当前数据。现行的债务持续承受能力分析（DSA）可以作为这种评判机制的补充。一段时间之后，债务压力风险估计将只以债务持续承受能力分析为基础。

第九章　减债倡议

一、还贷信托基金

设立还贷信托基金（DSTFs）的目的是对世界银行（国际复兴开发银行和/或国际开发协会）贷款中的到期债务进行重组。这些基金由世界银行根据协议书和银行与受益人达成的信托基金（TF）协议进行管理。因为信托基金是用于偿还到期债务，贷款服务组从一开始就与受益人和银行相关部门共同介入信托基金的安排工作。基金的使用按照银行、捐资人和受益人达成的协议条款来执行。

贷款服务组处理还贷信托基金的所有支付，将其用于对国际复兴开发银行/国际开发协会到期债务金额的偿还。在捐资人与受益人同意的情况下，信托基金也适用于个性化的和特定的偿还机制，包括一次性违约支付。在一次性支付中，如果受益人满足前期规定的具体条件，捐资人可以向用来清还受益人负债的信托基金注资，然后银行使用信托基金中的这些可用资金来提前偿还先前确定的受益人的某笔负债。

有关其他信托基金和项目的详细信息，请登录世界银行网站：http：//www.worldbank.org。

二、重债穷国（HIPC）

重债穷国倡议始于1996年，在此前的20年间，由国际团体成员向低收入国家提供的贷款一直在被不断重新安排。与传统的减债机制不同，重债穷国倡议第一次融入了多边金融机构的减债行动。它的目标是在令人满意的政策业绩下，将有资格国家的债务负担减持到倡议规定的最低标准。它所针对的对象是国际开发协会和国际货币基金组织中最贫困的，最饱受债务所累的国家，他们计划或已经开展了由这两个机构所支持的调整和改革项目。这些国家可以从重债穷国倡议中受益，其最好的证明就是将不用偿还的款项用在实处的跟踪记录。迄今为止，重债穷国倡议是唯一一个国际认可的全面免除低收入国家债务的框架，虽然债权人还是以自愿的形式参与。

1999年9月，重债穷国倡议得到深化，减债的范围更加广泛、深入，方式也更为快捷。这得益于国际开发协会和国际货币基金组织对倡议进行的全面评估以及公开咨询活动，强调了深化、加快倡议实施工作的必要性。在这个背景下，倡议规定的债务负担最低标准作了下调，使得更多的国家有资格获得债务减免。包括多边机构在内的许多债权人也开始以临时救助的方式向合格的国家提供早期援助。此外，“浮动完成点”的概念也被引入进来，相对于一个固定的跟踪记录，它更注重以成果为基础对国家绩效进行评估。这些方法的目的是为更快地实施改革，加快减债进度和国家改革所有制提供激励。

同时，减债和扶贫的关系也得到了深化。国际团体认同减债是以加强机构能力，促进增长和开展更有针对性的社会项目为主的全面扶贫战略的一部分。扶贫战略由国家驱动，它的发展需要民间社会的广泛参与，因此，减债与这个战略（PRSs）的准备和实施进程密切相关。

三、多边减债倡议（MDRI）

多边减债倡议启动于2005年，目的是进一步减轻重债穷国的债务负担，提供额外的资源以帮助他们实现世纪发展目标。这项倡议由八国集团（G8）成员国提出，形式上与重债穷国倡议分离，但在业务上互相关联。在多边减债倡议中，三个多边机构——国际开发协会、国际货币基金组织和非洲开发基金——对完成重债穷国倡议程序的国家的合格债务进行全额减免。虽然多边减债倡议的形式与重债穷国相似，但它的实施过程却有所不同。

在一个国家达到重债穷国倡议完成点后，多边减债倡议中的三个机构会提供减债服务。多边减债倡议的一个主要特点是它对国际开发协会的补偿性融资。另外，对于接受国际开发协会分配额度同时接受多边减债倡议减债服务的国家，它在当年从开发协会得到的实际份额是应得份额减去多边减债倡议当年减免其债务的金额。与重债穷国倡议不同，多边减债倡议所覆盖的债权人很不全面，正式的双边或商业债权人，以及除表 14 中提到的三个机构之外的多边机构并不在其中。

表 14　重债穷国倡议和多边减债倡议的主要特点

	重债穷国倡议	多边减债倡议
覆盖的国家	仅符合国际开发协会信贷资质的国家以及符合扶贫与增长贷款的国家。这些国家的债务指标需要高出重债穷国倡议规定的最低标准，并且有国际货币基金组织和国际开发协会支持的项目。	达到重债穷国完成点的国家。
参与的债权人	所有的多边、正式的多边和商业债权人，向重债穷国提供公共或公共担保的外部贷款。	国际开发协会（IDA）、国际货币基金组织（IMF）、非洲开发基金（AfDF）和美洲开发银行（IADB）。
减债对象	公共或公共担保的外部贷款降低到重债穷国倡议在决策时计算的最低标准。	2004 年底支付的贷款（国际货币基金组织、非洲开发基金和美洲开发银行）和 2003 年年底支付的贷款（国际开发协会）在获得资质时（接受重债穷国倡议后）的余额。
实施的形式	形式多样 —— 大多数多边债权人和巴黎俱乐部债权国还提供临时减债援助	在达到完成点时或之后不久进行全额减免

第十章　逾期与制裁政策

当借款客户没有在到期日偿还其贷款、信贷或项目筹备预付款（PPAs）时，世界银行可以立即暂停向该借款客户支付任何贷款及信贷资金。世界银行目前采取渐进的办法，即发送催款通知、进行激励和实行制裁。在到期日之后的第 5 天、第 15 天、第 30 天及第 35 天，陆续向违约的借款客户发出催款通知。在逾期 45 天后的第一个营业日，世界银行将向成员国及全体借款客户发出暂停支付通知，向其通报暂停支付的决定将在到期日之后的第 60 天生效。

制裁的实施措施是逐步加重的，其中包括不再向董事会提出新的贷款或担保申请，推迟签署此前已获批准的贷款或担保协议，以及暂停支付。如某成员国的贷款或担保债务中连续二次出现逾期未还，该成员国的所有贷款及担保都将列入非应计状态。

一、催款通知与制裁措施

当还款：

逾期5至15天

贷款服务组通知借款客户，如逾期30天仍不付款，将采取如下行动：（1）借款客户可能会丧失利息减免的资格；（2）不得向董事会申请新的贷款；（3）世界银行方面不会签署此前已获批准的相关协议。

逾期30天

国别局通知违约的借款客户失去向董事会提交新的贷款申请的资格，并且银行方面不会签署此前已获批准的贷款协议。

假如违约的国家是担保者而非借款客户，国别局则通知该国，如逾期45天仍不付款，该国不得向董事会提出新的贷款或贷款担保申请，此前已获批准的向该国发放或由该国担保的相关贷款协议一律不予签署。担保国和所有由该国担保的其他贷款将失去申请利息减免的资格。在到期日之后的第45天，将向该国及借款客户发出一个可能会在到期日之后的第60天暂停支付该国及借款客户一切贷款或信贷资金的警告。

逾期35天

贷款服务组通知借款客户，不再有资格享受部分减免国际复兴开发银行贷款利息的待遇。在新的定价条款下，对于在2007年9月27日之后（含9月27日）签订的贷款，如果逾期30天后偿还本金，将收取额外0.5%的滞纳金。

逾期45天

国别局通知借款客户和成员国，不会向董事会提交向该国发放新的贷款或由该国给予担保的申请，此前已获批准的贷款或贷款担保的协议将不予签署。担保国和所有由该国担保的其他贷款将被通知失去申请利息减免的资格。该国和借款客户将被通知，如不能在到期日之后第60天支付包括当日到期的所有未清偿款项，向该国发放或由该国担保的所有贷款将暂停支付。[21]

逾期50天

贷款服务组通知担保人，其所担保的所有国际复兴开发银行贷款不再有资格享受部分减免利息的待遇。

---

[21] 如OP 13.40中所述，在某些情况下，通知可能会推迟发出，详见www.worldbank.org。

逾期 53 天

国别局通知项目联合融资人以及相关区域开发银行即将暂停支付的事宜。

逾期 60 天

国别局以传真或电传（通常是以传真的方式）通知借款客户和成员国，暂停支付的决定已经生效，同时还将通知董事会。这份电传可以列出免于暂停支付的具体项目，由世界银行酌情而定。

逾期 6 个月

如果一笔贷款或开发信贷的应偿还金额已逾期 6 个月（更具体地说，已经连续二次未偿还债务），区域副行长会向成员国发出通知。在该日期（称为触发日）后的两日内，还将向董事会发送正式通知，并发布新闻稿。对于逾期 6 个月以上未偿还款项的借款客户，其相关信息会被列入世界银行的财务报表中。

二、滞纳金

根据国际复兴开发银行新的定价条款，在 2007 年 9 月 27 日当日以及之后签订的贷款，不再享受费用减免待遇。为了继续鼓励及时偿还国际复兴开发银行贷款的行为，对逾期 30 天后偿还的本金将根据其金额增收 0.5% 的费用作为滞纳金。同时，如果未在到期的 30 天内偿还，借款客户需要为应付本金支付更高的利息（详见违约利率），直到全部还清。这个较高的利率将取代《贷款协议》中规定的利率。根据违约利率缴纳的应计利息从款项到期日之后的第 31 天开始计算。利息从每个支付日算起，半年支付一次。

在适用违约利率前，如果利率是浮动的，那么滞纳金的费率即为相关利息期的浮动利率（如 LIBOR 加固定利差）加 0.5%。如果利率在适用违约利率前是固定的，那么滞纳金的费率是相关利息期的利率（如 LIBOR）加上签订协议时的固定利差，再加 0.5%。

第十一章　贷款收费部分减免政策

2007 年 9 月 27 日，董事会批准撤销减免制度，并且用小额的先征费[22]代替承诺费。此举的目的是简化和提高国际复兴开发银行贷款定价的透明度。国际复兴开发银行在定价方面的这些变化适用于在 2007 年 9 月 27 日之后（含 9 月 27 日当天）签订的一般贷款。因为新的定价政策的出台，一个借款客户的贷款中可能既有老的贷

[22] 详见《关于简化和提高国际复兴开发银行新的贷款定价竞争力的建议》，R2007－0196。

款（有减免待遇），又有新的贷款（无减免待遇）。表15反映了国际复兴开发银行贷款执行的收费和减免政策。

表15　贷款收费和减免

<table>
<tr><th colspan="3">条款可以磋商的国际复兴开发银行贷款</th><th rowspan="2">2007年9月27日后（含9月27日），2009年3月29日前签订的国际复兴开发银行贷款*</th><th rowspan="2">2009年3月29日后（含3月29日）签订的国际复兴开发银行贷款</th></tr>
<tr><th colspan="2">1998年7月31日前</th><th>1998年7月31日后（含7月31日），2007年9月27日前</th></tr>
<tr><td>先征费</td><td>无</td><td>贷款总额的1.00%</td><td>贷款总额的0.25%</td><td>贷款总额的0.25%</td></tr>
<tr><td>合约利差</td><td>0.50%</td><td>0.75%</td><td>0.30%</td><td>0.30%</td></tr>
<tr><td>固定利率风险溢价</td><td>尚无</td><td>0.05%</td><td>0.05%（2008年12月16日后是0.20%）</td><td>0.10%（ARM超过14年的贷款是0.15%）</td></tr>
<tr><td>承诺费</td><td>未支付金额的0.75%</td><td>未支付金额的0.75%</td><td>尚无</td><td>尚无</td></tr>
<tr><td>2009财政年度利息减免</td><td>按时偿还，减免</td><td>按时偿还，减免0.25%</td><td>尚无</td><td>尚无</td></tr>
<tr><td>2009年财政年度承诺费减免</td><td>针对所有借款客户，年度无条件减免0.50%</td><td>针对所有借款客户，年度无条件减免0.50%</td><td>尚无</td><td>尚无</td></tr>
<tr><td>2009年财政年度先征费减免</td><td>尚无</td><td>针对所有借款客户，年度无条件减免1.00%</td><td>尚无</td><td>尚无</td></tr>
</table>

* 这些收费主要针对一般银行贷款。特殊开发政策贷款（SDPLs）有不同的财务条款，包括较高的贷款收费。它们的最低贷款利差是基于LIBOR的400个基点，先征费是100个基点，不享受减免待遇。

在2007年9月27日及之后签订的贷款

根据国际复兴开发银行新的定价条款，在2007年9月27日和之后签订的贷款不享受任何的费用减免待遇。针对这些贷款要收取先征费，但是没有承诺费，而且它们可以享受较低的合约贷款利差。另外，为了鼓励按时偿还国际复兴开发银行的贷款，要向逾期30天偿还本金的借款客户收缴滞纳金，金额是本金的0.5%。如果在30天内仍未偿还，借款客户需要按照违约利率，而不是《贷款协议》中规定的利率支付应付本金的利息，直到还清这些应付款。按照违约利率支付的利息从逾期的第31天开始算起，每半年支付一次。

在2007年9月27日前签订的贷款

在2007年9月27日前签订的贷款遵守旧的定价条款。对于这些贷款，世界银行可能会减免一个财政年度的部分贷款收费。不过，在2007年5月16日至2007年9月27日间签订的贷款，如果贷款条款已经根据新的定价政策修订，则不能享受减免待遇。

减免决定要经过董事会的批准，它的依据是对国际复兴开发银行净收益的年度评估。除特别开发政策贷款（SDPLs）外，免除收费适用于国际复兴开发银行发放的所有贷款。免除收费主要分三类方式：（1）免除承约费；（2）免除利息；（3）免除先征费。借款者在每一财政年度之初被告知适用于该财政年度的免除收费比率。凡偿还期始于获准免除收费的财政年度的所有款项，均可享受部分免除收费待遇。

假如某一财政年度没能获准免除收费，该年度的具体收费将纳入《贷款协议》的合约费率。承约费的免除按照实际发生的365天或366天计算并累计，利息的减免计算方式与之相同。免除的金额反映在贷款账单中。

承诺费减免

世界银行董事会已批准为所有偿还期始于2009年财政年度的款项无条件给予一年期50个基点合约承诺费的减免。所有在2007年9月27日前根据旧的定价政策签订的贷款（特别开发政策贷款除外），无论贷款的偿还情况如何，承诺费均可减免。

利息减免

在2009财政年度，世界银行董事会批准为有资格的借款客户在1998年7月31日前的邀请谈判贷款减免5个基点的利息。此外，董事会还批准为在1998年7月31日后（含7月31日），2007年9月26日前发放的邀请谈判贷款减免25个基点的利息。

在此前的6个月中，在到期的30个日历日之内全额支付其贷款本金和相关费用的借款客户有资格享受部分利息减免。除特别开发政策贷款、CPL－VLR82贷款、已转变为以LIBOR为基准的浮动或固定利率贷款的货币总库贷款或单一货币总库贷款之外，在2007年9月27日前根据旧的定价条款签订的所有国际复兴开发银行贷款均可减免部分利息。部分利息减免政策不适用于项目预付款的收费。

假如国际复兴开发银行在到期的30个日历日之内没有收到借款客户偿还的任何贷款，发放给该借款客户的全部有资格获得减免的贷款均不可享受利息减免的待遇，直至有记录显示该借款客户在 6 个月内做到全额及时还款（在距到期日 30 天之内）。假如发放给某个成员国或由该成员国担保的贷款逾期 45 天未还，所有由担保人担保的借款将取消部分利息减免资格，不管各笔贷款本身的资格状况如何，直至各项贷款的所有逾期未清偿金额全部还清。

图 1 说明了如果在到期的 30 个日历日之内没有偿还债务，享受免除费用的资格将受到哪些影响。

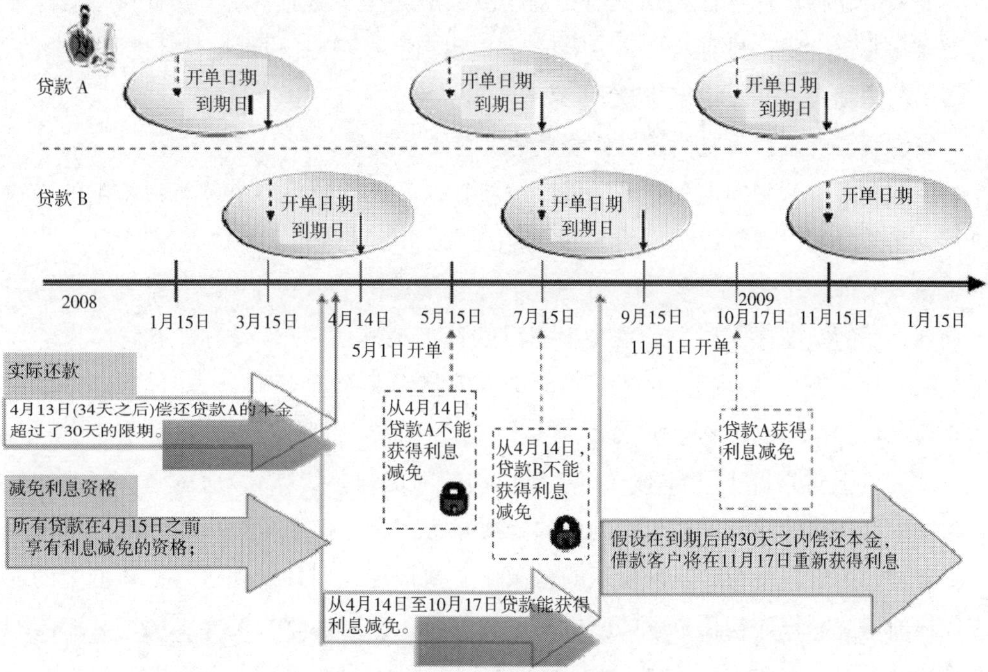

图 1　部分利息减免资格的确定

（以仅有两笔贷款的借款客户为例）

借款客户类别

为执行费用减免政策，在 2007 年 9 月 27 日前发放的贷款按借款客户（国家或国家内的实体，比如公用事业部门或部委）分类如下：

- 国际复兴开发银行贷款 —— 直接发放给成员国的贷款；这里的借款者为政府机构。
- 国际复兴开发银行担保贷款 —— 发放给实体的贷款，由成员国担保；这里的借款者为实体。

在每个财政年度结束时，借款客户都会得到其名下有减免资格的贷款清单和一份报告，报告将说明在该财政年度中各项贷款享受或丧失的费用减免金额。

第十二章　提前还款

在到期日前，借款客户有权在世界银行可以接受的日期提前偿还：（1）所有的贷款余额；（2）一个或数个到期日的所有贷款本金。对提前偿还收取的溢价依贷款类型而定。[23]

如果借款客户打算在到期日前提前还款，应当至少提前45天通知世界银行。[24]提前通知非常必要，只有这样，世界银行才能向借款客户提供提前偿还的具体金额。

一、国际复兴开发银行贷款

固定利差贷款和固定利差灵活贷款的提前还款政策

固定利差贷款和固定利差灵活贷款的部分提前还款应按照借款客户指定的方式进行。在借款客户未作规定的情况下，则按照以下方式进行：

（1）如果《贷款协议》对特定的已付本金规定了单独的分期偿付计划，应按照与计划相反的顺序提前还款，首先根据提款日（最先偿付最后提取的部分），然后根据到期日（按到期日相反的顺序偿还，从最晚到期的金额开始）。适用这种方式的有与支付挂钩的固定利差贷款。

（2）在其他情况下（即对于与承诺挂钩的固定利差贷款），应按照与贷款到期日相反的顺序提前还款，从最晚到期的金额开始。

溢价包括世界银行对提前偿还的金额在还款日与到期日期间进行重新调配的成本。提前还款溢价还包括贷款的应付固定利差与在提前还款日的实际固定利差间的差价净值。

如果提前偿还的贷款正在进行货币转换而且在提前偿还时尚未结束，借款客户或世界银行应当视情况支付因提前终止转换而产生的解约金。如果发生类似的额外成本费，借款客户需要向银行支付，如果产生类似的收益，会在借款客户提前偿还的金额或支付的费用中减去收益。对于固定利差贷款中已转换的部分支付的节约费高于溢价，取决于本节开始时介绍的利差差异。

浮动利差贷款和浮动利差灵活贷款提前还款政策

国际复兴开发银行收取的提前还款溢价相当于对提前偿还的资金在提前偿还日至到期日期间进行重新调配的成本。提前还款溢价的金额取决于提前偿还贷款的合约贷款利差与在提前偿还日按照提前偿还贷款货币计算的浮动利差贷款实际合约贷款利差之间的差额。合约利差差额的现值根据当时的市场水平计算，形成对提前偿

㉓ 参见OP 3.10，附件2，《国际复兴开发银行贷款的提前还款》，www.worldbank.org。

㉔ 参见附件1，国际复兴开发银行提前还款申请表。

还的贷款收取的溢价。提前偿还的首先是贷款中最后到期的分期偿付金额。

固定利率单一货币贷款提前还款政策

国际复兴开发银行收取的提前还款溢价相当于对提前偿还的资金在提前偿还日至到期日期间进行重新调配的成本。针对固定利率单一货币贷款，国际复兴开发银行进行规定利率的掉期交易，向借款客户提供固定利率。在每一支付期结束时，国际复兴开发银行通过利率的掉期交易，为这一期间所支付的贷款固定利率。因此固定利率单一货币贷款由多个支贷款组成，每个支贷款都有其自身的固定利率。遇到提前偿还的情况时，国际复兴开发银行根据提前偿还的贷款额对固定利率掉期的一笔或数笔交易进行解除。每一笔固定利率的掉期交易偏离市场的程度都将决定总的提前偿还贷款重新调配的成本。

如果国际复兴开发银行就提前偿还的贷款进行了一次以上的利率固定掉期交易，那么它会计算解除每次掉期交易产生的收益和损失。借款客户向国际复兴开发银行支付计算出的净值，作为提前还款溢价。但是，根据规定，如果这一净总值为负数(即应付给借款客户的数额)，那么该数额被视作为零。

按照贷款支付的相反顺序提前偿还，最后提款的已付贷款最先偿还，这笔已付贷款中最后到期的最先提前偿还。在各支贷款内，按到期日的相反顺序提前偿还。

货币总库贷款（CPLs）提前还款政策

向提前偿还货币总库贷款的借款客户收取的溢价是以下两者中数目较少的一个：(1) 计算出的合约溢价（按照《贷款协议》对贷款现值收取的溢价率）；(2) 以世界银行每年6月30日发布的经审计的财务报表中的结存价值和估计价值为基础计算出的对结存价值[25]收取的溢价。

溢价率的计算方法是用当前贷款利率乘以《贷款协议》中关于提前偿还时间表的溢价中的适当系数。将计算出的溢价率结合适当的到期日，便可以得出该到期日提前偿还需要缴纳的溢价额。将所有到期日的溢价加起来，就得出了提前偿还贷款所需要缴纳的溢价。如果在某一类别（固定利率或浮动利率）中所有贷款的估计价值小于或等于结存价值，那么这一提前偿还贷款的溢价就被全部减免。

在货币总库贷款和美元 —— 单一货币总库贷款中（SCPDs），因为利率已经转变成浮动利率（对于货币总库贷款，浮动利率以6个月 LIBOR 的加权平均为基础）或固定利率等值，所以对提前还款溢价的计算要使用不同的方法，主要以已转换贷款的重新调配成本为基础。

在收到借款客户提出的提前还款申请后，世界银行将会提供预估的提前还款金

---

[25] 贷款的结存价值代表其账面价值，以美元等值表示。

额，包括提前偿还溢价的预估值。根据预期的提前偿还日做出的预估包含 2% ~3% 的浮动空间，以应对汇率的任何波动。预估金额与最终金额之间的差额在提前偿还日以后再进行结算。在资金分摊上，以提前偿还日的总库单位价值为准。

为维持总库货币的构成（1 美元∶125 日元∶1 欧元），货币总库贷款的提前还款货币必须是这三种总库主要货币币种（美元、日元和欧元）。银行将告知借款客户每种货币的还款金额。各币种所占比例由日元和欧元在提前还款生效日通行的适用汇率决定。

二、国际开发协会开发信贷

按照《国际开发协会开发信贷适用通则》第 3.04（2）节的规定，借款客户有权在到期日前提前偿还由借款客户决定的一笔或多笔信贷的所有或部分信贷本金。目前，国际开发协会信贷不收取提前偿还溢价。

三、欧洲经济共同体信贷

按照《欧洲经济共同体开发信贷适用通则》的规定，借款客户有权在到期日前提前偿还由借款客户决定的一笔或多笔欧共体信贷的所有或部分信贷本金。目前，欧共体信贷不收取提前偿还溢价。

第十三章　开单程序

按照贷款或信贷协议的规定，国际复兴开发银行的大多数贷款和国际开发协会的所有信贷每半年开单一次。在绝大多数情况下，开单要在半年到期日的 2 个月前进行，并且账单需要反映出 4 个月的实际应计费用和 2 个月的预估费用。账单要在距到期日还有 6 周时寄给各借款客户，另外，还要在银行的客户联络网上登出。

对国际复兴开发银行贷款进行开单

对于在到期日的 2 个月前准备的账单，之后 2 个月的费用预估要以开单截止日的收支余额和汇率值为基础。借款客户的还款义务在到期日需要重新核定。开单金额与借款客户在到期日有法律义务支付的金额间可能有差距。这部分差额将作为递延余额，不计利息地结转到下一个开单日。

账单准备日（提前 2 个月）至到期日（参见图 2）期间发生的交易可能导致差额的产生。对于货币总库贷款，产生差额的主要原因是汇率波动和货币总库构成发生变化。如果“递延”金额在下一个开单日未按要求解决的话，就要对递延的本金部分收取额外的费用。

如果到期义务小于开单费用，那么超出部分作为结转信贷转到下一个账单和付款到期日。“递延”和“结转信贷”金额都不计利息。

对国际开发协会开发信贷进行开单

在谈判期间，由借款客户对开单还款的币种进行选择。目前，国际开发协会所有开发信贷都使用美元、英镑或欧元开单。借款客户可以变更支付币种，但须事先通知国际开发协会。任何因汇率转换导致的汇款短缺都被视为逾期。

借款客户的还款在收到后按照到达日的汇率被转换为承诺货币（美元或特别提款权）。开单日至到期日期间因汇率变动或各信贷项目上发生的交易而可能导致的不足或盈余，被结转到借款客户的账户上以便在下一个还款到期日结算或分摊。逾期的本金继续收取 0.75% 的溢价，直到还清为止。

还款日及银行营业日

债务偿还要求在每月 1 日和 15 日进行。在还款日正好是银行休息日的情况下，将在接下来的第一个银行营业日进行还款或结算。

注销未支付金额

除世界银行做出特别承诺的金额以外，借款客户有权注销任何未提取的贷款金额。世界银行可以基于与以下事项有关的原因注销一定金额的贷款，如连续暂停支付、项目成本节余、错误采购、贷款账户关闭日到期，或担保人撤销担保。遇到上述任何一种情况，世界银行都可以部分或全部注销未支付的贷款金额并通知借款客户。

一旦借款客户或世界银行注销一定金额的贷款，就要对提款和分期偿付时间表进行相应的修改。被注销金额被按比例在分期偿付时间表中体现。开单截止日以后的注销将反映在之后的开单期中。

费用本金化

某些贷款协议规定了贷款费用本金化（包括承诺费），允许银行从贷款资金的利息和承诺费类别中提取资金，用于在每半年一次的还款日支付相关贷款费用。其金额仅限于双方达成一致的美元价值和并且只能在该类别可以被使用的日期内提取。

账单名目

国际复兴开发银行和国际开发协会的账单中包括不同的名目：

- 支付工具 —— 在账单首页包含支付工具信息，包括汇款账号、货币金额和汇款日期。
- 支付活动 —— 包括上一期账单的金额和各项费用。
- 费用 —— 需交纳的承诺费金额。总的金额和减免金额分别列出。
- 应计利息/服务费 —— 利息/服务费的金额。如果是国际复兴开发银行贷款，将根据具体情况列 出所估算的利息和减免金额。
- 本金 —— 根据贷款/信贷的分期偿还时间表，本期应付的本金金额。

- 结转金额 —— 从上一期账单结转的金额（在允许的情况下）。
- 应交费用 —— 本期应付的费用总额（包括，利息/服务费、减掉债务减免和结转信贷后的本金和结转金额）。
- 上一期应付的实际金额 —— 分费用和/信贷类别，详细列出上一期实际应付的总费用。
- 收到的贷款金额 —— 根据贷款类别，列出上一期的账单金额和应付金额，以及从借款客户和/或其他渠道收到的实际费用。还需包括逾期和递延金额。
- 本金活动期 —— 在相关日期所偿还的本金信息。
- 为回应来自客户的意见和建议，世界银行在2008年3月重新制定了账单。客户可以从银行客户联络网站获取《新账单设计解读》，解释新账单格式的小手册[26]。

还款分摊

国际复兴开发银行按以下顺序对收到的还贷金额进行分摊：(1) 逾期金额；(2) 递延金额；(3) 当前应收金额。在这些类别内，分配顺序如下：(1) 逾期掉期的利息（如果有的话）；(2) 承诺费（如果有的话）；(3) 逾期本金的利息；(4) 利息；(5) 交易费；(6) 本金。

国际开发协会按以下顺序对收到的还贷金额进行分摊：(1) 逾期金额；(2) 递延金额；(3) 当前应收金额。在这些类别内，分配顺序如下：(1) 本金；(2) 承诺费（如果有的话）；(3) 逾期本金的服务费；(4) 逾期本金的利息（针对国际开发协会的硬贷款）；(5) 服务费；(6) 利息（针对国际开发协会的硬贷款）。

货币购买协议（不再适用）

国际复兴开发银行的借款客户如果与世界银行签订了《货币购买协议》(CPA)，就能以一种单一的议定货币而不是以到期指定货币结算他们的还贷义务。对于货币购买协议项下的贷款，账单将写明议定货币的应付金额，包括微小的浮动空间（2% ~5%），以应对可能发生的汇率变动。在收到还款后，国际复兴开发银行担任借款客户的代理人，购买所需货币以结算还贷义务。无论转换日期为何时（但不能在到期日前），世界银行会在收到借款客户还款的当日，将款项记入借款客户账户。超额还款部分则按照借款客户的要求办理。不足部分被结转到下一个还款日。

计日惯例

表16反映了在计算各贷款产品费用和减免中所使用的计日惯例。如需更多的信息，可参考《贷款协议》。

---

[26] 关于如何登录客户联络网站，请发邮件至 clientconnection@ worldbank. org。

表16　贷款产品的计日惯例

产品	收费类型	惯例
浮动利率灵活贷款、固定利差贷款（英镑贷款除外）和固定利差单一货币贷款	利息	实际天数/360
固定利率灵活贷款和哥伦比亚比索的固定利差贷款	利息	实际天数 /360
英镑的固定利差贷款	利息	实际天数/365
总库贷款	利息	实际天数/实际天数
收费型信托基金、国际开发协会、欧共体信贷，固定利率灵活贷款和固定利差贷款（美元、欧元和日元），以及固定利差单一货币贷款	服务费/利息	30/360
国际复兴开发银行所有贷款产品	承诺费/承诺费减免（适用的话）	实际天数/实际天数
国际复兴开发银行所有贷款产品	部分利息减免（适用的话）	同贷款利率相同
国际开发协会	承诺费/承诺费减免（适用的话）	30/360

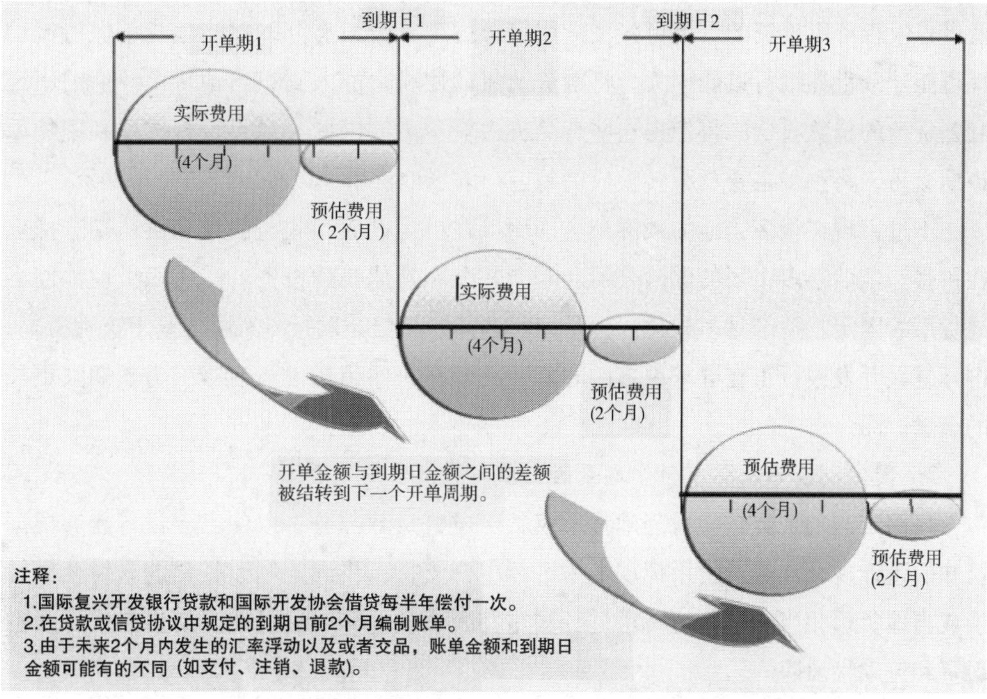

图2　国际复兴开发银行贷款和国际开发协会信贷的开单周期

第十四章 常见问题

一、项目准备金

如果借款客户在某个项目中使用了项目准备金后贷款没有到位，该怎么办？

如果原来的项目没能实施，项目准备金可能通过另外一个项目再融资。在项目准备金未能被融资的情况下，贷款服务组将向借款客户开单回收。如果项目准备金的数额等于或小于50000美元，借款客户被要求在60天内将到期的项目准备金金额一次付清。如果项目准备金超过50000美元，借款客户被要求在今后5年内分10次偿还预付款（加上应计利息或手续费），每半年偿还一次。

二、当地货币金融产品

1. 固定利差贷款为何必须首先以主要货币币种计算，然后再被转换成当地货币？为何不从一开始就以当地货币计值？

世界银行之所以不用借款客户的当地货币承诺固定利差贷款，是因为在借款客户希望支付或者以他们可以接受的条件支付时，世界银行并非总能进入当地货币市场。用当地货币进行融资前贷款承诺并保持其流动性直到贷款被支付，这样或许是解决此类融资风险的一种方法。但是，鉴于新兴金融市场的波动性和非流动性，以及世界银行可以投资的具备可接受信用等级的工具数量有限，以当地货币保持流动性可能导致世界银行遭受损失。将融资及流动性风险加入到以当地货币计值的固定利差贷款的贷款收费中将使得这些产品失去竞争力。因此，世界银行选择利用货币掉期交易，将一种主要货币转换成借款客户的当地货币，以提供当地货币融资。

不过，现在很多当地的债券市场都比以往更为开放，收益曲线和偿还期选择也在扩张。虽然很多市场的保险公司、养老基金和其他机构投资者正在积极使他们当地货币的固定收益产品多样化，但是能够选择的高信誉发行方有限。基于这种情况，国际复兴开发银行正在寻求更多的时机，准备在一些市场发行有吸引力，期限更长的金融产品。

2. 固定利差贷款的未付金额是否可被转换成当地货币？

将固定利差贷款转换成当地货币仅限于已付贷款部分，以便世界银行能够根据已知的预计现金流量对货币掉期交易进行中介支持。将固定利差贷款的未付金额转换成当地货币相当于以当地货币进行固定利差贷款承诺，这可能会使世界银行面临融资和流动性风险。

3. 有哪些当地货币可以使用？

截至2009年1月，按地域排列，世界银行可以进行货币掉期交易的新兴市场货币包括：

（1）拉丁美洲：巴西里拉、墨西哥比索、智利比索、哥伦比亚比索和秘鲁新索尔。

（2）东欧：波兰兹罗提、捷克克朗、匈牙利福林和斯洛伐克克朗。

（3）非洲：南非兰特。

（4）东亚：印度卢比、印度尼西亚卢比、马来西亚林吉特、菲律宾比索、韩元和泰铢。

不过，这些货币在某一时间的可及度以及世界银行获得这些货币的条件取决于执行这些交易时的掉期市场情况。根据掉期市场情况，世界银行将基于借款客户的要求决定是否可以以某种货币进行融资。

4. 借款客户如何申请转换或避险为当地货币？

对于固定利差贷款转换，借款客户需要向贷款服务组提交一份《固定利差贷款转换指南》中提供的转换申请表。《指南》[27] 还包括转换的具体程序。然后，世界银行对所申请的当地货币的掉期交易可行性进行调查，并通知借款客户。

在独立避险的情况下，借款客户必须首先与国际复兴开发银行签订一份《衍生产品总协议》并提供授权向国际复兴开发银行提出避险交易申请的官员的签名。衍生产品协议实施后，借款客户可以向贷款服务组递交将贷款避险为当地货币的请求。[28]

三、固定利差贷款

1. 对于国际复兴开发银行的灵活贷款来说（IFL），以 LIBOR 为基础的固定利差和浮动利差贷款有什么区别？

国际复兴开发银行灵活贷款的贷款利率由两个主要因素组成 —— 6 个月的浮动 LIBOR 和利差。借款客户有权利选择两种利差 —— 固定利差和浮动利差。固定利差指的是在贷款期内锁定基于 LIBOR 的利差，而浮动利差则要每半年变动一次，其变动的根据是国际复兴开发银行为提供这些贷款所进行融资的成本。

固定利差为借款客户带来的好处是利差是不变的，这是因为银行承担了使贷款在贷款期限内保持利差不变的风险。为了弥补这一风险，固定利差包括一个风险溢价。固定利差其他的组成因素还有国际复兴开发银行在各偿还期间的预估筹资成本和经董事会同意的合约利差（目前保持在 0.30% 的水平不变）。固定利差的另一个好处是贷款转换权（例如，固定利率或以后变更贷款偿还的币种）内嵌在《贷款协

㉗ 《固定利差贷款会款转换指南》可向银行业和债务管理组（BDM）索取或登录 http：//treasury. worldbank. org/获取。

㉘ 避险申请表格样本可向银行业和债务管理组（BDM）索取或登录 http：//treasury. worldbank. org/获取。

议》中，使借款客户能够轻易地申请转换，免去在衍生品账目和报告上的麻烦。

浮动利差根据这些贷款的筹资成本，在每年1月1日和7月1日调整。例如，当前美元的浮动利差是LIBOR－0.05%，反映了为支持这些贷款而累计的筹资成本。在新的浮动利差贷款承诺后，库中新的筹集资金要代替已到期的资金，筹资库的平均成本在一段时间内开始更多地反映最新的筹资成本。目前，浮动利差贷款不提供转换权（如固定利率或变更还款币种）。为了获得这些转换选择，借款客户需要将浮动利差转换成固定利差，并交纳一定的费用。转换的固定利差水平要根据贷款余额的平均偿还期决定。另外，借款客户也可以通过签订《衍生品总协议》，对贷款利率中的LIBOR进行避险。

2. 2009年，世界银行为什么改变了国际复兴开发银行灵活贷款中的固定利差？

国际复兴开发银行定期审查其预计的资金成本并且根据LIOBR同业拆借利率以调整固定利差，来反映目前资金市场的变化。这是一个动态的过程和变化，是根据市场条件变化而进行必要的由高到低的调整。在本财年中，由于客户融资需求的增加，银行提高了固定利差贷款利率以反映从资本市场筹集大额贷款不断产生的费用。在以后资金条件有所改善的情况下，国际复兴开发银行将降低其预计的资金成本，并以LIOBR降低的同业拆借利率而贷款给借款客户。

3. 世界银行为什么根据平均偿还期限区别国际复兴开发银行固定利差灵活贷款的定价？

期限较长的借款会带来显著的溢价，即使是对国际复兴开发银行这种AAA级国际借款客户来说也说如此。以偿还期为基础的定价可以使国际复兴开发银行更好地将价格与对固定利差灵活贷款的筹资成本相匹配，以及更好地管理筹资风险。不同的偿还期有不同的定价，这还可以使不需要长期限借款的客户相对降低贷款成本。

4. 鉴于市场对安全的重视，国际复兴开发银行的筹资条件难道没有比以前更好吗？

主要国家对银行系统的大量担保项目已经完全改变了国际复兴开发银行这种国际机构在其中开展业务的市场板块的性质。2008年10月中旬以前，市场危机引发的对安全的重视为国际复兴开发银行和其他国际发行方带来了好处。但是，继全世界大国政府宣布为其商业银行和金融机构提供各项担保，试图重新进入市场，解除对银行同业市场的限制后，金融市场的新增贷款额创了新高，这些都是具有AAA级主权担保的银行发放的。这些利差显著高于LIBOR的贷款的大幅度增加，造成了所有AAA级机构贷款利差的普遍放宽，包括国际机构。

5. 如果借款客户选择利率自动固定，那么是否在每次利率固定时都要收费？

不收。如果《贷款协议》要求自动固定利率，那么在每一利率期结束时免费固定利率。也可以在支付期间的任何时间提出利率自动固定的要求。

6. 如果借款客户决定同时对三个支贷款的利率进行固定，那么是否要对每一支贷款收费？

不收。如果是首次利率固定，那么对贷款全部金额在整个贷款期限内不收取交易费。以后固定利率要收交易费。关于交易费的更多信息，请详见手册第五章或登录网站 http：//treasury. worldbank. org/。银行会不定时修改交易费。

7. 偿还条款能修改吗？

不能。一旦《贷款协议》签订后，世界银行就不再对偿还条款进行修改。

8. 什么是适用于新的固定利差灵活贷款的固定利差？

国际复兴开发银行针对初始贷款货币的固定利差为在《贷款协议》签订日的前一个日历日华盛顿特区时间中午 12 时零 1 分时生效的固定利差。该利差在整个贷款期间一直有效。

9. 在哪里能查到固定利差贷款的贷款利率和利差？

在以下网址 http：//treasury. worldbank. org 银行业部分：融资和风险管理。

四、货币总库贷款

1. 在哪里能查到货币总库贷款的历史贷款利率？

在以下网址 http：//treasury. worldbank. org 银行业部分：融资和风险管理。

2. 货币总库贷款的提前偿还溢价如何计算？

这个问题最好用范例来解答。假设借款客户希望全额提前偿还一个浮动利率总库贷款项下总共为 1000 万美元的未到期贷款，这些贷款原采取分期偿付方式，每期为 100 万美元。另外，当世界银行收到提前偿还的申请时，再假设以下信息：

贷款基本信息	
贷款现值	1100 万美元（1000 万美元加到期的 100 万 美元）
贷款利率	6. 5%

合约溢价的计算	
贷款偿还期限小于 3 年的溢价系数	0. 18
贷款偿还期限小于 3 年的溢价利率	1. 17%（6. 5% ×0. 18）
贷款偿还期限小于 3 年的溢价金额	70200 美元（600 万美元× 1. 17%）
贷款偿还期限为 3 ~6 年的溢价系数	0. 35
贷款偿还期限为 3 ~6 年的溢价利率	2. 275%（6. 5% ×0. 35）
贷款偿还期限为 3 ~6 年的溢价金额	91000 美元（400 万美元 × 2. 275%）
每个贷款协议的溢价总额	**161200 美元（70200 美元 + 91000 美元）**

合约溢价与预估价值/结存价值比率的比较	
计算的合约溢价比率	1.47%（161200 美元/1100 万美元）
所有浮动利率总库贷款的预估价值	346.28 亿美元
所有浮动利率总库贷款的结存价值	332 亿美元
溢价占结存价值	4.30%（346.28 亿美元 - 332 亿美元/332 亿美元）

在这个例子中，借款客户将被收取 1.47% 的计算合约溢价，因为它低于对结存价值收取的 4.30% 溢价。

注意，国际复兴开发银行贷款的账面价值等于其结存价值，以美元等值表示。在国际复兴开发银行贷款缺少二级市场的情况下，世界银行财务报表中公布的国际复兴开发银行贷款的预估价值被用来代替其理论市价。

3. 已提未偿还款与未偿还本金之间有何差别？

已提未偿还款是指按照历史汇率计算的全部已支付未偿还金额的美元等值。未偿还本金是指欠国际复兴开发银行未偿还债务的当前美元等值，包括汇兑调整。

五、担保

在哪里能查到有关世界银行提供的不同类型担保的信息？

关于世界银行的部分风险、部分信贷以及以政策为基础的担保的更多信息，可访问网站www.worldbank.org。

六、毕业

何为毕业国家？

毕业国家是指按照达成的毕业项目或根据其预期被逐渐停止发放贷款的国家。当国家能够从其他渠道以合理条件获得足额资金时，通常就会从世界银行毕业。一个国家的人均收入被视为衡量是否可以毕业的根据。

七、开单

1. 何时编制并向借款客户寄送账单？

对于每半年开单一次的贷款，在《贷款协议》中规定的半年到期日前 2 个月时编制账单，并在到期日前大约 7 周时将其寄送给借款客户。对于其他贷款，账单编制时间与到日期相隔的时间会有所不同，取决于《贷款协议》中的具体要求。

2. 如果到期日遇到周末或银行休息日怎么办？

借款客户会被要求在接下来的第一个营业日向指定存款银行偿还款项。

3. 能收到电子账单吗?

可以。账单会登在银行客户联络网站上。请发邮件clientconnection@worldbank.org，登记索取电子账单。

八、费用

1. 承诺费自何时起开始算起?

根据贷款定价改革，在2007年9月27日当日或之后签订的贷款，不收取承诺费，同时不享受减免待遇。对于在这个日期前签订的且未转换为新的贷款定价的贷款，承诺费从该贷款协议签订的60天后开始计算。贷款生效后，在生效后的利息支付日对未支付金额收取承诺费。如果借款未生效，世界银行将不对借款客户收取应计的承诺费。

对国际复兴开发银行贷款收取的合约承诺费为每年0.75%（承诺费减免除外）。

2. 先征费如何计算?

借款客户按照《贷款协议》中规定的先征费率，一次性向银行支付先征费。例如，如果协议规定费率是0.25%，那么借款客户应付给银行的先征费即为贷款金额的0.25%。

3. 如果由于某种原因贷款金额被减少或者注销，是否会调整先征费?

如果一笔贷款在生效时或生效后被部分或全部注销，对先征费不作调整。这同样适用于支贷款；如果支贷款在生效后被注销，先征费中的这部分不退还给借款客户。[29]

4. 在贷款被批准后，国际复兴开发银行是否对分期偿付时间表进行修改?[30]

世界银行一般不会修改任何贷款现行的偿付条款，除非当支付被耽误；或者该国或该项目存在特殊情况。在这种情况下，将视具体情况进行修改。

5. 世界银行在已关账的贷款或信贷账户下收到退款怎么办?

大多数情况下，对与已关闭的贷款或信贷账户有关的退款，世界银行将用于借款客户的未来债务偿付。在决定是否将退款用于这类债务偿付时，世界银行会考虑几项因素。它们包括：

- 退款金额。世界银行收到的退款如果等于或少于已总支付金额的1%，就将它们用于支付同一贷款或信贷的下一笔还款。
- 下一到期日应付世界银行的金额。如果世界银行收到的贷款或信贷的退款金额

---

[29] 参见OP 3.10，第8段，先征费，网址：www.worldbank.org。

[30] 参见OP 3.10，第19段，《核定条款的修订》和BP 3.10，第10段，《国际复兴开发银行贷款核定偿还条款的变动》，网址：www.worldbank.org。

少于下一个债务偿还日应付金额，退款用于该贷款或信贷的下一次债务偿还。

- 退款日与下一个到期日之间的时间差。世界银行在下一个到期债务偿付日的3个月前收到的退款将被用于该贷款或信贷的下一次到期债务偿付。

如果借款客户请求以其他方式处理退款，该请求必须得到贷款部主任的批准。

6. 世界银行对逾期的贷款费用收取利息吗?

不收。但是，世界银行按照现行的贷款利率对逾期的本金收取利息。此外，对于在2007年9月27日当天或之后根据新的定价条款签订的贷款，国际复兴开发银行将对逾期贷款本金收取额外50个基点的费用。

7. 借款客户怎样才有资格被部分减免利息费用?

对于在2007年9月27日当天或之后签订的贷款，不享受部分利息减免的待遇。这是根据在当天生效的新的定价政策而定的。对于在这个日期前签订的贷款，部分利息减免仅适用于那些连续6个月向国际复兴开发银行及时、全额还款的借款客户。全额还款是指借款客户已偿还所有账单金额。及时支付是指在到期的30个日历日内。

如果借款客户未能及时偿还贷款，那么该借款客户的所有贷款都没有资格被减免利息，直到在接下来的时间里能够连续6个月及时、全额偿还。特别开发政策贷款（过去称作特别结构调整贷款）不涉及利息减免。

8. 如果逾期30天和60天以上还款怎么办?

一笔还款一旦逾期30天，借款客户（或国家，如果是借款客户是担保成员国）的新贷款和信贷将不会被提交给董事会批准，先前已经批准的贷款和信贷不会被签字。另外，借款客户的所有贷款失去应有的利息减免的资格。如果逾期45天，将对该国所有借款客户执行30天的制裁，不管他们贷款情况如何。对于在2007年9月27日当天或之后签订的贷款，如果逾期30天以上，将对逾期本金额外收取50个基点的费用。对于国际复兴开发银行和国际开发协会的借款客户来说，当笔还款逾期60天或60天以上，该国所有借款客户的贷款都将被暂停支付。

9. 世界银行在什么时候把一个国家置于非应计状态?

在一个国家借入的或者担保的任何贷款或信贷项下的一笔还款在其连续第二个到期日仍然逾期未付的情况下，它就会被置于非应计状态，除非世界银行管理机构确定逾期的金额马上就会收到。一旦一个国家被置于非应计状态，应计但尚未收取的利息和费用便不会在世界银行的财务报表上得到确认。当成员处于非应计状态期间，反映在财务报表上的利息收入仅限于实际收到的金额。

10. 账单支付货币都有哪些?

产品不同，支付账单的货币也不同：

国际开发协会信贷借款客户选择的币种，这将在账单上有所反映。

国际复兴开发银行贷款

货币总库贷款：欧元、日元或美元，由司库局决定。

单一货币总库贷款：欧元、日元或美元，取决于转换时所选择的币种。

浮动利差贷款和固定利率单一货币贷款：以承诺币种。

固定利差贷款：以承诺币种。

附　件

附件 A　国际复兴开发银行贷款的提前还款

本附件介绍适用于国际复兴开发银行以下类型贷款提前还款的条款：

- 固定利差贷款（FSL）和国际复兴开发银行固定利差灵活贷款（IFLs）
- 浮动利差贷款（VSLs）和国际复兴开发银行浮动利差灵活贷款
- 固定利率单一货币贷款（FSCLs）
- 货币总库贷款（CPLs）
- 单一货币总库贷款（SCPs）

考虑到在国际复兴开发银行灵活贷款中既有固定利差品种（与固定利差贷款相似），又有浮动利差品种（与浮动利差贷款相似），取决于借款客户的选择，因此，这里将不对它作单独的介绍。

1. 固定利差贷款（FSL）和国际复兴开发银行固定利差灵活贷款（IFLs）

国际复兴开发银行可以向借款客户收取提前还款溢价，以弥补重新调配提前偿还资金的成本。[31] 溢价的计算方式分两部分介绍：针对固定利差贷款或固定利差灵活贷款中尚未转换的部分；针对固定利差贷款或固定利差灵活贷款中已转换的部分。

（1）提前偿还固定利差贷款和固定利差灵活贷款中未转换部分

国际复兴开发银行向借款客户收取的提前偿还溢价等于提前偿还贷款的应付固定利差与固定利差贷款，在提前偿还日按照相关贷款货币计算的实际固定利差之间的差额，经过贴现后的现值。

（2）提前偿还固定利差贷款和固定利差灵活贷款已转换部分

如果一笔固定利差贷款或固定利差灵活贷款被全部或部分转换，那么提前偿还

㉛ 国际复兴开发银行可能会通过债股合并的方式为借款客户的贷款融资。对重新调配成本的计算涵盖了债务和股权两个方面。如果国际复兴开发银行为实现转换而执行市场交易或使用挂牌利率，它针对的只是贷款的债务融资部分。因此，对于已转换的固定利差贷款部分来说，重新调配成本的计算结果必须进行调整将股权融资部分的重新调配成本包括在内。这一点在第 1 节（2）②部分中作了详细说明。

溢价就是以下部分的总和：

①针对利差差额收取的提前偿还溢价，如（1）中所述。

②与提前终止转换有关的“解约金”[32]。“解约金”是指由相关转换[33]所导致的掉期交易的标准市价，终止转换可能使借款客户蒙受损失（即借款客户向银行支付额外金额）或者获益（从借款客户提前支付或支付的金额中减去）。[34]

③对提前偿还贷款的股本供资部分收取相同百分比的附加费。

④对提前偿还的本金金额收取交易费（有关交易费方面的信息，见世界银行网站：http：//www. treasuryworldbank. org）。

2. 浮动利差贷款（VSLs）和国际复兴开发银行浮动利差灵活贷款（IFLs）

浮动利差贷款或浮动利差灵活贷款的总利差包括合约贷款利差[35]和可变成本差价。根据浮动利差贷款和浮动利差灵活贷款所分配债务的加权平均成本差价，总利差每6个月调整一次。提前偿还溢价的多少取决于国际复兴开发银行重新调配提前偿还资金的成本，等于提前偿还贷款的合约贷款利差与浮动利差贷款在提前偿还日按照提前偿还贷款货币计算的实际合约贷款利差之间的差额。[36] 现金流量的净现值计算要考虑当前市场利率以及贷款在提前偿还日总的实际利差。提前偿还金额被首先用于偿还最晚到期的贷款金额。

3. 固定利率单一货币贷款（FSCL）

国际复兴开发银行对提前偿还收取的溢价基于对提前偿还日至原到期日期间的所有提前偿还资金进行重新调配的成本。在固定利率单一货币贷款中，国际复兴开发银行进行固定利率的掉期交易，以向借款客户提供固定利率。国际复兴开发银行通过一笔在期末进行的利率固定掉期交易为一段时期的已付贷款金额固定利率。因此一笔固定利率单一货币贷款包括多个支贷款，每笔支贷款都有各自的固定利率。遇到提前偿还的情况时，国际复兴开发银行解除其执行的与提前偿还

---

[32] 《固定利差贷款与担保协议通则》对“解约金”进行了定义。

[33] 世界银行可能会通过与市场对应方进行避险交易或者使用挂牌利率（《转换指南》描述的情况中）来实现相关转换。在这两种情况下，由世界银行或者借款客户来支付解约金，因为世界银行可能处在一个因贷款提前偿还而必须实施对冲转换的交易方的位置。

[34] 世界银行将进行市场交易或者使用挂牌利率进行计算，时间是在提前偿还日当日或者其后不久；完成掉期交易通常需要两个营业日的时间。

[35] 由执董会不时地予以批准。

[36] 《浮动利差贷款和浮动利差灵活贷款适用章程》第三章第3.04（3）节规定，对提前偿还的贷款所收取的溢价金额应当由世界银行合理确定，能够反映世界银行重新调配自提前偿还日至到期日期间提前偿还金额的成本。尽管浮动利差贷款或浮动利差灵活贷款的利差包括了可变差额，每6个月根据分配给它们的债务的加权平均成本差额进行调整，但是按照目前的惯例，用可变差额间的差异计算出的重新调配成本将导致支付给世界银行的金额减少。这与从提前偿还日到下一个利息支付日期间的利差差额等同。由于这一金额可能不会太大，按照目前的惯例，在计算提前偿还溢价时不包括浮动利差贷款和浮动利差灵活贷款可变差额间的差异。

有关的固定利率的掉期交易。[37] 每一个固定利率的掉期交易偏离市场的程度将被用来计算重新调配提前偿还资金的成本。如果国际复兴开发银行就提前偿还的贷款进行了一个以上的掉期交易，那么它会中和解除每个掉期交易所产生的收益和损失。借款客户向国际复兴开发银行支付计算出的总的净值，作为提前偿还的溢价。但是，如果这一净值为负数（即应付给借款客户的数额），那么这一数额按零处理。按照与贷款支付相反的顺序提前偿还贷款，最后提款的已付贷款最先提前偿还，最晚到期的已付贷款最先提前偿还。在各支贷款内部，按照到期的相反顺序提前偿还。

4. 货币总库贷款和单一货币总库贷款（CPL/SCP）

如第五章所述，国际复兴开发银行向借款客户提供转换货币总库贷款和单一货币总库贷款利率的选择。对于转换的贷款，提前偿还溢价由市场利率决定。在货币总库贷款和其他总库贷款没有转换的情况下，采取以下方法决定提前偿还溢价：

《贷款协议》中针对货币总库贷款和单一货币总库贷款规定了提前偿还溢价计划。溢价根据这些计划计算，如下所示。

对于浮动利率的货币总库贷款和单一货币总库贷款，每一偿还期提前偿还金额的溢价率等于贷款当前利率乘以协议中“提前偿还溢价”计划规定的适当系数。以这种方式计算出的溢价率结合某一偿还期的到期金额，就可得出该偿还期提前偿还的溢价。将计算出来的所有提前偿还的金额的溢价加起来，就得到该笔贷款提前偿还的溢价总额。

举例说明，假设一个借款客户提前偿还 4 笔未到期的浮动利率总库贷款。每个到期金额 100 万美元，提前还款总额为 400 万美元。进一步假设，该笔贷款的当前利率为 6.5%，《贷款协议》中的“提前偿还溢价”计划规定的系数为 0.18。提前偿还的溢价率为（0.065 × 0.18）= 0.0117，或 1.17%。用 1.17% 的溢价率乘以 400 万美元就得出该笔贷款的溢价总额为 46800 美元。

---

[37] 世界银行将进行市场交易或者使用挂牌利率进行计算，时间是在提前偿还日当日或者其后不久；完成掉期交易通常需要两个营业日的时间。

附件 B　提前还款申请表

提前偿还国际复兴开发银行贷款申请表	
国家/借款客户：	
申请日期：	
拟定的提前还款日期（至少在申请日期的 45 天后）[1]：	

贷款明细：

贷款号	贷款类型（请标记）					注明“全额提前偿还”或“部分提前偿还”	部分提前偿还需填写以下内容		
	CPL	SCPL	VSL	FSL	FSCL		币种	金额	%

（如果需要，请额外附纸填写）

说明：1. CPL：货币总库贷款　SCPL：单一货币总库贷款　VSL：浮动利差贷款　FSL：固定利差贷款　FSCL：固定利率单一货币贷款

2. 目前没有为提前偿还提供货币转换工具。所有提前偿还的金额都应以贷款货币支付。货币 总库贷款可以总库中任意主要货币（或者它们的组合）偿还，以国际复兴开发银行决定的比例为准。

续表

<table>
<tr><td colspan="4">对于部分提前偿还的固定利差贷款，请写清楚提前偿还的到期金额*：</td></tr>
<tr><td>固定利差贷款号</td><td>到期日</td><td>到期金额</td><td>提前偿还的到期金额</td></tr>
<tr><td rowspan="2"></td><td></td><td></td><td></td></tr>
<tr><td></td><td></td><td></td></tr>
<tr><td rowspan="2"></td><td></td><td></td><td></td></tr>
<tr><td></td><td></td><td></td></tr>
<tr><td colspan="4">（如果需要，请另附纸填写）</td></tr>
<tr><td colspan="4">* 对于固定利差贷款，借款客户应当指明提前偿还的贷款到期金额。如果借款客户未指明，那么提前偿还将按以下方式进行：（1）如果《贷款协议》规定了已支付金额的单独分期偿还表，则按照与支付贷款相反的顺序 提前偿还，最后提款的已支付贷款最先提前偿还，最晚到期的已支付贷款最先提前偿还；（2）在其他情况下，应当按照贷款到期日的相反顺序提前偿还，最晚到期的金额最先偿还。</td></tr>
<tr><td colspan="4">提前还款理由：</td></tr>
<tr><td colspan="4"></td></tr>
<tr><td colspan="4">提前还款联系人：</td></tr>
<tr><td colspan="4">姓名：________ 电话：________
职务：________ 传真：________
地址 1：________ 电子信箱：________
地址 2：________
签名：________
其他联系人：________ 电话：________
传真：________
电子邮箱：________
• 授权代表是指按照贷款的法律协议被指定担任借款客户代表的人，或者是经正式授权代表他/她从事活动的人。
• 此表应当与借款客户提出提前偿还的信件附在一起发送给国际复兴开发银行。请提供有助于加快提前偿还进程的其他联系方式（包括电子邮箱地址、传真和电话号码）。</td></tr>
<tr><td colspan="4">填好的表格及其他相关信件一并寄往：</td></tr>
<tr><td colspan="4">收件人：Amit Mehra 先生 / Saswata Jana 先生 电话：+1（202）458－8330
贷款服务 传真：+1（202）522－3428
世界银行 电子邮箱：loanclientservices@ worldbank. org
美国华盛顿哥伦比亚西北区 H 街 1818 号
邮编 20433</td></tr>
</table>

续表

声明：
（1）本表不是世界银行的提前偿还建议书。
（2）关于信件地址、贷款类型以及回收币种的信息都有可能发生变化。
（3）提交本表是借款客户独立做出的提前还款决定。
（4）向世界银行提高本表不被解释为接受世界银行的提前还款建议。

附件 C　避险申请表

如果要对国际复兴开发银行贷款申请避险，请登录 http：//treasury. worldbank. org/下载申请表。有关借款客户提出申请，国际复兴开发银行接受并执行独立避险的详细信息，请参阅《国际复兴开发银行避险产品指南》。指南在同一网站上可以获取。

- 与浮动利差贷款和浮动利差灵活贷款，或固定利差单一货币贷款有关的利率掉期申请，请填写、签署并提交下表：申请国际复兴开发银行避险产品，利率掉期。
- 与浮动利差贷款和浮动利差灵活贷款，或固定利差单一货币贷款、货币总库贷款以及单一货币总库贷款有关的货币掉期申请，请填写、签署并提交下表：申请国际复兴开发银行避险产品，货币掉期。
- 与浮动利差贷款和浮动利差灵活贷款，或固定利差贷款和固定利差灵活贷款有关的利率上限或上下限申请，请填写、签署并提交下表：申请国际复兴开发银行避险产品，利率上限或上下限。
- 与从除国际复兴开发银行外的债权人处获得的主权债务有关的利率掉期申请，请填写、签署并提交下表：申请国际复兴开发银行关于非国际复兴开发银行债务的风险管理产品，利率掉期。
- 与从除国际复兴开发银行外的债权人处获得的主权债务有关的货币掉期申请，请填写、签署并提交下表：申请国际复兴开发银行关于非国际复兴开发银行债务的风险管理产品，货币掉期 。

词　汇

A

加速条款 ——《贷款协议》中的一项规定，要求在违约的情况下，剩余利息和本金立即到期。

应计制会计 —— 一种在交易和其他事件发生时对其予以确认的会计方法（即不必等到现金或其等值物的发放或支付）。当事件发生时，它们将被记录在会计期中，并体现在该会计期的财务报表中。

年金分期偿还 —— 一种分期偿还本金的方法，按照该方法，本金在一段时期内分期偿还。每个偿还日的到期本金额取决于每期的本金和利息总和，以贷款协商时确定的折现率计算。这种方法的假设条件是在贷款期限内不发生利率变动。实际的偿还义务取决于已支付的金额，而且利率也有可能发生变动。

适用汇率（AER）—— 国际复兴开发银行利用适用汇率评估金融交易。适用汇率以路透社在纽约时间上午 7 时发布的汇率为基础。在货币总库制度下，所有货币总库借款客户平均分担货币风险以及利用每种货币的单一适用汇率对某一天的所有交易进行估值是至关重要的。

自动固定利率（ARF）安排 —— 按照预先制定的时间表对固定利差贷款（FSL）的利率自动进行固定的安排，分成定期固定和在每次达到预定支付金额时固定。

平均期限 —— 贷款的一定金额保持未偿还状态的平均时间长度。它既考虑了支付时间也考虑了本金偿还时间。平均期限是衡量借款客户使用贷款资金时间的指标，计算方法是用年贷款余额之和除以贷款面值。

B

基本利率 —— 被用作贷款或存款定价指标的利率。报价利率通常是在基本利率的基础上加价，比如加价 0.25% 或 1%，以便它们随着基本利率的变化而变化。固定利差贷款（FSLs）和浮动利差贷款（VSLs）的基本利率为 6 个月 LIBOR。对于货币总库贷款（CPLs），基本利率是国际复兴开发银行用为这些贷款余额融资的半年期加权平均成本。由于绝大多数融资是中长期固定利率债务，货币总库贷款的贷款利率代表国际复兴开发银行历年来筹资成本的变动平均数。

混合贷款国家 —— 既有资格接受国际复兴开发银行也有资格接受国际开发协会提供的资金的国家。

C

结存价值 —— 国际复兴开发银行贷款的结存价值就是该贷款的账面价值，用美元等值表示。

费用类别 ——《贷款协议》中规定的项目实施期间贷款费用本金化的金额。

贷款账户关闭日 ——《贷款协议》中规定的日期。在这个日期以后，国际复兴开发银行可以在通知借款客户和担保人的情况下终止借款客户从贷款和信贷账户中提款的权利。

共同融资 —— 在特定项目融资时，将世界银行的资金与借款国从国外其他渠道获得的资金相结合的一种安排。

承诺 —— 世界银行的一项义务，自《贷款协议》签字时生效，即提供一定金额的资金用于贷款目的，同时借款客户须履行项目文件中规定的所有条件。

承诺货币 —— 借款客户贷款或信贷的指定币种。它也是借款客户履行债务义务的币种。

与承诺挂钩的偿还时间表 —— 在贷款承诺时确定的贷款宽限期和偿还日期。偿还时间表包括贷款宽限期和偿还期，在贷款承诺时确定，与支付挂钩的偿还时间表相区别（见与支付挂钩的偿还时间表）。

转换 —— 应借款客户要求并经世界银行同意，对全部贷款或任意部分贷款的条款进行修改。根据《贷款协议》的规定，转换可包括：（1）利率转换；（2）货币币种转换；（3）为浮动利率设立利率上限或利率上下限。

转换日 —— 利息支付日，转换在这一天生效 —— 或者在对贷款解约金进行货币转换的情况下，该日期由世界银行确定。

转换期 —— 转换日至利息期最后一天，根据转换条款上述转换在该日终止。

货币总库贷款（CPL）—— 以美元等值的多币种贷款。但是，货币总库贷款不是美元债务。

D

还贷 —— 对贷款或信贷的全部还款，即，偿还本金、利息或手续费及其他费用。

债务可承受力分析（DSA）—— 衡量一个国家目前的债务水平以及可能签订的新贷款是否影响它未来的还贷能力。

违约利息期 —— 对于逾期未付的贷款金额，其逾期未付的时期也成为违约利息期。不过，利息期生效的前提条件是第一个利息期要从到期金额逾期的第 31 天开始，到到期金额全部偿还为止。

违约利率 —— 在违约利息期内适用于逾期金额的利率。

违约 LIBOR —— 适用于相关利息期的 LIBOR。对于第一个违约利息期，违约 LIBOR 等于贷款第一次发生逾期时所处利息期的 LIBOR。

违约浮动利率 —— 对于第一个违约利息期，违约浮动利率等于贷款金额第一次发生逾期时所处利息期的浮动利率。

延迟提款选择（DDO）—— 延迟提款选择允许借款客户在《贷款协议》生效后，在指定的提款期内延迟提款。开发政策延迟提款选择贷款意在当借款客户遭遇不利的经济状况，资源匮乏时，向其提供紧急资金支持。灾难延迟提款选择旨在在自然灾害发生后，第一时间提供融资。

已支付未偿付余额 —— 已从贷款或信贷承诺中支付但尚未偿付的金额。

支付货币 —— 世界银行向借款客户或借款客户的产品及服务供应商进行支付时使用的货币。

与支付挂钩的偿付时间表 —— 与固定利差贷款（FSL）的实际支付挂钩的偿付时间表。每 6 个月间的累计支付（“已支付金额”）应当按照时间表偿还，这个时间表从支付完成后的计息期开始。宽限期、最终到期日和偿付方式都在《贷款协议》中明确规定，并对所有已支付的贷款金额都是相同的。

美元总库贷款 —— 从货币总库贷款（CPL）转换的贷款，借款客户的还款币种随之设定为美元。

E

生效日期 ——《贷款协议》《信贷协议》以及《担保协议》发生效力的日期。

预估价值 —— 在国际复兴开发银行贷款缺少二级市场的情况下，世界银行财务报表中公布的国际复兴开发银行贷款的预估价值被用来代替其理论市场价值。

执行日 —— 对于转换，世界银行将在这一天采取一切必要行动实施转换，具体行动由世界银行合理确定。

预期平均支付期 – 批准贷款至预期支付之间的加权平均时间。

F

固定利差 —— 对于固定利差贷款（FSL），利差反映了：（1）国际复兴开发银行相对于美元 LIBOR 的预计成本差价；（2）非美元贷款情况下的标准掉期调剂；（3）市场风险溢价；（4）国际复兴开发银行的标准贷款利差。对于原始贷款货币，利差是在《贷款协议》签字日前一日历日的华盛顿特区时间中午 12 时零 1 分时生效的利差，它将在整个贷款期限内一直有效。

浮动利率 —— 每隔一段时间就发生变化的利率，取决于基本利率（例如，6 个月 LIBOR）。在预先确定的剩余期内，每当基本利率变化时就对该工具重新定价。

G

宽限期 —— 从贷款或信贷承诺日到计划首次偿付本金日，这段时间成为宽限期。一般条件：适用于世界银行的所有贷款、信贷、担保和国际开发协会赠款协议的条件。它是对协议条款的补充，是协议不可分割的一部分。

I

国际复兴开发银行灵活贷款（IFL）—— 国际复兴开发银行的贷款产品，在 2008 年 2 月推出。它允许借款客户灵活制订偿还条款（包括宽限期、偿还期和分期付款时间表），以满足他们的管理或项目需求。偿还条款在贷款磋商时确定。

利率风险 —— 一种金融工具的预期回报存在风险或不确定性，这使得利率会不断发生变化。

利息支付日 ——《贷款协议》中规定的支付利息的日期。

J

联合融资 —— 共同融资活动：（1）有共同的产品及服务；（2）世界银行和共同贷款人按商定比例分担全部或某些名目的支付。

L

贷款工具 —— 有具体用途的贷款 —— 就世界银行而言，是指开发政策贷款或投资活动贷款。

贷款产品 —— 一种金融产品，它规定了特定的币种和偿付条款 —— 例如，固定利差或浮动利率。

本金等额偿付 —— 一种分期偿付贷款本金的方法，按照这种方法，每期等额偿付本金。

伦敦银行同业协会拆借利率（LIBOR）—— 伦敦银行同业市场中银行相互间的贷款利率。浮动利率经常用 LIBOR 作为利率指数。

M

按市值计价 —— 按市值计价是一种会计方法，指根据一个工具或相似工具的现行市场价格，计算这个金融工具的价值。

衍生产品总协议 —— 该协议为借款客户与国际复兴开发银行进行避险交易提供了一个合 约框架，包括用确认的方式记录每笔交易的要求。《衍生产品总协议》与国际复兴开发银行贷款协议相互间有互补条款；衍生协议下的违约处理方式与在贷款协议下的违约相同。

N

非应计状态 —— 出于会计目的，世界银行将那些向被置于非应计状态的成员国提供的贷款或由其担保的贷款的全部本息差额视为无回收可能。

O

偏离市场 —— 现行的固定利率掉期和在提前还款日执行的市场固定利率掉期间的利率差异。

转贷 —— 当世界银行的资金以次级贷款的形式通过政府或当地金融中介提供给国营及私营实体时即发生转贷。政府在每次作为直接借款客户时，都会与次借款客户签订附属贷款协议。

P

后冲突或构建和平的过渡期 —— 这个时期的特点是和平、国家和解或国际团体支持的达成共识的过渡过程。政府的优先权建立在国家 - 国际对需求进行联合评估的基础上，通常从过渡成果框架中得到反映。

按比例 —— 按照计算出的份额。依照既定因素分配。例如，在贷款金额被注销的情况下，这笔金额将按比例划分到剩余的到期余额中。

R

追溯性融资 —— 世界银行对于借款客户在《贷款协议》签订以前在特定时期内的合格支出给予支付。

S

6 个月 LIBOR —— 伦敦同业银行 6 月期存款拆借利率。

暂停支付 —— 世界银行采取的补救行动，阻止借款客户继续提取贷款资金。当借款客户违反贷款条件时实行暂停支付。

T

最晚生效日 ——《贷款协议》中规定的贷款或信贷可以生效的最后一天。

最晚收费日 ——《贷款协议》中规定的日期，在期限未被延长的情况下，在该日以后，可以进行费用本金化的金额就不能再使用。

触发日 —— 在该日，某个成员国的贷款组合被置于非应计状态。触发日是连续第二次未偿付贷款、信贷或项目准备金的日期，或者是最后一期分期还款逾期 6 个月以上的日期。

U

解约金 —— 借款客户在提前偿还贷款时要支付的金额。

V

浮动利率贷款 —— 利率不固定，随着市场（基准）利率的变化而变化的贷款。

参考书目

《世界银行借款客户还贷手册》(2009 年 2 月)，可向贷款服务组索取，或登录客户联络网站获取：https：//clientconnection. worldbank. org。

《支付手册》(2005 年 5 月)，可向贷款部门索取，或登录客户联络网站获取：https：//clientconnection. worldbank. org。

《国际复兴开发银行避险产品使用指南》(2001 年 2 月)，可向银行业和债务管理部门索取，或登录 http：//treasury. worldbank. org。

《贷款条款转换指南》(2008 年 11 月 5 日)，可向银行业和债务管理部门索取，或登录 http：//treasury. worldbank. org。

《国际复兴开发银行避险产品：入门》(2001 年 5 月)，可向银行业和债务管理部门索取，或登录 http：//treasury. worldbank. org。

Pool Unit Approach to Currency Pool Loans《货币总库贷款的总库单位》(1995 年

6 月)，可向贷款服务组索取。

借款客户可以直接向贷款服务组咨询的具体贷款和信贷信息：

- 审计确认报表
- 账单副本
- 预估还贷报告
- 净支付及费用报告
- 贷款及信贷报表
- 总库单位报表
- 借款客户获得及失去的利息减免

通过访问客户联络网站可以获取的贷款信息

通过访问客户联络网站 https：//clientconnection. worldbank. org 可以获得贷款信息。客户联络网站需要密码登录，非常安全。借款客户可以从网站上获取关于他们的贷款、信贷、赠款及信托基金的信息。此外，网站还提供包括账单、预估还贷金额、国际复兴开发银行贷款报表和国际开发协会信贷报表、总库单位价值、汇率以及当前贷款账户等具体信息。网站还刊登跟国家有关的数据，例如国际复兴开发银行/国际开发协会成员国贷款总汇，净支付额和收费，成员国的贷款报表，账单汇总。支付和采购的信息也可以在网站中查询到。

如果您有兴趣访问客户联络网，请发送电子邮件至 clientconnection@ worldbank. org。

手册中的超链接索引

本节以各章为单位列举了文中出现的超链接。通过阅读本节，您可以轻松地查到与内容相关的网上资源。

第一章　世界银行贷款工具

一、投资贷款

1. 贷款业务

2. 开发政策贷款 - OP/BP 8. 60

3. 国际复兴开发银行金融产品 - OP 3. 10

第三章　国际复兴开发银行贷款产品

一、国际复兴开发银行灵活贷款（IFL)

1. http：//treasury. worldbank. org

2. 贷款转换指南

三、新推广的贷款的特色

- 世界银行最新推广的贷款的特色

2008

1. 国际复兴开发银行灵活贷款中以 LIBOR 为基础的固定利差提高 LIBOR +0.75%
2. 针对国际复兴开发银行灵活贷款中以 LIBOR 为基础的固定利差的提高，最常问的问题.
3. 国际复兴开发银行灵活贷款中以 LIBOR 为基础的固定利差提高
4. 应急贷款：董事会批准加强延迟提款权（DDO），引进灾难风险（CAT）延迟提款权
5. 国际复兴开发银行灵活贷款：董事会批准贷款简化，偿还期拉长

2007

- 国际复兴开发银行贷款和担保定价简化，价格降低

第四章　终止的贷款产品

一、固定利差贷款（FSL）

1. 国家信誉指标 - OP 3.10，Annex D
2. 国家类别 - OP 3.10

四、货币总库贷款（CPL）

第五章　国际复兴开发银行风险管理和转换产品

一、利率避险

- 避险产品 - 国际复兴开发银行避险产品：入门（2001 年 5 月）

第六章　国际开发协会开发信贷

一、国际开发协会一般信贷

1. 国际开发协会（IDA）
2. 国际复兴开发银行/国际开发协会成员国：人均收入、贷款资格和偿还期 - OP 3.10，Annex D

第七章　世界银行担保

一、国际复兴开发银行担保

1. 担保类型
2. 担保网站

第八章　国际开发协会赠款

1. 国际开发协会赠款
2. http：//www.worldbank.org/ida
3. 国际开发协会第 14 次增资：向受冲突影响的国际开发协会国家提

供支持：世界银行的作用

第九章　减债倡议

一、还贷信托基金

• 信托基金

二、重债穷国（HIPC）

• 45 天逾期 —— 信托基金

第十二章　提前还款

一、国际复兴开发银行贷款

• 国际复兴开发银行贷款的提前还款 —— OP 3.10，Annex B

第十三章　开单程序

1. 新账单的设计 —— 新账单设计解读
2. 在客户联络网上的账单格式 —— 客户联络网

第十四章　常见问题

1. 当地货币金融产品——固定利差贷款的贷款条款转换指南
2. 先征费 —— OP 3.10，第 8 段
3. 国际复兴开发银行贷款、避险产品和国际开发协会信贷的金融条款和条件 —— OP3.10，第 19 段
4. 国际复兴开发银行贷款中核定提前还款条款的变化，BP 3.10，第 10 段

世界银行的贷款工具

（2001 年 7 月）

世界银行集团是一个有着 180 多个成员国的国际组织。其目标是减少贫困，通过使用其自身资源，并与其他组织合作，帮助客户国实现可持续和均等的增长。世界银行集团向其发展中和转轨成员国提供广泛的、客户化的服务，包括贷款、技术援助和咨询。

这本小册子介绍了国际复兴开发银行（IBRD）和国际开发协会（IDA）的贷款工具，这两个机构共同构成世界银行。国际复兴开发银行向中等收入国家和资信良好的低收入国家提供贷款和发展援助。国际开发协会向最贫困的国家提供低息贷款和其他服务。国际复兴开发银行和国际开发协会的贷款对象为成员国；国际复兴开发银行亦向成员国的借款人提供贷款，但需由该国出具担保。

世界银行集团的其他成员机构提供不同的服务。国际金融公司（IFC）与私人投资者合作向发展中国家的私营部门项目提供融资。多边投资担保机构（MIGA）通过向外国投资者提供非商业风险担保，鼓励对发展中国家的直接外国投资。国际投资争端解决中心（ICSID）为外国投资人和其所在国间的投资争端的解决提供便利。

通过世界银行集团网址 www. worldbank. org，或下面地址，可进一步了解世界银行集团的产品和服务信息：

The World Bank Infoshop

1818 H Street NW，Room J1 –060

Washington DC 20433

Telephone（202）458 –5454

Fax（202）522 –1500

e –mail：pic@ worldbank. org

目　录

一、前　言

这本小册子介绍了世界银行支持发展的贷款工具①。其目的在于加强发展中成员国、世界银行和其他发展伙伴间的对话。

世行有两种基本贷款工具：投资贷款和调整贷款。投资贷款期限较长（5～10

① 世界银行指国际复兴开发银行和国际开发协会；贷款指国际复兴开发银行的贷款和国际开发协会的信贷。

年），向经济和社会发展项目提供产品、土建工程和服务方面的资金支持，涉及行业广泛。调整贷款期限较短（1～3年），为政策和机构性改革提供快速的外部资产支持。投资和调整贷款的使用都很灵活，以适应广泛的目的，它们往往还可以结合使用一些综合性的业务。这本小册子介绍了这些贷款在不同情况下的使用。这些介绍旨在说明，而不在于规定和限制。

贷款是国别援助战略（CAS）所规定的综合性贷款方案的一部分，此战略是使世行的援助（包括贷款和非贷款服务）符合每一个借款人的发展需要和世行的比较优势[②]。国别援助战略包括一些对于减少贫困和促进该国发展目标最具潜力的项目和方案。

贷款业务分几个阶段。借款人提出和准备项目[③]，世行对其可行性进行审议。在贷款谈判期间，世行和借款人需就发展目标、项目内容、产出、营运指标、执行计划以及贷款资金支付的时间表达成安排。贷款一经世行批准并生效，借款人按与世行达成的条件执行项目或方案。世行监督执行情况，并对结果进行评估。

所有的贷款均受制于世界银行业务政策，这些政策旨在确保世行融资的业务从经济、金融、社会和环境等方面看是健康的。信用政策和程序制约与项目有关的资金的使用，尤其是商品和服务的采购。保障政策旨在避免对第三方和环境的意外不利影响。

各种融资计划概述于本册子末尾。

二、投资贷款

投资贷款为那些旨在减少贫困和可持续发展创造必要的物质和社会条件的项目提供融资。

投资贷款的性质也在随时间演进。投资贷款最初强调硬件、工程服务和砖石工程，现在则更多地强调机构建设、社会发展和促进私营部门活动所需的公共政策基础。项目包括城市扶贫（在新房屋建设中引进私人承包者）和农村发展（规范土地使用权，增加小农的安全）；水和防疫（改善水利用的效益）；自然资源管理（提供

② 国别援助战略由世行工作人员与借款人共同制定，而且通常还商援助方、民间社会以及其他公共和私营部门利益方。

③ 准备工作包括可行性研究和环境评估。借款人自己通常对其项目准备工作提供资金。然而，在特定情况下，项目准备基金（PPF）可向每个拟建项目提供达200万美元的前期信贷（对于成本在2亿以上项目，则可达300万美元），用于培训当地工作人员以及调整设计和培训计划。项目准备基金的前期信贷仅是针对世行极有可能批准的项目。此信贷通常用生效项目贷款偿付。

可持续林业和种植业方面培训）；冲突后重建（士兵的重新安置）；教育（促进女孩教育）和医疗（建立农村诊所，培训医护工作人员）。

资格

投资贷款向未拖欠世行集团款项的国际复兴开发银行和国际开发协会借款人提供。

支付

资金的支付系针对与投资项目有关的特定外国或当地支出，包括已确定的设备、材料、土建工程、技术和咨询服务、研究和常项增支。这些产品、工程和服务的采购是项目执行过程中的重要一环。为了确保满意的绩效，贷款协议可以包括特定项目内容的支付条件。

工具

大多数投资贷款为特定投资贷款或部门投资和维护贷款。调整规划贷款和学习与创新贷款是最近才有的，具有更多的新意和灵活性。其他适合借款人特定需要的工具包括技术援助贷款、金融中介贷款以及紧急恢复贷款。

（一）特定投资贷款

特定投资贷款（SILs）支持经济、社会和机构基础的建立、恢复和维护。此外，特定投资贷款还对咨询服务以及管理和培训项目提供融资。

何时使用特定投资贷款?

特定投资贷款是灵活的贷款工具，适合广泛的项目。特定投资贷款有助于确保一项特定的投资在技术、财务、经济、环境和机构上是可行的。这些贷款还支持那些影响投资生产率的政策的改革。

例子

泰国社会投资项目

贷款金额：国际复兴开发银行贷款3亿美元

批准日期：1998年7月9日

项目说明：此项目系对东亚金融和经济危机的反应，旨在支持迅速创造就业机会并向失业人员和穷人提供最基本的社会服务。它还通过向当地人提出和管理的发展动议提供融资、鼓励非集权、当地能力建设和社区发展，支持基层服务提供。

斯里兰卡马哈维利机构调整和重建项目

信贷额：国际开发协会信贷5700万等值美元

批准日期：1998 年 4 月 14 日

项目说明：此项目旨在将马哈维利当局的重点从项目执行转移到河盆管理上来，以确保马哈维利河盆及流域的自然资源得到更为有效、生产率更高和可持续的管理。此项目还旨在通过重建、改造和改善灌溉设施的营运和维护来提高农业生产率。

（二）部门投资和维护贷款

部门投资和维护贷款（SIMs）的重点为特定部门的公共支出项目。它旨在通过帮助建立新的资本投资、恢复、重建和维护之间的平衡，使部门支出、政策和绩效符合一个国家的优先发展事项。这些贷款还帮助借款人开发在制订、执行和监督开支或投资方案方面的机构能力。

设计特点

部门投资和维护贷款一般侧重于部门投资项目的结构和使项目取得成功需进行的部门政策改革。这些贷款还强调强化执行项目的各个机构。

何时使用部门投资和维护贷款?

当一个部门支出方案需要广泛的协调，尤其是当方案涉及相当大比例的援助方提供的投资时，使用部门投资和维护贷款最为合适。因此，部门投资和维护贷款一般强调向此部门提供援助的各方面和各援助方之间的协调。

例子

印度尼西亚苏门答腊地区道路项目

贷款金额：国际复兴开发银行贷款 2.34 亿美元

批准日期：1998 年 3 月 31 日

项目说明：此项目支持政府为促进有效、公平以及环境上可持续的地区性开发所作出的努力。它还旨在通过综合和强化交通基础设施的规划和管理，改善交通效率和苏门答腊地区八个省的通达能力。

加纳贸易和投资门户项目

信贷额：国际开发协会信贷 5050 万等值美元

批准日期：1998 年 7 月 9 日

项目说明：此项目旨在吸引大量的出口型投资人到加纳去，加速出口带动型增长，并促进贸易。通过对非所在地基础设施的投资，此项目支持了私人开发和管理的出口加工区。它还促进了机构强化和能力建设，使得公共机构和单位能作为贸易的促进者。

（三）调整规划贷款

调整规划贷款（APLs）[④] 对长期开发方案提供分阶段支持。这种贷款涉及一系列的贷款，而这些贷款是建立在前项贷款的经验基础上。

设计特点

调整规划贷款致力于：（1）贷款所支持的分阶段长期发展方案；（2）与所支持的阶段有关的部门政策；（3）部门投资和经常性开支的优先事项。在开始下一阶段之前，要对方案每个阶段的进展进行审议和评估，甚至还需进行进一步的分析。

何时使用可调整方案贷款?

当机构、组织或行为的持续变化对于执行一个方案成功与否十分关键时，则应使用可调整方案贷款。可用这些贷款来支持行业结构调整的阶段性方案，或电力、水、医疗、教育和自然资源管理部门系统性的改革，这些部门的改革往往需要时间来达成共识，并向各方面角色说服那些政治和经济上十分困难的改革的好处。

例子

印度电力部门结构调整方案贷款

贷款金额：国际复兴开发银行贷款2.1亿美元

批准日期：1999年2月18日

项目说明：此项目是一可调整方案系列项目中的第一个，此方案将在此后的八年中帮助将安得拉邦的电力部门（目前是该邦预算的一家主要投入单位）改造成优先部门的资源贡献者。

玻利维亚卫生部门改革项目

信贷额：国际开发协会信贷2500万等值美元

批准日期：1999年6月15日

项目说明：此项目支持政府卫生改革方案的第一阶段，此方案旨在通过配合在教育、农村生产率以及水和防疫等方面的其他干预，减少婴儿死亡率。此项目将致力于（1）扩大医疗服务的范围和质量；（2）增强社区改善其医疗状况的能力；（3）强化地方对医疗需求作出反应的能力。项目引入了新的疫苗，强化了免疫方

---

④ For more information, please refer to the Adaptable Program Lending brochure, available from the Operational Core Services Network (OCS).
e-mail: OCSAdvisory@worldbank.org; website: http://OCS or http://Ints012/ocsos/ttlib.nsf? Open; telephone 202-458-9030.

案，并建立了基本医疗保险计划。

（四）学习和创新贷款

学习和创新贷款（LIL）⑤ 支持小的试验性投资和能力建设项目，如果这些项目取得了成功，则会导致更大的项目，这些项目将会使学习以及学习和创新贷款的成果纳入主流。

设计特点

学习和创新贷款不超过500万美元，而且通常执行期间为2~3年，远短于世行大多数投资贷款期限。所有的学习和创新贷款都包括一个有效监督和评估系统，以吸收学习经验。

何时使用学习和创新贷款？

学习和创新贷款用来检验新的方法，往往是初创情况，而且是针对新的借款人。可以用学习和创新贷款来建立利益方之间的相互信任，检验机构能力和试验方法，以准备更大的项目，支持立足当地的发展动议，以及发起有潜力的业务，这些业务往往都是基于最初的学习结果，并要求灵活的规划。

例子

加蓬实验社会基础结构工程

贷款金额：国际复兴开发银行贷款500万美元

批准日期：1998年8月24日

项目说明：此项目旨在帮助政府设计和检验促进当地私营企业参与小规模贫民区改造工程的方法和程序。它还支持这种方法资料的传播，目的在于加强私营建筑公司，扩大穷人的就业。

摩尔多瓦农村金融项目

信贷额：国际开发协会信贷500万美元

批准日期：1998年1月13日

项目说明：此项目旨在开发合作性的农村银行系统，向私营小农和农村企业提供金融服务。它建立了储蓄和信贷协会（SACs），并在摩尔多瓦小额信贷联盟的帮助下对其成员进行了培训；建立了储蓄和信贷协会的管理机构；加强了农村金融公司；为储蓄和信贷协会的农村信贷额度提供融资。

---

⑤ For more information, please refer to the Learning and Innovation Loans brochure, available from the Operational Core Services Network (OCS).
e-mail: OCSAdvisory@worldbank.org; website: http://OCS or http://Ints012/ocsos/ttlib.nsf? Open; telephone 202-458-9030.

（五）技术援助贷款

技术援助贷款（TAL）是用于借款国的机构能力建设。它可以侧重于组织安排、人员安排方法以及一些关键机构中的技术、硬件或财务资源。

设计特点

技术援助贷款要求在机构加强的特定行动方案、咨询专家的权责和当地对应单位的任用条件等方面达成共识。

何时使用技术援助贷款?

技术援助贷款是用于那些与执行促进经济和社会发展的政策、战略和改革直接有关的机构的能力建设。这些贷款还用于建设与公共部门改革以及与投资的准备、执行和维持有关的能力。技术援助贷款往往还通过支持与投资或调整业务的准备和执行有关的特定事项，来配合投资和调整业务。

例子

秘鲁城市产权项目

贷款金额：国际复兴开发银行贷款 3800 万美元

批准日期：1998 年 8 月 6 日

项目说明：此项目旨在确保十分贫穷的城市居民区不动产的规范化权益。此项贷款为 96 万项财产的登记提供了融资，其中有 80 万项财产为私人所有。此规范化程序将涉及 400 万人，占总人口的四分之一，这些人口都典型地生活在贫困线附近。

马其顿养老金改革技术援助项目

贷款金额：国际开发协会信贷 100 万等值美元

批准日期：1998 年 7 月 9 日

项目说明：此项目支持马其顿在该国社会部门调整方案下进行的养老金政策改革的设计和执行。具体地来说，它支持养老金政策改革的设计和配套立法的制订和劳动和社会保障部的能力建设以及养老金基金的能力建议。

（六）金融中介贷款

金融中介贷款（FILs）向当地金融机构提供长期资源，以对实际部门的投资需求提供融资。金融机构对每一个分项目承担信用风险。

资格和设计特点

金融中介贷款要求有一个良好的宏观经济和部门框架。金融中介贷款支持金融部门改革 —— 利率政策、补贴、强化金融系统竞争的措施、金融中介的机构发展 —— 这些都会对金融中介的业务效率产生直接和实质性的影响。金融中介贷款还可以包括解决金融部门政策问题的调整业务，且可以包括技术援助内容。

借款人可以将世行的资金作为贷款或股权转借给某个金融中介机构。此金融中介机构反过来也可以将世行的资金转给转借人作为转贷款或股权，这些分项目需满足特定的资质条件和发展标准。世行资金的支付是针对符合条件的物品、工程和服务等方面支出，包括技术援助。

何时使用金融中介贷款？

金融中介贷款有助于发展良好的金融部门政策和机构，促进这些机构在竞争环境中的工作效率，改善对企业和家庭的信贷条件，促进私人投资。

例子

立陶宛企业和金融部门项目

贷款金额：国际复兴开发银行贷款 2500 万美元

批准日期：1995 年 4 月 13 日

项目说明：此项目支持政府在金融部门的改革，提供融资支持私人和私有化企业的发展。它提供金融资源和技术援助，以改善银行系统提供金融资源的能力，以及企业编制融资计划的能力。

（七）紧急恢复贷款

紧急恢复贷款（ERLs）支持借款国恢复其受到非常事件，如战争、内乱或自然灾害严重扰乱的经济，使其资产和生产尽快恢复到一定水平。这些贷款也可用来加强重建措施的管理和执行，开发灾害恢复技术和早期预警系统，以避免或减缓未来紧急情况的影响。

贷款的特点

为了适应紧急业务的特点，可以使用简化程序。紧急恢复贷款可以包括快速支付，以资助被确认对恢复方案有效的必需的进口物品。

何时使用紧急恢复贷款？

紧急恢复贷款强调在有限的期间内，例如 2 ~ 3 年，迅速恢复经济、社会和基础设施系统。这些贷款对投资和生产项目提供融资，而不是为了救济和消费。对于多发性事件，如年度水灾或像干旱这样发展缓慢的灾害，特定投资贷款往往更为合适。

例子

多米尼加共和国紧急贷款项目

贷款金额：国际复兴开发银行贷款 1.11 亿美元

批准日期：1998 年 12 月 10 日

项目说明：此项目（1）有助于维持关键经济部门的增长；（2）支持遭到乔治飓风破坏或毁坏的主要社会和经济基础设施的重建和恢复；（3）加强该国准备和对付未来自然灾害紧急情况的能力。紧急支付项目对农业和重建所需进口提供了融资，投资项目对重要公共设施的恢复提供了融资。该项目还包括强化机构的内容，以改善该国对付自然灾害的长期能力。

孟加拉洪灾后紧急恢复项目

贷款金额：国际开发协会提供相当于2亿美元的信贷

批准日期：1998年11月24日

项目说明：此项目是帮助孟加拉恢复1998年洪灾后重建三步战略中的第一步。其目的在于：（1）帮助恢复和维持宏观经济的稳定，对付国际收支压力；（2）维持和扩大粮谷储备，抑制通胀和确保食品供应安全；（3）帮助重振受洪灾影响的农业、工业以及经济活动。

三、调整贷款和其他非项目贷款

调整贷款向那些有着对外融资需求的国家提供快速支付援助，支持某个部门或整个经济的结构改革。这些贷款还支持创造有利可持续和公平增长的环境所需的政策和机构调整。

调整贷款最初的目的是为宏观经济政策改革提供支持，包括贸易和农业政策的改革。随着时间的变化，这些贷款已越来越侧重于结构、金融部门以及社会政策的改革，以及改善公共部门资源管理。目前，调整业务通常是为了促进竞争性的市场结构（如法律和管理改革），纠正激励机制中的扭曲（税收和贸易改革），建立适当的监督和保障机制（金融部门改革），创造有利于私营部门投资的环境（司法改革，采用现代化的投资规范），鼓励私营部门活动（私有化和公私合营），促进良政（公务员制度改革），以及减缓调整所带来的短期不利影响（建立社会保障基金）。

申请调整贷款的资格

调整贷款向那些未拖欠世行集团款项的国际复兴开发银行和国际开发协会借款人提供。（仅国际复兴开发银行借款人符合特别结构调整贷款条件；见以下）。调整贷款的资格条件要求借款国同意采取可监督的政策和机构改革行动和令人满意的宏观经济管理。与国际货币基金组织的协调是调整贷款的一个重要部分。

支付

资金可一笔或多笔（支付次数）支付至某个特定的存款账户。当借款人符合规定的支付条件，如通过改革立法，实现了某个绩效指标，或在建立满意的宏观经济框架方面取得了明显的成果，某一笔支付才会进行。资金可资助某个正面业务清单所需进口，或受某个负面禁止清单约束（如军品和奢侈品）。自从1996年以来，负面清单已得到了广泛使用。

贷款工具

结构和部门贷款是最为常用的调整工具。其他针对特定借款人需要的贷款包括规划和特别结构调整贷款，以及恢复贷款。减债贷款尽管不属调整贷款，往往也辅之以调整贷款。

（一）结构调整贷款

结构调整贷款（SAL）支持促进增长，有效使用资源和中、长期可持续国际收支平衡的改革。

何时使用结构调整贷款？

结构调整贷款特别致力于解决那些影响跨部门的主要宏观和结构性问题，如贸易政策、资源流动、公共部门管理、私营部门发展和社会安全网。

例子

马来西亚经济恢复和社会部门贷款

贷款金额：国际复兴开发银行提供3亿美元

批准日期：1998年6月18日

项目说明：此项目支持政府采取预防措施方案使1997—1998年地区性危机后的经济活动下滑最小化；扩大社会安全网，保护穷人和接近贫困线人民不受危机的负面影响；保护人力资源方面的投资。此项目还支持旨在促进强劲可持续增长的政策改革。

马拉维财政结构调整和二期放权方案以及技术援助项目

贷款金额：国际开发协会提供相当于2亿美元的信贷

批准日期：1998年12月3日

项目说明：此项目旨在鼓励更多私营部门投资和提高效率创造政策环境。它还支持政府将开支重新引向那些尤其对穷人有利的社会部门和方案，如医疗、教育和社会基金。它还帮助政府在贸易条件恶化、出口收益大幅下滑后维持宏观经济稳定。

（二）部门调整贷款

部门调整贷款（SECAL）支持政策调整和特定部门的机构改革。

何时使用部门调整贷款?

部门调整贷款集中解决主要部门问题，如鼓励私营部门发展的机制和政策框架、机构能力和部门支出方案。

特点

部门调整贷款须进行环境评估。

例子

摩洛哥合同储蓄发展贷款

贷款金额：国际复兴开发银行提供1.5亿美元

批准日期：1998年6月9日

项目说明：此项目旨在改善长期储蓄的积累，鼓励将其投向私营生产性投资，确保该国养老制度的长期稳定。其侧重点在于合同储蓄机构的改革，包括保险公司、储蓄银行和养老制度。

塞内加尔能源部门调整贷款

贷款金额：国际开发协会提供相当于1亿美元的信贷

批准日期：1998年5月19日

项目说明：此项目促进能源部门改革，目的在于提供更为有效的电力服务，降低电力和石油价格。这些改革将会降低要素成本，改善塞内加尔的竞争力和增长前景，增加就业机会。

（三）规划性结构调整贷款

规划性结构调整贷款（PSAL）是针对政府政策改革和机构建设中期方案，在多年分阶段框架下提供支持的。

贷款设计特点

规划性结构调整贷款通过3~5年的系列贷款支持政府的方案，每项贷款都基于前项贷款，以支持可持续的、连续的结构和社会改革。规划性结构调整贷款项下的每一个单项调整贷款主要支持一年方案，其信贷往往是多笔支付，并与特定目标措施挂钩。系列贷款中的每笔贷款设计中都包括可监督的指标。贷款资格条件和支付标准均同结构调整贷款。

何时使用规划性结构调整贷款?

规划性结构调整贷款针对成员国对世行提出的支持其结构和社会改革融资和咨询需求，这些改革是连续多年的渐进性的政策调整和机构建设。重点在于公共部门能力建设和改革，目的是加强公共支出管理，改善良政、资源配置和公共服务的提供。规划性结构调整贷款依赖于这些领域中完整的、可比的分析和咨询成果。

例子

泰国公共部门改革项目

贷款金额：国际复兴开发银行提供4亿美元

批准日期：1999年10月14日

项目说明：此项目强调改善收入和支出管理、人力资源管理、分权、参与、透明度和责任感。目的在于：（1）改善金融和人力资源管理的实绩和有效性；（2）建立鼓励预算和政府部门注重结果的机制；（3）通过对外征求意见、结构调整、政府行为放权以及加强公共部门对社会的反应能力，来改善服务和提高客户意识；（4）改善预算的透明度；（5）建立有效的机制促进责任感和增加透明度。

坦桑尼亚规划性结构调整信贷

贷款金额：国际开发协会提供相当于1.9亿美元的信贷

批准日期：2000年6月15日

项目说明：规划性结构调整一期方案，即规划性结构调整信贷的第一阶段，将支持政府维持宏观经济稳定性、改善公共服务的提供、深入执行私有化方案；改善关键市场的竞争性和透明度；强化国家法律和商业手段，提供更为有效的、透明的经营环境；以及进一步降低国际和国内贸易的壁垒等方面的努力。它支持两阶段总体方案的第一阶段，创造有利于私营部门持续发展的条件。此方案一旦得到完全的实施，即会在商业经营方面产生更大的效率、扩大私人投资、减少商业风险和更为有效地提供公共服务，从而在中期内加快增长、减少贫困、减少商业风险和更为有效地提供公共服务。

（四）特别结构调整贷款

特别结构调整贷款（SSAL）支持面临危机或身处危机并亟须外部融资的信誉良好的借款国进行结构和社会改革。这些贷款将帮助这些国家避免危机，或者在发生了这种危机的情况下，减少其不利的经济和社会影响。

资格和设计特点

特别结构调整贷款对象为那些面临实际或潜在的、并会产生严重结构和社会影响的金融危机的国家。这些贷款支持结构、社会和宏观经济政策改革，是由多边、双边援助机构和私人信誉及投资人提供的一揽子国际支持的一部分。国际货币基金组织的方案需先于特别结构调整贷款。

特别结构调整贷款比世行其他贷款相比有不同的条件。它们通常为5年期，并有3年宽限期，最低贷款利差为美元同业拆解利率加400个基本点。不享受利息和承诺规费减免待遇。（世行其他贷款条件见本宣传册末尾说明。）

例子

阿根廷特别结构调整贷款

贷款金额：国际复兴开发银行提供25.2亿美元

批准日期：1998年11月10日

项目说明：此项贷款是与特殊回购基金支持贷款相配套的，旨在支持该国继续进行经济改革、保护其已取得的成果。该项目是预防性的，旨在减少国际金融不稳定对经济和弱小团体的不利影响。此项贷款帮助政府解决其外汇需求，从而使其可继续致力于解决长期改革问题。

巴西社会保障特殊部门调整贷款

贷款金额：国际复兴开发银行提供2.525亿美元

批准日期：1999年1月7日

项目说明：此项贷款支持政府保护针对穷人和那些最易受经济危机影响的人们的社会支出所作出的努力，这些人包括贫穷家庭里的孩子们，穷困家庭中的退休成员和残疾成员，需要经常得到免费或低成本基本医疗服务的家庭，上公立小学的孩子以及那些可能在经济不稳定期间失业的成年人。

（五）恢复贷款

恢复贷款（RIL）支持那些旨在创造有利私营部门投资环境的政府政策改革方案，与此同时，为迅速恢复关键基础设施和生产性设施而提供外汇。重点用于解决近期内关键的宏观和经济部门政策的改革，这些改革对于扭转基础设施能力和生产资源的滑坡是十分必要的。

何时使用恢复贷款？

一般来说，当一个国家致力于总体经济改革，但由于结构改革日程尚未形成而无法使用结构调整贷款时，则应使用恢复贷款。恢复贷款对于转轨经济和冲突后情况都是适用的。

例子

塔吉克斯坦冲突后恢复信贷

贷款金额：国际开发协会提供相当于1000万美元的信贷

批准日期：1997 年 12 月 16 日

项目说明：此项目向该国冲突后经济提供非通胀性预算融资，从而使得政府可以采购关键进口物品，来支持社会安全网、恢复生产、就业和消费。此信贷带来的配套资金将有助于弥补与和平协议有关的成本，同时维持在稳定金融方面取得的进展。

（六）减债贷款

减债贷款（DRL）旨在帮助符合条件的重债国减轻商业债务还本付息的负担，从而使该国债务负担减少到可维持的水平，这是支持可持续增长的中期融资计划的一部分。重点用于对该国对外商业银行债务进行合理调整，或是将其转成低息债券，或是按折扣购回。

特点

减债贷款虽然不属于调整业务，往往配合调整贷款，而调整贷款的一部分往往也可以用来对减债业务提供融资。世行工作人员帮助设计符合世行标准的业务，但世行并不直接参与债务人和其商业债权人关于贷款条件的谈判。

资金的支付是针对标的商业债务的购回或可接受抵押品的购买，从而降低那些替代现债务的新工具的本息支付。

例子

巴拿马债务和偿债减负项目

贷款金额：国际复兴开发银行提供 3000 万美元

批准日期：1996 年 3 月 28 日

项目说明：此项贷款旨在通过帮助该国重建信用促进其发展。它帮助政府实施债务和偿债减负，巩固财政平衡和结构改革，使与商业债权人的关系正常化。

越南商业债务和偿债减负业务

贷款金额：国际开发协会提供相当于 3500 万美元的信贷

批准日期：1998 年 1 月 6 日

项目说明：此项目旨在向越南与其伦敦俱乐部债权人达成的债务和偿债减负协议提供融资，该协议减少越南商业债务并形成了可持续的偿债安排。该协议有助于越南进入国际资本市场，促进私营部门参与关键基础设施投资，从而加强该国可持续增长和发展战略。

四、世界银行担保

担保[⑥]是通过对私营部门通常无法吸收或管理的风险提供保险来促进私营部门对借款成员国的融资。世行提供的所有担保都是对私人债务的部分担保，所以风险是由世行和私人贷款人共同承担的。世行的目标是基于其在发展中国家的经验及其与政府的关系，从其特有的地位出发，对风险提供担保。

世行项目担保有助于调动私营部门对具体项目的融资，而政策性的担保则有助于调动私人资源投向主权实体。担保既覆盖主权和政治风险，也包括信用风险。除项目性部分风险担保（这种担保是在有限基础上向国际开发协会借款人提供的，以支持私人融资项目）外，世行担保仅向国际复兴开发银行借款人提供。

（一）项目部分风险担保

这种担保覆盖特定主权或政治风险，通常用于政府已从所有人或经营人转向管理人或采购人的情形，以保护贷款人免受逃债之险。这种风险一般是由于政府不履行租借或类似安排项下的义务造成的。

（二）项目部分信贷担保

此项担保覆盖特定融资期间的所有风险。它旨在帮助政府及其实体进入新的债务安排，得到比目前更长的债务到期。

（三）政策性担保

政策性担保（PBG）是对从私人债权人举借的主权债务进行部分信用担保，改善政府进入资本市场的条件，以支持双方达成一致的结构、机构和社会改革。政策性担保往往针对那些履约记录良好；结构、社会和宏观经济政策框架令人满意；进入（或重新进入）国际金融市场战略始终一贯的国家。

例子

科特迪瓦阿兹托电力部分信贷担保

担保额：国际开发协会担保 3030 万美元

批准日期：1998 年 12 月 10 日

项目说明：此项目支持建设一个 300 兆瓦燃气电厂和一个 225 千伏输电线。此

---

⑥ 进一步情况，请参见《世界银行担保手册》，可以向项目融资和担保组索取，或上网查询：http://worldbank.org/guarantees。

项目解决了该国电力供应的严重短缺，电力是该国经济投资和开发战略中的高度优先事项。此项目正在按建设－所有－经营－转让模式建设，为期24年。

阿根廷政策性担保

担保额：国际复兴开发银行担保2.5亿美元

批准日期：1999年9月16日

项目说明：此项业务是在特别结构调整贷款项下进行安排的。其目的在于使得政府可以集中于长期发展问题，不仅避免衰退期间在先前改革上的后退，而且继续推进财政改革、金融部门的强化、管理改革和对重大社会方案的保护。此项担保已帮助阿根廷以合理利率筹集了总额达16亿美元的资金，满足了其资金需求。此项交易还显示了：配合认真的安排和营销，担保可以帮助客户国在暂时性困难的金融环境中充分利用世行的支持，发挥资金市场的作用。

五、融资产品和条件

国际复兴开发银行的贷款产品

对于新的承贷，国际复兴开发银行向符合条件的借款人提供三种贷款产品：固定利率贷款，浮动利率、单一货币贷款和货币总库制贷款。[⑦] 金融产品的选择使得借款人可以灵活地选择与其债务管理战略相一致的条件，并适合其偿债能力。

固定利率贷款以下面多种货币提供：美元、日元、欧元、英镑、瑞士法郎，以及其他国际复兴开发银行可以有效出资的货币。贷款可按借款人要求以单一货币承贷和偿还，也可以多种货币提供，浮动利率贷款按6个月伦敦同业拆借利率加贷款固定利差。在贷款期间，借款人可以调整支付和未支付贷款额货币；可以固定、不固定、重新固定、限顶或限定支付贷款利率。在项目准备期间，但在贷款签订之前，借款人还可以在现行金融政策界限内，设计出固定利差贷款的偿还条件（宽限期，偿还期间和分期偿还安排）；偿还条件一旦定下来，则不能再予变动。

浮动利率单一货币贷款以下面多种货币提供：美元，日元，欧元，英镑，瑞士法郎，以及其他国际复兴开发银行可以有效出资的货币。贷款可按借款人要求以单一货币或一组货币偿还。可变贷款利率与6个月伦敦同业每种贷款货币的利率挂钩，

⑦ 关于与国际复兴开发银行贷款相关的单独套保产品的说明可见 http://www.worldbank.org/fps。关于国际复兴开发银行金融产品的进一步信息，可查阅世行金融产品和服务局的宣传册、《国际复兴开发银行主要贷款方式和条件》《国际复兴开发银行金融产品：固定利差贷款》以及《国际复兴开发银行套保产品》。

每半年调整一次。此利率直接作为世行提供这些贷款的资金成本转给借款人。

新贷款的资金条件

国际复兴开发银行贷款	
先征费用：	贷款额的1.00%，应在贷款生效时支付。
贷款利率：	贷款利率因产品而异，对固定利率贷款和浮动利率单一货币贷款则因货币而异。⑧
未支付余额承诺费：	对于固定利率贷款，头4年为0.85%，此后为0.75%；于其他贷款：0.75%； 对于所有贷款：可有部分免除。
利息免除：	对于及时还款的贷款人，可部分免除已支付和未付贷款余额利息。
期限：	可达25年，包括宽限期。
国际开发协会信贷	
手续费：	0.75%
承诺费：	未支付额的0.0%～0.5%（按年度定，1989年以来一直为0.0%。）
期限：	40年（对于同时接受国际开发协会信贷和国际复兴开发银行贷款的国家为35年）。宽限期为10年。

⑧ Current lending rates are available at http://www.worldbank.org/fps.

世界银行中国贷款项目移民监测评估业务指南

（讨论稿）

（2001年6月）

目　录

一、移民监测评估的目的与宗旨

1. 根据《世界银行业务导则 4.30》《世界银行业务导则 10.70》等文件的规定，为规范和指导世界银行贷款项目移民监测评估工作，特制定本指南。

2. 本指南编制的目的，在于规范和指导世界银行贷款项目的项目业主、外部监测机构、移民实施机构等与移民活动有关的机构所进行的移民内部监测和外部监测评估工作，确保移民监测评估活动有序、规范、高效地进行，从而使有关各方及时了解移民安置实施情况，发现和纠正移民实施中存在的问题，确保移民安置按行动计划顺利地实施，最终达到移民安置的目标。

3. 移民监测评估，是根据项目移民安置行动计划，对移民安置实施活动进行持续地调查、检查、监督和评估工作。本指南所指的移民监测评估活动，包括由业主和移民实施机构进行的内部的移民监测活动和由独立的移民监测评估机构进行的外部监测评估活动。内部监测，是业主和移民实施机构依靠自上而下的管理系统对移民安置行动计划的实施进行连续的内部监控，目的在于全面、及时、准确地掌握移民的进展，发现和解决问题，为顺利实施移民工作提供决策依据。外部监测评估，是独立于项目业主及移民实施机构的具有移民监测评估能力的组织或机构，对移民活动进行的周期性监测和客观评估。它通过现场调查访问等方法，对移民安置实施活动进行数据和信息的收集，在此基础上对项目移民安置实施工作进行客观评估，以发现已经存在或潜在的问题，提出解决问题的意见和建议，并反馈给世界银行、项目业主和移民实施机构，以推动移民安置实施工作的不断改进和完善。

4. 移民监测评估的依据包括：（1）国家有关移民的法律、行政法规；（2）世界银行有关业务导则，如 4.30 导则、4.20 导则、10.70 导则；（3）与项目直接相关的法律性文件，如世界银行和项目业主共同认可的移民安置行动计划等。

5. 移民监测评估的原则包括：周期性地调查、了解和评价移民安置行动计划实施的情况；准确地进行数据采集和资料分析，保证监测评估结果的准确性；科学、客观、公正地评价移民安置行动计划的实施情况；及时地向项目业主和世界银行报告，使其能及时了解项目的进展并进行科学决策。

6. 移民监测评估的作用，在于跟踪监测项目移民安置行动计划的实施进展，动态评估移民安置行动计划的适宜性，为项目业主、移民实施机构和世界银行项目管理提供决策支持。通过连续不断的监测和对监测结果的评价，确定移民安置实施活动是否遵循了移民安置行动计划；对未能按移民安置行动计划实施或实施不完善的移民活动，则要提出补救建议。通过监测评估，检查移民安置行动计划是否满足移民安置实施的需要，如有不当，则要及时提出调整建议，以确保移民生产生活的超过或达到搬迁前的水平。

7. 内部监测是项目内部管理的重要组成部分，其目的在于总体把握移民实施活动的状况，通过建立和使用移民管理信息系统，收集、分析和共享有关移民实施活动的进度、资金和质量的数据和信息，发现存在或潜在的问题，分析其原因，并提出解决问题的措施建议。

8. 外部监测评估也是项目管理的重要组成部分，其目的在于跟踪监测和客观评估移民安置行动计划的实施情况，帮助世界银行、项目业主和移民实施机构更全面地了解移民活动的实施进度、质量和资金使用效果，重点监测移民政策的执行情况、移民机构的运行、移民就业安置、移民房屋重建与生活安置、移民收入与生产生活水平的恢复、抱怨与申诉、公众参与、协商、信息公开等实施情况。通过监测，评估移民安置政策与移民实施的适宜性，评估移民收入水平恢复程度和移民目标的实现程度，评估移民机构的工作效率，甄别业已存在或可能发生的问题，并就问题提出建议或预警，避免因移民安置行动计划不完善或实施偏差造成移民生产生活未超过或达到搬迁前的水平。

9. 移民安置活动的实施，是借款人的职责。移民安置活动的内部监测由项目业主与移民实施机构进行，并由业主定期向世界银行提交内部监测报告。移民安置活动的外部监测评估由业主委托有资质的并经过世界银行认可的外部独立监测评估机构进行。外部监测评估机构应向项目业主和世界银行同时提交独立的外部监测评估报告。世界银行和项目业主有责任确保移民安置行动计划按项目贷款协定执行。

二、移民监测评估业务指南适用范围

10. 本移民监测评估业务指南适用于世界银行中国贷款项目中移民安置活动的内部监测和外部独立监测评估活动。

三、移民监测评估的组织机构与管理

11. 与移民监测评估相关的组织机构有：世界银行、项目业主、移民实施机构和外部监测评估机构等。

世界银行

12. 世界银行的主要任务包括：制定移民监测评估政策性文件，认定外部监测评估机构的资格，协助项目业主选定外部监测评估机构，指导、检查和评价移民监测评估工作，督促处理移民安置实施过程中出现的问题，审查项目实施过程中移民安置政策和方案的调整，并进行项目移民后评估。

13. 根据外部监测评估机构的能力、业绩等，向项目业主推荐供候选的外部监测评估机构。协助项目业主通过招标方式，选择移民外部监测评估机构。一般情况下，不特别指定外部监测评估机构。

14. 对涉及移民活动的贷款项目，世界银行根据其批准的移民安置行动计划或批准的移民安置修改行动计划，每年至少一次常规检查项目移民实施活动，每五年组织一次移民实施专项检查。检查结束后，世界银行项目经理向项目业主提供检查备忘录或其他书面意见。

15. 世界银行根据其批准的外部监测评估工作大纲，对外部监测评估工作进行检查和评价，提出改进意见。

16. 世界银行项目经理、项目检查团、移民业务专项检查团等针对移民工作提出的备忘 录，均可视为世界银行对该项目移民工作的评价意见，但世界银行项目经理的书面意见为世界银行的最终意见。

项目业主

17. 项目业主的主要任务包括：

（1）根据项目的特点，决定移民安置实施的组织形式（项目业主组织实施或委托地方政府管理机构实施）。

（2）委托地方政府管理机构实施的，应在委托协议中明确“必须按照经世界银行批准的移民安置行动计划实施移民安置工作，并接受项目业主、外部监测评估机构和世界银行的监督检查”。

（3）负责按照经世界银行批准的移民安置行动计划组织实施移民工作，在其内部配备移民业务工作人员，组织内部监测工作，并编制内部监测报告。当项目业主自行组织实施移民安置工作时，项目业主需自行承担移民内部监测工作。当项目业主委托地方政府管理机构组织实施移民安置工作时，项目业主要组织移民实施机构开展移民内部监测工作。

（4）通过招标方式择优选择并委托外部监测评估机构开展外部监测评估工作，签订工作合同，明确责任、权利和义务，按照合同支付外部监测评估工作费用，向外部监测评估机构提供准确、真实的相关资料，接受世界银行对项目移民安置工作的检查和后评估，在移民安置工作结束后及时组织验收。外部监测评估机构一经选定，若无充分的理由，不得随意更换。

18. 选择外部监测评估机构和委托监测评估工作的主要程序为：在世界银行的协助下，项目业主初选至少二个具有移民外部监测评估业务资格的候选机构，通过招标的办法选定外部监测评估机构，报世界银行项目经理备案；与选定的外部监测评估机构签订合同；委托外部监测评估机构开展监测评估工作。

19. 在移民实施过程中，可根据实际情况，对移民安置政策和移民安置行动计划进行调整和变更，但事先必须以特别报告或专题报告的形式向世界银行报告，获得世界银行同意后方可实施。

移民实施机构

20. 移民实施机构的主要任务包括：按照经世界银行批准的移民安置行动计划实施移民安置，进行内部监测，向项目业主和外部监测评估机构提交移民安置实施进度季报，向外部监测评估机构提供翔实的相关资料，对项目业主、外部监测评估机构和世界银行在工作中发现并指出的问题提出改正计划，征得项目业主和世界银行同意后付诸实施。

外部监测评估机构

21. 移民外部监测评估机构是独立的、与业主无直接行政隶属关系、与移民实施机构无直接行政隶属关系的社会组织（研究机构、设计机构、咨询机构、大学等非政府机构）。外部监测评估机构必须保证机构和工作的独立性、客观性、公正性，独立地开展移民监测评估工作，包括独立收集资料、独立分析评估、独立编制报告等。

22. 从事世界银行贷款项目的移民外部监测评估机构，必须拥有具备社会学、人类学、经济学等专业背景的学者、专家和工程技术人员（包括女性工作人员），具有丰富的非自愿移民业务的经验和经历，主要工作人员已接受过世界银行非自愿移民安置政策和监测评估业务培训，掌握世界银行非自愿移民政策，熟悉移民监测评估业务，具有完善的工作质量保证体系。在少数民族地区，应配备具有少数民族工作经验和能说少数民族语言的工作人员。

23. 外部监测评估机构的主要任务包括：编制移民外部监测评估工作大纲，明确移民外部监测评估的工作内容、工作方法、工作程序、时间安排、人员安排；按照世界银行批准的移民监测评估工作大纲，进行现场调查和监测，发现移民实施中存在的问题，并预测潜在的问题，提出改进措施和建议，对移民安置的效果进行评估；编制外部监测评估报告，呈报项目业主和世界银行；接受世界银行移民业务指导；根据世界银行的意见及时修正移民外部监测评估工作。

24. 外部监测评估机构通过投标的方式获得移民外部监测评估任务，按照经世界银行批准的外部监测评估工作大纲和与项目业主签订的合同开展工作。

25. 在移民搬迁期间，外部监测评估机构一般一年开展两次现场调查和监测评估。在移民搬迁活动结束后，可以一年开展一次现场调查和监测评估，也可根据移民安置工作的需要，适当增减调查和监测评估的次数，但需要经过世界银行同意。外部监测评估工作一般需延续到移民安置目标的实现。

监测评估工作费用

26. 内部监测评估工作费用，在移民安置管理费中列支。

27. 外部监测评估工作费用，根据项目的性质和移民安置的地域、规模、难易程度等因 素，按照项目移民概算中直接费用的百分比计算，建议的收费标准见下表。

世界银行贷款项目移民外部监测评估工作收费标准

序号	移民安置直接费用 F（万元）	外部监测评估收费标准 f（%）
1	F＜500	f＞2
2	500≤F＜1000	1.5＜f≤2
3	1000≤F＜5000	1.25＜f≤1.5
4	5000≤F＜10000	1＜f≤1.25
5	10000≤F＜50000	0.8＜f≤1
6	50000≤F＜100000	0.4＜f≤0.8
7	100000≤F	f≤0.4

四、移民监测评估工作步骤

28. 移民监测评估工作可分为两阶段，即移民监测评估工作准备阶段和移民监测评估实施 阶段。移民监测评估工作准备阶段自世界银行贷款项目周期中的项目鉴别起，经项目 准备、项目预评估、项目评估阶段，至项目批准阶段结束。移民监测

评估实施阶段自 移民安置实施开始，直至移民安置目标实现为止。

业主及移民实施机构的准备

29. 项目业主及地方政府应在项目准备早期阶段成立移民业务机构。项目业主要在其内部设置一个专门负责移民业务的机构，配置有能力的专职从事移民业务的工作人员，以保证提供完整、客观的信息和资料，也有助于其他行业机构的参与。在项目准备期间就应着手安排移民内部监测和外部监测评估工作。

30. 项目业主的准备工作，一般应包括：

（1）组织对项目业主和移民实施机构工作人员进行世界银行移民政策与经验、国家移民政策、移民安置行动计划编制、移民实施、移民监测评估等方面的培训。

（2）尽早聘请专业机构和专业人员协助进行移民安置行动计划编制工作；组织社会经济调查；在专业机构和专业人员协助下，编制移民安置行动计划（RAP）。

（3）在具有世界银行项目移民监测评估资格的外部机构中，通过招标的办法择优选择一个外部监测评估机构，并报世界银行项目经理备案；在协商的基础上，与外部独立监测机构签订工作合同，并报世界银行备案。

（4）在专业机构和专业人员的帮助下，建立移民管理信息系统。

（5）督促外部监测评估机构及时提交外部监测评估工作大纲和进行移民外部监测评估准备工作。

31. 移民实施机构的准备工作包括：与业主签订内容详尽的移民安置实施工作合同；建立或健全各级移民实施机构，并配备必要的工作人员；组织对各级移民实施机构工作人员的培训；与业主及其委托的专业机构共同进行社会经济调查、移民安置行动计划编制工作；建立移民实施管理信息系统。

32. 移民外部监测评估机构的准备工作包括：与项目业主协商并签订移民外部监测评估工作合同；编制并及时向业主提交移民外部监测评估工作大纲。

移民监测评估工作的实施

33. 项目业主的移民监测评估工作包括：按照移民安置行动计划，负责移民活动的内部监测；按季度向世界银行提交移民进度报告；每半年向世界银行提供一份详细的内部监测报告；及时更新移民实施的统计数据，完善移民管理信息系统；为移民外部监测评估机构提供各项工作所需数据、资料和信息；将修改的移民安置行动计划及时报世界银行审批，并将审批意见通报移民实施机构和移民外部监测评估机构；及时向外部监测评估机构通报移民实施情况；配合、监督移民外部监测评估活动的开展。

34. 移民实施机构的移民监测评估工作包括：按照项目业主的要求和移民安置行动计划完成好移民实施工作；按要求向项目业主提交移民进度报告和内部监测报告；及时更新移民实施的统计数据，完善移民管理信息系统；向移民外部监测评估机构提供所需数据、资料和信息；接受项目业主和世界银行对移民实施活动的监督和检查。

35. 外部监测机构的移民监测评估工作包括：组织若干具备社会学、人类学、经济学、工程技术等方面知识的专家、学者和专业人员成立移民外部监测评估小组（至少应有一名女性组员，在少数民族地区还应配备懂少数民族语言的少数民族问题专家）；协助项目业主培训有关移民工作人员；根据移民安置行动计划，进行基底调查，户数不少于总数的5%～15%，在移民影响人数少于或等于100户时，基底调查户数要达到影响人数；帮助项目业主建立移民管理信息系统；进行实地监测评估并同时向世界银行和项目业主提供移民监测评估报告。

36. 世界银行项目经理及移民专家对项目移民实施工作每年至少进行一次检查，检查工作覆盖移民安置行动计划的主要内容，检查后形成书面备忘录；世界银行项目经理对项目业主提交的移民安置行动计划变更报告、移民内部监测报告和外部监测评估报告应在报告提交后及时提出书面回复意见。项目结束后，世界银行项目经理及移民专家应组织有关咨询专家对项目移民安置工作进行后评价。

五、移民监测评估的内容

内部监测的内容

37. 内部监测一般应覆盖如下内容：

（1）组织机构。移民实施及其相关机构的设置与分工，移民机构中的人员配备，移民机构的能力建设。

（2）移民政策与补偿标准。移民政策的制定与实施；各类影响损失（永久征地、临时占地、房屋拆迁、店铺拆迁、企事业单位拆迁、专项设施拆迁等）的补偿标准实际执行情况。需特别说明是否按照移民安置行动计划中的标准执行，若有变化，需说明原因。

（3）征地拆迁与移民安置活动实施进度。总进度计划与年度计划，移民机构及人员配备进度，项目区永久征地、临时占地的实施进度，安置区土地（包括生产用地、宅基地、公共设施用地等各类安置用地）调整、征用（或划拨）及将其分配给移民的实施进度，房屋拆迁进度、安置房重建进度，移民搬迁进度，生产开发项目实施进度，公共设施建设进度，专项设施复、迁、改建进度，工矿企事业单位迁建进度，劳动力安置就业进度，其他移民活动进度。

（4）移民预算及其执行情况。移民资金逐级支付到位数量与时间情况，各级移民实施机构的移民资金使用与管理，补偿费用支付给受影响的财产（房屋等）产权人，土地所有权者（村、组等）及使用者的数量与时间，村级集体土地补偿资金的使用与管理，资金使用的监督、审计。

（5）移民生产就业安置。农村移民的主要安置方式（土地调整安置、新土地开发安置、企事业单位安置、自谋职业安置、养老保险安置等）、人数、店铺与企业拆迁移民就业安置、脆弱群体（少数民族、妇女家庭、老人家庭、残疾人等）的安置，临时占地的土地复垦，安置的效果等。

（6）移民房屋重建与生活安置。农村移民安置的方式与安置去向，宅基地安排与分配，房屋重建形式，宅基地三通一平工作，补偿资金的支付，公共设施（水、电、路、商业网点等）的配套，搬迁等；城市移民的安置方式，安置点，安置房建设，安置房选择与分配，公共设施配套建设、搬迁等，商业店铺房屋重建与分配，企事业房屋重建与分配。

（7）工矿企业事业单位、店铺、城（集）镇和各类专项设施（水利、电力、邮电、通信、交通、管线等）的恢复重建。

（8）抱怨、申诉、公众参与、协商、信息公开与外部监测。抱怨与申诉的渠道、程序与负责机构，抱怨与申诉主要事项及其处理情况，公众参与和协商的主要活动、内容与形式，公众参与和协商的实施效果，移民信息册与信息公开，外部监测机构、活动与效果。

（9）对世界银行检查团备忘录中有关问题的处理。

（10）尚存在的问题及其解决措施。

外部监测评估的内容

38. 外部监测评估一般应覆盖如下内容：

（1）移民机构。通过调查访谈，监测业主与移民实施机构的设置、分工与人员配备情况，移民机构能力建设与培训活动；与移民安置行动计划比较，评估其适宜性。

（2）移民政策与补偿标准。调查了解移民实施的主要政策，并与移民安置行动计划比较，分析其变化情况，评估其适宜性。典型抽样核实各类移民损失（尤其是永久征 地、房屋拆迁等主要损失）的补偿标准实际执行情况，并与移民安置行动计划对比，分析其变化情况，评估其适宜性。

（3）移民实施进度。主要采用综合查阅文献资料和现场抽样调查法，典型抽样监测各主要移民活动进度，包括移民机构、项目区永久征地、临时占地、安置区土地（包括生产用地、宅基地、公共设施用地等各类安置用地）调整、征用（或划拨）及将其分配给移民、房屋拆迁、安置房重建、移民搬迁、生产开发项目实施、公共设施建设、专项设施复（迁、改）建、工矿企事业单位迁建、劳动力安置就业的实施进度，并与移民安置行动计划中的进度计划进行比较，分析和评估其适宜性。

（4）移民补偿资金与预算。抽样监测各级移民机构资金支付到位情况，抽样监测征地影响村、拆迁店铺与企业的征地拆迁补偿资金使用情况，与移民安置行动计划比较，分析评估移民预算的适宜性，并提出建议，评估移民资金使用管理的状况。

（5）移民生产就业安置。通过典型抽样调查和跟踪典型移民户监测，对移民生产就业安置与收入恢复计划实施情况进行评估。包括；农村移民生产用地的调整、征用、开发与分配，农村移民的农转非及非农业就业（企业安置、自谋职业、养老保险等）安置，被拆迁店铺移民就业安置，被拆迁企业移民就业安置，受临时用地影响的企业、店铺的人员的就业安置，少数民族、残疾人、妇女及老人家庭等脆弱群体的生产安置。与移民安置行动计划比较，评估其适宜性。

（6）移民房屋重建与生活安置。通过抽样调查，进行分析评估。包括：农村移民的主要安置方式；安置点的选择；宅基地的安排、分配与三通一平；旧房屋拆除与新房重建方式；搬迁前后房屋条件比较（房屋面积、质量、位置、交通、供水、供电、采光、环境等）；过渡期补助；搬迁各类公共设施配套情况；城市移民的安置区选择，补偿安置方式选择，过渡期安排，搬迁，搬迁前后居住条件比较；公共配套设施建设等；与移民安置行动计划比较，评估其适宜性。

（7）工商企事业单位恢复重建。通过文献阅读，典型抽样调查与跟踪监测，了解企事业单位与店铺的拆迁与重建情况；与移民安置行动计划比较，评估其适宜性。

（8）城（集）镇及专项设施恢复重建。通过文献资料查阅和实地调查，掌握城（集）镇迁建与恢复实施状况；与移民安置行动计划比较，评估其适宜性。

（9）移民收入与生产生活水平恢复。通过征地拆迁之前的基底调查和之后的抽样调查与跟踪监测调查，掌握典型移民户的收入来源、数量、结构、稳定性和支出结构、数量，并进行移民搬迁前后经济收支水平的对比分析，评估收入恢复等移民目标实现的程度。进行典型样本户、居住（房屋等）、交通、公共设施、社区环境、文化娱乐、经济活动等方面的比较，分析评估移民收入与生活水平恢复目标实现的程度。

（10）抱怨与申诉。通过查阅文件资料和现场典型户调查，监测移民抱怨和申诉的渠道、程序，主要抱怨事项及处理情况。

（11）公众参与、协商和信息公开。通过查阅文件资料和现场调查，监测移民实施过程中的公众参与、协商活动及其效果，移民信息册的编制、印发与反馈，移民信息公开活动及其效果。

（12）落实处理世界银行检查团备忘录及上期移民监测评估报告中提出的问题。

（13）结论与建议。对移民实施进行归纳总结，得出相应的结论。对存在的问题进行跟踪，直到处理完毕。

移民基底资料的调查内容

39. 农村移民基底资料调查内容，包括：家庭人口情况，生产经营情况，房屋建筑面积，家庭年收入，家庭年支出、上交税金及其各项费用，安置地点，宅基地面积，交通条件，供水条件，供电条件，移民心理，家庭人口简况等。

40. 城市移民基底资料调查内容，包括：家庭人口情况，房屋结构类型，房屋建筑面 积，房屋使用面积，房屋间数，区位类别，房屋产权类型，房屋使用性质，房屋合法性，居住条件，家庭年收入，家庭年支出，原居住地点，安置地点，移民心理，安置意愿，家庭人口简况等。

41. 企业、店铺拆迁基底调查内容，包括：企业基本情况，原占地面积，被征（占）地面积及其土地属性，各类职工人数，主要固定资产，年经营状况，原有房屋面积，拆迁房屋面积，年经营状况，安置方案，安置地点，安置意愿等。

跟踪调查的内容

42. 跟踪调查的内容，包括：移民家庭及构成状况，移民家庭财产状况，移民家庭居住条件，移民家庭社区生活环境，移民家庭生产条件的变化，移民生产经营及收入状况，移民家庭支出情况，移民对生活水平变化的评价等。

六、移民监测评估方法

内部监测方法

43. 内部监测评估　作为移民系统内部自上而下的对移民安置实施过程的监测活动，要求在移民实施工作相关的项目业主和各级移民实施机构之间建立起规范、通畅、自下而上的移民实施管理信息系统，跟踪反映各地区及各子项目的移民实施工作进展情况。该管理信息系统应由项目业主组织开发和建立，由各级移民实施机构自下而上报送的移民实施进度、资金、效果等信息进行采集、处理和统计分析，并进行动态的跟踪管理。各级移民实施机构定期向上级移民实施机构直至项目业主传递最新移民实施数据和信息。实施中内部监测要建立起完善的以计算机为支撑工具的管理信息系统，以全面、及时、准确地储存、管理和使用移民实施活动的信息。

44. 规范化的统计报表制度　项目业主应根据移民实施工作需要，制定统一的报表，由各级移民实施机构定期自下而上报送。一般有月报、季报、半年报、年报等。报表需统计移民活动实施管理范围内统计时段内（期内）的移民实施主要活动的工作量、资金拨付、效果及有关数据。

45. 定期或不定期的情况反映　在各移民实施工作相关机构之间，采用多种方式，交换移民安置实施工作中出现的问题及有关情况信息，并提出处理意见，如简报、文件等。

46. 定期的联席会议制度　项目业主和移民实施机构定期召集各级移民实施机构负责人或其代表参加的会议，讨论移民实施工作进展及存在的问题，也可以通过会议交流有益的经验。

47. 检查　项目业主和上级移民实施机构对下级移民机构组织的实施活动进行常规检 查或非常规的专项检查，核实移民实施工作进展，对移民实施工作中重要问题或出现的特殊情况进行专门调查。

48. 信息交换　项目业主、地方实施机构与外部监测机构保持经常性的联系和信息交换，将外部监测评估机构的发现与评估意见作为内部监测的参考依据。

外部监测评估方法

49. 完整的外部监测评估过程包括信息收集、统计、综合分析和报告撰写等步骤。对外部监测评估机构来说，运用多种方法和手段收集移民实施相关信息是履行其独立监测评估工作的基础和关键。

50. 文献调研　对与移民实施活动有关的各种文献（如业主或移民实施机构的文件、统计资料、专题调研资料等）进行系统而有针对性的收集。

51. 内部监测报告分析　通过对内部监测报告的阅读，外部监测评估机构可以对移民实施工作进展、出现的问题进行初步了解，制定相应的监测评估调查方案，采用合适的监测评估方法。

52. 对项目业主和各级移民实施机构进行访谈，通过对各级移民实施机构进行实地访问，了解移民安置实施的全面信息，掌握报告期内的主要移民活动及其进展、实施中的主要问题及其处理和移民机构情况。

53. 入户访谈　外部监测评估人员深入到受影响的移民家庭、店铺、企业中去，与他们进行面对面的访谈，了解移民实施情况。入户访谈主要了解受影响人群个人、家庭的社会经济情况、移民政策实施情况、各类损失赔偿标准及其兑现情况、生产及生活安置状况、信息发布与传递、公众参与、脆弱群体保护措施、抱怨与申诉及其解决情况。

54. 座谈会　外部监测评估人员在受影响人群较为集中地区，召开移民代表参加的座谈会，收集以下主要信息：移民补偿资金的拨付与使用、受影响人群的生产与就业安置状 况、社区生产和生活环境的变化、信息公开、公众参与和协商、抱怨的申诉及其解 决、受影响人群对移民实施工作的意见和建议等。

55. 实地观察　通过内部监测报告及移民实施机构的介绍等方式获知移民实施措施、进度、效果，发现实施中存在或潜在的问题。

56. 典型个案调查　针对需要调查研究的问题，通过深入具有典型代表性的受影响地区，对典型的受影响对象进行调查，获取第一手资料，进行分析研究，提出解决问题的建议。

57. 抽样调查　在基底调查、跟踪监测调查的过程中，抽样调查是最重要的信息收集方法。利用抽样调查进行基底调查和跟踪调查，要注意所选样本的代表性，为此，最好采用类型抽样。抽样调查要求调查样本达到一定的规模。对于移民家庭户数量较多的项目，受征地影响的家庭户抽取的比例为5%～10%，受房屋拆迁影响的家庭户的抽取比例为5%～15%，同时受征地和拆迁影响的家庭户的抽取比例为5%～20%。跟踪调查的抽样样本数不应少于30个。在基底调查和后评估调查中，移民人数较少的项目（如移民户数少于100户），调查的样本应该是移民家庭的全部。此外，跟踪调查在调查样本、调查时间等方面应该尽量与基底调查相一致，以增强调查资料的可比性。

移民基底资料调查方法

58. 移民基底资料调查采取普查（当移民人口较少时）或抽样调查（抽样调查比例高于跟踪调查）的方式进行，对典型抽样样本家庭、企业、店铺进行逐户访问，详细填写调查表格，拍摄部分房屋及生产生活环境照片，了解移民、企业、店铺对搬迁的心理反应。同时还与市、县（区）、乡镇政府（或街道）、村（或居委会）领导进行座谈，了解当地政府及社区领导人对移民搬迁及工程建设的有关意见。调查时还应对安置区的生产生活用地安排、安置房屋及配套公共设施的建设进行实地考察，掌握第一手资料，拍摄照片，照片可存储于计算机中。基底调查数据应分类建立数据库，并进行有关统计分析。

七、移民监测评估的周期和报告制度

59. 移民监测评估的周期，因项目难易程度及所处的实施阶段而有所不同，内部监测和外部监测也有差异。内部监测是连续的过程，其中全面的监测活动至少每个季度进行一次；在移民搬迁等关键时期，监测应该增加频次。外部监测评估机构在移民实施活动开始前进行一次基底调查，确定搬迁前移民和安置区居民生产生活水平，建立比较的标准；在项目初期主要反映项目的准备和搬迁活动，监测工作半年一次；在项目的后期监测评估的重点转向收入恢复和遗留问题处理等，监测工作一年一次；在项目结束且受影响移民群体的生活水平恢复到搬迁前水平后，进行总结性调查；也可以根据需要进行专题调查。

60. 监测评估报告是监测评估工作的具体成果，是项目管理的重要依据。建立监测评估报告制度，确保监测评估的真实性、及时性、连续性，有利于项目管理系统共享移民安置实施的详细进展信息，提高管理水平。在移民安置行动计划及其实施过程中建立一套完整的移民监测评价报告制度。报告可分为：内部监测报告；外部监测报告；从时间长短分为：周报、月报、季报、半年报、年报、专题报告。

61. **内部监测报告**　在项目准备期间，配合世界银行评估编制定期或不定期的内部工作报告，格式根据世界银行的要求因项目、阶段而异。实施开始后，影响较大的项目需要简略的周报、月报，详细的季报、半年报和年报；影响较小的项目根据项目情况需要简略的季报，详细的半年报、年报。根据项目管理的需要，进行专题报告。项目实施结束之后进行总结报告。内部监测报告由各级移民实施机构向同级人民政府和上级移民实施机构、项目业主报告。项目业主每半季度向世界银行提交一份内部监测报告。

62. 外部监测评估报告　从移民搬迁活动开始至移民搬迁活动结束期间，每半年向世界银行和项目业主提交一份监测评估报告。从移民搬迁活动结束至移民安置目标实现之年间，每年提交一份监测评估报告。搬迁前要进行一次基底调查，并提交基底调查报告。移民活动结束后，进行一次总结性评估，并提交总结评估报告。根据项目实施情况或项目管理的需要，进行专题调查并提交报告。

63. 世界银行可向缺乏经验的项目业主针对其内部监测工作提供技术援助，提高其内部监测工作的质量。世界银行和项目业主在接到移民监测评估报告之后，应在其各自的项目管理文件中明确对报告的意见。

附　件

移民基底调查和跟踪调查的内容提要

1. 农村移民基底资料调查内容

（1）家庭人口情况　农业人口，非农业人口，妇女人口，劳动力，女劳动力，抚养、残疾、老年人口，上中学、小学孩子。

（2）生产经营情况　粮田面积，蔬菜地面积，经济作物面积，果树，家禽家畜，承包地、自留地，非农业生产经营，主要生产工具。

（3）房屋建筑面积　房屋类型及间数，房屋面积，畜圈面积。

（4）家庭年收入　粮食总量，水稻、小麦、大麦、玉米、油料作物等，农业收入，副业收入，乡村企业收入，其他收入（元），人均纯收入。

（5）家庭年支出、上交税金及其各项费用　农业税、集体提留、其他，种子，农药费，电费，水费，机械作业费，孩子上学费用，医疗费，燃料费用，购买生活副食品费用，购买家电家具等支出，其他。

（6）安置地点，宅基地面积，交通条件，供水条件，供电条件。

（7）移民心理　是否愿意搬迁，对安置点是否满意，对以后生活是否担心。

（8）家庭人口简况　序号，姓名，性别，年龄，民族，文化程度，职业/工作单位，年收入，是否愿意搬迁。

2. 城市移民基底资料调查内容

（1）家庭人口情况　非农业人口，农业人口，妇女人口，就业人口，妇女就业人口，抚育、残疾 、老年人口，上中学、小学孩子，常住无户籍人口，少数民族人口。

（2）房屋　房屋结构类型，如：框架、砖混、土木、简易。房屋建筑面积，房屋使用面积，房屋间数，区位类别，房屋产权类型，如：公房、私房、混合产权、其他。房屋使用性质，如：居住、有照经营、无照经营、其他。房屋合法性，如：合法永久产权、临时有效期内、临时超期、违建。

（3）居住条件　成套、不成套房，独立厨房，独立卫生间，朝向，采光，交通，水，电，管道煤气，供暖，楼层，社区，文化娱乐。

（4）家庭年收入、正常工作收入，其他收入。

（5）家庭年支出　水费，电费，燃料费，交通费，学费，医疗费，生活副食品费用，家电家具费，物业管理费，报刊文化娱乐，其他。

（6）原居住地点。

（7）安置地点。

（8）移民心理　是否愿意搬迁，对安置是否满意，对安置房是否满意，拆迁对就业及收入是有无影响。

（9）安置意愿　货币补偿，实物安置，产权交换，货币补偿和实物安置相结合。

3. 企业、店铺拆迁基底调查内容

（1）企业基本情况　企业名称，所在地点，经济性质，主管部门，产权人，法人代表，经营范围，原占地面积，被征（占）地面积，土地的属性，正式职工，临时职工，退休人员人数。主要固定资产。固定资产原值总额，设备原值总额，固定资产净值总额，设备净值总额。年经营状况，如：年产值，年营业额，年上交税金，年税后利 润，职工人均月工资。

（2）原有房屋面积　总面积，经营用房面积，生活用房面积，各类房屋结构，如框架、砖混、砖木、土木、简易、其他。

（3）拆迁房屋面积　总面积，经营用房面积，生活用房面积，各类房屋结构，如：框架、砖混、砖木、土木、简易、其他。附属建筑物及设施。全部拆迁或部分拆迁。

（4）年经营状况　年产值，年营业额，年上交税金，年税后利润，职工人均月工资。

（5）安置方案，安置地点，安置意愿等。

4. 跟踪调查的内容

（1）移民家庭及构成状况　受影响家庭成员姓名，与户主关系，年龄，民族，户口性质，文化程度，婚姻状况，在业状况，职业，无业原因等。

（2）移民家庭财产状况　通过设置一些指标，调查这些家庭主要财产拥有情况，反映其经济状况。通常设置的指标有：手表、自行车、家用电器、拖拉机、汽车等大件商品。

（3）移民家庭居住条件　房屋面积、结构类型、建筑时间、重置价格等。

（4）移民家庭社区生活环境　用电、交通、用水、学校、商店、医院等，移民家庭生产条件的变化，耕地等各类土地资源、道路、水利、生产技能等。

（5）移民生产经营及收入状况　经营规模、经营类型、收入水平及其结构等。

（6）移民家庭支出情况　生产经营支出、生活消费支出的水平及其结构。

（7）移民对生活水平变化的评价　通过移民搬迁前后、移民与周边非移民家庭的生产生活条件的变化（包括生产条件、生活条件、居住环境、社区适应性、对生活的满意度等）对比，考察移民主观感受，以此来评价移民实施的效果。

世界银行业务手册
业务政策择译

说　明

本文是世界银行2011年1月至2002年11月出版的《世界银行业务手册》（以下称《手册》）7个章节的中译文，仅供参考。中译文中如有与英文不一致之处，请以英文为准。

世界银行工作领域广泛，《手册》是世界银行的工作程序，分为BP和OP两个版本，两个版本的主要内容一致，BP版精炼，OP版详细。本文收录了《手册》BP版的7个章节，供审计人员阅读，使审计人员对世界银行工作涉及的领域和程序有所了解。

本文暂未收录《手册》中与本书其他政策文件范围相同的章节，如需了解，请访问世界银行官方网站：

http：//web. worldbank. org/WBSITE/EXTERNAL/PROJECTS/EXTPOLICIES/EXTOP-MANUAL/0,, menuPK：64142516 – pagePK：64141681 – piPK：64141745 – theSitePK：502184，00. html

http：//web. worldbank. org/WBSITE/EXTERNAL/PROJECTS/EXTPOLICIES/EXTOP-MANUAL/0,, menuPK：64701637 – pagePK：51628525 – piPK：64857279 – theSitePK：502184，00. html

http：//web. worldbank. org/WBSITE/EXTERNAL/PROJECTS/EXTPOLICIES/EXTOP-MANUAL/0,, LANG：Chinese – menuPK：51454694 – pagePK：64724619 – piPK：64724753 – theSitePK：502184 – title：Translations%20for%20Chinese，00. html

世界银行业务手册　　BP 4. 01
世界银行工作程序　　1999年1月

此文件是1999年1月BP 4. 01《环境评价》英文版的中文翻译件，它包括经世界银行核准的导则的权威文本。本翻译件如与1999年1月的BP 4. 01英文文本有任何出入之处，以英文文本为准。

环境评价

1. 对申请世界银行融资的项目进行环境评估是借款方的责任。世界银行[①]工作人员根据需要向借款方提供帮助。世界银行环境评价审议由各地区通过与该地区的环境行业部门（RESU）[②] 的协商来进行协调，必要时可寻求世界银行环境局（ENV）的帮助。

环境评价项目分类

2. 项目工作组通过与地区环境部门的协商来研究申请项目的种类、地点、敏感性以及规模[③]，还有审议项目潜在影响的性质和程度。在项目周期的最初阶段，项目工作组将会同地区环境部门，在四类环境评价类型（A、B、C 或 FI；参见 OP 4.01，第 8 段）中为申请项目指定一种类型，该类型要反映出与项目相关的潜在环境风险。项目的环境评价的类型确定由潜在负面影响最为严重的子项目来决定；不使用双重类别（例如：A/C 类）。

3. 项目工作组在《项目概念文件》（PCD）和《项目信息文件》（PID）中记录：（1）核心的环境问题（包括任何对移民安置、土著居民和文化财产的关注）；（2）项目类别、环境评价类型和所需的环境评价手段；（3）建议进行的与受到项目影响的有关群众和当地非政府组织之间的协商，包括一个协商的初步时间表和一个环境评价的初步时间表。[④] 项目工作组还要在《世行和国际开发协会申请项目月度业务总结》（MOS）中报告项目环境评价的类型，并编写（并根据需要进行更新）一份项目的《环境数据表》（EDS）[⑤]。对于 A 类项目，每个季度《环境数据表》要作为附录附于《月度业务总结》之中。

---

① “世界银行”包括国际开发协会（IDA）；“环境评价”指 OP/BP 4.01 中规定的整个过程；“项目”包括除去构调整贷款以外的（对于结构调整贷款方面的环境规定见即将颁布 OP/BP 8.60，《调整贷款》）所有世界银行贷款或担保支持的所有业务项目，以及债务和偿债服务业务项目，而且还包括可调整的贷款项目。可调整项目的贷款（APLs）和学习和创新贷款（LILs）以及全球环境基金项下支持的项目和子项目；“贷款”包括信贷；“借款方”对于担保业务项目来讲，包括从其他金融机构得到由世界银行担保的贷款的私人或公共项目资助方；“项目概念文件”包括《项目启动备忘录》；“项目评估文件”包括《行长报告和建议》（《行长报告》）。

② 截至 1998 年 11 月，地区环境行业部门（简称有地区行业部）：非洲地区（AFR）的环境组；东亚及太平洋地区（EAP）、南亚地区（SAR）和欧洲和中亚地区（ECA）的环境处；中北非地区（MNA）的 农村发展、水利和环境处；拉丁美洲地区（LCR）的 可持续环境和社会发展处。

③ “地点”指重要的环境地区如湿地、森林和其他自然栖息地的周围或侵入地带。“规模”由地区工作人员根据国家情况来定。“敏感性”指那些项目可能具有不可恢复的影响、影响到脆弱的少数民族、涉及非自愿移民安置或影响文化遗产所在地。进一步的讨论，参见《环境评价手册》《更新第 2 期》：《环境评价项目类型的筛选》（可向环境部索取）。

④ 参见 OP/BP 10.00，《投资贷款：执董会讨论说明》，关于贷款工作过程中环境分类和环境评估程序的决定。

⑤ 关于《环境数据表》，参见附录 A。注：此 OP（业务政策）和 BP（世界银行工作程序）适用于所有 1999 年 3 月 1 日后首次公布《项目信息文件》的那些项目。如有问题可向环境行业委员会主席提出。

4. 在项目准备过程中，如果项目作了修改或有了新的信息，项目工作组将会同地区环境部门研究是否应对项目的环境评价类型重新进行分类。项目工作组将对《项目概念文件》《项目信息文件》和《环境数据表》进行更新，以反映出新的分类并记录重新分类的理由。《月度业务总结》中的新的分类符号后面有（R）符号，由此来标明项目环境评价类型作了修改。

5. 对于按《紧急恢复援助》（OP 8.50）[⑥] 执行的紧急恢复援助项目，任何免予执行此项政策的例外都须负责地区事务副行长在征求董事会主席、环境局（ENV）和法律局（LEG）[⑦] 的意见后批准。

环境评价报告的编制

6. 在《项目概念文件》的编写过程中，项目工作组将会与借款方讨论环境评价的范围[⑧]以及所要求的环境评价报告的程序、时间表和大纲。对于 A 类项目，往往需一名环境专家对建议项目进行实地考察。[⑨] 在项目概念评审阶段[⑩]，地区环境部门对《项目概念文件》《项目信息文件》环境方面内容提出正式的批准意见。对于 B 类项目，概念评审决定是否需要有一个环境管理计划（EMP）。

7. 环境评价是项目准备工作必不可少的一部分。必要时，项目工作组会帮助借款方起草环境评价报告的工作大纲。[⑪] 地区环境部门将对大纲包含的内容进行审查，以确保除其他必要的内容以外还要有机构间的充分协调以及向受影响群众和当地非政府机构间征求意见。为了帮助工作大纲和环境评价报告的编写，项目工作组将给借款方提供以下文件：《A 类项目环境评价报告内容》和《环境管理计划》。[⑫] 世行和借款方的工作人员将酌情参考《污染防治手册》，手册中有世界银行通常可以接受的污染防治措施和污染物排放水平。

8. 对于 A 类项目，项目工作组需要告诉借款方，提交世界银行的环境评价报告可以用英、法或西班牙语撰写，执行小结要用英语撰写。

9. 对于所有的 A 类项目和提交国际开发协会融资并有单独环境报告的 B 类项目，项目工作组要书面通知借款方：（1）在世行进行项目评估前，《环境评价报

---

⑥ 参见 OP 4.01 第 13 段。

⑦ 法律局的意见是通过项目的指定律师来提供的。

⑧ 对于行业投资和金融中介业务，世界银行和借款方的工作人员需考虑到由多个分项目造成的显著累积性影响的潜力。

⑨ 对于某些 B 类项目这种环境专家的实地考察也是必要的。

⑩ 或者，对于行业调整贷款（SECAL），它等同于地区审查。

⑪ 根据《指南：世界银行借款方对咨询专家的选择和聘用》（华盛顿特区：世界银行，1997 年 1 月颁布，1997 年 9 月修订），项目工作组将对咨询专家资格进行审核，如合格，则对借款国聘用的编写环境评价报告或参加专家组的咨询专家不表异议。

⑫ 关于这两个文件，可参见 OP 4.01 的附件 2 和附件 3。

告》须在受影响群众和当地非政府组织可进入的公共场所可以得到，而且必须正式提交世行；（2）世行一收到此报告即会通过其信息发行部（InfoShop）向公众公开。[13]

10. 在项目的设计阶段，项目工作组会向借款方就如何按 OP 4.01 要求执行环境评估提供建议。项目工作组和律师会就确认项目是否与国家法律或国际环境公约和协议一致性的有关事宜。(参见 OP 4.01，第 3 段)。

审议和信息公开

11. 在借款方正式向世行提交 A 类或 B 类项目环境评价报告时，地区部门即会将该报告全文副本存入项目档案。它还会将 A 类环境评价报告的英文执行小结送呈执董会业务处、办公厅秘书处，附上一份呈递备忘录，确认报告的执行小结和全文已经由借款方编制完成，还没有得到世界银行的评估和认可，而且在评估期间可作调整。B 类环境评价的结果，如无单独报告，应该在《项目信息文件》中加以总结。

12. 对于 A 和 B 类项目，项目工作组和地区环境部门会审核环境评价的结果，确保任何一份环境评价报告都是与经借款方同意的工作大纲相一致的。对于 A 类项目和申请国际开发协会贷款并有单独环境评价报告的 B 类项目，这种审核在其他项目之外会特别注意与受影响群众和当地非政府组织进行磋商的性质和对群众意见的采纳程度；《环境管理计划》及其减少和监督环境影响的措施，并且根据需要，加强机构的能力建设。如果地区环境部门对环境评价报告不满意，可以向地区管理部门建议：（1）推迟项目评估；（2）项目评估视为预评估；（3）在评估期间对某些问题进行重新审核。地区环境部门（RESU）向环境局（ENV）递交一份 A 类项目环境报告的副本。

13. 对于所有的 A 和 B 类项目，项目工作组都会在《项目概念文件》/《项目信息文件》中更新环境评估的状况，说明重要的环境问题是如何得到解决的，或是将会怎样加以解决，并会说明提出的任何与环境评价有关的要求条件。项目工作组会将所有环境评价报告的副本送交信息部（InforShop）。

14. 在项目决策阶段，[14] 地区环境部门会对项目的环境问题进行正式的审核，包括法律部编写的法律文件草案中对此问题的处理。

项目评估

15. 对于 A 类项目和申请国际开发协会贷款并有单独环境评价报的 B 类项目，评估团通常会在世行收到正式递交的《环境评价报告》并对其进行审核后出发（参

---

[13] 参见 OP 4.01 第 19 段和 OP/BP 17.50，《业务信息公开》。

[14] 对于行业调整贷款，则在评估团出发之前。

见 11～13 段）。[15] 对于 A 类项目，评估团中会有一位或多位具有相关专长的环境专家。[16] 任何一个项目评估团都会：（1）与借款方一起对环境评估的程序和实质问题进行审核；（2）解决出现的任何问题；（3）根据环境评价的结果对负责环境管理的部门是否称职进行评估；（4）确保《环境管理计划》有足够的资金支持；（5）确定环境评价中的建议在项目设计和经济分析中得到了适当的考虑。对于 A 类和 B 类项目，评估和谈判期间，如与环境有关的条件出现了任何不同于项目决策阶段所批准的那些条件的变化，项目工作组都会与地区环境部门（RESU）和法律局（LEG）进行会商。

行业投资和金融中介贷款

16. 评估团会向借款方作出明确的安排，以确保执行机构将能够实现或者监督执行申请分项目的环境评价报告；[17]具体地讲，评估团会确认所需技能的来源以及最终借款人、金融中介或行业部门以及负责环境管理和执法部门之间责任分工是否合理。根据需要项目工作组还会按 OP 4.01 第 9 段和第 11～12 段对 A 类和 B 类分项目的环境评价报告进行审核。

担保业务

17. 担保业务的环境评价是按 OP/BP 4.01 来执行的。国际复兴开发银行担保业务的任何环境评价在执行过程中都须有充分的时间让地区环境行业处对环境评估的结果进行审核；项目工作组须将环境评价报告中发现的内容作为项目评估的一部分。项目工作组应确保国际复兴开发银行这种担保业务的 A 类项目环境评价报告在预计执董会讨论日期的 60 天之前即可从信息发行部（InfoShop）得到，对于任何须 B 类申请项目环境评价报告，则不晚于预计执董会讨论日期的 30 天之前。

18. 至于环境评价报告的信息公开，国际开发协会的担保业务执行同国际开发协会信贷业务一样的政策框架。如果业务执行上有理由偏离此政策框架，则可遵守国际复兴开发银行的担保业务项目的相关程序（参见第 17 段）。

文字记录

19. 项目工作组会对借款方的项目执行计划进行审核，以确保其纳入了环境评价的结论和建议，包括《环境管理计划》。在编写提交执董会的贷款文件包时，项

---

[15] 在特定情况下，负责地区的副行长，在事先征得工会主席、环境部同意的情况下，可批准评估团在收到 A 类项目环境评估报告之前出发。在此情况下，地区环境行业处对项目的批准则以世界银行在评估结束和谈判开始之前收到环境评估报告为条件，此报告须对项目的继续进行提供充分的依据（GP 4.01 提供了这种例外情况的例子）。

[16] 对于某些 B 类项目，在评估团中加入环境专家也是必要的。

[17] 项目工作组 向执行机构提供用于分项目准备和评估的下列文件副本：《A 类项目环境评估报告内容》（OP 4.01 附录 2）、《环境管理计划》（OP 4.01 附录 3） 和《污染防治手册》。

目工作组会在《项目评估文件》（PAD）[18] 中说明项目分类的理由；环境评价的结论和建议，包括推荐的排放水平的依据和污染防治措施；以及作为有关国际环境协定的成员国与该国所应承担义务有关的任何问题（参见 OP 4.01 第 3 段）。对于 A 类项目，项目工作组会在《项目评估文件》的附录中对《环境评价报告》进行总结，包括编写报告使用的程序中的关键内容；环境基准条件；考虑的替代方案；选择方案的预期的影响；《环境管理计划》总结，包括 OP 4.01 附件 C 中概括的那些方面；以及借款方与受影响群众组织和当地非政府组织的意见征询，包括提出的问题和这些问题是如何考虑的。该附录还说明谈判商定的与环境有关的贷款条件和协约；必要情况下政府颁发适当许可证的意向文件也应该记录下来；以及环境监督的相关安排。对于行业投资和金融中介贷款，文字记录文件将包括分项目环境评价工作中提出的适当措施和条件。项目工作组和法律局将确保贷款条件会包括执行环境管理计划的义务的内容并将环境管理计划项下的具体措施作为贷款的附加条件，以此来促进对执行环境管理计划的有效监督和监测。

监督和评估

20. 在项目执行期间，项目工作组会基于法律文件商定的和其他项目文件中描述的环境条款和借款方汇报的安排，对项目的环境方面进行监督。[19] 项目工作组会确保采购安排与项目法律文件中规定的环境要求相一致。项目工作组还应确保项目监督团中有充分的环境专业技能。

21. 项目工作组应确保与环境有关的协议纳入监测体系中去。它还应确保借款方提供的项目进展报告充分说明借款方对商定的环境措施的执行情况，尤其是执行环境治理、监督和管理方面的措施。项目工作组应会同地区环境部和法律局对上述信息进行审核并确定借款方对环境协议的执行是否令人满意。如果执行情况不令人满意，项目工作组应与地区环境部和法律部讨论应采取的措施。项目工作组还应对项目执行没有达到要求与借款方讨论必要的纠正措施，并对这些措施执行情况进行监督的后续安排。项目工作组应就所采取的行动和进一步的措施向地区管理当局的建议。执行期间，项目工作组应会同地区环境部就项目中与环境有关的问题所发生的变化进行会商，包括与环境有关的条件要经法律部的同意。

22. 项目工作组应确保借款方的项目工作运行计划中包括执行项目与环境有关的问题须采取的措施，包括与世行商定的环境顾问专家组持续运作的相关规定。

---

[18] 对于行业调整贷款，《A 类项目环境评估报告》总结见于《行长报告》的技术附件中。此技术附件通过信息商店向公众提供。

[19] 参见 OP/BP 13.05《 项目监督》，即出。

23. 《执行完成报告》[20] 应评估：（1）环境影响，说明这些影响是否已为环境评估报告所预见；（2）所采取的防治措施的效果。

环境部的作用

24. 环境局（ENV）在整个环境评价过程中通过提建议、培训、宣传先进经验以及业务支持等方式对地区部进行全面支持。必要时，环境部会将某个地区部或外来环境评价报告，有关材料，先例和经验提供给其他地区部。环境部负责项目审计，以确保世行的环境政策得到执行，它还对世行环境评价的经验进行定期回顾，发现并宣传先进经验，并在该领域制订进一步的指导意见。

资助环境评估

25. 可以向要求世行资助环境评价的那些借款方提供项目准备基金预付款[21]和信托资金。

特殊情况

26. 涉及大坝、水库和病虫害管理项目的环境评价程序分别参见附件 2 和 3。

世界银行业务手册 **BP 7.60**

世行程序 **2001 年 6 月**

此文件是 2001 年 6 月 BP 7.60《争端地区内的项目》英文版的中文翻译件，它包括经世界银行核准的导则的权威文本。本翻译件如与 2001 年 6 月的 BP 7.60 的英文文本有任何出入之处，以英文文本为准。

争端地区内的项目

1. 应该尽早确定存在对世行某个拟议的项目[22]有影响的任何领土争端，并在所有项目文件，首先是项目资料文件（PID）中说明该争端。国家主任应通过区域主管副行长（RVP）及时提请所涉常务副行长（MD）和副行长兼法律总顾问（LEGVP）注意该争端，并在办理项目手续的全过程随时向其通报有关争端的情况。

2. 为此目的，国家主任应与主管法律事务副行长办公室（LEG）密切合作，并同其他有关部门协商，编写一份备忘录，通过区域主管副行长将其提交所涉常务副

[20] 参见 OP/BP/GP 13.55，《执行完成报告》。

[21] 参见 OP/BP 8.10，项目准备基金。

[22] “世行”包括开发协会；“贷款”包括信贷；“项目”包括所有通过世行贷款或开发协会信贷筹资的项目，但不包括用世行贷款和信贷资助的调整方案。

注：请用本次发表的 OP 和 BP 7.60 取代 1994 年 11 月发表的 OP 和 BP 7.60。如有任何问题，请洽环境和社会可持续发展与国际法问题首席顾问。

行长，并向副行长兼法律总顾问提交备忘录的副本。该备忘录应：

（1）说明与项目所涉国际问题有关的所有情况，包括说明世行以前在所涉争端地区可能审议过的任何项目遵循的程序和取得的结果；

（2）为处理所涉问题提出建议；

（3）征求批准采取所建议的行动及征求批准开始继续办理项目手续。

3. 在完成项目准备工作之后，应在经过订正的成套决定文件的送文函中说明争端的全部细节，并说明关于是否开始进行项目评估的决定的依据。在编写该送文函的时候，应该同主管法律事务副行长办公室密切合作和与其他有关部门协商，并将送文函提交区域主管副行长，同时向副行长兼法律总顾问提交送文函的副本。区域主管副行长将根据送文函中的说明，并根据所涉常务副行长（该常务副行长则将征求副行长兼法律总顾问的意见）的建议，决定是否开始项目评估工作。

4. 所涉常务副行长可以经过同副行长兼法律总顾问协商，在项目周期的任何阶段作出决定，把拟议的项目和所涉争端通知有关的执行董事。

地图

5. 有关在地图上划定国界的问题，适用的准则载于《制图科第7.10号行政手册说明》及其附件。然而，在项目评估文件和其他项目文件中列入地图时，应遵守区域主管副行长经过同副行长兼法律总顾问协商，就全部或部分省略有关国家的地图作出的任何一般性指示或决定。

世界银行业务手册 BP 7.50

世行程序 2001 年 6 月

此文件是2001年6月BP 7.50《国际水道项目》英文版的中文翻译件，它包括经世界银行核准的导则的权威文本。本翻译件如与2001年6月的BP 7.50的英文文本有任何出入之处，以英文文本为准。

国际水道项目

1. 在立项期间应尽早对潜在的国际水道权利问题进行评估[23]，并在所有项目文件中对该问题加以说明，首先是在项目资料文件（PID）中加以说明。项目小组（TT）将同主管法律事务副行长办公室（LEG）合作编制一套项目构想文件，包括项目资料文件，以便提供与项目所涉国际问题有关的所有信息。项目小组在把这套项目构想文件送交区域主管副行长（RVP）时，将向副行长兼法律总顾问

---

[23] 见BP 10.00，Investment Lending：Identification to Board Presentation。

(LEGVP) 提供一份副本。在整个项目期间，各区域均应同主管法律事务副行长办公室协商，随时向所涉常务副行长（MD）报告最新出现的项目所涉国际问题和有关事件。

通知

2. 在立项期间，世行[24]应尽早建议提出在某个国际水道举办项目的国家（受益国），该国如果尚未就拟议举办的项目向其他沿岸国正式发出通知，在其中提供现有的详细资料，则应该发出这样的通知（见第 3 段）。如果拟议的借债国向世行表示，不愿发出这样的通知，世行通常会亲自发出通知。受益国如果反对世行这样做，世行则将停止办理项目手续。所涉区域应把这些事态发展以及采取的任何进一步措施通知其执行董事。

3. 发出的通知应尽可能提供充分的技术规格、说明和其他数据（项目详细资料），以便其他沿岸国能够尽可能准确地确定，拟议的项目是否有可能通过减少水量、污染或其他方式造成明显的损害。应该使世行工作人员满意地认为，项目详细资料足以使人们作出这样的判断。如果在发出通知的时候无法得到充分的项目详细资料，应在发出通知之后尽快向其他沿岸国提供这样的资料。如果在例外情况下，所涉区域提议在提供项目详细资料之前先着手进行项目评估，国家主任（CD）应该同主管法律事务副行长办公室协商编写一份备忘录，并将其副本送交副行长兼法律总顾问，以便向区域主管副行长通报所有涉及国际问题的情况，并请其批准进行项目评估。区域主管副行长在作出这项决定时应该寻求所涉常务副行长的意见。

4. 应向其他沿岸国提供有合理的时间，通常不超过递交项目详细资料之后 6 个月，来对受益国或世行作出答复。

答复/反对

5. 在发出通知之后，如果受益国或世行得到其他沿岸国的肯定答复（其形式可包括：予以同意、不反对、对项目表示支持、或确认项目将不损及该国利益），或其他沿岸国没有在规定时间内作出答复，国家主任将同主管法律事务副行长办公室及其他有关部门协商，向区域主管副行长递交一份备忘录。该备忘录应报告所有有关情况，包括工作人员对项目进行的以下评估：（1）是否将对其他沿岸国的利益造成明显损害；（2）是否其他沿岸国可能进行的用水活动将对这些项目造成明显损害。备忘录将请求批准采取进一步行动。区域主管副行长在作出这项决定时将征求

---

[24] “世行”包括开发协会；“贷款”包括信贷；“项目”包括所有通过世行贷款或开发协会信贷筹资的项目，但不包括用世行贷款和信贷资助的调整方案；“借债国”指的是在其领土上举办项目的国家，无论这个国家是借款人还是保证人。

注：请用本次发表的 OP 和 BP 7.50 取代 1994 年 10 月发表的 OP 和 BP 7.50。如有任何问题，请洽环境和社会可持续发展与国际法问题首席顾问。

所涉常务副行长的意见。

6. 如果其他沿岸国反对拟议的项目，国家主任应该同主管法律事务副行长办公室和其他有关部门合作，就反对意见向区域主管副行长递交一份备忘录，并将备忘录的副本送交副行长兼法律总顾问。备忘录将涉及以下问题：

(1) 沿岸国问题的性质；

(2) 世行工作人员对所提反对意见进行的评估，包括评估提出反对意见的理由以及任何可以得到的证明数据；

(3) 工作人员就拟议的项目是否将对其他沿岸国的利益造成明显损害，或是否其他沿岸国可能进行的用水活动将对这些项目造成明显损害的问题进行的评估；

(4) 鉴于同拟议的项目有关的具体情况，世行是否需要在采取任何进一步行动之前促请各方通过友好方式解决问题，例如通过协商、谈判和斡旋解决问题（通常在其他沿岸国的反对意见具有切实依据时采用这个办法）；

(5) 鉴于反对意见的性质，是否有必要根据第 8 ~ 12 条从独立专家那里征求更多意见。

7. 区域主管副行长应该征求所涉常务副行长以及副行长兼法律总顾问的意见，并决定是否应进行下一步工作和应该如何进行。根据这些协商，区域主管副行长可以建议所涉常务副行长把有关问题交由业务委员会审议。国家主任然后应根据业务委员会主席代表该委员会发出的指示，或根据区域主管副行长的指示，同主管法律事务副行长办公室以及其他有关部门合作编写一份备忘录，在其中汇报审议结果。应把该备忘录提交区域主管副行长，并把副本送交副行长兼法律总顾问，在其中就进一步办理项目手续的问题提出建议。

征求独立专家的意见

8. 如果需要在进一步办理项目手续之前寻求独立专家的意见（见 OP 7.50，第 6 段），区域主管副行长应该请主管环境和社会可持续发展副行长（ESDVP）发起这项工作。主管环境和社会可持续发展副行长办公室应保存这项请求的记录。

9. 主管环境和社会可持续发展副行长应该同区域主管副行长和主管法律事务副行长办公室进行协商，从由他保存的专家名录中挑选一名或多名专家。挑选的专家不得是任何所涉水道沿岸国的公民，也不得在这个事项中有任何其他利害冲突。主管环境和社会可持续发展副行长与区域主管副行长的办公室应联合聘请专家并制订其任务规定。区域主管副行长办公室应负责为聘请专家提供经费。应向专家提供背景资料和必要的协助，以便高效率地完成工作。

10. 专家的任务规定应要求其对项目详细资料进行检查。如果专家们认为有必要核实项目详细资料或采取任何有关的行动，世行将尽一切努力予以协助。专家将于必要时举行会议，直至向主管环境和社会可持续发展副行长以及区域主管副行长提交报告。主管环境和社会可持续发展副行长以及区域主管副行长可以请专家解释或澄清其报告中的任何问题。

11. 专家在项目手续的办理工作中没有任何决策作用。专家仅为世行提交其技术性意见，不以任何方式决定沿岸国的权利和义务。区域主管副行长以及主管环境和社会可持续发展副行长应该同主管法律事务副行长协商，对专家得出的结论进行审查。

12. 主管环境和社会可持续发展副行长应同区域主管副行长和主管法律事务副行长办公室协商，保持一份高度胜任的独立专家名录，其中应该开列10个专家，并在每个财政年度开始时得到增订。

地图

13. 国际水道项目的文件中应包括一份地图，在其中清楚标明所涉水道以及项目各组成部分的举办地点。这项规定适用于项目评估文件、项目资料文件以及任何关于项目所涉沿岸国问题的内部备忘录。即使在根据 OP 7.50 的规定不需要向沿岸国发出通知的情况下，也应该提交关于国际水道项目的地图。地图的绘制和批准应以《制图科第7.10号行政手册说明》及其附件为依据。

14. 然而，在上文所述文件中列入地图时，除内部备忘录之外，均应遵守区域主管副行长同副行长兼法律总顾问协商，就全部或部分省略受益国的地图作出的任何一般性指示或决定。

世界银行业务手册 BP 4.37

世行程序 2001年10月

此文件是2001年10月 BP 4.37《大坝的安全》英文版的中文翻译件，它包括经世界银行核准的程序的权威文本。本翻译件如与2001年10月 BP 4.37 的英文文本有任何出入之处，以英文文本为准。

大坝安全项目的审批

1. 世行[25]在开始审批一个涉及大坝的项目时，项目组将包括在大坝工程方面以

---

[25] “世行”包括国际开发协会；“贷款”包括信贷。

注：请用 OP 和 BP 4.37 取代1996年9月发表的版本。可能适用于大坝项目的其他世行政策包括：OP/BP 4.01，Environmental Assessment（《环境评价》）；OP/BP 4.04，Natural Habitats（《自然栖息地》）；OP 4.11，Cultural Property（《文化财产》）；OD 4.20，Indigenous Peoples（《土著民族》）；OD 4.30，Involuntary Resettlement；（《非自愿移民》）和 OP/BP 7.50，Projects on International Waterways（《国际河流上的项目》）。凡关于大坝安全的问题请洽农村发展部主任。

及准备和监督世行大坝项目有经验的人员。如果在本地区无法找到这样的人员，项目组将向农村发展部咨询，征求世行内外适当的专家人选。

2. 涉及大坝的世行项目须根据 BP 10.00，Investment Lending：Identification to Board Presentation（世行程序 10.00,《投资贷款：从项目识别到报执董会批准》）所载程序进行审批。

3. 一旦完成对一个涉及大坝的项目的识别之后，项目组将立即同借款人一道讨论世行关于大坝安全的政策（OP 4.37）。

项目准备

4. 项目组将保证，借款人准备的技术服务工作任务大纲（TOR）及聘用的专业技术人员（如工程师、地质专家或水文专家）的资格与所涉及大坝的复杂程度相适应。这些技术服务包括：坝址勘探、大坝设计、新坝或补救工程施工、初次蓄水和初期运用咨询，以及进行安全检查和安全评价。

5. 如果需要建立一个独立的专家小组，世行项目组将在必要时就如何准备专家小组工作任务大纲向借款人的工作人员提出建议。项目组将对该工作任务大纲以及借款人提议的专家小组成员人选进行审批。专家小组一旦成立，世行项目组成员一般将作为观察员参加其会议。

6. 项目组将审查以下几方面编写的所有与大坝安全有关的报告：借款人；专家小组；对已建或在建坝进行评价的独立专家；借款人为大坝的设计、施工、蓄水和启用所聘用的专业人员。

7. 项目组将监督借款人制订以下方面的计划：施工监理和质量保证计划、观测仪器计划、运行维护计划以及应急准备计划［见 OP 4.37 第 4（2）段和 BP 4.37 附件 1］。

项目评估

8. 项目评估组将审查所有与大坝安全有关的项目资料，其中包括：成本估计，建设时间表，采购程序，技术援助安排，环境评价，施工监理和质量保证计划、观测仪器计划、运行维护计划以及应急准备计划。评估组还将审查项目建议书、有关技术问题、检查报告、专家小组报告，以及借款人的所有其他涉及大坝安全的行动计划。如果已经要求建立一个专家小组，评估组将确认，借款人已经考虑了该专家小组的建议，并在必要时协助借款人确定获得大坝安全培训和技术援助的来源。

9. 项目组和指定的世行律师将保证世行与借款人之间的法律协定要求借款人：

（1）如果已经要求建立一个专家小组，将在项目执行期间定期召开专家小组会议，并在新坝的运用初期保留该专家小组；

（2）实施所要求的各项计划（见附件 A），并使所有没有充分达到所规定标准的工作达到标准；

（3）在新坝蓄水和启用之后，由没有参与大坝勘测、设计、施工和运行工作的独立的合格专业人员定期进行大坝安全检查。

检查监督

10. 在项目执行期间，项目组将派技术工作人员监督所有同《贷款协定》中的大坝安全条款有关的活动，并酌情聘用咨询专家来评价借款人的有关表现。如果发现有关大坝安全方面的表现不令人满意，项目组将立即通知借款人，改正其不足。

11. 在项目执行的后期，项目组将同借款人讨论项目建成后的运用程序，强调确保在大坝现场随时保存防汛和应急准备指令文件的重要性。项目组还将指出，新技术或信息（例如洪水和地震方面的新技术和新信息，以及新发现的区域性或局部地质特性）的出现可能要求借款人修订大坝安全评价的技术标准；项目组将敦促借款人进行这项工作，将修订的标准应用于项目大坝，并在必要时推广到借款人管辖的其他大坝。

12. 为了保证大坝建成后能得到令人满意的检查和维护，世行各地区工作人员可以在准备后续项目时，或专门安排监督团，在项目结束后对项目进行监督。[26]

世界银行业务手册　　BP 4. 36

世行程序　　2002 年 11 月

此文件是 2002 年 11 月 BP 4. 36《森林》英文版的中文翻译稿，它是经世界银行核准的政策权威文本。本翻译稿件如与 2002 年 11 月 BP 4. 36 的英文文本有任何出入之处，以英文文本为准。

森林

1. 如果世行认定其国别援助战略会对森林产生重大影响，国别局须确保国别援助战略对与森林有关的问题作出适当的处理。

项目准备

2. 工作组在项目审议的早期阶段须与地区环境部门进行磋商，并在必要时与环境和社会可持续发展网络和其他网络进行磋商，以判断项目工作中可能出现的森林问题。

3. 对于属于 OP 4. 36 第 3 款规定的政策范围内的项目，世行工作人员须确保按 OP/BP 4. 01（《环境评估》）的规定确定项目环境评估类别。如果项目可能会改变天

㉖ 见 OP/BP 13. 05，Project Supervision（《项目监督》）。

然林或其他自然栖息地或使其产生退化，可能会产生重大的负面环境影响，而且这种影响十分敏感、涉及多方面或是前所未有的，则应作为A类项目；其他涉及森林或其他自然栖息地的项目则应视其类型、所处位置、敏感性、项目的规模以及环境影响的性质和程度，列为B、C或FI类项目。[27]

4. 在项目准备过程中，工作组须确保借款方向世行提供土地使用费用于森林的管理、保护和可持续发展那部分的充分性的评估报告，包括用于对重要的林区保护的追加拨款。此评估应对此重要的林区的基本情况作出调查，而且此项调查范围应与项目所在林区的生态、社会和文化空间是相符的。根据OP 4.04（《自然栖息地》）的规定，此项评估应包括所有受到影响的方面[28]，并应接受科学工作人员的独立审核。[29] 此外，按OP 4.12（《非自愿迁移》）和OD 4.20（《原住民》）的规定，工作组应确保借款方对项目对当地社区的影响作出评估，包括其进入以及利用划定林区的法律权利。如果项目涉及OP 4.36中第12款规定的对森林的投资，工作组须确保借款方也对优先发展当地社区小规模采伐，利用森林的潜力，以可持续的方式减少贫困的可行性作出评估。

采伐运作

5. 如果项目涉及世行根据OP 4.36第9款（2）项或第12款（2）项提供融资的采伐经营，工作组须确保该项目包含符合OP 4.36中第9~12款规定的有时间限制的行动计划以及为实现有关森林管理标准所需相应的绩效标准和时间框架。工作组应将此有时间限制的行动计划列入《项目评估文件》，并按世界银行的披露政策向公众提供此件[30]。

社区的森林管理和开发

6. 如果项目旨在支持基于社区的森林管理和开发，工作组即须确保项目的设计应酌情考虑下列因素：

（1）项目和邻近地区的当地社区的生计对树木的依赖以及使用情况；

（2）在改善原住民[31]和贫困人口在参与项目地区中包括树木和森林的管理中遇

---

[27] 参见OP 4.01（《环境评估》）第8款和BP 4.04（《自然栖息地》）第2款关于环境评估分类的规定。

[28] 参见OP 4.04（《自然栖息地》）第10款关于有关各方参与评估程序的指导意见。

[29] 参见OP 4.01（《环境评估》）关于独立评估工作的指导意见。

注：OP和BP 4.36（《森林》）取代1993年9月发布的OP和BP 4.36（《森林》），这两个文件是根据执行董事会于2002年10月31日批准的《世界银行集团森林战略修订本》制订的。其他有关世行政策包括OP 4.01（《环境评估》）、OP 4.04（《自然栖息地》）、OP 4.11（《文化财产》）、OP 4.12（《非自愿迁移》）以及OD 4.20（《原住民》）。本OP和BP适用于所有2003年1月1日之后进行项目概念审议的项目。如有问题可向农村发展局局长或环境和社会可持续发展网络环境局局长提出。

[30] 参见《世界银行信息披露政策》（华盛顿哥伦比亚特区，2002年9月）。

[31] 参见OD 4.20（《原住民》）。

到的组织、政策和冲突的管理问题；

（3）与居住在项目地区的森林中或其附近的原住民和贫困人口有关的森林产品和森林服务问题，以及促进妇女参与的机会。

7. 如果项目涉及森林的恢复或人工林的发展，工作组应确保项目的设计妥善地考虑到了处理下列问题的方式：森林的恢复对于改善生物多样性和生态系统的潜在作用；在不包括自然栖息地的无林土地营造人工林的潜力；避免自然栖息地的改变或退化的需要；政府、非政府组织以及其他私营机构进行合作开展森林恢复和人工造林方面的能力。

项目的执行和监督

8. 负责地区业务的副行长应在有关国别局局长的配合下确保对 OP 4.36 涉及的项目实施进行有效监督所需的资源。

9. 如果项目涉及对森林的商业采伐，工作组应确保借款方向公众提供按 OP 4.36 述及的森林独立认证制度进行的所有森林管理评估的结果。

10. 须按 OP 13.05（《项目监督》）的规定对每个项目进行监督。在项目的整个实施过程中，工作组应确保世行的检查组中包括必要的森林专业技术人员的参与。

世界银行业务手册　　BP 4.12

世行程序　　2001 年 12 月

这些程序系为世界银行职员使用而制定的，因而可能未对该主题做完全详尽的论述。

非自愿移民

注：非自愿移民业务政策和世行程序 OP/BP 4.12 共同取代非自愿移民业务导则 OD 4.30。本项业务政策和世行程序适用于所有自 2002 年 1 月 1 日起进行项目概念审查的项目。如有疑问，可咨询社会发展局（SDV）局长。

1. 制订有关移民安置活动的计划，是世行[32]援助项目准备工作中不可缺少的组成部分。

在项目鉴定期间，项目组（TT）将确定该项目可能引起的非自愿移民。[33] 在整

---

[32] "世行"包括国际开发协会；"贷款"包括信贷、担保、项目准备基金（PPF）预付款以及赠款；"项目"包括由以下渠道提供资金的项目：（1）可调整规划贷款；（2）学习与创新贷款；（3）PPF 和体制发展基金（IDF）（如果项目中包括投资活动）；（4）全球环境基金和蒙特利尔议定书项下的赠款（世行作为实施/执行机构）；（5）其他捐助者提供的而由世行经管的赠款或贷款。"项目"一词不包括调整项目。在任何需要的情况下，"借款方"还包括担保人或项目实施机构。

[33] 见业务政策 OP 4.12，《非自愿移民》。

个项目过程中，项目组要征求地区社会发展部门[34]和法律副行长（LEG）的意见，必要时还要咨询移民安置委员会的意见（见本文第7段）。

2. 如果拟议中的项目可能涉及非自愿移民，项目组要将业务政策OP 4.12《非自愿移民》和世行程序BP 4.12《非自愿移民》的有关规定告知借款方。项目组和借款方的工作人员要进行以下工作：

（1）评估可能导致的移民的种类和规模；

（2）研究所有可行的项目设计方案，尽可能避免或是减少移民；[35]

（3）评估有关移民安置的法律框架，以及政府和移民实施机构的有关政策（以便发现这些政策和世行政策之间的差异）；

（4）了解以前的借款方和实施机构在类似项目中的经验；

（5）同负责实施移民安置的机构讨论移民政策和移民安置中的机构、法律和协商等方面的安排，包括当政府或实施机构的政策与世行政策不一致时的解决办法；

（6）讨论将提供给借款方的技术援助（见业务政策OP 4.12，第32段）。

3. 项目组在审查了有关移民问题的基础情况后，要会同地区社会发展部门和法律部门核定该项目中移民工作所应采取的方式（移民安置规划、简要移民安置规划、移民安置政策框架或者程序框架），并对移民工作的深度和广度要求达成一致意见。项目组要将以上决定告知借款方，同借款方讨论编制相应的移民安置文件所要采取的行动，[36] 议定准备该移民文件的时间表，同时监测进展情况。

4. 项目组要把有关移民的种类、规模和移民工作将要采用的方式等方面的信息，纳入项目概念文件（PCD）和项目信息文件（PID）中去，并根据项目进展情况定期更新项目信息文件。

5. 对于涉及业务政策OP 4.12 第3（1）段内容的项目，项目组要在项目准备阶段：

（1）评价项目设计的可选方案和替代方案，以便尽量避免和减少非自愿移民；

（2）评价移民安置规划或移民安置政策框架的准备情况，看其是否充分体现了业务政策OP 4.12 的政策要求，包括受影响群体的参与，采纳受影响群体意见的程度；

---

[34] 地区负责移民安置问题的单位或部门。

[35] 世行希望确认借款方是否探寻了所有其他可行的项目设计方案以避免非自愿移民，如果无法避免这类移民安置，则尽可能减小移民安置的规模和影响（例如，道路调整或降低大坝高度可能会减少移民安置需要）。这种替代设计方案应该与世行的其他政策一致。

[36] 这种行动可能包括下列实例：制定相关程序，以确定移民安置援助资格；开展社会经济调查和法律分析；进行公众协商；确定移民安置地址；评估改善或恢复生计和生活水平的几种选择方案；或者，如果项目存在极大风险，或争议很大，需聘请独立的国际知名的移民安置专家。

（3）评价有关移民资格、移民补偿和其他受援形式的标准；

（4）评价移民安置措施的可行性，包括提供必要的安置地点、保证移民安置活动所需资金、逐年提供配套资金、法律框架、移民实施和监测计划安排等；

（5）如果项目所影响的移民生产生活依赖于土地，而移民又倾向于土地安置，在项目无法为移民安置提供足够的土地的情况下，要评价土地匮乏的原因（业务政策 OP 4.12，第 11 段）。

6. 对于涉及业务政策 OP 4.12 第 3（2）段内容的项目，项目组要在项目准备阶段着手以下工作：

（1）评价项目设计的可选方案和替代方案，以便尽量避免和减少非自愿移民；

（2）评价移民程序框架的准备情况，看其是否充分体现了业务政策 OP 4.12 的政策要求，包括移民参与情况、移民资格评定的标准、资金筹措、法律框架、移民活动的实施和检查的工作安排。

7. 项目组可以请求约见移民安置委员会，以便在下述方面得到认可或指导：

（1）由项目组提议的项目移民工作方式；

（2）澄清本政策的适用性和适用范围。

移民安置委员会主席由负责移民工作的副行长担任，委员会成员包括一名社会发展局局长、一名法律部门（LEG）代表、两名业务部门代表，其中一位来自于拟议项目的归口行业部门。移民委员会的工作在本政策和其他文件指导下进行，其中包括《移民读物》（即将出版），用于定期登载良好范例。

评估

8. 根据业务政策 OP 4.12 的要求，借款方需向世行提交移民安置规划、移民安置政策框架或移民程序框架报告，作为项目评估的条件之一（详见业务政策 OP 4.12，第 17 ~31 段）。在极为特别的情况下（如紧急援助恢复项目），项目评估可在移民安置文件完成以前进行，但需由执行副行长与移民安置委员会协商后予以特批。在这种情况下，项目组要与借款方就有关移民报告的准备和提交时间表达成一致意见，报告的种类和内容要符合业务政策 OP 4.12 的政策要求。

9. 一旦借款方将草拟的移民安置文件正式提交给世行之后，世行工作人员，包括地区移民安置专家和律师要对其进行审查，确定该报告是否为项目评估提供了翔实的基础资料，同时将有关结论通知地区管理部门。一旦国家局局长批准进行评估，项目组要将草拟的移民安置文件送到世行的公共信息中心。[37] 项目组根据该报告编制英文执行摘要报告，送交董事会秘书处，并且要附上转报说明，确认该报告及其

㊲ 信息披露程序详见世行程序 BP 17.50《业务信息公开》（即将出版）。

摘要报告在评估过程中可能会发生变动。

10. 在项目评估过程中，项目组要评价：（1）借款方对实施移民安置文件中的内容所作的承诺和具体实施的能力；（2）为改善或恢复移民生产生活所采取的措施是否可行；（3）移民安置活动配套资金到位情况；（4）因未能充分实施移民安置文件的内容而可能导致的重大的风险，包括移民次生贫困化的风险；（5）移民安置文件与项目实施规划是否一致；（6）是否充分安排了内部监测机制，以检查移民安置文件的落实情况；如果项目组认为合适的话，还应安排独立的外部监测评估机制。[38] 如果在评估阶段对移民安置文件草案进行了修改，项目组要报告地区社会发展部门和法律部门（LEG），对这种变动进行认可。只有在借款方根据世行的政策要求(业务政策 OP 4. 12)，向世行正式提交移民安置文件草案的终稿之后，评估程序才告结束。

11. 在项目评估文件（PAD）中，项目组要描述移民安置事宜，移民工作方式和将要采取的措施，借款方对于实施拟议的移民安置方案所作的承诺，和在组织机构和筹措移民资金方面的能力。项目组还要在项目评估文件中反映移民安置措施的可行性和移民安置实施中可能会出现的风险。在项目评估文件的附件中，项目组要归纳总结移民安置有关事宜，特别要介绍受影响的人口、移民安置措施、组织机构安排、安置进度、移民概算等本底信息，包括配套资金筹措和及时到位情况，以及安置措施落实情况的监测指标。项目评估文件的附件要显示移民安置所需全部成本，作为项目成本的一个重要部分。

12. 贷款协议中的项目描述章节要对移民安置部分的内容或子项目中移民安置的内容进行说明。法律文件确定了借款方实施相关移民安置文件的义务和不断将项目进展情况通报世界银行的责任。[39] 在项目谈判时，借款方和世行就移民安置规划、移民安置政策框架或移民程序框架取得一致意见。在向董事会提交项目之前，项目组要确认借款方的负责机构和实施机构已对相关的移民安置文件做出了最终批复。

监督检查

13. 地区副行长应认识到经常严密地检查移民实施情况对取得好的移民安置成绩的重要性，并与相关国家局局长合作，确保采取适当的措施，对涉及非自愿移民的项目进行有效的监督检查[40]。为此，国家局局长要划拨专款，对移民安置实施情

---

[38] 对于涉及业务政策 OP 4. 12 第 3（2）段内容的项目，对上述（2）、（4）的评价待行动计划提交世行时进行（见本文第 15 段）。

[39] 如果该报告是移民安置政策框架，借款方的责任还包括为每一个将产生移民的子项目编制符合政策框架精神的移民安置规划，提交世行批准后方可实施该子项目。

[40] 见业务政策 OP 13. 05 和世行程序 BP 13. 05《项目检查》。

况进行充分的监督检查。要考虑移民安置项目内容或子项目内容的规模和复杂性，考虑邀请有关的社会、财务、法律和技术方面的专家参与监督检查。监督工作应以《移民安置监督检查的地区行动计划》为准绳。[41]

14. 在项目实施过程中，项目经理要监督检查移民安置实施情况，保证必要的社会、财务、法律和技术方面的专家参加项目检查。要重点监督检查项目的实施和移民安置实施工作是否按法律文件执行，包括项目实施规划和移民安置文件。如果检查情况与原定协议出现偏差，项目组要同借款方讨论，并上报地区管理部门，以便予以纠正。项目组要定期审查项目内部监测报告，在适当的时候还应审查外部独立监测报告，以确保内外监测所发现的问题和建议在项目实施中得到了吸收和采纳。为了及时处理移民安置实施中可能出现的问题，项目组要在项目实施的早期阶段对移民安置计划的制订和实施进行审查，在此基础上，同借款方展开讨论，在必要时可修改相关的移民安置文件，以实现本政策的目标。

15. 对涉及业务政策 OP 4.12 第3（2）段内容的项目，项目组要评价行动计划中所采取措施的可行性，以便帮助移民改善生产生活（至少恢复到高于项目前或移民前的生产生活水平，以较高水平为标准），同时要注意自然资源的可持续性。项目组将评价结果上报地区管理部门、地区社会发展部门和法律部门。项目经理应将该行动计划送交公共信息中心。

16. 在移民安置文件中描述的所有移民安置措施完全落实之前，项目不能视为结束，世界银行还要继续对移民实施进行监督检查。项目结束之后，项目完工报告（ICR）[42]要评价移民安置所取得的成绩是否满足了移民安置文件的要求，总结移民实施工作的经验教训以便将来的项目借鉴，并参照业务政策 OP 4.12 第24 段的精神归纳总结借款方评估的成果。[43] 如果总结评估显示移民安置文件的目标没有实现，项目完工报告要评价移民安置措施是否得当，并可提出后续行动方案，包括在合适的情况下由世行继续进行监督检查工作。

国家援助战略

17. 如果借款国有一系列涉及移民的项目，世行与该国政府和行业之间的对话应该包括与移民有关的政策、组织机构、法律框架等事宜。世行工作人员应当将以上事宜反映到国别经济调研和国家援助战略中去。

---

[41] 该计划由地区社会发展部门会同项目组和法律部门制订。

[42] 见业务政策 OP 13.55 和世行程序 BP 13.55，《项目完工报告》。

[43] 项目完工报告评估移民安置目标实现的程度，通常以项目结束时对受影响群体进行的社会经济调查为依据。该评估还应考虑移民的规模，以及项目对移民以及接纳移民的社区的生活造成的影响。

世界银行业务手册　　BP 4.04

世行程序　　2001 年 6 月

这些程序系为世界银行职员使用而制定，因而可能未对该主题做完全详尽的论述。

自然栖息地项目程序

项目准备

1. 拟由世行[44]资助的项目在进行准备的早期阶段，项目组组长（TL）须与区域环境部门（RED）进行协商，必要时还要征求环境局（ENV）和负责法律事务（LEG）的副行长的意见，以便确定项目实施过程中可能出现的自然栖息地问题。

2. 环境筛选作为环境评价的一部分，如果发现项目的实施可能会使重要的自然栖息地或其他自然栖息地发生重大转变或退化，则该项目应划为 A 类项目；其他涉及自然栖息地的项目，根据它们对生态系统的影响程度，可划定为 A 类或 B 类[45]。

3. 业务政策 OP 4.04《自然栖息地》（以下简称 OP 4.04）第 5 段所指的例外情况，只有在与区域环境部门、环境局和法律局磋商、并经区域副行长批准之后方能使用。

4. 项目中凡涉及自然栖息地的部分都要与该项目实施计划中相应的部分衔接起来。所有补偿性自然栖息地的保护费用，应包括在项目的资助范围内。在项目设计中须引进能确保经常性费用到位的机制。

文件编制

5. 在最初编制的项目信息文件（PID）和环境资料表[46]中，项目组长必须指明涉及自然栖息地的任何问题（包括项目实施过程中对自然栖息地可能造成的任何转变或退化，以及 OP 4.04 第 5 段最后一句话所指的任何其他减轻影响的措施）。自然栖息地问题的发展情况应在更新的 PID 中得以反映。项目评估文件中要说明受影响的自然栖息地的类型和估计面积（以公顷为单位表示）、潜在影响可能产生的后果、

---

[44] “世行”包括国际开发协会（IDA）；“贷款”包括信贷；“借款方”指在担保项目中从另一家金融机构获取由世行担保的贷款的私人或公共项目主办单位；“项目”指世行贷款的所有项目［包括可调整贷款——可调整规划贷款（APLs）项目和学习与创新贷款（LILs）］，或除结构调整贷款之外的担保项目（OD 8.60 调整贷款已对有关环境方面的考虑作出了规定），及债务及偿债业务。每个由世行提供资金的项目都在该项目的贷款/发展信贷协定附件 2 中进行了描述。“项目”一词包括所有项目内容，不因资金来源不同而有所区别。“项目”一词还包括由全球环境基金（GEF）提供资金的项目和项目内容，但是不包括由 GEF 董事会确定为有资格通过扩大机会同 GEF 进行项目准备和实施合作的组织所执行的 GEF 项目（此类组织特别是指地区开发银行和诸如粮农组织和工发组织之类的联合国机构）。

[45] 参见业务政策和世行程序 OP 4.01/BP 4.01《环境评价》。

[46] 参见 OP/BP 4.01《环境评价》。

项目是否与所在国和地区的土地利用和环境规划的规定、保护战略以及法律规定的一致性，还要指明拟采用的减轻影响的措施。

6. 项目实施完工报告[47]要评估项目的环保目标的达标程度，包括自然栖息地的保护情况。

区域性和行业性环境评估报告

7. 世行工作人员要在区域性和行业性环评报告中确定相关的自然栖息地问题。该报告要指明自然栖息地在所涉及地区或行业中的位置，分析自然栖息地的生态功能和相对重要性，并对相关的管理问题进行描述。分析结果将在针对具体项目而定的环境筛选等其他后续的环评工作中使用。

世行工作人员的作用

8. RED 对重要的自然栖息地名单的增补、编制和使用进行协调，必要时还要协助项目的准备（包括环境评估）和检查。ENV 要通过传授良好操作，提供人员培训、评审、咨询和业务支持（包括检查）来指导项目组长、国家局和 RED 执行 OP 4. 04。

---

[47] 参见 OP/BP 13. 55《项目完工报告》。

世界银行
反腐败指南及制裁制度改革

（2006 年 1 月）

一、前　言

本书向读者提供《关于世界银行在国际复兴开发银行贷款和国际开发协会信贷及赠款项目中预防和反腐败指南》（简称《反腐败指南》）的非技术性解释。其主要目的是帮助世界银行资金的借款人和其他接受方进一步理解反腐败指南，而不是取代该指南。为对该专题有一全面了解，请参考后附的《反腐败指南》。

二、背　景

腐败行为损害发展效果

斯诈腐败从多方面损害发展。由于欺诈、腐败、串通、施加压力或妨碍行为（以下统称斯诈腐败）造成项目发展资金的损失，从而削弱各国政府、捐款人和世界银行实现减轻贫困、吸引投资、鼓励良好治理这一目标的能力。

使用项目资金支付回扣或贿赂，这势必导致项目成本增加，质量或者成果降低，也就意味着项目执行的效果变差。如果一个不合格的投标人通过欺骗或其他反竞争手段取得了合同，那么合格的投标人必定会丧失信心并不再投标。人们相信腐败是必然存在的，这一信念损害了人们对政府机构的信任感，使人们认为不合标准的公共服务和基础设施也是可以接受的，从而造成一个不鼓励举报欺诈腐败行为的氛围。最终，这场腐败游戏的最后输家就是人们自身，项目本可以全面发展，却遭受了损失。

有效解决腐败问题需要借款人、世界银行和其他发展伙伴的共同努力

要想在开发援助中根除腐败，需要借款人、世界银行和各发展伙伴的共同努力。它需要借款人、世界银行资金的其他接受方和世界银行持续的努力，去预防欺诈和腐败。与此同时，加强机构结构建设有助于最终从源头上阻止腐败。

世界银行已经采取了一些重要措施。2006 年以来，世界银行开始了一系列针对借款人世界银行资助项目预防和反腐败指南的改革，以确保贷款资金用于促进发展、减轻贫困的既定目的。指南中清晰地阐明了借款人和世界银行资金的其他接受方应该采取的行动，预防和阻止欺诈和腐败的发生。

制裁制度用于描述世界银行制裁世界银行资助项目中某人或单位所采取的措施，因为他们进行了世行认定形式的欺诈、腐败、串通、施加压力或妨碍行为，统称为欺诈腐败。

三、世界银行制裁制度

1996年以来，世界银行出台了《采购指南》和《咨询顾问指南》，其中规定了世界银行一旦发现在货物和服务采购、咨询顾问的选择或其他相关合同的执行中存在欺诈或腐败行为时将会对相应公司和个人进行制裁。同时，上述两个指南还规定了对欺诈、腐败、串通、施加压力和妨碍行为的具体制裁手段。1999年以来，世界银行共对世界银行资助项目中参与欺诈腐败活动的330多家公司及个人进行了制裁。

制裁制度改革。2006年，世界银行针对制裁制度进行了一系列改革，旨在确保全球所有世界银行资助项目都能够遵守最高的道德标准，从而为参与世界银行资助项目的单位和个人创造公平的竞争环境。

该项改革主要包括以下几个方面：

- 重新定义腐败、欺诈、施加压力和串通行为，并将制裁制度的覆盖范围扩大到采购以外。
- 定义一种新的应予以制裁行为 —— 妨碍行为，即故意妨碍世界银行进行欺诈腐败调查的行为。
- 将国际金融公司（简称IFC）和多边投资担保机构（简称MIGA）进行的业务纳入制裁制度范围。

在进行改革之前，以下腐败行为往往会逃避制裁：

- 某家公司妨碍世界银行的调查，致使世界银行无法收集到充分的证据证明欺诈腐败的指控，从而让该公司逃避了制裁。
- 某家商业银行承担金融中介职能，在用世界银行贷款资金向当地受益人发放子贷款的过程中索要回扣。
- 某家金融中介向借款人和世界银行做了虚假陈述以说服他们相信某家单位符合项目建设的要求。
- 某个借款人参与的非政府组织作为世界银行贷款项目的执行机构，该组织向借款人和世界银行提供虚假的财务信息，没有按照世行采购程序执行合同，对所有世界银行技术援助合同按一定比例收取费用，使用世界银行资金进行不合格的采购，或者是拆分合同以逃避审查门槛等。

四、应予以制裁行为的界定

以下是对反腐败指南中出现的应予以制裁的欺诈腐败行为的定义。每一个定义将以一个实例说明。

- **腐败行为** 指直接或间接提供、给予、收受或要求任何有价财物，从而不适当地影响另一方的行为。
  - 实例：一家公司通过贿赂或给予回扣的方式从政府手中取得世界银行项目合同。回扣指的是取得合同的公司给予提供它合同的政府官员一定好处费，它往往是按合同金额的一定比例支付。在存在系统性腐败的国家里这一费用将被包含进投标成本里。大多数情况下，这笔费用会从项目资金中支付，从而降低开发效果。
- **欺诈行为** 指故意或无意误导、试图误导，以获得经济利益或其他利益，或逃避某种义务的任何行为或失职，包括歪曲行为。
  - 实例：在某一项目执行中，一家主要咨询公司的不良业绩引起我们对其能力和资质的怀疑。通过调查发现该公司为了满足招标要求，提供了虚假的发展经历、资质等级、资格证书等。
- **施加压力** 指直接或间接损害、危害，或威胁损害、危害他人人身或财产安全，以不适当地影响对方的任何行为。
  - 实例：一个公路项目，其中有两条世界银行贷款公路的采购中发现存在投标人恐吓竞争对手的情况。调查表明某家公司通过串通，已被预先确定为合同被授予方。为迫使其他投标人提交高得离谱的标书而无法中标，他们除了给予没有中标的投标人一定补偿外，还以未来商业利益来威胁竞争对手，或是以人身安全威胁竞争者的员工。例如，某家公司囚禁竞争对手的员工，迫使其错过投标书最后递交期限。这种施加压力行为导致中标价格要比公平竞争时确定的价格高得多。结果，损害了项目的发展效果，降低了人们对世界银行采购制度的信心。
- **串通行为** 指两方或多方之间为达到某种不正当目的，包括不当影响另一方行动而作出的安排。
  - 实例：某个贷款国政府逮捕了一名负责世界银行贷款项目的机构官员，指控其犯有财务不当罪。根据在逮捕过程中获得的资料和从合同承包商处了解到的信息，有关部门对相关合同进行了调查。调查结果表明，这名官员通过实施连环串通，操控了一大批合同的授予权，将它们授予给自己开设的公司或与自己有关的公司。串通中，该名人员贿赂了当地负责合同授予权的官员。

- *妨碍行为* 指故意破坏、伪造、更改或隐瞒调查所需证据材料，或是向调查人员提供虚假信息，以实质性阻碍世行调查。
    - ➢ 实例：根据一项腐败指控，调查人员对一家被授予世界银行项目合同的公司进行调查，要求审计其财务记录。按照合同要求，该公司有义务提供相关资料，但其拒绝提供。从而，该公司将不具备在以后的世界银行项目合同中投标的资格。

> 《反腐败指南》中阐明的应予以制裁的行为，不管该种行为是否已经达到其目的，都应当被制裁。例如，向另一方行贿的行为已经构成了腐败，不管对方是否接受或其目的是否达到，都应该被制裁。

五、借款人和贷款其他接受人应采取的行动

《反腐败指南》中详细阐明了世界银行资助的项目中借款人和贷款其他接受人为帮助预防和反欺诈腐败所应采取的行动。具体包括：

- 采取一切有效措施预防项目中的欺诈和腐败。例如，建立适当的委托机制和进行管理制度方面的安排。这些安排将作为借款人和世界银行进行项目设计的一部分。并且，如果检查中发现存在缺陷，在执行中应加以解决。
- 提升关注度，确保项目成员、非政府组织、金融中介、其他执行机构及其从事该项目的员工都能了解《反腐败指南》。
- 向世界银行报告贷款使用中出现的欺诈腐败行为，并配合其开展调查行动。
- 一旦发现世界银行项目中存在欺诈或腐败行为，要及时采取适当的行动加以解决。借款人和世界银行之间将对此进行协商。
- 借款人须将反腐败条款加入其与世界银行资金的其他接受方签订的协议中（包括项目执行单位）。该条款要求，世界银行资金的接受方要遵守《反腐败指南》的规定。如果因没有遵守相应条款而被世界银行制裁，那么借款人将会终止和其签订的协定。此外，该接受方与其他资金接受方就该项目内容签订协议时，协议内容中也要包含该反腐败条款。

世界银行希望借款人在世界银行资助项目中为帮助预防和反欺诈腐败所应采取的上述做法都不是新要求，《反腐败指南》中只是对其作了更加清晰地阐述。不过，制裁制度约束的范围除了覆盖按照世界银行《采购指南》提供货物的供货商和按照世界银行《咨询服务指南》聘用咨询顾问签订合同的承包商之外，还扩展到其他的

世界银行资金接受方。

但对借款人来说，这不应产生新的更多的费用。例如，提高关注度这项内容可以在项目启动时进行，通常不应该要求作为一个单独的项目。在项目设计时可以考虑设计相应的程序。借款人和其他世界银行资金接受方可以从世界银行了解到更多的关于预防和反腐败的信息（见下文）。

六、世界银行反欺诈腐败采取的行动

《反腐败指南》中也阐述了世界银行对在世界银行资助项目中存在应予以制裁行为的公司和个人采取的应对措施。指南中规定了明确的程序以保护世界银行受托资金安全，确保资金的使用达到预期的效果。与此同时，指南中也规定了公司和个人在遭受错误指控时的应对程序。

世界银行下设的廉政局（简称 INT）负责调查指控。一旦发现有证据证明某公司或个人从事应予以制裁的行为时，廉政局将把案件提交给制裁评估与资格暂停主管（简称评估主管）。

评估主管审查廉政局提交的证据，判断该项指控是否成立。如果认为该项指控成立，该主管将会向被指控的公司或个人签发《制裁审理通知书》。通知书中包括指控内容、相关证据和制裁措施建议，被指控方有权选择是否对该项指控或是可能施加的制裁措施进行抗辩。视案件最终结果，评估主管可决定是否采取资格暂停措施。

如果被指控方对提出的指控或是建议的制裁措施持有异议，该案件将被提交到世界银行制裁委员会审理。该委员会由三名世界银行工作人员和四名外部成员组成。在就案件作出最终裁定之前，委员会将审议通知书中提到的指控、制裁建议以及该公司或个人的答复。审议期间，委员会可能会召开听证会。

世界银行可能采取的制裁措施有：

- 向受制裁方发出公开惩戒函。
- 取消资格，指受制裁方无限期的或一段时间内被取消参与世界银行项目的资格。
- 有条件的不取消资格，指受制裁方被告知他们必须保证以后不再发生欺诈腐败行为，遵守道德机制要求，并且或者弥补由于他们的行为造成的损失，如退还款项（见下文），否则他们将会被取消资格。
- 取消资格后有条件的恢复资格，指受制裁方被取消资格后，当满足一定条件时可以恢复其资格。
- 退还款项，指向政府或欺诈腐败行为的受害者退还违法所得。

世界银行不能制裁成员国政府或其官员。一旦发现在某个政府内部发生欺诈或腐败行为，世界银行将和该政府协商解决问题，如果无法解决，世界银行将在与该政府签订的法律协议框架下采取行动。主要措施有暂停贷款支付、取消未支付的贷款额度和要求提前偿还贷款。世界银行将在如下情况发生时采取行动：

- 世界银行已确认贷款项目中发生欺诈或腐败行为，但借款人没有采取及时有效的行动。
- 借款人在其他项目中被制裁，这里借款人不是指成员国。
- 借款人或世界银行资金的其他接受方没有遵守《反腐败指南》的规定。

七、和其他国际金融机构及捐款人的合作

2006年2月，非洲开发银行、亚洲开发银行、美洲开发银行、欧洲投资银行、欧洲复兴开发银行、国际货币基金组织和世界银行的负责人发表声明，将成立一个国际金融机构反腐败联合工作小组。各金融组织负责人达成一致意见，要对腐败行为使用标准化定义，统一调查的原则和程序，加强信息共享，确保各个机构能够相互支持各自采取的行动。

2006年9月17日，在新加坡举行的世界银行年会上宣布了国际金融机构联合工作小组框架协议。这项史无前例的协议促使所有国际金融机构按照统一的标准和程序运作，使反腐败工作向前迈出了重要的一步。该框架对欺诈腐败行为的定义、调查的原则和指导方针、机构之间促进信息交换等内容重新加以协调和统一。

八、联系方式

国际复兴开发银行贷款和国际开发协会信贷及赠款项目预防和反腐败指南的完整版本附在本书后面。如果您有任何疑问或评论，请与离您最近的世界银行驻在国办事处联系或通过以下网址发送请求：www. worldbank. org/sanctionsreform。

您也可以拨打世界银行廉政局的反欺诈腐败热线1－800－831－0463或者对方付费电话1－704－556－7046。当然，您也可以拨打匿名电话。

请查阅本用户指南后面所附的国际复兴开发银行贷款和国际开发协会信贷及赠款项目预防和反腐败指南，以获得全面了解。

附　件

反腐败指南

国际复兴开发银行贷款和国际开发协会信贷及赠款项目预防和反腐败指南

（致力于在国际复兴开发银行贷款和国际开发协会信贷及赠款项目中预防和反欺诈腐败）

（2006年10月15日修改）

目的和一般原则

1. 本指南旨在预防和惩治国际复兴开发银行、国际开发协会资助项目在项目准备和执行过程中的欺诈腐败行为。本指南规定了反腐败的一般原则和要求，以及对资金的接受、存储、拨付或使用能够施加影响的单位或个人可采取的制裁措施。

2. 第1段中提到的所有单位和个人都必须遵守最高的道德标准，也就是说，他们必须采取必要措施预防和反欺诈腐败，严禁在使用国际复兴开发银行或国际开发协会资金中从事欺诈腐败行为。

法律方面的考虑

3. 就贷款[①]签订的贷款协定[②]规范了借款人[③]和世界银行[④]在贷款资金投向的特定项目中的法律关系。借款人有责任按照贷款协定的要求执行项目[⑤]和使用世界银行资金。就世界银行而言，它要按照协定条款中的规定履行受托责任，该条款的内容是“做出适当的安排确保任何一笔贷款资金只能用于该贷款的既定目的上，并充

① 本指南中所提及的“贷款”包括国际复兴开发银行贷款、国际开发协会信贷和赠款、项目准备基金、机构开发基金赠款、由接受方执行的项目信托基金赠款和开发政策借贷。但若世行和借款人没有就贷款用途达成一致意见，则不包括开发政策借贷。

② 本指南中所提及的“贷款协定”包括成员国就国际复兴开发银行贷款做出的担保，国际开发协会信贷或赠款签订的融资协定，项目准备基金签订的协议，机构开发基金赠款、由接受人执行的信托基金赠款协定，及项目执行单位就国际复兴开发银行贷款或国际开发协会信贷或赠款签订的项目协定。

③ 本指南中所提及的“借款人”指的是授予资金的接受方。某些情况下，一项国际复兴开发银行贷款除了给予成员国之外，还可能给予一个单位，此时若没有其他说明的话，指南中提到的“借款人”还包括作为担保人的成员国。还有一种情况，世行签订项目协定中规定项目或项目中的一部分由某个项目执行单位完成，此时，指南中的“借款人”包括项目执行单位。

④ 本指南中所提及的“世行”包括国际复兴开发银行和国际开发协会。

⑤ 本指南中所提及的“项目”指的是贷款协定中定义的项目。

分注意资金的经济性与效率性，而不应涉及政治或其他非经济因素的影响或考虑[⑥]”。本指南构成了这些安排中一个重要的因素，并作为贷款协定中的内容应用于项目的准备和执行工作中。

应用范围

4. 本指南中的下列条款规定了对由世界银行全部或部分提供资金的项目在项目准备和执行中与项目资金使用有关的欺诈和腐败行为的约束。这些欺诈腐败行为可直接表现为不合格支出，或是影响贷款资金使用决策的行为。本指南中提到的欺诈腐败行为都是和贷款资金使用有关的。

5. 本指南的适用对象包括借款人、使用贷款资金的其他人员或单位（如终端使用者），存储或拨付贷款资金的人员或单位（不管其是否是该资金的受益者，例如财政部门），还有能够对贷款资金使用下达决策或施加影响的人员或单位。本指南中将这些人员和单位统称为贷款资金的接受方，不管其是否实际拥有这些资金。[⑦]

6. 世界银行针对使用世界银行贷款资金采购货物、土建或咨询服务出现的欺诈腐败行为制定的具体政策要求可见2004年5月发布、2006年10月修改的《国际复兴开发银行贷款和国际开发协会信贷采购指南》（简称《采购指南》）和2004年5月发布、2006年10月修改的《世界银行借款人选择和聘请咨询顾问指南》（简称《咨询服务指南》）。为便于读者参考，采购指南和咨询服务指南的相关章节作为附录附在本指南后面。

欺诈腐败行为定义

7. 当贷款资金接受方在贷款资金使用时从事指南中定义的下述行为时：[⑧]

（1）“腐败行为”指直接或间接地提供、给予、收受或要求任何有价财物来不适当地影响另一方的行为。[⑨]

（2）“欺诈行为”指故意或无意[⑩]误导或试图误导一方，以获得经济利益或其他利益，或逃避某种义务的任何行为或失职，包括歪曲行为。

（3）“串通行为”指两方或多方之间为达到某种不正当目的，包括不当影响另一方行动而做出的安排。

---

⑥ 参见《国际复兴开发银行贷款协定》第三条第5节（2）款和《国际开发协会信贷协定》第五条第1节（7）款。

⑦ 某人或单位可能不止属于第5段中描述的一种类型。比如说，一家金融中介既会因为其提供的服务获取一定报酬，又会将资金拨付给终端使用者，还会对贷款资金使用下达决策或施加影响。

⑧ 如果贷款协定的条款包括通则中没有对这些行为作出具体规定，那么按照本指南第7段中的定义执行。

⑨ 腐败行为的典型例子包括贿赂和回扣。

⑩ 这里所说的“故意的或无意的”指的是欺诈行为的施予者本身知道信息是错的或被误传，或是对信息的真伪漠不关心。如果仅是疏忽造成信息不准确，这不足以构成欺诈行为。

(4)“施加压力”指直接或间接地损害、危害,或是威胁损害、危害任何一方或其财产,以不恰当地影响该方的行为。

(5)“妨碍行为”指:①故意破坏、伪造、更改或隐瞒调查所需证据材料,或是向调查人员提供虚假信息,以实质性阻碍世界银行对腐败、欺诈、施加压力或串通行为进行调查;威胁、骚扰或胁迫任何一方使其不得透露与调查相关的所知信息或参与调查;②企图实质性阻碍世界银行行使合约规定的审计权或获取信息。[11]

8. 有时候,上述定义的行为在指南中统称为“欺诈腐败行为”。

借款人如何在贷款资金使用中预防和反欺诈腐败

9. 为促进上文中所述目的和一般原则的实现,借款人应该采取以下措施:

(1)在贷款资金使用中采取一切有效措施预防腐败、欺诈、串通、施加压力和妨碍行为,可采取下列措施但不仅限于此:①采取适当的委托与管理制度和机构安排,确保贷款资金用于指定目的;②确保参与项目的所有代表[12]和签订协议的所有贷款资金接受方都有一份指南,并知晓其内容。

(2)一旦发现贷款资金使用中存在疑似欺诈腐败行为,要立即向世界银行报告。

(3)如果世界银行确认(1)中提及的某人或单位在贷款资金使用中从事腐败、欺诈、串通、施加压力或妨碍行为,借款人要及时采取令世行满意的行动解决这些问题。

(4)为符合指南要求,世界银行要求任何一个贷款资金的接受方签订的协议中均要包括下述条款,但不仅限于此:①要求资金接受方遵守指南第10段的要求;②要求资金接受方允许世界银行检查或代表世界银行的机构审计其全部财务资料及与项目有关的其他资料;③按照下文第11段的规定,世界银行宣布某资金接受方是不合格的,则贷款协定规定的借款人须提前终止或暂停项目。④要求资金接受方退还由于欺诈腐败行为损失的贷款资金。

(5)要全面配合世界银行对贷款资金使用中出现的欺诈腐败行为进行的调查行动。

(6)一旦世界银行按照下文第11段的规定宣布某个贷款资金接受方不合格时,借款人要采取必需的有效的行动,如①行使借款人的权利提前终止或暂停借款人与该名资金接受人签订的协议;②要求退还资金。

贷款资金的其他接受方

10. 为促进上文中所述目的和一般原则的实现,与借款人签订协议或与另一名

---

⑪ 合约中规定的权利内容见下文第9段(4)款。

⑫ 本指南中所提及的一家单位的“代表”包括负责人、管理人员、一般雇员和代理人。

贷款资金接受人签订协议的贷款资金接受人都应该遵守下列要求：

（1）按照上文所述的一般原则和第9段（4）款中规定的与借款人所签协议中应列的条款，也包括与其他资金接受人签订的与项目相关的进一步协议中的类似条款，进行项目有关活动。

（2）一旦发现贷款资金使用中存在疑似欺诈腐败行为，要立即向世界银行报告。

（3）要全面配合世界银行对贷款资金使用中出现的欺诈腐败行为进行的调查行动。

（4）在贷款资金使用中采取一切有效措施预防腐败、欺诈、串通、施加压力和妨碍行为，可采取下列措施但不仅限于此：①采取适当的委托与管理制度和机构安排，确保贷款资金用于指定目的；②确保参与项目的所有代表都有一份指南，并知晓其内容。

（5）依据下文第11段中的规定，一旦某位资金接受方的代表被认定为不合格，该资金接受方要采取一切必需的有效的行动。如取消该名代表在项目中的一切职务和职责，或一旦世界银行询问，如有必要，解除和该名代表签订的协议关系。

（6）一旦按照下文第11段的规定认定和其他人或单位签订的与项目有关的协议为不合格，该资金接受方要采取一切必需的有效的行动，如行使其权利提前终止或暂停该协议；要求退还资金。

世行针对欺诈腐败事例采取的制裁措施和相关行动

11. 为促进上文中所述目的和一般原则的实现，世界银行有权采取如下行动：

（1）可以制裁除成员国[⑬]之外任何贷款资金接受人[⑭]（如果该接受人是一个单位而不是自然人，那么制裁该单位的代表）；制裁措施包括但不限于：一旦世界银行确认[⑮]某人或单位在贷款资金使用中从事腐败、欺诈、串通、施加压力或妨碍行为，将宣布该人或单位不具备取得世界银行贷款的资格，或不允许其再参加由世界银行资助项目（包括提供全部或部分资金）的前期准备或执行工作。[⑯]

（2）如果世界银行确认某一具有欺诈腐败行为的贷款资金接受方又是潜在的货物、工程或咨询服务的提供商，那么按照采购指南第1.8（4）段或咨询服务指南第1.11（5）段的相应内容，宣布其不具备资格。

⑬ 成员国包括按照采购指南第1.8（2）段或咨询服务指南第1.11（2）段的规定，不具备投标资格的一国政府或其政治或行政管理方面的子部门、国有企业及机构的官员和雇员。

⑭ 在为采购进行的招投标中，世行也可能制裁有欺诈或腐败行为的投标人，不管其是否中标。比如，一家银行为成为世行资助项目的金融中介而提供虚假单据。

⑮ 世行成立制裁委员会，并制定相关程序。该制裁委员会全面的规定了世行可以使用的制裁措施。

⑯ 制裁措施还包括退还涉及应予以制裁行为相应的贷款资金。世行按照第11段内容公布不合格单位名单。

（3）如果某家公司、咨询顾问或个人按照采购指南第1.14段或咨询服务指南第1.22段的规定被宣布为不合格，那么也应按照上文第11（1）段的规定认定他们为不合格。

其他

12. 指南中条款没有限定贷款协定以及世界银行与借款人签订的其他任何文件中所规定的有关世界银行和借款人的其他任何权利、补偿[17]或义务。

---

[17] 贷款协定规定，在本文描述的情况下，贷款资金的使用中一旦发生欺诈腐败行为，世行具有相应的权利和取得相应的补偿。